進路教育과 進路指導

進路教育과 進路指導

－理論・過程・方法・實際－

金 忠 起 著

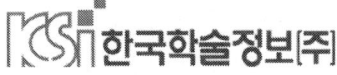
한국학술정보㈜

머리말

진로교육이 시급하다. 요즈음 가정이나 학교 또는 사회 각계각층에서 진로교육의 필요성과 시급함을 실감 있게 느끼면서 대학 입시 제도의 불만과 함께 시급히 개선되어야 한다고 아우성이 빗발친다. 비록 대학진학에 관한 문제이긴 하지만 현재와 같은 대학입시에 대한 난맥상은 하루속히 시정이 되어야 자라나는 학생들이 마음 놓고 안정된 분위기에서 공부할 수 있을 것이다.

매년 입시철만 되면 대학 진학에 뜻을 둔 학생들은 어느 학과 어느 대학에 갈 것인가 자신감 있게 결정을 내리지 못하고 일생을 좌우하는 전공학과를 눈치와 배짱으로 지원하려고 한다. 자기의 적성과 능력, 흥미와 인성에 알맞게 선택되어야 할 전공학과를 즉석 투기지원에 맡기며 또는 「안개지원」, 「입찰합격」 등 신조어(新造語)가 생길 정도로 난장판이다. 이처럼 해 가 갈수록 비교육적 현상이 더욱 심해지고 있는 점을 들어 고교와 학원가에서는 「점수라는 점괘를 뽑는 현장」, 「순간이 좌우하는 인생의 갈림길」, 「하나도 안 맞는 예상」, 「점쟁이가 배정하는 대학」이라는 지적이 나오고 있다. 일생을 좌우하는 진로선택을 순간에 맡길 수는 없다.

대학입시―이래서야 되겠는가? 무엇인가 크게 잘못되고 있음이 틀림없다. 입시제도는 그동안 여러 번 바뀌었으나 신통한 묘안을 발견해 내지 못하고 있다. 대통령 직속기관인 교육개혁심의회에서 중지(衆智)를 모아 입시 방법을 연구 중에 있어서 기대를 걸어볼 만하지만 제도가 문제시되는 것이 아니라 보다 거시적(巨視的) 차원에서 진로교육과 진로지도가 철저하게 학교교육에서 정착화 되어야 근본문제를 해결해 줄 수 있다고 본다. 이 책은 앞으로 전개되는 진로교육의 개념과 필요성, 목표와 내용, 진로지도 전개과정, 진로결정 과정 요인분석, 진로교육 프로그램 및 진로정보 자료, 정보 센터의 설치 등 획기적인 방법을 연구, 제시하여 진학에 관련된 문제를 쉽게 해결하고 직업지도와 취업지도 등 학생들이 당면한 여러 가지 문제를 해결하는 데 이바지하고자 한다.

진로교육이 가정이나 학교에서 올바르게 실시되고 이를 사회에서 잘 지켜준다면 요령주의나 눈치, 배짱과 같은 편법이 용납될 수 없고, 누구나 자기의 적성과 흥미, 능력과 인성에 알맞은 준비교육이 철저하게 이루어진다면 요행을 기대할 수도 없다. 요즈음 대학입시 현장을 목격해 볼 때 적성은 뒷전에 두고 우선 합격만 해 놓고 보자는 심리는 개인적 적응뿐만 아니라 개인의 큰 손실이 될 것이고 국가적인 차원에서도 고급인력의 낭비를 가져오는 처사가 된다. 그러므로 하루속히 이러한 문제가 발생하지 않도록 사전의 준비교육을 강화시켜야 하겠다.

이런 의미에서 진로교육의 태동은 위와 같은 근본적 해결의 열쇠를 가진 시의 적절한 바람직한 교육의 방법이라 생각된다. 우리나라에 진로교육이 도입된 것은 매우 최근의 일로 발전 도상에 있으므로 이 책이 하나의 디딤돌이 될 것이며 안내서로서 도움을 줄 것이다.

인간은 누구나 공통적으로 일생을 보다 행복스럽게 지내면서 자기 직업에 만족하면서 살기를 원한다. 이러한 풍족한 삶의 기초를 마련해 주는 진로교육의 보급과 실시야말로 모든 교육의 핵심 요소가 되므로 진로교육은 활성화되어야 한다. 따라서 학부모·교사·학생, 관련 있는 연구자 등 모든 이들에게 도움이 될 진로교육의 내용을 소개하여 개인 발전과 잠재 능력 개발에 참고가 되고자 이 책자를 마련하였다. 자신의 진로에 관심을 기울이는 모든 사람에게 다소라도 도움이 된다면 저자로서는 더 큰 보람이 없겠다.

앞으로 계속적으로 이 분야에 대하여 연구를 계속할 것이므로 미비한 점을 넓은 아량으로 이해하여 주기 바란다.

끝으로 이 책이 다시 빛을 볼 수 있도록 힘써주신 (주)한국학술정보 채종준 사장님께 감사의 뜻을 표한다.

2005. 10.
저자 김 충 기 씀.

目 次

제1장 進路敎育의 理解

1. 進路敎育의 槪念

요즈음 가정이나 학교 또는 사회의 각계각층에서는 진로교육의 시급함을 절실하게 느끼고 있다. 그 이유는 매년 대학입시철만 되면 진학을 하고자 하는 고등학교 학생들은 어느 대학 어느 학과에 지망하여야 할까를 망설이면서 방향감각을 잡지 못해 매우 안타까워하면서 자신감 있게 결정을 내리지 못하고 있기 때문이다. 자기 일생의 성패를 좌우하는 갈림길에서 학생들은 소신 있게 진로를 결정하지 못하고 무조건 대학에 들어가야 하겠다는 단순한 생각에 자신의 적성이나 능력, 흥미나 인성적 특징을 고려하지 않고 눈치와 배짱으로 대학과 전공학과를 지원하려는 경향은 인생행로에 큰 오류를 범하는 것이다. 어찌하여 자신의 일생을 좌우하는 중요한 갈림길에서 신중을 기하지 못하고 평생의 직업과 관련 있는 진로선택을 한 순간의 결정에 맡겨 버리고 있는가? 입시 마감시간을 얼마 남겨두고 갈팡질팡하면서 점수가 낮거나 미달되는 곳만을 찾아 헤맨다는 것은 어리석은 일이요, 진로교육 정신에 크게 위배된다.

최근의 대학진학 경향을 보면, 즉석 투기지원에 자기의 인생을 맡기고 있으며 또는 「안개지원」 「입찰합격」 등 신조어가 생길 정도로 난장판이다. 이처럼 비교육적 현상이 더욱 심해지고 있는 점을 들어 고등학교나 학원가에서는 대학진학 현상을 「점수라는 점괘를 뽑는 현장」, 「순간이 좌우하는 인생의 갈림길」, 「하나도 안 맞는 예상」, 「점쟁이가 배정하는 대학」이라는 지적이 나오고 있다. 12년간의 정규 학교 교육을 받고 미래의 발전을 위한 전공 선택에 올바른 결정을 해야 할 시점에서 눈치대학 배짱학과라는 칭호란 말이 웬일인가? 무엇인가 교육이 근본적으로 잘못되어 가고 있거나 사회의 기대나 요구가 그릇되고 있음을 말해 주고 있는 것이다.

대학입시―이래서야 되겠는가? 누가 뭐래도 학생 자신은 소신 있게 자신감을 가지고 적성에 알맞은 전공학과를 선택할 수 있는 진학지도가 잘 이루어져야 하겠다. 그동안 입시제도는 여러 번 바뀌었으나 날이 갈수록 진학 선택에 진통을 겪고 있으며 신통한 묘안을 발견해 내지 못하고 있다. 그래서 국가적인 차원에서도 이를 해결하고자 기구를 새롭게 발족하여 소위 대통령 산하의 직속기관인 교육개혁심의회를 두고 각계각층의 전문가들로 구성하여 중지를 모아 교육개혁 및 입시제도 방법을 연구 중에 있어서 다행스럽게 기대를 걸어볼 만하지만, 제도개혁도 중요하지만 거시적 차원에서 가장 기본적이고 올바른 진로교육과 발달단계에 알맞은 진로지도가 학교기관인 초등학교 교육에서부터 관심을 가지고 진로 계획과 선택을 할 수 있는 조직적인 방법을 강구하여야 이러한 무질서와 혼란, 난맥상과 난장판을 치유할 수 있는 관건이 된다. 아울러 진로교육이 당면한 교육상의 문제를 해결해 줄 수 있으며 정상적인 궤도에 오를 것이다.

만일 자기의 인생행로를 순간적인 결정에 맡긴다면 대학에 들어가서도 만족스럽게 학업을 성취하기가 어렵게 되며 전공학과에 대한 불만을 가지게 될 것이다. 불만이 쌓이면 능률도 오르지 않고 앞으로 졸업을 하더라도 전공 분야에서 직무수행하기도 어렵고 취업을 했을 경우 적성과 능력에 맞지 않아 직업에 대한 불만을 갖게 된다. 직업에 대한 불만은 개인생활을 영위하는 데 부적응을 초래하며 나아가

사회적 불안 요소가 될 것이다. 또한 자기가 원치 않는 직업에서 허송세월을 하게 될 것이며 수준 이하의 직업선택이 이루어졌다면 직무만족도(職務滿足度)가 낮아져 일을 소홀히 하거나 다른 곳으로 자주 전직(轉職)하려고 신경을 쓸 것이므로 개인적으로 볼 때 막중한 인력의 손실이 아닐 수 없다.

어느 조사연구에 의하면 대학생의 40~50% 정도가 전공학과 선택에 불만을 표시하고 있다는 결과를 인식한다면, 결국 학생의 절반 정도는 불만에 쌓여 있으므로 국가의 인력차원에서 볼 때 절반가량은 쓸데없는 낭비와 허송세월을 하게 되므로 크나큰 인력손실을 가져오게 되는 것이다.

그러므로 이러한 인력 손실을 막기 위한 방법도 되고 적재적소에 알맞은 유능한 일꾼을 길러내기 위한 방법이 새로이 고안된 진로교육을 통하여 이루어지고 누구나 주어진 소질과 능력을 개발하여 적성과 흥미, 소질·인성에 알맞은 직업선택이 주어진다면 주어진 직업에 만족하고 능률을 향상시키며 행복한 인생을 살 수 있는 여건을 갖추게 되는 것이라고 본다.

이러한 교육의 문제점을 시정하고자 새로이 고안된 진로교육이 크게 효과를 거둘 것이라고 믿는다.

그러면 진로교육(進路敎育; career education)*이란 무엇인가? 진로

---

* 진로교육(career education)은 生涯敎育이라고도 불리며, 진로지도·직업지도·기술지도 교육 및 진로개발 교육이라는 개념을 모두 포함하고 있으며 또한 여러 가지 의미로 해석하고 있다. 일본에서는 生涯敎育이라고 부르는데 이것은 life-long education을 생애교육으로 해석해서 사용하고 있다. 일본의 생애교육이 한국에 도입됨에 따라 일본에서 부르고 있는 생애교육이 한국에서 平生敎育과 같은 개념으로 인식하고 있기 때문에 用語에 혼동을 가져오고 있다. 平生敎育은 life-long education이라 해석하고 日本의 생애교육과 같다. 그러나 진로교육은 career education으로 해석하여 부르고 있으므로 平生敎育과 進路敎育은 같은 개념이 아니라는 것을 독자들은 분별하여 이해하여야 할 것이다.

교육을 정의하기란 쉽지 않다. 왜냐하면 진로교육을 정의하는 사람만큼이나 정의도 구구하게 많기 때문이다. 그러나 여러 관심 있는 학자들의 견해를 제시하면 다음과 같다.

진로교육이란 학교체제(學校體制) 내에서 일과 직업세계가 중심이 되는 의도적·체계적인 교육을 통해 아동들이 자신의 진로를 인식·탐색하여 합리적으로 선택·결정할 수 있는 능력을 길러주는 활동을 말한다. 일찍이 호이트(Kenneth B. Hoyt)와 그의 동료들은 "진로교육은 일 지향 사회의 가치와 익숙해지고 이러한 가치를 개인의 가치체계와 통합하며 개인에게 일이 가능하고 의미 있으며 만족할 수 있는 방법으로 가치를 그들의 삶 속에 이행토록 하기 위하여 모든 개인을 돕는 데 초점을 둔 공교육과 지역사회의 전체 노력"으로 정의하고 있다.[1]

유명한 인문과학 전문가 세 사람의 정의를 인용하면 다음과 같다.

"진로교육은 평생의 일의 경험 속에서 개인을 동기화하고 훈련시키고 협의하며 증진시킬 수 있도록 안내해 주는 실질적이고 종합적인 모든 교육적인 노력으로 구성된다."(Norman Stanger, Los Angeles State College) "진로교육은 개인이 참여하고 공헌하며 전인적 인간이 되도록 돕는 모든 교육의 도구가치를 강조하는 교육적 접근이다."(Keith Goldhammer, Michigan State University)

"진로교육은 사회적·개인적 일의 체계 관계 속에서 개인으로 하여금 일의 능률을 최고 수준에까지 도달하는 사명을 가지고 있다. 진로교육은 ① 개인이 정보를 획득하고 처리하며 통합하는 것을 촉진한다. ② 의사결정을 높인다. ③ 개인에게 직업을 가질 수 있는 유용한 기술을 갖추도록 계획된 프로그램을 통하여 행동의 대안(代案)을 제공한다. ④ 정보

---

1) Kenneth B. Hoyt, Rupert N. Evans, Edward F. Mackin, Garth L. Mangum, *Career Education: What It Is and How To Do It*(Salt Lake City, Utah: Olympus Publishing Company, 1972), p.1 Refer to Second Ed. 1974. p.15.

와 의사결정, 기술을 재훈련하고 향상시킴으로써 행동의 계속적인 순환과정을 제공한다."(John Coster, North Carolina State University)

몇 가지 진로교육에 대한 정의를 설명하고 있는 내용들을 소개하면 다음과 같다.

"진로교육은 공립학교 청소년들이 흥미와 능력에 따라 지식과 기술을 배우고 평생학습에서 생존할 수 있는 개인적 계획을 발전시키는 데 필요하고 급격히 변화하는 사회에 개인적이고 생산적으로 고용될 수 있도록 하는 포괄적이고 조직된 교수 프로그램이다."

"진로교육은 모든 사람이 사회에서 만족하고 생산적인 일을 준비하는 데 초점을 둔 종합적인 교육 프로그램으로 정의한다."

"진로교육은 일의 세계에 개인을 성공적으로 적응시키는 데 주안점을 둔 전체 교육과정의 부분이다."

"진로교육은 개인이 재능을 발견하고 정확히 찾아내며 순화시켜 직업을 추구하는 데 이용하도록 돕는 학습경험으로 모든 교육을 망라한다."

"진로교육은 개인이 성공적인 직업수행을 하도록 하는 직업경험을 포함한다. 성공적인 직업수행은 개인의 생활목표와 경제적인 성공뿐만 아니라 가정의 목표에 기초를 둔 자기만족을 포함한다."2)

위와 같은 정의를 내리고 있는 학자들은 진로교육이 일의 준비를 해야 하지만 직무기술을 위한 훈련 이상의 것을 포함하고 모든 학생들이 직업경험을 쌓아야 하며 학교뿐만 아니라 다른 여러 기관들도 책임이 있다는 데 동의하는 것 같다.

진로교육의 주창자로 알려진 미국의 문교부 전 교육위원 마랜드(Sidney P. Marland)는 진로교육을 개인이 선택 면에서 만족스럽고 유용한 취업을 할 수 있도록 준비되어야 한다는 일반개념을 확립하고 있다. 진로(career)란 일생을 통하여 개인적으로 만족스럽게 생산적인 활동에 참

---

2) *Ibid.*, p.15.

여하여 커다란 공헌을 남길 수 있도록 의미 있는 생활을 영위토록 노력함에 있다. 그러므로 진로교육이란 의미 있는 생산 활동을 위한 준비교육인 것이다.

마랜드는 진로교육을 하나의 새로운 개척자로서(new frontier) 칭하고 다음과 같이 제시하고 있다.3)

"진로교육의 개념은 학업중단(drop-out)한 학생들과 중등학교를 졸업한 학생들이 어느 때이고 원한다면 만족스럽게 일할 수 있고, 또한 학업을 계속 이행할 수 있도록 도와줄 수 있는 학문이다." 그리고 다음과 같이 주장하였다.

"모든 교육은 진로교육이다. 또한 그렇게 되어야 한다."(All education is career education. or should be)4)

교육자는 모든 노력을 경주하여 고등학교를 졸업하는 학생들이 적절한 곳에 취업할 수 있도록 도와주어야 하며 상급학교 입학, 진학에도 충실하게 지도 협력해야 한다고 역설하고 있다. 이어 그는 1971년 1월 최초로 텍사스 주 휴스턴 시에서 개최된 전국 중등학교 교장회의에서 진로교육의 중요성을 강조하면서 필요성을 내세우게 되었다.

그는 또한 진로교육의 접근방법이 유치원에서부터 시작하여 대학원 교육에 이르기까지 단계적으로 실시되어야 한다고 하였고, 적어도 초등학교에서부터 중등학교 교육과정은 재구성(再構成)되어야 한다고 주장하고 있다. 그 내용은 아동들이 기초학년에서는 직업에 관한 기본 정보에 익숙케 하고 중학교 과정에서는 실제적인 일의 장면에 경험을 노출시켜 학습하도록 도와주며, 고등학교 과정에서는 자기가 선택한 분야에서 졸업 후 시장성 있는 기술을 습득하도록 준비시켜 주며, 대

---

3) Sidney P. Marland, *Career Education*(New York: McGraw-Hill Book Co., 1974). p.15.

4) Keith Goldhammer and Robert E. Taylor, *Career Education: Perspectives and Promise*(Columbus, Ohio: Charles E. Merrill Publishing Co., 1972). pp.33～213.

학교 수준에서는 전문적 기술훈련을 받고 직업전선에 나가도록 교육하는 데 주요 내용을 포함시켜야 한다고 주장하고 있다.

부교육위원(副教育委員)인 워딩턴(R. M. Worthington)5)도 주직업교육(州職業教育; State Vocational Education) 지도자 연차대회에서 진로교육의 중요성을 강조하면서 이 교육이야말로 보통교육과 직업기술 교육의 조화를 이루는 효과 있는 교육이라고 주장하였다. 동 회의에서 진로교육에 대한 의견서(position paper)를 채택하였다. 그 내용은 진로교육의 기본적인 요소로서 다음과 같이 기술하고 있다.

1) 진로교육은 직업교육과는 유사한 것이 아니며 직업교육은 진로교육 안에 속하는 중요한 영역이다.
2) 진로교육은 공립학교 교육 프로그램을 대신한다기보다는 오히려 수준을 높이는 교육이다.
3) 진로교육은 모든 공교육기관(公教育機關)을 통합한 것이다.
4) 진로교육은 모든 학생과 모든 교육자를 포함하고 있다.
5) 진로교육은 광범위한 직업기회를 안내(orientation)하고 탐색과정을 포함한다.
6) 진로교육은 개인교수와 학생의 의사결정을 강조하고 있다.
7) 진로교육은 유치원 교육에서 시작하여 고용기회에까지 연장될 수 있는 연속체이다.
8) 진로교육은 학생들의 유인성(誘因性; incentive)과 열망(aspiration)에 공헌하는 것이다.
9) 진로교육은 직업(occupation)에 대한 특별한 준비를 하는 것이다.
10) 진로교육은 현실적인 직업의 선택을 보증하고 있다.
11) 진로교육은 모든 유용한 일에 대한 건전한 태도를 증진시키고 있다.

---

5) Robert M. Worthington, *The Implication of Career Education Adult Education in the U. S.*(UNESCO International Conference, Tokyo, Japan, July 25-August 7, 1972). pp.3~4.

12) 진로교육은 학생으로 하여금 현실적인 인생목표의 과정으로서 개인의 특질을 평가하는 데 있다.
13) 진로교육은 학생층과 계층 간의 연계성을 제공한다.

이와 같이 진로교육은 진로(career)에 초점을 둔 종합적인 교육 프로그램으로서 초·중·고등학교와 대학에 이르기까지 교육제도 내에서 이루어질 뿐 아니라 지역사회와 산업기관, 기업체와의 상호관련을 갖고 수행하는 과정이다. 종합적으로 진로교육의 기초가 되는 개념은, ① 개인의 가치와 열망에 두고, ② 일의 가치와 존엄에 있으며, ③ 여가활동의 경험이 관련이 되고, ④ 평생 동안 끊임없이 변화되는 과정이며, ⑤ 산업구조를 이해할 필요가 있으며, ⑥ 자아개념의 발달이 직업과 관련됨을 인식하고, ⑦ 직업선택에 필요한 정보와 오리엔테이션이 주어져야 한다.6)

진로교육 책임자 호이트(Hoyt)가 쓴 USOE(미국 문교부) 정책논문에서는 진로교육의 일반적 정의를 다음과 같이 제시하고 있다.7)

"「진로」란 개인의 일생에서 하는 일의 총체이다. 「교육」이란 학습을 통한 경험의 총체이다. 이 두 정의에 기초하면, 「진로교육」이란 자신의 생활방식의 부분으로서 일에 관한 학습과 일에 종사하도록 준비를 통한 경험의 총체인 것이다. 「진로」란 아주 어린 시절에서 시작하여 퇴직할 때까지 계속되는 발달적 개념이다. 위에서 정의한 바와 같이 「교육」이란 확실히 형식교육 체제 그 이상의 것을 포함하고 있다. 이처럼 진로교육의 일반적 정의는 의도적으로 매우 광범하고 포괄적인 성질을 의미하며 동시에 일생 동안 살아야 하는 이유를 고려하고 있다.

---

6) West Virginia State Dept. of Education, *A Guide for the Developmental Career Education*(June, 1972). Ed. 073 253, p.8.
7) Calfrey C. Calhoun and Alton V. Finch, *Vocational Education: Concepts and Operations*(Belmont, Calif: Wadsworth Publishing Co., 1982). p.89.

진로교육 부서에서는 진로교육을 "미국교육의 초점에 겨냥한 노력이며 모든 사람들이 일을 의미 있고, 생산적이고, 만족스러운 자신의 생활방식의 부분이 되도록 하는 데에 필요한 지식·기술·태도를 습득하고 이용할 수 있도록 하기 위한 전 지역사회의 활동"이라고 정의한다.

스완슨(Swanson)은 학생들이 노동시장에 적응하도록 도와주는 입장에서 진로교육의 목적을 설명하고 있다. 진로교육은 학생들에게 다음과 같은 것을 제공해 주는 것이다.

1) 학생들이 그들의 교육을 일의 세계와-영역·의미·기회-관련 짓도록 하는 교육환경

2) 좋아하는 인생양식과 진로유형을 지향토록 하는 일의 경험, 전문적 교육 및 진로의사 결정을 포함한 직업적 탐색을 할 수 있는 기회

3) 특정의 진로목표를 향해 처음 혹은 계속해서 나아가도록 필요할 때마다 교육제도 혹은 노동단체를 떠나거나 다시 들어오는 기회 및 양자에서의 배울 수 있는 기회

이상과 같이 여러 학자들의 진로교육에 대한 정의는 관점에 따라 여러 형태로 규정할 수 있다. 이와 같은 견해에 근거하여 정리해 본 정의는 다음과 같다.

진로교육이란 개인의 진로선택 및 적응, 발달에 초점을 둔 교육적 작용이라고 할 수 있다. 배일리(L. G. Bailey)와 스타드(R. Stadt)[8]는 "진로교육을 개인이 만족스럽고 생산적인 삶을 누릴 수 있도록 진로에 대한 방향을 세우고 선택하며, 그에 대한 준비를 하고 선택한 진로에 들어가 계속적인 발달을 꾀할 수 있도록 돕기 위하여 제공되는 일체의 경험"으로 정의하고 있다. 결국 진로교육은 호이트가 주장하는 "일(work)

---

8) Larry J. Bailey & Ronald Stadt, *Career Education: New Approach to Human Development*(Bloomington, Ⅱl.: McNight Publishing Company, 1973). p.347. 또는 한국교육개발원, ≪학습과 일의 세계≫, 1983. 9, p.11.

지향적 사회가치를 친숙케 하여 이 가치를 자신들의 인성적인 가치체계 속으로 통합하여 일생 동안 그와 같은 방법으로 살아가는 점에서 일이 편리해지고 의미가 있으며 만족할 수 있도록 일을 수행하는 데 목적을 둔 공교육(公敎育)"이라는 점과9) 에반스(Evans)는 "일생을 통해 직업에 종사할 성공적인 기회를 개인적으로 만족하게 발전시키기 위한 학교와 지역사회의 전체 노력"10)이라고 정의할 때 일과 직업을 공통적으로 강조하고 있다.

그러므로 진로교육은 개인이 자신의 진로를 현명하게 선택하고 선택한 진로에서 계속적으로 발달할 수 있도록 돕는 교육적 작용이라고 볼 때 생활지도의 개념과도 뜻을 같이하고 있다.

필자는 위와 같은 여러 학자들의 견해를 종합해 보고 그동안 진로교육 강좌의 경험을 통하여 얻어진 결론으로 다음과 같은 종합적인 진로교육의 정의를 추출해 냈다.

"넓은 의미의 직업교육이며, 직업적성(職業適性) 교육이다. 쉽게 표현하면 자신의 진로를 합리적으로 의식하는 인간교육이며 생활지도의 개념과도 맥락을 같이 한다. 또한 진학지도와 직업지도를 포함하는 진로지도의 상위개념(上位槪念)에 속한다. 즉, 학생 개개인의 잠재 가능성을 토대로 하여 흥미와 적성, 능력과 인성, 의욕, 환경에 알맞은 진학 및 직업과정을 인식·탐색·계획·선택·준비 과정을 통하여 현명하게 적용하도록 기회를 마련해 주고, 개인의 장래 생활을 만족할 수 있고 풍요롭게 지도해 줌으로써 선택한 진학 및 취업에 들어가서는 자신의 잠재 가능성을 최대한으로 발휘하여 주어진 환경에 적극 적응하며 삶의 보람과 긍지를 느끼며 저마다의 행복한 인생을 누릴 수 있도록 하는 조직적이고 체계적인 교육활동 프로그램이다."

결국 진로교육의 핵심은 교육목표 달성을 위한 방법으로서 종국에 가

---

9) Kenneth B. Hoyt, *op. cit.*, pp.5~6.
10) *Ibid.*

서는 전인교육(全人敎育)을 추진하기 위함이고 자아실현을 위한 준비과
정이며 능력을 최대한으로 적재적소에 안배(按配)함으로써 인력수급의
효율화를 기하고 과열된 난장판 입시문제도 자연히 해소될 수 있을 것
이다. 또한 학교교육(schooling)의 범주에 포함되는 영역으로서의 「가치
관 교육」, 「태도 교육」, 「창의성 개발교육」 등이 학교교육에서 중요한 기
능을 하고 있는 것과 같이 학교교육의 중요한 역할과 기능을 충분히 수
행한다고 보겠다.

끝으로 미국 문교부(U. S. O. E.)의 진로교육에 대한 중요개념을 소
개하고자 한다.11)

1) 성공적인 일을 위한 생활의 준비가 모든 교육의 중요한 목적
이 되어야 한다.

2) 직업과 관련 있는 모든 교과과정을 통하여 전 교사는 주요
교과목이 성공적인 직업을 위한 생활에 공헌할 수 있도록 강조해
야 한다.

3) 직업적으로 보아 노작(勞作)을 통한 경험으로 추상적이고 아
카데믹한 교과내용의 학습을 가르치고 동기화하는 데 필수적으로
이용해야 한다.

4) 직업에 대한 준비로서 상호 직업에 대한 태도, 인간관계의
기술, 직업세계 성질에 대한 소개, 직업에 대한 선택권과 실제로
작업기술 획득에 관한 모든 과정을 포함하여야 한다.

5) 학습은 교실 안에서만 이루어질 수 없고 진로교육을 위한 학
습 환경을 조성하여 가정에서나 학교, 지역사회 및 고용기관에서도
실시하여야 한다.

6) 유아기에서부터 계속 정규 학교기간을 통해서 젊은이들이 경
험을 위해 학교를 떠나고 보다 더 교육(상급학교의 기회, 계속적인

---

11) U. S. Office of Education, *A Handbook for Implementation*(Washington,
D. C. 1972).

성인근로자의 재공급, 여가 및 퇴직시기의 생산적 활용을 포함한)
을 받기 위해 학교에 다시 들어오는 융통성을 허용함으로써 진로
교육은 「요람에서 무덤」에 이르기까지 확장될 것을 추구할 것이다.

　7) 진로교육은 모든 교육에의 기본적이여 널리 스며드는 접근이
며 어떠한 방식으로든 시민자질·문화·가족책임 및 기본교육과
같은 다른 합법적인 교육목표와 상충되지 않는다.

　8) 학교는 학생이 증서에 서명했든가 중도 탈락했다는 이유 때
문에 학생에게 책임을 부여할 수는 없다. 학교가 실제의 정치(定
置) 기능을 수행할 수 없다 하더라도 젊은이들이 자신의 진로 사
닥다리의 다음 단계로 올라설 때까지 이들을 지켜주고, 사닥다리에
서 미끄러질 때는 다시 사닥다리에 올라서도록 도와주고, 계속 올
라가도록 도와주는 책임을 지니고 있다.

　진로교육은 학자에 따라서 가지각색의 의미를 지니고 있다. 일부
직업 교육자들에 따르면, 진로교육은 기술발달의 전통적인 프로그램
에서 새로운 국면을 나타내 주며, 직업기술 발달은 물론 급속히 변화
하는 시대에 직면하여 자신의 생애를 방향 짓는 데에 필수적인 개인
적·사회적 적응기술을 포함하고 있다. 다른 직업교육자들에 의하면,
진로교육은 자신의 업무역할 준비 그 이상의 것이다. 켈러(Keller)는
진로교육을 "삶에 있어서 사회적·경제적 역할(취미·여가 역할은 물
론 업무역할, 가정−사회−시민의 역할)을 위해 개인의 발달에 초점을
두는 학교 교육과정과 수업의 부분"이라고 정의하고 있다.

　일반 교육자들은 진로교육이 사회과목 교사가 가르치는 특수단원이
나 코스를 의미하는 것으로 해석하기도 한다. 그러나 진로교육은 진
로지향 활동의 모든 교육수준에서 각 교육과정 영역에 들어 있는 것
이다. 일부 교육자들에 따르면, 진로교육은 실제 일의 경험뿐만 아니
라 진로교육은 또한 학생들이 자신의 진로 자아상(self-images)에 입
각하여 그 같은 경험을 해석하도록 도와주는 것이어야 한다. 초등학

교 교사는 진로교육을 고등학교를 위한 개념으로 보기도 한다. 그러나 가치·태도·홍미·자아 개념은 10학년까지 기다릴 수만은 없다. 사업가는 진로교육을 학생들이 일에 대한 준비를 시키는 학교의 노력으로 보기도 한다. 비록 학교가 학생들을 자연스럽게 성인의 세계로 옮아가도록 준비하는 책임이 있긴 하지만 성인생활의 기술을 위한 「학습실험실」은 가정과 사회의 적극적인 지원 없이는 성공할 수가 없다.

지금까지 진로교육의 내용과 과정을 검토해 왔다. 과거 수십 년에 걸쳐 대두되었던 진로발달 이론들은 진로교육의 개념화에 상당한 영향을 주었다. 켈러(Keller)는 진로발달의 과정을 다음과 같은 면을 포함하는 변화적이고 주기적인 것으로 보고 있다.

인식(자기와 진로 역할의); 탐색(자기와 진로 역할의 발견을 위한); 확인(진로 역할); 준비(진로역할을 위한); 진로 평가와 재순환

진로교육에서 직업−기술적 교육의 역할에 기본이 되는 개념은 모든 합당한 수준에서 모든 사람이 어느 정도 직업기술, 학습자의 궁극적인 포부를 나타내 주든 그렇지 않든 간에 달성하는 것이라는 점이다. 진로교육은 실제 개인생활의 역할에 상호 직면하는 탐색·결정, 생산적인 참여준비−발달적 과정이 된다.

2. 進路敎育의 必要性

현대사회는 고도의 산업사회로서 변화와 발전이 시시각각으로 급변하고 있다. 1960년대 이전만 하더라도 근대화가 이루어지지 못한 상태이어서 정치·경제·사회·문화·교육면에서 괄목할 만한 변화를 보지

못했었다. 그러나 1960년대 이후부터 경제제일주의 정책에 힘입어 사회는 점점 복잡해지고 다양해져서 산업기술·과학문명의 발달, 직업세계의 다양화·전문화로 전향됨에 따라 이러한 새로운 변화에 적응하기 위해서는 새로운 지식과 기술을 필요로 하고 습득하지 않으면 안 되는 사회로 변모해 가고 있다. 토플러(Alvin Toffler)가 제시한「제3의 물결」시대가 도래하기 바쁘게 이제는 네이스비트(John Naisbitt)가 말했듯이「제4의 물결」12), 즉 정보화시대가 펼쳐지고 있다.

따라서 과거의 전통적 가치 속에서 맴돌던 형편으로 현대사회를 적응해 가기 위해서는 학생들이 보다 현명하게 진로를 선택하고 결정할 수 있도록 도와주는 역할과 기능이 요청된다고 본다.

그러나 학교교육에 있어서 진로교육의 상황은 어떤가? 앞에서 이미 문제점을 제시한 바와 같이 진로교육이나 진로지도에 소홀하거나 그릇된 인식을 갖거나 전혀 무관심한 상태에 놓여 있다. 다만 학교교육이 입학시험에 대비한 교육만을 강조해 온 나머지 대학입학 시험에 필요한 교과목을 지도하는 데에만 치중해 왔으며, 교사·학부모·학생들은 보다 나은 상급학교로 진학하고자 하는 열망이 고조됨에 따라 심각한 과열과외 현상을 야기했고 그 결과 해마다 입시철만 되면 눈치작전·점수따기 등 또 다른 교육현장의 병리현상이 나타나기도 했다.13)

따라서 학교에서는 진로를 선택 결정함에 있어서 단순히 학교성적 또는 시험점수에만 의존해 왔으며 학부모 역시 자녀의 특성 및 능력은 무시한 채 부모의 소망과 가치기준, 판단에 또는 소위 일류학과·일류대학에만 초점을 맞추거나 아니면 무조건 붙고 보자는 사행심리만 조장되어 진로를 선택해 왔다. 그렇기 때문에 학생들의 자기이해나 평가, 적성 등은 뒷전에 미루고 갈팡질팡하면서 아무렇게나 진로를 결정할 수밖

---

12) John Naisbitt, *The Megatrends*(New York: Warner Books, Inc., 1984).
13) 홍기형, "현행 학교 진로교육의 문제점,"《학습과 일의 세계》(서울: 한국교육개발원, 1983). p.5.

에 없었다. 이러한 상황에서 진로교육의 실현을 기대하기란 어려움을
면치 못할 것이다.

진로교육의 중요성이나 필요성을 인정하게 된 것은 비단 오늘의 현
실에 당면한 문제 때문에 국한된 것은 아니다. 오래 전부터 익히 알
고 있어 왔으나 진로교육이나 진로지도가 단순히 진학 또는 취업을
위한 것이라는 잘못된 사고방식과 새로운 진로지도의 교육적 의의가
뒤엉켜서 문제를 심화시켜 온데다가 최근에 이르러 과열과외와 재수
생 문제가 사회문제로 잘못 발전해 감에 따라, 그리고 눈치와 배짱
지원이란 기이한 현상이 대두됨으로써 비로소 이러한 문제를 해결하
기 위해서 「진로교육, 시급하다!」라는 과제가 등장하게 된 것이다.

그러나 진로교육은 우리나라에서만 갖고 있는 관심의 대상인 것만은
아니다. 일찍이 선진국인 미국에서부터 그 나라의 당면한 교육문제를 해
결하기 위해 교육개혁을 요구하는 반응으로 나타나기 시작하였다. 학교
를 졸업한 후 사회에 나가는 젊은이들이 직업선택에 대한 사전교육이나
지도를 제대로 받지 못한 채, 또는 자신의 지능이나 적성 등 능력수준에
대한 고려도 없이 대학에 진학하거나 사회에 진출하는 현재의 실태에
대한 걱정과 불만을 품고 직업교육을 연구하는 학자들에 의해서 관심을
끌게 되었다. 오늘날 중등학교를 졸업하거나 중퇴하는 학생들이 다가올
미래의 직업선택에서 특별한 사전교육이나 기술습득을 하지 못한 채 사
회로 배출되면 능률을 발휘 못하고 일생을 만족스럽게 영위할 수 없다.
즉, 능력에 알맞은 직업선택을 하지 못하고 인력을 적재적소에 활용하지
못하는 문제를 안게 되었다.[14] 이와 같이 당면한 교육문제가 학교교육
에서 제기되어야 함을 목적으로 발생된 것이 진로교육이다.

마랜드는 다음과 같이 진로교육의 필요성을 강조하고 있다.

---

14) 金忠起, ≪生涯敎育≫(서울: 世光公社, 1981). p.29.

첫째, 진로교육을 중핵으로 하는 직업교육이 교양교육보다 더 강조되어야만 한다.

둘째, 고등학교 수준에서의 교육은 학생 개인이 진학 혹은 생산적인 일에 취업할 수 있도록 교육되어야 한다.

셋째, 다양한 전달체제(delivery system)를 통하여 일을 위한 또는 일에 관한 교육이 필요하다.

넷째, 개인에게 개방된 진로선택의 기회가 증대되어야 한다.15)

이러한 필요성을 강구하기까지에는 여러 가지 문제점을 가지고 있었다. 그 문제점을 열거하면 다음과 같다.

1) 학교교육을 마치고 떠나는 졸업생 중에는 급변하는 사회의 적응에 필요한 기본교육(basic academic skill)이 결여되어 있는 사람이 많다.

2) 학교 졸업자나 중퇴자들은 학교에서 요구되었던 학습내용과 학교를 떠난 후 무엇을 할 것인가에 중요한 관계를 이해하지 못하는 사람이 많다.

3) 현 미국교육은 고도로 발달하는 산업사회의 변화에 보조를 맞추지 못하고 있기 때문에 교육을 통하여 길러낸 일꾼의 자격은 각 직업에서 요구하는 자격보다 높거나 낮은 경우가 많다.

4) 현 미국 교육제도하에서 중등학교 혹은 대학 졸업자들이 학업으로부터 일의 세계로 전환하는 데 필요한 직업에 관한 기술, 자기이해, 진로결정 수단, 일에 대한 태도를 기르지 못하고 학교를 떠나는 사람이 많다.

5) 여성의 직업세계에의 진출과 그 증가추세에 대비, 현재 학교에 재학 중인 여학생들을 위해 교육적인 생애선택(生涯選擇)을 위

---

15) Rupert N. Evans, *Career Education and Vocational Education: Similarities and Contrasts*, Unpublished Printed Materials, University of Illinois, Urbana Champaign, 1974. p.2.

한 방안이 고려되어 있지 않다.

6) 성인교육의 필요성은 고조되어 가고 있는데 공공 교육제도가 이를 충족시키지 못하고 있다.

7) 학교에 재학하지 못하는 사회의 청소년들에게 학습기회를 제공하는 것에 대한 관심도가 낮다.

8) 학교 정책수립에 대중(大衆), 특히 부모·기업·산업 노동사회 대표자들의 충분한 참여 기회가 결여되어 있다.

9) 전문대학 교육은 준학사자격 수준(sub-baccalaureat degree)의 교육 프로그램을 강조하지 않고 있다.16)

이와 같은 문제점은 비단 미국교육의 문제점만은 아닐 것이다. 우리나라의 경우도 산업사회로 지향하는 과정에서 이와 같은 문제가 수없이 발생되고 있다.

그것은 우리 사회가 다음과 같은 현상을 겪고 있기 때문이다. 즉, ① 현대의 급격한 사회구조의 변화와 인구의 증대, ② 과학적인 지식과 기술의 발달, ③ 민주화를 위한 정치적 도전, ④ 매스컴의 발달과 정보(information)의 급증, ⑤ 경제적인 수준의 향상, ⑥ 생활양식과 인간관계의 균형상실, ⑦ 진로관에 대한 근본적인 개혁의 요청 등이다. 이와 같이 급격하게 변화해 가는 현대사회의 여러 가지 문제를 능동적으로 해결해 가기 위해서는 교육 자체를 혁신적으로 개편하지 않으면 안 된다. 여기에 진로교육이 필요한 당위성이 제기된다.

이러한 시점에서 우리가 당면하고 있는 문제점 이외에 진로교육의 필요성이 더욱 강조되는 이유를 찾아보면 다음과 같다.17)

---

16) Kenneth B. Hoyt, *An Introduction to Career Education: A Policy Paper of the U. S. Office of Education*, U. S. Dept. of Health, Education, and Welfare, 1974. pp.1-2.

17) 李茂根, ≪實業─技術教育論≫(서울: 培英社, 1982). p.260. 또는 H. H. London, *Principles and Techniques of Vocaitonal Guidance*(Columbus, Ohio: Charles E. Merrill Publishing Co., 1973). pp.11-36.

1) 산업사회에서의 기술의 급속적인 발달은 노동시장의 인력수
급에 커다란 영향을 미치고 있다.

2) 가정이 변화하고 그 변화하는 가정에서의 여성의 역할이 변
화됨에 따라 청소년들에 대한 진로지도가 요청된다.

3) 산업사회로 발전됨에 따라 산업인력 구조가 계속 변화되고
있어 이에 대한 정보와 변화에 적응하는 진로지도가 필요하다.

4) 청소년들이 자신의 잠재 능력과 일의 세계를 잘 인식하지 못
하므로 도와주어야 한다.

5) 계속 변화되어 가고 있는 교육제도와 확대되어 가고 있는 직
업교육에 자신의 교육기회를 어떻게 선정하고 준비하여야 하는 것
이 점점 어려워져 가고 있다.

6) 학교에서 직업의 세계로 전환하는 과정에서 졸업하는 학생들
이 직업준비 교육의 결여로 어려움을 겪거나 실패하는 일이 많다.

7) 직업에 대한 윤리관이나 가치관이 변화되어 감에 따라 청소
년들이 이에 대한 올바른 가치관을 정립하기가 어렵기 때문이다.

이러한 필요성에 비추어 볼 때 각급학교는 진로교육을 위한 새로운
방안의 모색이 강조되어야 한다. 아울러 편향된 진로의식의 시정, 진
로교육의 문제점 분석의 필요, 부모를 포함한 가족들의 사고방식이나
태도가 올바른 방향으로 정립되고 진로관 형성과 가치체계를 바로잡
기 위해 진로교육이 시급하게 요청되는 것이다.

3. 進路教育 構成要素·目標 및 內容

(1) 進路教育 構成要素

앞에서는 주로 진로교육의 실체보다는 진로교육의 정의나 공헌해 온 사람에 대해서 언급하였다. 개인이 평생을 통하여 끊임없이 발전을 할 수 있으려면 진로교육의 실체가 다섯 가지로 구성되어야 한다. 개인은 평등하게 중요하지만 구성요소는 학교의 중요한 책임을 다하기 위해 범위 순으로 여기에 제시하고 취급하였다.

1) 가능한 모든 학습은 이해와 동기 유발을 위한 진로적용을 하는 데 관계를 짓는 학급

2) 직무를 통해서 배우든지 구조화된 학급 여건을 통해서든지 또는 일반적 생활경험을 통해서 배웠든시 산에 직접직인 직무기술의 습득

3) 개인이 여러 작업 환경에서 터득하게 하든가 좋아하는 생활양식을 약속하는 진로결정을 할 수 있도록 함으로써 식업적 내안(代案)과 직업윤리, 일의 가치관 형성을 위한 진로개발 프로그램

4) 학교교실보다는 보다 창조력이 풍부한 학습 환경을 제공하기 위해서는 훈련기관·고용기관 그리고 노동조합과의 상호작용

5) 개인이 최초의 태도와 개념을 발전시킬 수 있는 가정과 가족

진로교육의 개념을 이해하기 위하여 다섯 가지 조직된 구성요소를 소개하면 다음과 같다.[18]

1) 학교의 책임을 다하기 위한 첫 번째 구성요소는 모든 수준에서 교과를 가르치는 교사, 즉 적합한 곳에 가르치고자 하는 실제적인 내용의 진로 암시를 강조하는 교사를 요구한다. 이 요소는 두 가지로

---

18) Kenneth B. Hoyt. et. al., *op. cit.*, pp.25~30.

분류된다. 이 요소는 추상적인 아카데믹 교과에 의미를 부여하고 관련을 지움으로써 보다 효과적인 직업기술을 제공한다. 이 요소의 목표는 생계를 유지하기 위한 준비로서 그러한 내용의 중요성과 공헌점을 명백히 하는 데 있다. 그와 같은 강조는 모든 학생이 학교가 의미 있는 경험을 체험할 수 있는 적극적인 교육적 동기를 제공하게 된다. 요약하면 이 요소는 학생들이 현재 공부하는 것과 미래에 선택해야 할 가능한 직업(careers)과의 관계를 알도록 돕는 데 목표를 둔다.

2) 진로교육의 두 번째 요소는 학생들이 직업세계에 성공적으로 투입되기 위해 요구되는 특정한 능력을 갖추도록 제공되는 직업기술 훈련으로 표현한다. 이 요소의 목표는 개인이 선택할 수 있는 소질·타당성·다양성 및 직업기술 훈련의 정도를 극대화하는 데 있다. 그와 같은 훈련은 명백하게 현존하거나 예상되는 직업수요에 관련되어야 하며 훈련기회가 직업사회의 요구를 변화시킬 수 있는 방법으로 조직되어야 한다. 이 요소의 목표는 학생들에게 일을 성공적으로 할 수 있는 직업기술을 제공하는 데 있다. 작업준비로서의 교육은 가르치고 배우는 모든 사람에게 중요한 목표가 되어야 한다.

3) 세 번째 구성요소는 학교와 학교 밖의 인사(人士)의 적극적인 협동과 참여를 포함하는 종합적인 진로개발 프로그램이다. 모든 교육자와 비전문가들의 노력을 포함하는 이 요소는 학생 자신들에게 가치와 흥미, 능력과 성취 면에서 이해하도록 돕는 데 목적을 둔다. 게다가 학생들이 자기이해 종류와 그들에게 여유 있을 것 같은 가능한 교육적 직업기회의 이해와의 관계를 알도록 도와주는 데 있다. 마침내 학생들은 이와 같은 이해 범위에 근거하여 직업 또는 진로결정을 할 수 있도록 도와준다. 요약하면, 진로교육의 시도는 개인이 타고난 권리를 자신의 삶으로 인도하는 데 의미 있도록 강조하는 것이고 자신의 운명을 최대한 범위로 통제하며 자신을 있는 그대로의 가치 있고 유능한 인물로 인식하도록 나타내는 데 있다. 학생들에게 일 지향사회(work-oriented society)의

가치를 이해하고 반영하기 위해서 이 요소는 성질상 인지적(認知的)이고 경험적인 방법의 다양성을 가지고 있다. 게다가 각자가 진로발달 과정에서 이루어져야 할 교육 및 직업선택에서 학생들을 체계적이고 계속적인 지원을 포함한다. 이와 같은 지원은 학생들로 하여금 자신을 이해하고 그들에게 가능한 교육 및 직업적 대안을 이해하며 모든 이해에 근거하여 개인의 선택의 자유를 충분히 보호하는 방향에서 현명하게 선택하도록 도와주고 있다. 진로개발은 일생 동안의 과정이다. 진로개발은 여러 가지 성공적인 직업선택을 포함하게 된다. 개인의 선택이 이루어지면 자신의 충분한 이해와 가능한 선택대안을 끄집어내어 모든 선택 중에서 현명하게 선택하게 된다. 이와 같이 학교는 의미 있는 선택을 할 수 있는 자유를 보장하도록 경험과 방향을 안내할 책임을 가지고 있다.

4) 네 번째 요소는 타인들이 공·사립(公私立) 고용인들의 협동과 적극적인 관여, 노동조합 그리고 기타 학교와 가정 이외의 기관들을 요구하는 바를 성취하고 있기 때문에 나타난다.

여러 가지 면에서 교실은 학습 환경에 가장 무익(無益)하며 추상적인 개념학습에는 유용하지만 「참 세계」의 적용을 전개하는 데에서는 기회가 적다. 이 요소는 작업관찰의 준비, 일의 경험, 학생들을 위한 일의 연구기회와 공립학교 환경에서 학생들은 가르치는 사람들을 위한 기회를 포함한다. 또한 이 요소는 학생들이 학교에서부터 일의 세계로 성공적인 전환을 하도록 마련된 협동적인 학교-정부-기업-노동계획 프로그램뿐만 아니라 기업 및 산업사회에서 시행하는 훈련계획도 포함된다. 학생들이 경험에 따라 경제와 활동, 생산과정, 인간 상호작용, 과학기술의 역할과 영향, 물리적 환경의 복잡성과 파생되는 문제에 관한 지식을 배우게 된다. 이와 같은 학습의 조정이야말로 형식교육과 기업·노동·산업사회와의 공동책임으로 수용되어야 한다.

5) 이 요소는 가정과 가족, 지역사회와 직업사회 간의 상호관계를 인식하고 평가한다. 가정 자체는 일의 환경이다. 가정은 또한 경제를 생산

하고 지역사회 봉사를 위한 기본적 소비단위이다. 일과 생산에 대한 기본
태도는 가정에서 발견된다. 가족 경험은 직업의 갈망(요구)에 중요한 영
향을 미친다. 학교는 평생의 태도가 형성되는 일반적인 경험의 의미를 동
일시하고 지적할 수 있다. 부모는 자녀들의 개인적 가치관과 태도에 영향
을 끼치도록 한다. 학생들은 가족 구성원의 역할로서, 부형으로서, 직업봉
사의 일원으로서 개인적으로 현명한 판단을 하는 데 도움이 될 수 있다.

위와 같은 진로교육 요소는 종합적으로 다음과 같은 그림으로 표현
될 수 있다.[19)]

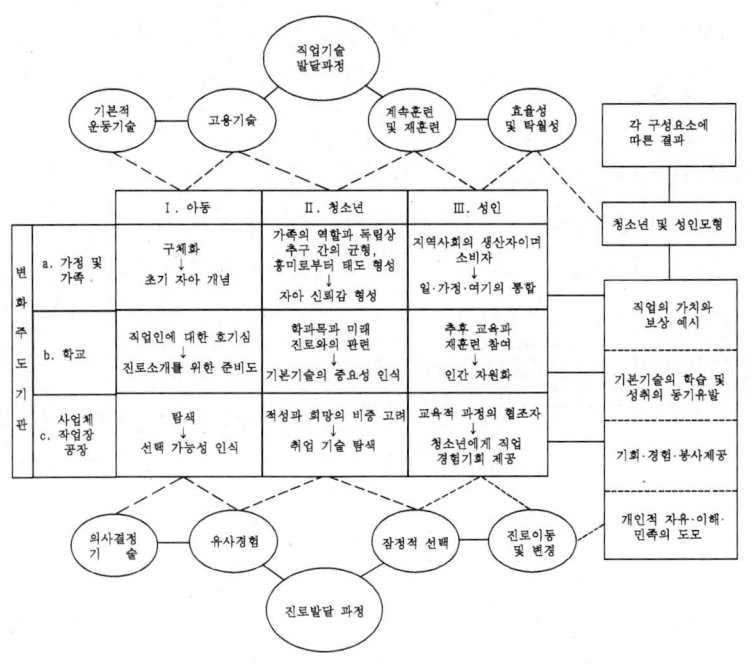

<그림 1-1> 진로교육 구성요소

---

19) 장석민·이애송, ≪진로교육에 관한 문헌분석 연구≫(서울: 한국교육개
발원, 1985). p.70.

(2) 進路教育 目標

진로교육은 넓은 의미의 직업교육이고 직업적성 교육이므로, 직업
지도의 기능을 포함하면서 더 나아가 학생 자신이 직업에 관한 유용하
고도 충분한 정보를 이해하고 탐색하며 직업선택을 할 수 있는 제반
활동을 제공하는 것이다. 한편 진학지도에도 적절한 대책으로 흥미·적
성·능력·인정·욕구 등을 포함한 자기이해 과정을 통해서 적재적소
에 알맞은 유능한 인간형성을 목표로 한다.

영국의 학교에 있어서 진로교육 목적을 제시하면 다음과 같다.[20]

1) 학생들에게 개방된 광범위한 교육 및 취업기회에 관한 정보를
그들에게 제공한다.

2) 학생들이 그들 개인의 장·단점, 흥미 그리고 적성을 현실적으
로 이해할 수 있도록 도와준다.

3) 학생들에게 직업선택을 신중히 하도록 준비시킨다.

4) 학생들이 장차 근로생활에 들어설 때 직면하는 모든 상황을 이
해하고 극복하도록 그들에게 준비시킨다.

진로교육의 일반적 목표를 제시하면 다음과 같다.[21]

1) 지역사회에 고용될 수 있는 잠재적 능력을 소유한 시민으로서
자기 자신을 분석할 수 있는 능력을 발전시킨다. 따라서 학생은 자기
자신을 가장 가치 있는 인간으로 사람들과 적응하는 일이 성공에 중
요한 부분임을 깨닫게 한다.

2) 일의 가치와 존엄성에 대한 존경의 태도를 기른다.

따라서 학생들은 직업이 일상생활을 영위하는 기본조건으로서의 중

---

20) 李圭煥, "生涯教育의 內容과 方法," ≪새교육≫ 1980년 10月號, 통권
312호, 대한교육연합회, pp.40~41.
21) 金忠起, "中等學校에 있어서 生涯教育," ≪새교육≫ 1980년 10月號,
통권 312호, 대한교육연합회, pp.54~55.

요성을 알고 받아들인다. 직업의 변화를 이해하고 수용한다. 즉, 자기에게 적합한 직업이 많이 있음을 알게 한다. 사람들이 여러 가지 보수나 만족을 위해 일하고 있음을 이해하고 받아들이도록 한다.

3) 지역사회의 일과 개인봉사(個人奉仕)의 공헌도를 존중하며 봉사하도록 한다. 따라서 학생들에게 어떠한 생산적인 일에 종사하는 노동자도 존경을 받아야 한다는 개념을 인식시킨다. 수많은 사람들은 모두 잘 살기 위해 일한다. 직업은 어느 것을 막론하고 중요하며 수요공급에 따라 결정이 된다는 것을 이해시킨다.

4) 학교교육과 일의 세계와의 관계를 짓고 학교는 미래의 삶을 준비하도록 도와준다. 따라서 학교에 다니는 일이 타인(他人)과 성공적으로 잘 어울릴 수 있는 방법을 배우도록 한다. 학교에서 배우는 기초적인 교과, 즉 독·서·산(讀書算), 의사소통은 모든 직업의 준비를 위해 필요함을 인식시킨다. 훈련은 모든 직업에 필요하므로 계획된 학교교육 프로그램에서 효과적인 훈련을 제공할 수 있다.

5) 마지막으로 전체 진로교육의 학습 환경을 이해하고 평가하는 책임은 가정과 학교, 지역사회가 골고루 나누어 가져야 한다.

이처럼 진로교육의 목적은 인간행동의 자아실현을 위한 단계적 교육을 실시하는 데 주안점을 둔다. 결과적으로 진로교육의 강조점은 다음과 같이 몇 가지 분야를 만족시키는 데 초점을 두고 있다.22)

1) 개인을 이해하도록 하며 지적(知的)으로나 정서적(情緖的)으로 그들을 일에 관련시켜 지도한다.

2) 건설적인 일을 향해 동기화되도록 개인을 유도한다.

3) 일의 대안의 다양성과 복잡한 관계를 이해할 수 있는 범위 내에서 자기에게 가능성과 적합성을 이해하여 직업세계에 나갈 수 있는 인간을 육성한다.

---

22) West Virginia Department of Education, *Guide for the Development of Career Education*, Ed. 073. 253, June 1972. p.3.

4) 선택한 직업에 만족할 수 있고 필요하거나 요구할 때는 언제든지 진로방향을 변형시킬 수 있으며 발전시킬 수 있는 능력을 가진 인간으로 육성한다.

5) 의사결정 과정과 적응과정에서의 기능을 다할 수 있도록 한다.

6) 의미 있는 일에 참여하고 발견할 수 있는 인간을 기른다.

7) 사회에 공헌하고 보상받을 수 있는 인간을 기른다.

8) 교육의 취사선택 다양성과 복잡성을 이해하도록 자기에게 가능한 자기탐색으로 직업세계에 활용하는 유능한 인간을 기른다.

교육의 궁극적인 가치는 학생들의 지적인 성취수준이나 상급학교의 진학 또는 취업의 결과만으로 평가되어질 수 없다. 교육은 현재 학생들이 필요로 하고 있는 것은 물론이려니와 불확정시되는 미래사회에 대처하기 위하여 필요로 하는 지식·태도·기술 등을 갖추도록 준비시키는 데 본질적인 가치가 있다. 진로교육은 모든 개인이 생활역할, 경제적인 역할, 지역사회에서의 역할, 가정에서의 역할, 취미·종교생활에서의 역할들을 수행할 수 있는 능력을 갖추도록 해 준다. 특히 일(직업)의 세계와 관련하여 모든 개인이 ① 일 또는 직업을 가져야 되는 이유를 이해하게 하고, ② 일을 하는 데 또는 직업을 갖는 데 필요한 기능 또는 기술을 습득케 하고, ③ 일할 기회 또는 직업을 어떻게 얻는가를 배우게 하여, ④ 하나의 성공적이고 생산적인 사회인으로 일의 세계(직업의 세계)에 들어가게 돕는 것이다.23)

한국교육개발원이 1982년에 펴낸 ≪진로교육 자료≫에 제시된 진로교육 목표는 우리나라 현실에 당면한 문제에 기초하여 미국의 진로교육 실천방법에 관련된 내용을 포함시켜 독자적인 목표를 추출해 내었다. 그 목표를 열거하면 아래와 같다.24)

---

23) 강무섭, "진로교육의 방법," ≪학습과 일의 세계≫(서울: 한국교육개발원, 1983).
24) 한국교육개발원, ≪진로교육 자료≫(서울: 한국교육개발원, 1982). pp.14-15.

(1) 일반 목표

1) 자신의 적성·흥미·인성·능력 등을 정확히 이해한다.

2) 경제·사회 구조의 측면에서 직업의 세계를 이해한다.

3) 자신에게 적합한 진로계획을 수립하고, 진학 또는 취업에 필요한 지식·기능을 습득한다.

4) 일과 직업에 대한 건전한 가치관 및 태도를 형성한다.

(2) 초등학교 목표

1) 자신의 소질·흥미를 발견한다.

2) 지역사회의 각 산업체 및 여러 기관, 단체들이 하는 일에 대한 이해를 통하여 모든 직업이 똑같이 소중함을 안다.

3) 직업의 중요성을 인식함으로써 장래 직업인으로서의 포부를 갖는다.

(3) 중학교 목표

1) 자신의 적성과 능력을 이해한다.

2) 직업의 사회적 역할을 이해함으로써 개인은 직업을 통해 사회에 공헌할 수 있음을 인식한다.

3) 다양한 직업에 관한 지식을 갖고 자신의 진로를 잠정적으로 계획한다.

(4) 고등학교 목표

1) 자신의 적성 및 여러 가지 여건을 고려하여 구체적인 진로계획을 수립한다.

2) 진학 또는 직업에 필요한 정보를 넓게 수집·분석하여 자신에게 적합한 직업 및 학교를 선정하고 이를 위해 준비한다.

3) 건전한 직업관 및 직업윤리를 형성한다.

아울러 진로교육의 위치는 <그림 1-2>에 표시한 바와 같이 직업교육이 핵심이며 상위개념은 진로교육이다. 진로교육은 교육체제 속에 포함되어 있으며 교육체제는 사회의 범주 안에 속해 있는 것이다. 따라서 진로교육은 교육체제 안에서 학교교육의 정상적인 활동과 함께 이루어지는 종합적인 과정이다.

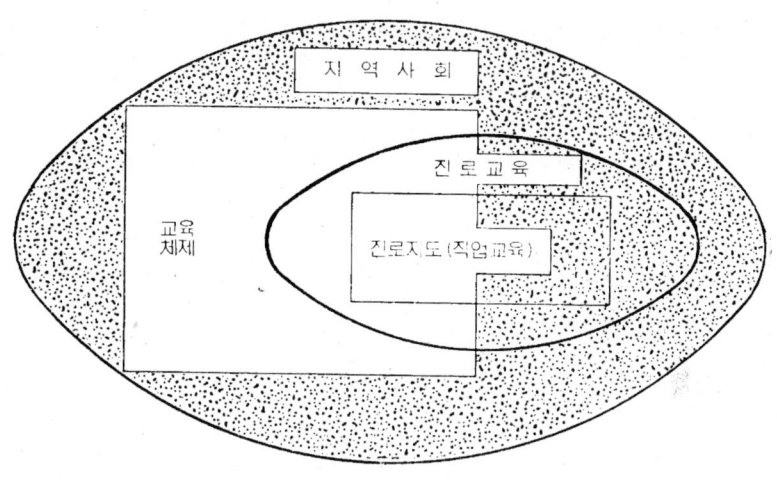

<그림 1-2> 진로교육의 위치[25]

　진로교육은 교육의 최고 우선권 중의 하나이다. 신로교육이 힉교교
육 현장에서 진로교육 목표에서 제시하는 바에 따라 학급에서 원만히
실시되어야만 개인이 가지고 있는 잠재 능력을 발휘할 수 있게 되고
적재적소에 알맞은 진학이나 직업선택이 올바로 이루어질 수 있게 된
다.
　끝으로 진로지도의 목적을 제시하면, ① 자아개념의 구체화, ② 일
의 세계에 대한 포괄적인 이해, ③ 진로계획 수립을 위한 책임감 인
식, ④ 의사결정 능력의 함양, ⑤ 협동적인 사회적 활동을 위한 준비,
⑥ 일에 대한 건전한 태도를 기르는 데 있다.

25) Kenneth B. Hoyt, et. al., *op. cit.*, p.35.

(3) 學校級別 進路敎育 內容體系

각급 학교별 진로교육 내용체계는 아래와 같다.26)

〈표 1-1〉 학교급별 진로교육 내용체제

영 역	초 등 학 교	중 학 교	고 등 학 교
Ⅰ. 자아의 발견	○ 자신의 소질·흥미 발견	○ 자신의 능력·적성 에 대한 이해	○ 자신의 직업적성· 주위 여건·역할에 대한 자각
Ⅱ. 일의 세계 1. 직업의 종 류와 내용 2. 직업과 교육	○ 사람과 일 ○ 산업과 직업 ○ 사회적 분업과 직업 ○ 일과 직업수행 을 위한 지식·기술 습득의 필요성	○ 산업 및 직업 분류 ○ 현대 사회와 직업 ○ 직업생활을 위 한 준비로서의 교육	○ 직업구조의 변화 ○ 직업별 직무 및 전망 ○ 직업별로 요구 되는 교육의 정도 및 내용
Ⅲ. 진로계획 1. 선택계획 2. 준비계획	○ 장래의 희망·포 부 설정 ○ 장래 희망을 성 취하기 위한 방법 구상	○ 장래의 잠정적 인 직업계획 수립 ○ 진학 및 직업 준비 계획	○ 구체적인 진로 계획과 선택 ○ 진학 및 직업 준비 계획
Ⅳ. 일에 대한 태 도 및 가치관	○ 일의 소중함 ○ 일의 보람	○ 직업의 의의·필요성 ○ 바람직한 직업 선정의 조건	○건전한 직업관 ○직업 및 직장 윤리

학교에서 진로교육의 목적을 실현하기 위해서는 가르쳐야 할 진로

---

26) 한국교육개발원, 《전게서》, p.15.

교육 영역과 범위가 결정되어야 한다.

진로교육은 전 생애를 통해서 개인의 진로발달 단계에 따라 구성되어야하며 단계별로 진로의 내용을 전개하고 지도하여야 한다. 즉, 초등학교에서는 진로인식 단계, 중학교에서는 진로탐색 단계, 고등학교에서는 진로준비 단계, 대학교에서는 진로전문화 단계로 구분하여 진학 및 직업준비 교육을 시키도록 한다.

진로교육은 미국의 진로교육 모형에 의거하여 다음과 같이 네 단계로 구분하고 있는데 그 단계를 그림으로 나타내면 <그림 1-3>과 같다.

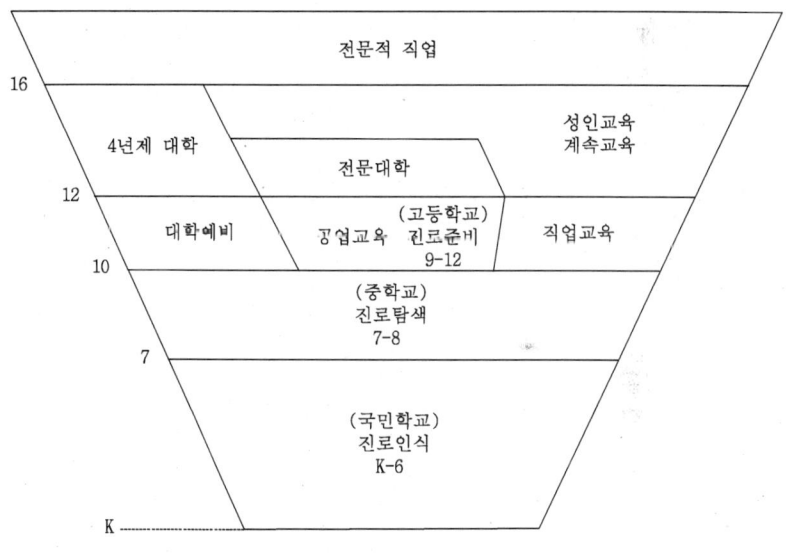

<그림 1-3> U. S. O. E. 진로교육 모형[27]

이와 같은 모형을 근거로 하여 한국교육개발원의 진로교육 연구팀은 <그림 1-4>와 같이 종합적으로 이에 대한 개념구조 모형[28]을

27) John B. Stevenson, *op. cit.*, p.90. 金忠起, ≪生涯敎育의 基礎≫(서울: 敎學硏究社, 1984). p.77 참조.
28) 한국교육개발원, ≪진로교육 자료≫, p.39.

마련하였다.

이 모형에 기초하여 단계별 교육내용을 소개하면 다음과 같다.29)

가. 진로인식 단계(career awareness Stage)

이 단계는 주로 초등학교 교육수준에서 이루어져야 하여, ① 가능한 여러 가지 직업의 종류를 이해시키고, ② 잠정적 진로에서 직업과 관련하여 자아인식을 개발시키며, ③ 일과 사회에 대한 태도를 함양하기 위한 기반을 발전시키며, ④ 모든 분야에 있어서 직업인에 대한 존경과 인정의 태도를 기르며, ⑤ 학교수업을 통하여 직업군(occupational clusters)을 이해하고 잠정적으로 선택할 수 있는 기회를 갖도록 도와주어야 한다.

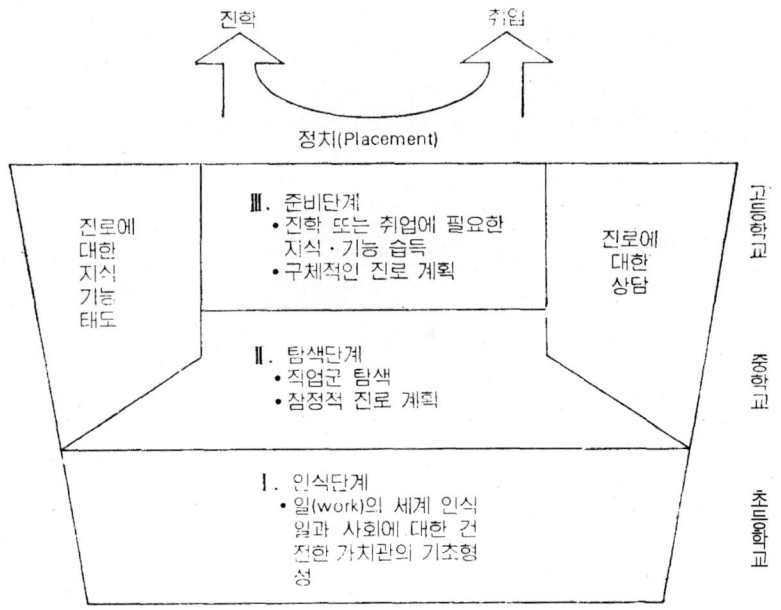

---

29) John B. Stevenson, *op. cit.*, p.70; 金忠起, ≪生涯教育의 基礎≫(서울: 教學研究社, 1984). pp.50-52; 한국교육개발원, ≪학습과 일의 세계≫, pp.29-30.

골드해머(Goldhammer)와 테일러(Taylor)는 이 시기에 수행되어야 할 행동 영역으로서 다음 다섯 가지를 제시하고 있다.[30]

① 학습과 사회적 발달의 기본기능 습득
② 인간으로서의 삶과 개인적 · 사회적 활동에 관한 기본기능의 고찰
③ 사회 속에서 이루어지는 개인적 삶의 기본특성에 관한 고찰
④ 인간이 배우고 활용하는 환경과 자연에 대한 탐구
⑤ 아동의 기본적 흥미와 잠재력에 관한 탐색

나. 진로탐색 단계(career exploration stage)

이 단계는 중학교 교육수준의 단계로서 학생들로 하여금, ① 주요 직업 분야를 탐색하여 자신의 흥미와 능력을 발휘하도록 하고, ② 직업의 분류 및 식업군에 익숙도록 하며, ③ 지기의 외사결정에 관련된 요소를 인식하도록 하며, ④ 의미 있는 의사결정과 그 기회를 가지도록 하며, ⑤ 잠정적으로 직업계획을 발전시키고 선택할 수 있는 경험을 제공해 주도록 한다.

골드해머와 테일러는 중학생을 대상으로 한 진로교육 프로그램에서 다루어야 할 내용으로 7가지를 제시하고 있다.[31]

① 기본기능 활용의 숙달 및 활용력 신장
② 장래 직업 · 취미생활 · 가정생활 · 시민정신, 문화생활 등에 관한 광범위한 고찰
③ 취업기회에 관한 몇 가지 잠재적 가능성의 탐색

---

30) Keith Goldhammer and R. E. Taylor, *Career Education: Promise and Perspective*(Ohio: Charles E. Merrill Publishing Co., 1972). p.135.
31) *Ibid.*, p.135.

④ 직업선택 능력과 태도의 함양

⑤ 장래 직업의 보편적 영역에 관한 잠정적 선택

⑥ 다양한 직업에 요구되는 개인적·교육적 요건들에 관한 광범
위한 지식

⑦ 인류의 가치와 신념체계에 관한 고찰

다. 진로준비 단계(career preparation stage)

이 단계는 고등학교 교육수준의 단계로서 학생들로 하여금, ① 직
업기술의 습득수준과 고용수준에 도달할 수 있는 지식과 기술을 습득
케 하며, ② 직업의 훈련계획을 세우게 하고, ③ 직업에 대한 긍정적
태도를 발전시켜 주는 일이 포함된다.

골드해머와 테일러는 고등학교 수준에서 수행되어야 할 몇 가지 행
동내용을 제시하였다.32)

① 기본기능의 계속적인 숙달·활용·응용력의 강조

② 가정생활·취미생활·시민생활·문화생활을 영위하는 데 필
요한 구체적인 지식과 기술의 습득

③ 특수한 직업군 내지 직업 영역 내에 존재하는 취미생활의 기
회에 대한 탐색

④ 구체적 직업과 이에 수반되는 초기 준비방안의 선정 및 상급
학교 진학 가능성의 탐색

⑤ 적절한 기술의 개발

---

32) *Ibid.*, p.135.

라. 진로전문화 단계(career specialization stage)

이 단계의 교육은 고등학교 졸업 이후부터 대학졸업까지의 교육으
로서 전문대학(구 전문학교)·직업학교·지역사회 대학·4년제 대학
을 포함한다. 이 과정은 학생들로 하여금, ① 전문적 직업 분야에서
구체적으로 직업의 지식과 특수 기술을 준비·개발시키는 것을 가르
치고 준비하도록 한다. ② 피고용인으로서 의미 있는 관계를 형성할
수 있는 기회를 갖도록 한다. ③ 필요한 재교육·현직교육과 승진을
위한 기술훈련 과정을 제공한다. ④ 직업인으로서 긍지와 보람, 직업
윤리와 가치관 정립을 확고히 한다.

미국 문교부에서는 위와 같은 진로발달 단계에 맞추어 교육내용을
선정하고 여기에 맞추어 진로교육 모형을 제시하고 이에 따라 적합한
직업군의 소개를 하여 지도하도록 명시하고 있다. 그 직업군을 제시
하면 다음과 같다.33),34),35),36),37)

    ① 농업경영과 자연자원직(Agri-business and natural resources)
    ② 기업 및 사무직(Business and office)
    ③ 방송·통신직(Communication and media)
    ④ 소비와 가정교육직(Consumer and home-making education)
    ⑤ 건설직(Construcion)
    ⑥ 환경통제직(Environmental control)
    ⑦ 예술과 인문과학직(Fine arts and humanities)

33) Kenneth B. Hoyt, et. al., *op. cit.*, pp.31-32.
34) F. R. Cross, *Elementary School Career Education: A Humanistic Model*(Ohio: Charles E. Merrill Publishing Co., 1974).
35) Technical Speech, "Career Education," p.13.
36) Ralph Ressler, *op. cit.*, p.39.
37) Keith Goldhammer and Robert E. Taylor, *op. cit.*, p.113.

⑧ 건강관계직(Health)
⑨ 관광업직(Hospitality and recreation)
⑩ 제조업직(Manufacturing)
⑪ 해양·우주과학직(Marine science)
⑫ 유통업직(Marketing and distribution)
⑬ 개인봉사직(Personal services)
⑭ 공공봉사직(Public services)
⑮ 교통업직(Transportation)

4. 進路教育의 發達的 背景

진로교육은 새로운 사상이나 획기적인 교육개혁을 주도하고자 하는 이념에서 나온 것이 아니고 새롭게 구안된 교육이론이다. 오늘날 학교교육 현장에서 빚어지고 있는 당면한 문제점을 보완하고 시정하기 위해서 실질적이고 실용성 있는 직업교육의 일환으로 학생들이 학교교육을 통하여 습득한 지식이 사회에 나가서 직업생활을 영위할 때에 부적응문제를 해결하고 성공적으로 직업에 들어가서 만족하고 행복한 삶을 누릴 수 있는 기본교육을 수행하도록 도와주는 종합적인 교육활동 내용이다.

그러므로 진로교육은 직업교육에서부터 발전된 교육내용이다. 진로교육은 50년 이상의 기간을 통해서 끊임없이 직업교육을 수행해 오면서 발전해 왔다. 이 연구는 인간이 궁극의 목적인 만족한 생활, 즉 생활유지 수단으로서의 직업을 선택할 때 주어지는 적합한 직업적성 교육이 이루어져야만 한다는 것이다.

우리나라의 경우에는 예부터 직업을 천시해 온 터이기 때문에 직업교육의 발전을 이룩하지 못하였다. 다만 농업을 주로 하는 직업만이 전국적으로 이루어져 왔고, 양반·상인 등과 같은 계급제도에 억눌려 천민만의 전유물로만 생각해 왔기 때문에 「직업과 인생」이란 측면에서 볼 때 직업교육은 전혀 이루어지지 않았다. 그런 까닭에 우리는 선진국처럼 산업의 발전을 이룩하지 못하고 경제적인 혜택을 누리지 못하고 전통적인 농업사회에서만 살아왔다. 그래서 5천여 년 동안 풍요로운 삶을 누리지 못하고 전근대적인 생활 속에서 맴돌았다.

그러나 직업은 반드시 농업이나 공업, 상업 등을 의미하는 것은 아니다. 인간은 누구나 직업이 없으면 가장 기본적인 생계유지 수단인 생활을 전혀 이룰 수가 없다. 또한 누구나 직업은 가져야 마땅하다. 대통령에서부터 수많은 노무자에 이르기까지 필수적으로 직업을 갖게 되는 것이다. 그럼에도 불구하고 직업을 천시하는 경향은 사리에 맞지 않는 모순을 드러내는 것이다.

그러므로 직업을 갖기 위해서는 일정한 계획적인 준비과정이 필요한 것이다. 평생 동안 직업수행을 통해서 생활을 누리고 만족하면서 자아실현의 단계로 옮겨가는 것이다. 이러한 중요한 직업선택을 위해서 학교에서는 교육과정을 통하여 적재적소에 알맞은 직업지도가 필요한데 이것이 바로 진로교육이다.

앞에서 진로교육의 의미를 제시한 바 있으므로 진로교육은 마랜드가 역설한 바와 같이 모든 교육은 진로교육이라고 할 수 있는 것이다. 왜냐하면 우리가 교육을 받는다는 이유는 전인(全人)을 위한 교육이라고 하여 자주적 인간·창조적 인간·도덕적 인간을 육성하는 것이 교육의 목표를 달성하는 것이라고 한다. 교육은 인간행동의 계획적인 변화를 가져오는 것이라고 정의를 내리고 있지만[38] 결국 교육받는 일은 장차 생활의 준비로서 일생을 잘 살아가기 위해서 생계유지 수단인 직업도

---

38) 鄭範謨, ≪敎育과 敎育學≫(서울: 培英社, 1978). pp.20~29.

가져야 하고 평생을 직업 유지 속에서 살아야 하므로 올바른 직업선택을 하기 위해서 철저한 준비교육이 필요한 것이다. 교육받은 사람이 아무런 쓸모도 없이 공리공론(空理空論)만을 일삼는 무능인이 되어서는 안 된다. 직업세계에 나아가 현명하게 적응하여 배운 지식과 기술을 충분히 발휘하여 선택한 직업에서 만족스런 「삶」을 유지하고 자아 실현할 수 있도록 직업적성 교육이 실시되어야만 교육의 목적을 완수했다고 본다. 그러므로 교육은 실용성 있는 능력을 키우기 위해서 모든 노력을 다하여야 한다.

진로교육은 원래 미국에서부터 발전되기 시작하였다. 미국교육 체제에 있어서 끊임없이 제기된 문제는 학교가 오늘날의 젊은이에게 필요한 경험을 제공해 주지 못하고 있다는 비판이 거세짐에 따라 미국교육의 전통적 목표와 절차는 근본적인 회의상태에 빠지게 되었다. 따라서 현행 교육제도를 대체할 새로운 대안에 대한 요구가 팽배해지자 연방정부나 주(州)의 정책입안자들은 미국 학생들에게 보다 적합하고 수준 높으며 평등한 교육기회를 제공할 수 있는 대안을 마련하고자 노력하게 되었다.39)

진로교육은 이러한 변화에의 요구로 인해 제안된 교육개혁 운동의 하나이다. 진로교육이란 용어는 미국의 교육위원인 알렌(James Allen)이 처음 사용했으며 후임자인 마랜드(Sidney P.Marland)에 의해 계승, 발전되었다. 그 이후 벨(T. H. Bell)과 보이어(Ernest Boyer)에 의해 진로교육은 미국 문교부의 주요 교육정책 목표가 되었으며 국가적 차원의 우선적 관심사가 되었다.40)

진로교육은 교양교육과 직업교육의 혼합이라고 부르면서 처음으로

---

39) 장석민·홍영란, "미국의 진로교육 모형에 관한 분석," ≪진로교육에 관한 문헌분석 연구≫(서울: 한국교육개발원, 1985). p.69.

40) Calfrey C. Calhoun and Alton V. Finch, *Vocational Education: Concepts and Operations*(California: Wadworth Publishing Co., 1982). p.85.

국민에게 발표할 때 마랜드는 교육지도자들에게 교육개혁의 약속 수단으로 그 개념을 연구하도록 하였다.[41]

과거에 직업교육은 거의 고등학교 학생과 성인들에게 즉각적인 고용을 위한 훈련과 재훈련으로만 지향해 왔다. 그것은 오로지 소수만을 위한 방법이었다. 대다수의 학생들은 정규 학교교육을 통하여 특별한 직업을 위한 기술을 배우지 못하고 직업사회에 투입되는 경우가 많아 생활적응 면에서 또는 직업적응에 문제점이 많게 되었다. 고등학교 학생들은 대학의 학위만을 위해 교과교육만을 추진하고 있지만 졸업 후에는 오직 소수의 학생만 대학에 가게 되고 그 소수의 대학생이 되어도 대학을 전부 졸업할 수가 없다. 그렇다면 고등학교만 졸업을 했거나 대학중퇴자들은 고용에 필요한 특수기술도 습득하지 못한 채 직업전선에 투입되어야 하므로 직업수행에 적응하지 못하는 문제가 많다. 그러므로 학교교육에서는 장래의 직업준비를 위한 훈련과정이 필요한 것이다.

일반적으로 생활지도 운동의 선구자로 알려진 파슨스(Frank Parsons)는 서적 중심의 특수교육을 하고 있는 공립학교를 공격하고, 서적 중심의 교육은 마땅히 산업교육과 균형을 유지해야 한다고 옹호하면서 학교에서 공부하는 어린이들에게도 문화양식과 산업과학 분야에 시간을 할애해야 한다고 주장하고 있다.[42]

파슨스는 1908년 보스턴에서 직업보도국을 세우고 그 당시 학교에서 실패한 학생이거나 중퇴하여 적합한 기술을 배우지 못한 청소년들을 모아 직업지도에 착수하여 그들을 위해 적합한 직업선택에 큰 공헌을 하였다. 그리하여 직업지도가 인정을 받아서 학교교육에서 필수

---

41) Sidney P. Marland, "Career Education Now," Paper Presented to the National Association of Secondary School Principals, Houston, Texas, January, 1971.

42) Sidney P. Marland, *Career Education*(New York: McGraw-Hill Book Co., 1974). p.59.

적으로 이루어져야 함을 인식하고 도입되어서 학교 생활지도가 이루
어지게 되었다. 파슨스는 《직업선택》43)이라는 저서를 발표하였는데
그는 직업지도를 하려면, ① 자아·소질·능력·흥미·자원 한계와
기타 자질의 명백한 이해와, ② 필요조건의 지식과 성공의 조건, 이의
장점과 단점, 보상, 여러 방면의 일의 기회와 전망에 대한 내용을 포
함하는 지도를 해야 한다고 주장한다. 이것이 진로교육의 발전에도
영향을 끼친 하나의 요인이 된다.

헤르(Herr)도 진로교육이 창조와 유동적이고 실용적인 교육의 형태
로서 최적의 것이라고 옹호하는가 하면44) 1862년 발표된 모라일 법
안(Morrill Acts)에서는 진로교육을 실천하는 데 필요한 하나의 교육
계획을 설명하고 있다. 이 법안은 당시 국회가 가지고 있었던 의도는
직업교육을 개혁하고 직업의 영역을 개조하여 일하는 계층들이 접근
할 수 있도록 큰 역할을 해 주었다.

1800년대 말에서 1900년대 초로 넘어감에 따라 공교육에 대한 비
판이 점점 격렬해졌다. 예를 들면, 스네든(David Snedden)은 학교교
육이 너무나 서적 중심이어서 오직 소수만의 학생이 교양문화와 전문
직에 참여하게 된다고 비난하고 있다.45)

스네든은 생활의 실제성을 위한 특별한 교육 프로그램을 지지하고
있다. 프로서(Charles A. Prosser)나 알렌(Charles R. Allen) 등은 모
두 일반교양을 위주로 하는 공교육에 직업교육을 확장시킨 개척자들
이며46) 듀이(Dewey)는 산업교육의 이론과 실제에서 프로서나 스네

---

43) Frank Parsons, *Choosing a Vocation* (Boston: Houghton Mifflin Co-
　　mpany, 1909). p.9.
44) Edwin I. Herr, *Review and Synthesis of Foundations for Career Educ-
　　ation, ERIC Clearinghouse on Vocational and Technical Educati-
　　on*(Columbus, Ohio: March 1972). pp.13-14.
45) Merle Curti, *The Social Ideas of American Educators*(New Jersey:
　　Littlefield, Adama and Company, 1959).
46) Calfrey C. Calhoun and Alton, V. Fich., *op. cit.*, p.84.

든이나 알렌이 주장하고 있는 산업교육과는 다른 입장을 취하고 있으나 산업교육의 가능성은 다른 교과와 상관이 있음을 시사하며 직업교육에 대한 이해와 필요성을 강조하기도 하였다.47) 듀이는 직업교육을 교양교육의 수단으로 보았다. 즉, 아동의 지식이 활용된다면 산업교육은 기구와 재료를 아동에게 탐구시키고 이용·구성하고 창조시킬 수 있으며 타고난 성향대로 만족스럽게 잠재력을 키울 수 있다고 주장하고 있다. 일과 놀이를 구분하지만 일이 놀이와 같은 성격으로 취급한다면 일은 즐겁고 만족하게 될 것이다.

1960년대 이전에 생활지도는 하급학년에까지 압력이 미치고 있었지만 주로 고등학교의 기능으로만 간주되었다. 생활지도란 이름으로 이루어진 대부분의 일들은 대학입학 요구, 즉 주어진 학교의 성공을 좌우하는 주요한 범주는 수많은 학생을 고등교육 기관에 입학시키는 일들에 충족될 수 있도록 프로그램 계획이 추진되었다.

모든 비평을 받아들일 수는 없지만 수많은 비평은 대학에 입학하려는 학생들에 대한 편견에 관하여 카운슬러의 책임으로만 돌렸다. 그러나 생활지도를 관여하는 요원의 훈련이나 제한된 직업 프로그램과 결부된 어떤 다양한 일의 경험부족으로 그 대안을 택할 수 없었다.

또한 과거에는 확실히 직업교육에 대한 부족한 이미지가 학교에서 제공되는 훈련의 혜택을 받는 제한된 학생 수에 영향을 미치는 요인이 되었다. 교육자뿐만 아니라 학부형까지도 학교성적이 좋지 못한 학생이 직업교육을 받는다는 나쁜 인상을 갖게 되는 것이다. 이것이 대안도 없이 학교를 그만두거나 남아서 고등학교 졸업장이나 따려는 성적 나쁜 학생이 택하는 과정이라는 인상이 짙다.

1968년 이전에는 학교에서 진로발달에 관한 부족으로 직업교육은 교사가 직업정보에 관한 지식을 갖추지 못하고 있었기 때문에 일반교

---

47) John Dewey, *Democracy and Education*(New York: The Macmillan Company, 1931).

육보다는 뒤떨어지는 경향이 있었다.

1960년대 초 국가의 인력 요구가 대통령 지시하에 연구가 이루어져 특히 직업교육의 구조와 미래의 인력 위기에 대해서 관심을 기울이게 되었다.

1963년 직업교육법안이 수많은 학생들의 오도(誤導)되는 진로방향 유형을 봉쇄하고자 하는 데 기여하게 되었다.[48]

1963년 직업교육법안의 주요 골자는 다음과 같다.

　　1) 주 정부는 직업교육 프로그램을 유지·확장·증진시키도록 도와줄 것

　　2) 새로운 직업교육 프로그램을 개발할 것

　　3) 전일제(全日制)로 직업훈련을 계속하도록 청소년들에게 필요한 시간제 고용을 시켜라.

　　4) 고등학교에 다니고 있거나 졸업, 또는 형식교육을 계속 받지 못하는 학생, 노동시장에 들어가기 위해 준비하는 학생, 교육장애자로 분류되는 학생들에게 직업교육 훈련과 재훈련에 들어갈 수 있는 모든 연령층의 사람들에게 교수 프로그램을 제공하라.[49]

이와 같은 법안은 학생들이 학업과 일 사이의 간격(gap)을 연결시키는 노력의 시작에 박차를 가하였다.

진로교육에 비추어 볼 때 그 법안이 직업교육을 보급하는 데 융통성을 부여하게 되지만, 고등학교 상급학년에게만 강조되었다. 장애자들은 직업교육의 책임으로 돌리지만 일반교육과 직업교육의 격차는 남아 있었다.

---

48) Ralph Ressler, *Career Education: The New Frontier*(Worthington, Ohio: Charles A. Jones Publishing Co., 1973). pp.22-23.

49) Mayor D. Mobley and Melvin L. Barlow, "Impact Upon Vocational Education," p.200.

≪인간, 교육 및 일≫의 저자인 벤(Grant Venn)[50]은 1965년 전체 교육 수립의 책임에 관한 11가지 기본 전제를 제시하면서 인력분과위원회에 증거를 제시하였다.

그렇게 함으로써 그는 교양교육과 직업교육 사이의 갈라진 틈을 인식시켰다. 벤이 제시한 11가지 책임은 다음과 같다.

1) 모든 사람은 읽고 쓰고 셈하기를 배워야 한다.

2) 새로운 일에 대한 태도와 일의 세계와 교육 사이의 새로운 관계는 발전시켜야 한다.

3) 특수 프로그램은 특별한 요구를 지닌 젊은이들을 위하여 개발하여야 한다.

4) 탈중등교육(脫中等敎育) 기회를 방대하게 팽창하는 일이 필요하다.

5) 계속교육은 교육의 중요목표와 기능이 되어야 한다.

6) 지방학교 제도와 교육기관은 變化하는 국가적 성격에 기초하여 프로그램과 활동을 전개하여야 한다.

7) 오늘날 적절한 교육 프로그램과 직업의 준비를 위한 개인선택에 중요한 책임은 교육에 달려 있다.

8) 교육은 모든 학생을 위하여 직업투입 배치(職業投入配置)에 대한 책임과 교육적인 위임을 수용해야 한다.

9) 교육 프로그램·시설·조직과 시간요인에 비추어 보아 장기인력수급에 대한 계속적인 연구는 교육의 지체를 제거하는 데 필요하다.

10) 탈중등직업교육(脫中等職業敎育)과 기술교육은 재정능력보다는 흥미와 능력에 기초하여 사람들이 등록할 수 있는 개인에게 어떤 일이 있더라도 가능해야 한다.

11) 교육제도 내에 적당한 직업교육 개발은 성공적인 훈련 프로

---

50) Grant Venn, *Man, Education and Work*(New York: American Vocational Association 1968).

그램·재훈련 그리고 직업융통성 개발에 있어서 필수적이다.

벤이 발표한 수많은 관점이 진로교육의 초석이 되었다.

1960~1963년까지 케네디 대통령 집권 시에 케네디는 고도의 실업률 (失業率)이 국가에 당면한 문제라고 확신하고 다음과 같은 「메시지」를 국회에 제출하였다. "평생의 과정이 끊임없는 교육의 기회라고 생각하고 입학 전에 훈련과 초등학교·중등학교·대학교·직업교육·직업훈련·재교육·성인교육과 공공 지역사회(公共地域社會) 교육을 재평가하라"고 지시하면서 직업교육에 관한 실무자회의를 실시하고 보건사회복지부(H. E. W.)의 자문위원들에게 필요성을 지시하였다.51)

이어 1963년 법안과 1968년 직업교육법안 수정안은 전국을 통하여 주마다 모든 연령층을 포함하여 직업교육을 실시하는 데 필요한 광범위한 프로그램을 작성하였다.52)

진로교육은 현재 교육현장에 가장 중요한 개혁의 하나가 되었다. 위와 같은 법안을 중심으로 1971년 교육위원인 마랜드에 의해서 표면화되어 진로교육의 필요성이 강조된 것이다. 그 이후 지금까지 이 분야에 연구와 실천이 놀라울 정도로 인정되고 확산되어 전국적으로 「진로교육」 시간을 교과과정에 삽입하여 진로교육 담당교사가 전적으로 지도하게 되었다.

현재 진로교육에 관한 저서와 연구물, 프로그램 등 개발에 있어서 정부의 재정적인 지원으로 활발하게 발표되고 있으며 대학의 박사학위 과정에서도 수백 편 이상의 학위논문이 쏟아져 나오고 있다. 이제

---

51) Advisory Council on Vocational Education, *The Bridge Between Man and His Work*(Washington, D. C.: Advisory Council on Vocational Education, 1968). p.248.

52) James B. Connant, in Robert M. Worthington's *Career Education in the United States*(Flagstaff: Northern Arizona University, June 28, 1974).

는 진로교육이 생소하지 않다. 직업교육 연구자들의 전유물이라고 생각했던 그릇된 관념이 사라지고 적극적인 참여와 후원이 늘어가고 있다. 그리하여 진로교육의 효과가 그 당위성을 인정받게 되었다.

결국에 가서 진로교육의 개념에 대한 보다 많은 논의와 보다 분명히 해야 된다는 마랜드 교육위원의 교육 지역사회에 대한 도전은 폭넓은 반응과 다양한 정의를 불러일으켰다. 어떤 사람들은 그 용어를 교육의 모든 것을 포함하는 것으로 받아들이며 반면에 그 외 사람들은 「새로운 직업교육」을 설명하는 것으로 사용하고 있다. 진로교육에 대한 개개인의 견해는 교육적 범위에서 자신의 특정한 우세(이익)에 상당히 영향을 받는 것 같다. 교육장관으로서 마랜드의 후임자인 벨은 1974년 진로교육의 성과와 새로운 방향 몇 가지를 요약하였다. 전국 진로교육 주 담당자협의회 연설에서 그는 처음으로 진로교육의 역사를 강조하였다.

1) ……진로교육에 대한 의회의 요구가 있다. 공법(公法) 93-380 (1974년의 교육 수정) 표제 IV의 406절을 제정함으로써 의회는 진로교육을 법으로 만들었다.

2) ……의회는 진로교육을 위해 자금의 적절성을 아주 호의적으로 고려하고 있다.

3) ……진로교육에 대한 국가 자문기관이 있어야 할 것이다.

4) ……상업·노동·체육·교육·후생과를 대표하는 적극적인 정부기관이 연구 중에 있으며 교육과 일의 관련성에 관한 제언들이 이루어지고 있다.

벨 교육위원에 따르면,53) 문교부는 진로교육에 대한 나름대로의 입장을 지니고 있다. "교육과 일의 관계에 대해서 분명히 논의되고 있지만 주 및 지방 학교 체제가 자유롭게 나름대로의 특정한 진로교

---

53) Calfrey C. Calhoun and Alton V. Finch, *op. cit.*, p.86.

육의 개념을 계발하도록 맡겨 두고 있다. 이러한 개념에 있어서 보수를 받든 받지 않든 일에 몰두하는 것은 오늘날 우리의 사회에서 일에 대한 경제적·인간적 필요에 일치하는 일련의 목표를 표현함에 있어서 본질적인 것으로 본다. 문교부의 입장은 교육 내에서의 통합을 강조하며 형식교육 제도를 사업—산업—노동—전문적—정부사회와 가정과 가족구조와의 공동협조를 강조한다. 이 같은 강조는 진로교육을 위한 기초를 제공해 주며 우리를 보다 밝은 내일로 안내한다."

교육국의 진로교육 책임자인 호이트가 준비한 정책논문에서는 교육개혁을 요구하는 조건들을 요약하였다. 현행 교육제도의 11가지 비판 가운데에는 다음과 같은 것이 있다.

우리의 교육제도를 졸업하는 너무도 많은 사람이 기본적인 학업기술이 부족하다. ······미국교육은 언젠가 대학을 졸업하게 될 소수의 사람들의 교육적 필요에 가장 잘 부응하고 있다. ······중등 및 대학 수준에서 교육제도를 떠나는 너무도 많은 사람들이 직업기술·자기이해 및 진로·의사결정 기술 혹은 학교에서 직장에로의 성공적인 전환에 필수적인 직업태도가 준비되어 있지 않다.

벨과 호이트에 의하면,54) 진로교육 운동은 많은 기본적인 개념 가정을 지니고 있다. 그것은 다음과 같은 것들이다.

1) 개인의 진로와 교육은 취학 전에서부터 퇴직할 때까지로 연장되기 때문에 진로교육 또한 거의 전 인생주기로 확장되어야만 한다.
2) 생산성의 개념은 일의 정의와 진로교육의 모든 개념에 중심

---

54) Terrence H. Bell and Kenneth B. Hoyt, *Career Education: The U. S. O. E. Perspective*(Columbus: The Center for Vocational Education, The Ohio State University, 1974). p.10.

이 된다.

3) 「일」(work)이란 보수를 받는 고용뿐만 아니라 무보수의 활동도 포함하기 때문에 진로교육의 관심은 보수를 받는 고용에 우선 강조를 두는 것 외에도 학습으로서의 학생의 일, 우리 사회에서 많은 개척적인 근로자의 증가, 전담 가정관리의 일, 여가의 일부로서 종사하는 노동활동에 이르기까지 확장되고 있다.

4) 사해동포주의의 성질을 띤 오늘날의 사회는 진로교육이 "나는 왜 일을 해야만 하는가."에 대한 질문의 답을 각 개인에게 도와주는 하나의 수단으로서 단일의 노동윤리보다는 다양한 노동 가치를 지닐 것을 요구하고 있다.

5) 개인의 진로와 교육은 단편적인 의미에서보다는 발달적인 의미에서 보는 것이 좋다.

6) 진로교육은 모든 사람을 위한 것이다. 즉, 젊은이나 노인, 지적으로 결함 있는 사람이나 재능 있는 사람, 가난한 사람이든 부유한 사람이든, 남성이든 여성이든, 초등학교 학생이나 대학원생이나 할 것 없이 만인을 위한 것이다.

7) 진로교육의 사회적 목표는 모든 개인들에게 ① 일하도록 하고, ② 당시 일에 필요한 기술을 습득하도록, ③ 자신의 생애에 걸쳐 만족하도록 하는 데에 있다.

8) 진로교육의 개인적 목표는 일을 ① 가능하도록 하고, ② 의미 있도록, ③ 자신의 생애에 걸쳐 만족하도록 하는 데에 있다.

9) 개인의 자유스러운 선택을 보장하고 진로결정하거나 실행하도록 도와주는 것이 진로교육의 주된 관심이다.

10) 진로교육을 실시하는 데 요구되는 전문적인 지식은 사회의 곳곳에서 발견되는 것이며 형식교육에 종사하고 있는 사람들에게 제한되는 것은 아니다.

우리나라의 진로교육 도입의 배경은 어떠한가?
우리나라의 진로교육은 그 용어 자체가 생소할 정도로 전혀 등한시하거나 이해를 못한 상태에서 용어의 정립도 채 이루어지지 못했다. 다만 진로지도라는 명칭으로 진학지도에 관심을 갖게 된 것은 1964 년경이었다. 그 당시 주세환(朱世煥)의 《진학·진로 지도의 기술》이 라는 책자가 소개되었고 이종설(李鍾卨)이 《진학지도론》이라는 특집 으로 교단사(敎壇社; 1966)에서 내용을 발표한 바가 있다. 그러나 그 당시의 사회적·교육적 여건으로 보아 교육계에서는 관심의 밖이었다. 오로지 진학지도로서 대학입시에만 혈안이 되어 주입식 교육만이 성 행되고 대학입학에 있어서 어느 고등학교에서 일류학교에 많이 입학 시키느냐 하는 경쟁의식 속에서 학생 개개인의 적성이나 능력, 흥미 에 알맞은 직업지도나 진학 선택에 있어서 고려함이 없이 입시위주의 정책으로 과열과외 현상만을 빚어내고야 말았다. 그래서 정부당국이나 일반 학부형들도 교육이 학교 울타리를 떠나 안방과외로 자리를 옮기 고 학교는 졸업장만 타는 기관으로만 전락하게 되고 과외공부에 지출 이 문교부 전체 예산과 맞먹는 엄청난 가정경제에 미치는 출혈지출이 더 이상 계속해서는 안 되겠다는 여론이 일기 시작하였다. 마침내 1980년 7월 30일 소위 교육개혁 또는 「교육혁명」이라는 명칭을 붙일 정도로 과감한 개혁을 단행하였다. 고등학교의 정상적인 교육이 과열 과외로 말미암아 제 기능을 잃어버리고 전인교육이란 허울 좋은 명칭 만이 남게 된 교육의 병폐현상은 과외금지로 본 궤도를 다시 찾게 된 것은 국가의 장래를 위해 다행한 일이다. 더욱이 교육받는 그 자체가 대학입시를 위해 존재하는 양 느껴진 것은 필자의 생각만은 아닐 것 이다.

앞에서도 언급한 바가 있지만 우리나라는 옛적부터 선비사상과 직 업 천시 관념이 전통적으로 이어져 내려왔기 때문에 직업교육을 무시 해 왔고, 상인(常人)들의 전용물로서만 착각해 왔기 때문에 장래의 직 업선택과 일생의 생활유지 수단인 직업교육을 받는 것은 천인(賤人) 들이나 하는 것으로 인정하였다. 그래서 직업기술 교육 또는 산업교육이 발달하지 못하였고 또한 산업도 발달하지 못하였다.

해방을 맞이한 이후 독립이 되어 서구의 문물이 쏟아져 들어옴에 따라 주로 미국의 산업발전에 영향을 받기 시작하였다. 그리하여 서구의 모든 문물은 우리의 그것에 비추어 월등히 나았고 서구의 근대화에 대한 동경심과 관심을 갖기 시작함에 따라 우리도 근대화 내지 현대화를 위한 몸부림이 일기 시작하였다.

1960년대 초부터 제3공화국 전 박정희 대통령의 영도하에 「우리도 잘 살아보자」는 슬로건을 내걸고 산업발전 내지 경제발전을 위한 「경제개발 5개년」의 연차적인 계획을 세워 온 국민이 부지런히 노력을 한 결과 눈부신 경제발전·산업발전이 이루어지게 된 것이다. 더군다나 「기술향상 교육」에 역점을 두어 기술개발만이 우리나라가 선진국으로 도약할 수 있다는 신념을 가지고 과학기술 향상에 역점을 둔 것은 직업교육 차원에서 볼 때 어떤 직업이든지 필요하고 신성하며 누구나 가져야 할 것으로 생각되어 기술개발의 기본원리는 직업교육이 올바로 정착되어야 가능한 것이라고 생각된다.

이제 우리는 조국 근대화를 위한 과정에서 근로정신·기술정신·직업정신이 정착해 가고 있다. 그것은 오로지 서구의 과학기술의 영향이라고 보겠다. 누구나 적재적소에서 선택한 직업에 만족하고 능력을 발휘함으로써 자신의 삶의 보람을 느끼고 행복한 생활을 영위할 수 있는 기본정신 자세가 필요하게 되었다.

이러한 과정 속에서 홍기형의 ≪진로지도≫나 이정근의 ≪진로지도와 진로상담≫ 등의 진로지도를 위한 저서가 나오게 됨은 교육계에 관심을 불어 넣기 시작하였다. 주로 생활지도의 영역으로 한국카운슬러협회를 주축으로 하여 1967년에 학교에서의 진로지도의 필요성을 강조하고 실천되기를 요구하고 있었으나 역시 학교교육에서의 주요 관심은 진로지도보다는 진학지도, 그것도 대학입시를 위한 교육이 교육의 전체를 좌우해 왔기 때문에 이론에만 그치고 말았다. 그런데 대

학에 진학하지 못한 학생이 누적되어 재수생이 사회문제로 부각되자
이를 해결하려는 과정에서 진로지도가 거론된 것이고 경제의 급성장
도 하나의 이유로 들 수 있다. 경기가 침체되었던 때에는 취업기회도
그만큼 적었기 때문에 개인의 희망이나 적성 등을 고려하기보다는 직
장을 얻을 수 있느냐가 주요 관심사였다. 그러나 일단 경기가 회복되
면 자연히 취업기회가 많아지기 때문에 개인의 자아(自我)를 성공적
으로 실현하고 사회의 일원으로서 보다 나은 삶을 영위할 수 있는 직
업에 관심을 갖기 마련이다.

요약하면 사회가 복잡 다양해지고 직업의 세계가 항시 변하는 오늘
날과 같은 산업사회에서는 과거 어느 때보다도 진로의 계획·선택·준
비 등에 관한 지도 조언이 요청된다. 이는 비단 개인의 자아실현에만
국한되지 않으며, 진로지도가 올바로 되었을 때 기대할 수 있는 인적자
원의 적재적소 배치는 국가발전의 원동력으로서 기여하게 될 것이다.

그러므로 진로지도의 관심은 이와 같은 사회의 문제가 심각해짐에
따라 필요성이 더욱 가중되기 시작하였다. 진로교육의 문제도 1978년 처
음으로 「생애교육의 이론적 접근」55)이란 주제로 진로교육의 개념과 필
요성을 강조한 필자의 논문을 필두로 하여 매년 여러 가지 진로교육에
관한 논문과 저서를 통해서 우리나라의 진로교육은 발전을 위한 필요성
은 제기하기 시작하였다. 아울러 진로교육이 학교교육에 도입되어야 한
다고 주장해 왔으며, 계속해서 활성화될 수 있도록 노력하고 있다.

다행히 문교부 행정당국이나 서울특별시교육연구원에서 진로교육에
대한 지대한 관심을 가지고 이를 채택하여 「진로교육 자료」56) 개발
과 함께 「대학입시 안내 자료」 등을 개발시켜 일선 학교에 보급하게

---

55) 金忠起, "生涯教育의 理論的 接近," ≪論文集≫ 第3輯, 建國大 教育研
究所, 1978. 처음에는 진로교육을 「생애교육」으로 소개하였으나 현재
는 우리나라의 형편에 맞는 용어를 사용하여 「진로교육」이라 부르게
되었다.

56) 한국교육개발원, ≪진로교육 자료≫, 1982.

되었다. 또한 문교부에서는 국민교육헌장 이념구현을 위한 장학자료
로서 「진로지도」를 펴내어57) 학습지도 자료로 활용하도록 보급하는
단계에 이르렀다.

더욱이 우리나라 교육을 관장하는 문교부 당국에서도 진로지도 교
육에 대한 관심을 표명했는바 이는 위의 이론적 뒷받침을 해 주고 있
다. 1982년 2월 19일 이규호 문교부장관이 문교시책에 대한 TV 대
담 내용 중에서 강조하고 있는 여러 가지 교육정책 가운데 「진로지도
교육」에 관한 내용을 소개하면 다음과 같다.58)

　　"……우리나라 학생들의 대학 지망에 있어서 적성이나 직업적
　소명의식 같은 것이 별로 고려되지 아니하고 점수만을 가지고 일
　류학교의 인기학과를 노리는 경향이 있습니다. 이런 경향으로 인해
　서 방황과 눈치작전이 더 심해진 것이 사실입니다. 그래서 우리
　문교부는 작년부터 진로지도 교육을 위한 연구를 진행시키면서 자
　료들을 개발하고 일선 교사들의 이에 대한 관심을 높이고 있습니
　다. 진로지도 교육의 의의는 우리의 청소년들로 하여금 맹목적인
　출세의욕에 따라서 상급학교에 진학하게 하지 말고 자기의 적성에
　맞는 일정한 직업에 대한 표상(表象)을 가지고 스스로의 능력을 개
　발하고 이를 위해서 상급학교에 진학하게 하자는 것입니다. 이러한
　교육은 교육받은 인력들은 국가사회의 체제 속으로 흡수하는 정치
　적 사회화를 위해서도 큰 의의가 있지만, 우리나라 교육체제의 균
　형된 발전을 위해서도 큰 도움이 될 것입니다. 그리고 진로지도
　교육을 통해서 우리는 우리나라와 우리 문화의 앞으로의 발전을
　위해서 필요한 부분인, 곧 기초과학과 기술부문 또는 사범교육 부
　문 등에 우수한 두뇌들을 유도할 수가 있습니다. 이러한 진로지도
　교육이 효과를 거두게 되면 출세나 돈벌이만을 위해서 인기학과들

---

57) 서울특별시교육연구원, 「진로지도 슬라이드」, 1981; 문교부, ≪문교행
　　정≫, 1982. 2월호, pp.26-27.
58) 문교부, 장학자료 34호 ≪진로지도≫(문교부, 1981).

만 노리는 눈치작전은 어느 정도 치유되게 될 것입니다. 만약 우리가 이런 진로지도 교육을 소홀하게 하면 출세만을 목표로 교육받은 많은 지식인들이 결국은 우리의 체제에서 소외되어서 사회불안의 요인이 되는 이른바 교육받은 프롤레타리아로서 우리의 체제를 위협할 것입니다. 우리의 체제는 현재 이미 그러한 지식인들에 의해서 위협을 받고 있는 것이 사실입니다. 기대수준만 높고 생산적인 직업을 위한 지식이나 기술은 익히지 못한 지식인들을 말합니다.

이러한 진로지도 교육을 준비하기 위해서 1년 전부터 문교부와 시·도 교육위원회들이 서두르고 있습니다. 우리나라의 직업분포와 그러한 직업들이 요청하는 능력들, 그리고 일정한 자료를 위해서는 어떤 직업들이 기다리고 있는가를 알아낼 수 있는 자료들이 있어야 하고, 그리고 교사들이 이런 자료들을 익혀서 여러 가지 기회들을 아동들에게 알려서 지도해야 하고 적성검사도 수시로 할 수 있어야 합니다. 이번 중·고등학교 교육과정 개편에서 이런 진로지도 교육을 위한 시간의 여유도 만들어 놓았습니다. 그러나 이런 진로지도 교육이 학생들의 상급학교 진학추세를 바람직한 방향으로 변화시키기 위해서는 아직 몇 해 동안의 시간이 필요하고, 또한 무엇보다도 일 안 하고 다스리는 지위만 숭상하는 우리의 사회적인 가치관도 바뀌어져야 되겠고, 국가 전체적인 인사정책도 학벌보다 능력을 존중하는 방향으로 바뀌어져야 합니다. 그래서 우리가 이제 진로지도 교육을 시작해도 그것이 효과를 거두려면 시일이 걸립니다. 교육은 미래지향적인 사업이기 때문에 국민 여러분은 좀 인내심을 가지고 보살펴 주시기 바랍니다.

한국교육개발원에서도 진로교육에 관한 관심이 고조되어 1982년부터 5개년 연차적인 계획으로 「진로교육」59)에 관한 연구보고서를 내

---

59) 현재 한국교육개발원에서 연구된 진로교육에 관한 자료는 다음과 같다.
　○진로교육 자료, 1982, 대학안내자료 1982.

놓기 시작하여 보급하기에 이른 것은 우리나라 진로교육의 실시에 큰 도움을 줄 것이며 한국에서의 진로교육에 대한 인식과 필요성을 재확인하게 되었다.

현재 초등학교 교육과정에도 「진로교육 충실화」를 위한 실천으로 삽입되었고 개정된 교육과정에 반영되어 초등학교 6시간, 중학교 7시간, 고등학교 10시간 등 모두 23시간을 진로교육을 위한 시간으로 가르치도록 하고 있다. 그러나 이러한 제한된 시간만 지도하는 것이 아니다.

이제 우리나라도 선진국에서 겪고 있는 교육의 문제점을 당면하게 되었고 마땅히 진로교육의 보급으로서 과열된 입시경쟁도 해소할 수 있게 되고 인력양성의 효율성 측면에서도 크게 이바지할 수 있게 될 것이므로 좀 더 확대되어 「진로교육」 시간이 정착되어 각급학교에서 일주일에 1시간 정도 교육시간을 배당해야 할 것이다. 그러자면 교육과정을 개편하여 정식으로 진로교육 시간을 교과시간에 가르칠 수 있도록 제도적인 개혁이 필요하다. 또한 특별활동 시간에 「진로교육」을 실시함이 타당할 것이다. 그리하여 학교교육에서 학급별 수준에 알맞은 진로교육이 실시됨으로써 자기인식·탐색·준비 과정이 이루어져 적재적소에 알맞은 유능한 직업인이 이루어질 수 있는 것이다. 이러한 직업인이 사회생활을 영위할 때 만족한 삶을 영위하고 보람 있는 인생을 누릴 수 있게 될 것이다.

○ 학습과 일의 세계, 1984.
○ 진로결정 과정 요인 분석에 관한 연구, 1984.
○ Career Awareness in Korean Primary Education Today, 1982
○ 진로교육에 관한 문헌분석 연구, 1985.
○ 초등학교 교육과정 및 교과서에 반영된 진로교육 내용분석, 1985.
○ 학부모를 위한 진로교육 지침서, 1985.

제2장 進路發達 理論

앞장에서 기술한 진로교육의 목적을 실현시키기 위해서 학교는 구태의연한 전통적인 방법에서 탈피하여 어떠한 이론적 체계를 확립하고 이를 기초로 하여 진로교육을 전개해 나가야 한다.

진로교육이 이론적 체계에 근거하여 전개되어야 한다는 이유는 잘 정립된 진로발달 이론이 진로교육의 추진과정에 대한 원리를 시사해 주면 이 원리를 기초로 가설을 설정하고 설정된 가설을 실험을 통하여 검증할 수 있으며 그 효과가 검증되면 이를 진로지도에 이용할 수 있기 때문이다.[1]

진로지도를 실시하려면 먼저 다음과 같은 용어에 익숙해야 하며, 진로발달 이론에 접근하기 전에 그 내용을 포괄적으로 알아보기로 한다.[2]

(1) 진로(career): 진로란 개인의 생애 직업발달과 그 과정 내용을 가리키는 포괄적인 용어로서 과거에는 한 직업을 평생 동안 고수하는 예가 많았기 때문에 진로를 직업과 동일어로 취급하였다. 그러나 현대에 와서는 직업의 종류가 다양해지고 개인의 직업적 발달도 직업군(職業群)에서 직업군으로 옮겨가며 이루어질 수 있으며 또 다수의 직업이 생겨남에 따라 진로와 직업의 구별이 필요해졌다. 즉, 진로는 개인이 종사하는 직업의 계열(sequence)을 의미한다.[3]

---

1) 문교부, 장학자료 34, ≪진로지도≫ 1981. p.9.
2) 서울대학교 사범대학 교육연구소 편, ≪교육학용어사전≫(서울: 배영사, 1981).
3) E. L. Tolbert, *Counseling for Career Development*(Boston: Houghton

(2) **진로유형**(career pattern): 진로유형은 개인이 평생 동안 직업에 연속되어 있거나 기간을 말한다. 진로유형은 상향(上向) 이동이나 산만한 변화, 또는 종착적인 결과와 같은 장기간의 경향을 제시한다. 예를 들면 전문직 수준에 놓여 있는 진로유형은 계속적인 상향적 진보를 나타내지만 한편 기술이 없는 수준에서는 똑같은 수준의 임금과 책임에 있어서 직업의 계승을 나타낸다.

(3) **진로계획**(career planning): 진로계획은 개인이 진로발달의 과정으로서 진로의식·진로선택의 관계에서 얻은 진로에 대한 기초 소양(素養)과 지식을 토대로 적합한 진로를 자신의 능력·적성·흥미에 비추어 효율적으로 선정할 수 있는 지침을 세우는 것이다. 진로계획은 그것이 수립된 후에도 준비과정을 거치면서 계속 수정·보완되어야 한다.

(4) **진로수정**(career change): 진로수정이란 한 진로에서 다른 진로로 옮겨가는 것을 말한다. 주된 동기는 주어진 진로에서 발전할 기회의 차단(遮斷)이다. 진로(직업)에 적합하지 못한 상태에 놓여 있으면 적합한 곳을 찾아 이동할 수 있도록 바꾸는 것이다. 진로수정을 할 때에는 새로 선택하는 진로가 종전의 진로와 유사한 점에 있어 그동안 쌓은 경력과 경험, 지식들을 활용할 수 있는가의 여부와, 새 진로가 개인의 적성·흥미·태도·능력에 부합되며, 발전 가능성이 있는가를 고려하여야 한다.

(5) **진로인식**(career awareness): 개인의 진로발달 과정에서 개인이 일의 진가와 진로선택의 준거를 이해할 수 있으며, 여러 가지 직업에 대한 소양을 갖추는 것이다. 이 단계에서 직업관의 개발, 진로의 종류에 대한 이해, 직업과 여가활동의 관계이해, 각 진로추진에 필요한 기초기능·학력·기술 등에 관한 소양, 자신의 잠정적 능력과 앞으로의

Mifflin Co., 1980). p.31.

사회인으로서의 역할을 개발하고, 사고하며, 이해하게 된다. 이 용어는 다음에 좀 더 자세히 기술할 것이다.

(6) **진로지도**(career guidance): 전문화된 서비스로서 상담활동을 포함하는 진로지도는 학생들에게 직업 및 교육적인 계획과 의사결정을 하도록 돕는 여러 가지 활동으로 졸업 후 학생들의 진로선택에 필요한 지식과 이해, 또는 적성 진단, 훈련 등을 내용으로 하는 지도이다. 직업지도가 직업적 문제의 지도에만 초점을 두는 것임에 반하여 직업·취미·결혼·여가활동 등 광범위한 인간의 생애에 관련된 문제를 지도하는 것을 가리킨다. 생애지도라고 부르기도 하며, 이는 생애발달에 필요한 활동을 원활히 하고 광범위한 적응을 지도하는 포괄적 개념이다.

(7) **진로발달**(career development): 이 책에서는 진로발달·직업발달(vocational development), 또는 occupational development는 동의어로 사용된다. 이것은 일의 가치를 발전시키고 직업정체성(vocational identity)을 구체화하며, 직업기회를 배우며, 시간제·전일제 환경 또는 여가선용을 계획하고, 발전시키는 평생의 과정에 유의하게 된다.

(8) **직업**(vocation, occupation): 생계 또는 생활유지를 위하여 일정 기간 동안 계속하여 종사하는 일의 종류, 즉 직업생활을 통해 의·식·주 문제를 해결해 나가며 평생을 이와 더불어 지낸다. 길형석(吉亨奭)은 career＞occupation＝vocation＞job으로 해석하고 있는데, 이것은 career는 occupation에 보다 그 개념이 포괄적이고 occupation이나 vocation은 같은 내용으로 간주한다.

(9) **직업발달**(vocational development): 개인의 직업적 소양·가치·지식·기술 등의 습득을 통하여 궁극적으로는 직업적성에 부합되는 행동, 판단력을 배양하며, 직업적 성숙의 결과를 낳는 과정을 말한다. 직업발달에는 심리적·사회적·문화적·경제적 요인들이 장기간에 걸쳐 개인에게 미친 영향력이 적용된다. 직업발달은 직업선택의 가능성

예측과 적합한 직업선택의 가능성 개발이라는 두 가지 측면에서 분석할 수 있다. 이러한 과정의 반복을 통하여 직업 확정의 단계에 도달한다. 일반적으로 직업발달 단계는 소양−인식−탐색−준비−확정으로 구분할 수 있다. 개념적으로는 진로발달과 매우 유사하며 동일어로도 쓰인다.

(10) **진로탐색**(career exploration): 진로발달의 한 과정으로 학생들이 흥미를 가지고 있는 직종에 관하여 다양하게 조사하고, 진로계획의 수정·보완에 반영할 수 있도록 현장실습·견학, 자원인사와 산업체 인사와 접촉의 기회를 가지는 단계이다.

(11) **직업군**(occupational cluster): 산업체별 혹은 동일계열별 직종을 종(縱)으로 묶어 놓은 것이다. 직업군은 9가지로 분류하며, 15가지로도 분류하고 있다.

(12) **직무**(job): 직업 내에 구체적인 일, 즉 산업체나 기업체 내에서 자기가 담당하고 있는 일의 내용이나 위치를 말한다.

(13) **진로상담**(career counseling): 진로지도에서 얻을 수 있는 정보를 토대로 하여 1대 1의 관계에서 상담에 응하여 진로배치에 이르도록 도와주는 활동을 말한다. 여기에서는 진로인식·탐색·준비과정에 필요한 진로계획에 따르는 모든 활동도 포함된다. 진로상담에는 직업선택의 문제와 진학에 관한 문제를 다루는데, 학생의 소질·적성·흥미·태도·희망 등에 관해서 조사한 자료와 직업정보를 참고로 해서 진로에 대한 결정, 직업선택, 진학할 학교선택, 취업알선, 취직 후의 적응을 원만하게 하며, 또 그 진로에 대해서 만족감은 가질 수 있도록 상담을 한다.

그러면 진로교육에 있어서 이론의 역할은 무엇인가? 자카리아(Zaccaria)는 이 이론의 역할을 다음과 같이 정리하고 있다.[4]

---

4) J. Zaccaria, *Theories of Occupational Choice and Vocational Development*(Boston: Houghton Mifflin Co., 1970). p.3.

① 상담 자료를 일목요연하게 정리해 준다.
② 복잡한 문제를 단순화시켜 준다.
③ 문제에 대한 접근방법을 시사해 준다.
④ 예측하지 못한 사항이나 관계를 발견하게 해 준다.
⑤ 조작적인 정의를 사용할 수 있게 해 준다.
⑥ 가장 핵심적인 사항에 주의를 집중시켜 준다.
⑦ 용어를 일관되게 사용할 수 있게 해 준다.
⑧ 새로운 연구방법을 시사해 준다.
⑨ 일반화시킬 수 있는 원리를 도출해 준다.
⑩ 타인의 행동과 이의 의미를 파악할 수 있게 해 준다.

개인이 직업적으로 어떻게 발달할 수 있는가를 이해하는 이론적 기초는 상담자에게 문제를 해결하고 난관을 피하며 효율적으로 만족하게 발전시키도록 돕기 위한 안내를 제공하는 데 있다.

진로발달 이론은 50여 년을 넘지 않은 전문성에 있어서 비교적 새로운 분야이다. 그럼에도 불구하고 생산적이고 창조적인 연구와 이론들이 급격하게 증가하고 있다. 그 이유는 이론은 실제 활동을 위한 기본방향을 제시해 주고 있기 때문이다.

진로발달에 대한 이론과 접근방법은 학자에 따라 다양하게 분류되고 있다. 카운슬러가 효과적인 진로상담을 하기 위해서는 우선 진로발달(career development) 이론에 정통해야 하고, 문제의 성격에 따라 적합한 이론을 선택하여 상담에 활용되어야 한다. 헤르(Herr)와 크래머(Crammer)[5]에 따르면 다음과 같이 다섯 가지로 분류한다.

5) E. L. Herr and S. H. Crammer, *Vocational Guidance and Career Development in the Schools: Toward a Systems Approach*(Boston: Houghton Mifflin Co., 1972). pp.30-53.

〈표2-1〉 진로발달 이론과 관련내용 요점

	이 론 가	주 요 개 념	연 령 구 분	생활지도에 응용	연구지원 방안
특성이론	E.G. Williamson Frank Parsons Hull Kitson	특성의 평가 임의 요소와 특성을 연계시킴	고등학교 및 성인	의사결정을 위한 선택	타당성의 여러 가지 결과
발달이론	Donald E. Super Eli Ginzberg Tiedeman and O'Hara	발달단계, 진로유형, 직업적 자아개념, 직업성숙도	일생을 통하여 이루어짐	여러 연령층에 알맞게 상담 및 프로그램 계획	단계별 개념성과 같은 주요개념을 기초로 한 실정적 지원
욕구이론	Anne Roe Johan L. Holland Robert Hoppock	욕구는 경험과 수상에 시 발생된다. 선택은 욕구에 기초한다.	전 생애를 통해 일어난다. 그러나 강조점은 아동기에 일찍 선택하는 데 조점을 둔다.	생활지도에 있어서 욕구개념을 광범위하게 응용한다.	이론가에 따라 변화된다. Roe는 일부 지원하고는 일반적으로 타당하다고 한다.
정신분석 이론	Edward S. Bordin Nachman Segal Galinsky	욕구는 인생발달의 정신분석학적 이론에 기초하고 있다.	유아기에 있어서 인성 발달을 강조하지만 평생을 통하여 욕구는 상존한다.	주로 욕구탐색을 포함하는 상담에 사용된다.	어떤 연구는 개념에 대한 지원을 하고 있다.

	이 론 가	주 요 개 념	연 령 구 분	생활지도에의 응용	연구자의 방안
사회이론	Blau Gustad Jessar, and Wilcock Miller and Form August B. Hollingshead	직업선택과 선택에 있어서 사회적인 영향을 강조. 직업기회가 중요한 역할을 한다.	평생을 통한 활동	광범위하게 응용되고 있다.	여러 가지 측면에서 지지를 받음. 예를 들면, 선택기회의 효과 등
의사결정이론	H.B. Gelatt Hershenson and Roth Knefelkamp and Slepitza Katz Jepson	의사결정은 누가 기록적인 효과를 가지고 있다. 이사결정은 분류하는 과정이다.	일생을 통하여 진개되지만, 처음 2~30년대에 주로 강조한다.	광범위하게 응용되고 있다.	소수가 지원을 한다.
사회학습이론	Mitchell, Jones and J.D. Krumboltz Thoreson and Ewart	학습유행을 이용. 경험의 효과, 기술을 습득 등.	일생을 통하여 이루어 지며 처음 다가오는 주로 강 2~30년대에 주로 강조한다.	광범위하게 응용되고 있다.	소수만이 지원을 한다.

(1) **특성이론**(trait-factor or actual theory): 이 특성이론의 초점은 개인적 흥미나 능력 또는 일에 요구되는 특성에 관련된 개인의 특성에 있다. 즉, 개인이 가지고 있는 여러 특성을 심리검사 등 객관적인 수단에 의하여 밝혀 내고, 각각의 직업이 요구하는 제 요인을 분석하여 개인의 특성에 적합한 직업을 선택하게 하는 것이다.

(2) **의사결정론**(decision theory): 이 의사결정 이론은 직업선택이 하나의 의사결정 과정이란 착상에서 비롯되었으며, 개인은 여러 가지 선택 가능한 직업 중에서 자신의 투자가 최대한으로 보상받을 수 있는 직업을 선택한다는 것이다.

(3) **사회적 강조론**(sociological emphases): 사회학적 요인, 즉 개인을 둘러싼 사회·문화적 환경 또는 사회구조와 같은 요인이 직업발달과 선택에 영향을 준다는 이론으로 블라우(Blau), 홀링스헤드(Hollingshead), 밀러(Miller)와 포름(Form) 등에 의해서 발전된 것이다.

(4) **심리이론**(psychological emphases): 이 이론은 주로 동기·인성·구조·욕구(needs)와 같은 개인의 심리적 수단에 의해서 직업발달과 선택이 좌우된다는 것이다.

(5) **발달이론**(developmental emphases): 이 발달이론은 인간발달의 개념을 진로지도에 도입한 것으로 비교적 오랜 기간 동안 개인 발달과정에 초점을 두고 있다.

위와 같이 진로발달 이론에는 대체로 다섯 가지 포괄적인 이론을 중심으로 개인의 성장·발달을 이해하고 분석하고 종합하여 진단하게 된다. 이 이론들의 구체적인 이론을 정립한 학자들과 그들의 주장하는 주요 개념을 살펴보면 앞의 <표 2-1>과 같이 정리하여 제시할 수 있다.[6)

위와 같은 기본이론에 기초하여 다음과 같이 학자의 주장에 따라 다른 이론적 배경과 실제를 소개하고자 한다.

---

6) E. L. Tolbert, *op. cit.*, pp.36-37.

(1) 特性理論

이 이론은 주로 특정한 때 의사결정을 위한 전략으로 생각되지만 평생의 진로발달의 기초로 간주된다. 특히 개인차 심리학과 응용 심리학에 근거를 두고 있으며 윌리암슨(Williamson, 1950), 파슨스(Parsons, 1909), 헐(Hull, 1928) 등이 대표적인 학자이다. 개인은 점진적으로 자기의 능력·홍미·가치와 욕구를 알게 되고 동시에 직업의 요구에 대해서 배운다. 진로발달은 이 두 가지 요인, 즉 자아와 직업을 짝지어 주는 것을 포함한다.

이 접근방법의 주요 대변자로 일해 온 윌리암슨7)은 여섯 가지 발달단계를 이용한 상담의 전략을 형성하는 데 기여하였다.

1단계: 분석-개인에 관한 자료수집·표준화검사·심리검사가 주로 널리 사용되지만 면접 또한 자주 이용된다.

2단계: 종합-학생 개개인의 장점과 단점, 욕구와 문제들을 분류하기 위하여 정보를 수집·조직한다. 이 단계의 효율화는 1단계에서 수집된 자료의 적합성에 따라 좌우된다.

3단계: 진단-문제와 원인이 도출되어 문제 상황을 객관적으로 파악할 수 있다.

4단계: 예측(prognosis)-각 선택의 가능한 성공 여부가 검사된다.

5단계: 상담-상담자는 내담자를 이해하고 수용하며 자아와 직업에 대한 정보를 이용하도록 한다. 예를 들면 교과과정이나 직업을 선택하는 데 있어서 현실의 문제를 발견하는 데 강조점을 두고 있지만 미래의 문제와 어떻게 대처하는가를 학습하는 데 주의를 기울여야 한다.

6단계: 추후지도-결정 과정의 적합성이나 더 첨가해야 할 도움이

---

7) E. G. Williamson, *Counseling Adolescants*(New york: McGraw-Hill, 19-50). pp.101-126.

필요한가를 확인하는 사후점검이 이루어져야 한다.

특성이론에서 중요시하고 있는 것은 개인의 특성에 관한 비교적·객관적 자료에 근거하여 강조하고 있으며 일의 성공에 있어서 실질적인 요인이 되는 것은 어떻게 잘 연결시켜 주는가에 강조점을 두고 있다. 즉, 적성·지능·사회-경제적 지위·흥미·가치관·인성 및 기타 특성이 직업에 대한 의사결정에 중요한 영향을 미친다는 것이다.

이 접근방법은 주로 심리검사를 통해서 개인의 특성을 평가하는데, 이러한 측정도구에서 얻어진 결과가 어떤 직업에서의 성공여부를 정확하게 예언해 주지 못한다는 단점이 있다. 왜냐하면 개인이 소지하고 있는 제 특성 간의 역할 및 개성이 그 많은 요인 중 어느 것을 우선적으로 고려하느냐에 따라 직업선택이 달라질 수 있기 때문이다. 따라서 단순히 개인의 특성만을 파악하여 직업을 선택한다는 것은 무리이다. 검사결과에 나타난 특성은 참고로 이용할지언정 절대기준은 못된다.

(2) 發達理論

여기서는 수퍼(Donald E. Super), 긴즈버그(Eli Ginzberg), 타이드맨(David V. Tiedeman)이 이론이 전개될 것이다. 그리고 터크맨(Bruce W. Tuckman)이 학교에 적용한 예를 간단히 소개하고자 한다.

가. 수퍼의 직업발달 이론

수퍼의 이론은 긴즈버그의 이론을 보완한 이론이고, 이의 비판에 대한 이론으로 출발되었다. 수퍼는 이론(theory)이라기보다는 접근(approach)이라는 용어를 쓰고, "차이-발달-사회적-현상학적 심리학"

이라는 레벨을 붙일 수 있다고 제안하고 있다. 이 접근방식은 직업생
활 단계·직업성숙도·직업적 자아개념에로의 단계·진로유형 등 네
가지 요소에 초점을 두고 있다.

수퍼의 접근방식에 의하면, 개인은 일부분이 심리적으로나 생리적인
속성에 의하여, 다른 부분은 환경조건에 의하여 결정 지워진 비율로 전체
적인 발달로서 직업적으로 발전을 한다고 전제하고, 전문적인 직업발달의
과제는 계속적인 직업성숙의 수준에 도달할 수 있도록 통달해야 한다. 또
한 수퍼는 직업발달·측정·직업적응 및 관련 분야에 관한 이론과 연구
를 폭넓게 전개하면서 1953년 「직업발달 이론」을 조직하였다. 이것은 수
퍼의 기본적인 이론적 근거로 10가지 계획을 제시하고 있다.8)

1) 인간은 그들의 능력·흥미·인성에는 차이가 있다.

2) 인간은 환경에 따라 각기 직업들에 대하여 적격성을 가지고 있다.

3) 이 직업군은 능력·흥미·인성적 특성을 요구하고 있다.

4) 개인의 직업적 선호와 성능과 생활장면 및 자아개념은 시간과 경
험에 따라 변화되며(비록 자아개념은 일반적으로 사춘기부터 성숙 후
기까지 상당히 고정되어 있지만), 선택과 적응은 끊임없는 과정이다.

5) 이 과정은 일련의 생활단계로서 성장기·탐색기·확립기·유지기
(maintenance)·하락기(decline)로 구분 지을 수 있다. 이 탐색단계는
환상기·시험기·현실기로 구분할 수 있고, 확립기는 시험기와 안정기
로 나눌 수 있다.

6) 개인의 진로유형의 본질(즉, 직업수준과 시험적으로 안정된 직무
의 기간·빈도·순서 등)은 부모의 사회·경제적 수준, 지적 능력, 인
성적 특성, 주어진 기회에 따라 결정된다.

---

8) Donald E. Super, "A Theory of Vocational Development," *American
   Psychologist*, 8, No.4 (1953). pp.189-190. 또는 E. L. Tolbert, *op. cit.*,
   pp.41-42 참조.
   李定根, ≪進路指導와 進路相談≫(서울: 中央適性研究所, 1982). pp.45-52.

7) 생활단계를 통한 발달은 능력과 흥미의 성숙과정을 촉진시키거나 현실평가나 자아개념의 발달을 도움으로써 안내될 수 있다.

8) 직업발달 과정은 주로 자아개념 발달과 보완의 과정이다. 이 과정은 타고난 적성, 다양한 역할을 수행할 기회, 역할수행의 결과가 선배나 동료의 승인을 얻는 정도의 평가의 상호작용의 결과에 의하여 나타난 자아개념 속에서 야기되는 타협의 과정이다.

9) 개인과 사회적 요인, 자아개념과 현실성과의 타협 과정은 역할 담당의 하나이다. 이 역할은 환상(fantasy), 상담면접 또는 학급, 클럽, 시간제일, 취업 같은 실생활 활동에서 이루어진다.

10) 직업 및 인생의 만족은 자기의 능력·흥미·성격특성, 또는 가치가 실현되는 정도에 따라 달려 있고, 이는 자신의 성숙과 탐색의 경험에 따라 일관되고 적합한 역할을 할 수 있는 생활양식·작업조건, 일의 형태를 수행할 수 있느냐에 달려 있다고 한다.

수퍼의 이론 가운데 빼놓을 수 없는 것은 1951년 자신의 이론을 발전시키기 위하여 「진로유형 연구」라는 장기적인 연구를 통하여 수행되었는데, 이 연구의 주요 개념은 아래와 같다.9)

(1) 성장기(growth stage)

출생에서 14세까지 이 단계에 해당한다. 이 시기에는 자아개념이 가정과 학교에서의 주요 인물과 동일시함으로써 발전한다고 한다. 이 단계 초기에는 욕구와 환상이 지배적이나 사회참여와 현실검증이 증가함에 따라 흥미와 능력을 중요시하게 된다.

이 단계는 다음의 세 가지 하위단계로 나누어진다.

① 환상기(fantasy substage, 4~10세): 욕구가 지배적이며 역할수행이 중요시된다.

② 흥미기(interest substage, 11~12세): 개인의 취향이 목표와

---

9) E. L. Tolbert, *op. cit.*, pp.42-44.

내용을 결정하는 요인이 된다.

③ 능력기(capacity substage, 13~14세): 능력을 보다 중요시하며 직업의 훈련조건을 고려하게 된다.

(2) 탐색기(exploration stage)

15세에서 24세까지의 학교생활·여가활동·시간제 일을 통해 자아검증·역할수행·직업적 탐색을 시도한다. 탐색기는 다음의 세 가지 하위단계로 나누어진다.

① 잠정기(tentative substage, 15~17세): 욕구·흥미·능력·가치와 직업적인 기회 등을 고려하기 시작한다. 환상·토론·과정·일·기타 경험을 통해서 잠정적인 선택을 해 보고 선택한다.

② 전환기(transition substage, 18~21세): 이 기간은 개인이 취업을 하거나 취업에 필요한 훈련이나 교육을 받으며, 자신의 자아개념을 실천하려고 함에 따라 현실적 요인을 더욱 중요시하게 된다.

③ 시행기(trial substage, 22~24세): 자기 자신에게 적합해 보이는 직업을 선택하여 처음으로 직업을 가지게 되며 시험해 본다.

(3) 확립기(establishment stage, 25~44세)

이 시기의 일반적 특성은 자신에게 적합한 분야를 발견하고 생활의 터전을 영구적인 위치로 확보하기 위한 노력을 경주한다. 그러나 특히 전문적 과정에서의 확립기는 시험이 없이 시작하게 된다. 이 확립기도 두 가지 하위개념으로 구분된다.

① 시행기(trial substage, 25~30세): 자신이 선택한 일의 분야가 적합하지 않을 경우, 적합한 일을 발견할 때까지 한두 번의 변화를 가져올 수 있게 된다.

② 안정기(stabilization substage, 31~44세): 진로유형이 분명해짐에 따라 그것을 안정시키고 직업세계에서 안정된 위치를 마련하기 위한 노력을 한다.

(4) 유지기(maintenance, stage, 45~64세)

직업세계에 확고한 위치가 설정되면, 그것을 유지하기 위한 노력이 필요하다. 확립된 방향에 따라 계속되고 있다. 이 시기는 일생을 안정된 생활 속에서 지낼 수 있게 된다.

(5) 쇠퇴기(decline stage, 65세 이후~)

정신적 · 육체적 힘이 약해짐에 따라 일의 활동이 변화되고 결과적
으로 끝나게 된다. 따라서 새로운 역할 또는 활동을 찾게 되는 시기
이다.

지금까지 언급한 수퍼의 직업발달 이론의 근본을 이루고 있는 것은
자아 개념이다. 그는 인간이 자신의 이미지와 일치하는 직업을 선택
한다고 지적하면서 "나는 이런 사람이다." 하고 느끼고 생각하던 바
를 살릴 수 있는 직업을 선택한다는 것이다. 수퍼는 역시 긴즈버그의
이론 중에서 부족 되는 점을 보완시켜 인간으로서 가져야 할 직업선
택 과정이 인간의 발달과정 및 단계에 부합될 수 있도록 하여야 하
며, 누구나 이 단계를 거쳐 간다. 즉, 직업적 발달단계는 동일하지만,
개인의 특성 · 개인차 · 능력 · 노력 · 환경적 특성 · 문화적 배경에 따라
진로유형이 다르다는 것이다. 직업발달에서 본질적인 역할을 하는 자
아개념은 유아기에서부터 형성 · 전환 · 실천의 과정을 거쳐서 사망에
이르기까지 계속 발달 · 보완된다고 한다. 그러나 청년 후기 이후에는
대개의 경우 자아개념에 큰 변화는 오지 않는다.

나. 긴즈버그의 職業發達 理論

긴즈버그의 직업선택 이론은 실제로 경제학자 · 정신병 의사 · 사회
학자 · 심리학자 등의 결합된 노력을 대표하는 직업발달 이론이다.[10]
이 발달이론에 의하면, 개인은 일련의 관련된 단계를 통하여 행동

---

10) Eli Ginzberg, Sol W. Ginzberg, Sidney Axelrod and John Herma, *Occupational Choice An Approach to a General Theory*(New York: Columbia University Press, 1951).

한다. 한 번의 결정이라기보다는 직업선택의 과정이 이 이론의 핵심
이다. 가치, 환경의 실제, 심리적 속성, 교육의 기회와 성취는 과정에
영향을 끼친다. 다시 말하면 직업선택이란 1회적인 행위, 즉 단일 결
정이 아니라 장기간에 걸쳐서 이루어지는 결정이며 직업선택 과정은
불가역적(不可逆的)이라는 것이다. 직업선택 과정은 욕망과 현실 사이
의 타협에서 이루어지는 것이다. 개인은 갈망하는 목표를 달성하기
위하여 선택을 포기해야 한다. 그 선택은 미래에 개인의 능력을 이용
하거나 개인의 목표를 인식할 수가 없을 것이다. 따라서 이러한 직업
선택 과정은 흥미·능력·가치관 등의 주관적 요소와 현실 세계와의
타협으로 이루어진다.

이 발달이론에 의하면 개인은 다음 3가지 단계로 구분하여 변화된
다. 즉, ① 환상적 단계, ② 시험적 단계, ③ 현실단계로 구분되는데
이를 상세히 설명하면 다음과 같다.

(1) 환상적 단계(fantasy period)

이 단계는 자신의 욕구와 충족을 직업선택으로 동일시하는 시기
를 말하며, 11세 이전의 시기로서 어린이들은 무엇이든 하면 된나
는 식으로 자기 자신의 능력·흥미·가치 등의 주관적 요인에 사
로잡히는 단계를 말한다. 대개 초등학교 시기로서 직업선호에 관한
질문을 받았을 때 자기의 능력·흥미·적성 등을 고려하지 않고
무조건 상위직의 직업에 관하여 호기심을 갖고 그것을 할 수 있다
고 믿는다.

(2) 시험적 선택단계(tentative period)

이 단계는 11세에서 17세까지 해당되는 시기로서 선택과정에서
흥미와 능력과 가치가 이용된다. 선택은 사실적인 요소가 적절하게
고려되지 않았기 때문에 시험적이다. 이 단계는 다음의 네 가지
하위단계로 구분된다.

① 흥미단계(interest substage): 대략 11세에서 12세로 구분하고

흥미는 주로 선택의 기초가 되지만, 능력은 필요에 따라 나타난다.

② 능력단계(capacity substage): 대략 13~14세로 구분하고 능력은 계획에 따라 고려되어야 하며, 능력에 대한 지식은 불완전하여 선택은 시험적이 된다.

③ 가치단계(value substage): 대략 15~16세에 해당되는 시기로서 직업을 선택할 때 고려해야 하는 다양한 요인을 인정하게 된다. 따라서 가치단계는 흥미와 능력을 고려하여 선택과정에 돌입하게 된다.

④ 전환단계(transition substage): 대개 17세 경우에 해당하며, 앞에 열거된 요인들을 선택하는 데 이용된다. 그러나 사실 요소가 아직 포함되어 있지 않아서 계획은 아직도 시험적이다. 개인은 현행 결정이 자기의 장래에 영향을 줄 것이라는 판단을 깨닫게 된다.

(3) 현실단계(realistic period)

18세부터 성인에 이르기까지 해당되는 시기로써 선택은 이 단계에서 이루어진다. 이 단계는 현실 요인(reality factor), 즉 직업의 요구조건 또는 교육의 기회, 개인적 요인과의 타협에서 이루어져서 결정하게 된다.

현실단계는 다음의 세 가지 하위단계로 나누어진다.

① 탐색단계(exploration substage): 현실단계는 직업탐색으로부터 시작된다. 자신의 직업선택의 기회를 알아내고 노력하는 경험을 갖게 하는 과정이다.

② 구체화단계(crystalization substage): 개인이 직업의 목표를 정하고 직업선택 결정에 관련된 여러 가지 내적·외적 요인을 종합하는 과정으로 타협이 가장 중요한 요인이 된다.

③ 전문화단계(specification subsatage): 자신의 결정을 구체화시키고, 보다 세밀한 계획을 세워 개인은 아주 전문화되며, 의사결정을 이행하도록 한다.

이처럼 긴즈버그 이론은 진로지도에 필요한 개인의 직업적 성숙도의 규준을 제공하고, 직업선택 과정에서 각각 단계별 문제의 발견과 지도에 도움을 줄 수 있는 점이 종합적으로 요약될 수 있는 장점이 있고, 선택과정은 발달단계 초기에서는 개인의 흥미·능력·가치관을 좌우하지만, 나중에는 이들과 함께 외부적인 조건과의 타협에서 직업 선택이 이루어지는 점이 특징이라 할 수 있다.

긴즈버그는 그의 이론에서 몇 가지 중요한 수정을 제시하였다. 가장 중요한 것 중의 하나는 20대 초기 또는 중반에서 다소 최종의 선택 대신에 선택과정은 개인의 작업생활과 공존하는 것이라고 한다. 그래서 그는 어느 때이고 그 문제를 재개할 수 있게 된다.

부수적인 주요 개정사항은 다음과 같다.

1) 직업선택과 발달의 과정은 평생 동안 무한한 것이다.

2) 불가역성(不可逆性)은 더 이상 효력이 없다.

3) 가장 적합한 직업을 발견하는 것은 계속적인 과정이다. 즉, 낙관은 타협으로 바꾸어야 한다.

4) 강제에 상당한 비중을 둘 필요가 있다.

5) 과거에 자기에게 가까이 했던 개인의 기회에 대한 지각의 중요성과 마찬가지로 일의 세계에 대한 기회구조에 더 비중을 둔다.

6) 가치지향에 더 비중을 두고 만족에 대한 개인탐색에 중요한 역할을 한다고 간주한다.

다. 타이드만과 오하라의 進路發達 理論

이 접근방법에서는 진로발달이란 개인이 일에 직면했을 때 분화(differentiation)와 통합(integration)을 통해서 직업정체감(vocational identity)을 형성하는 과정으로 정의한다. 이 접근의 목적은 개인이 일에 대한 자신의 특성을 파악하고 자아를 실현시킬 수 있는 일이 과연 무엇

인가를 나름대로 인식하고 생각하는 것을 말한다. 그래서 의사결정 이
론이라고도 한다.

수퍼는 각 발달단계에 연령을 고정시키고 있지만 타이드만(Tiedeman)
과 오하라(O'Hara)는 연령과 관계없이 문제의 성질에 좌우되며 의사결정
과정을 통해서 직업의식이 발달하고 있다는 것을 설명하고 있다.11) 진로
발달이란 자아정체감(ego-identity)을 형성해 가는 심리·사회적 과정 속
에서 전개되는 일을 향하여 오리엔테이션의 발달을 포함한다.

분화와 통합의 발달적 의사결정 과정은 여러 단계의 시리즈로 구성
된다. 그것은 평생 동안 반복될 것이다. 의사결정 과정은 개인이 문제
에 직면하고 욕구를 경험하며 결정이 이루어져야 할 때 시작된다.

(1) 예상기(anticipation)

선취기(先取期: preoccupation)라고도 부르며 다음과 같이 4단계
로 구성된다.

① 탐색(exploration): 여러 가지 목적들이 고려되어야 한다. 개인
은 과거의 경험을 돌이켜 보고 능력을 알아보며 가능한 목표를 점
검해 보고 자기 행동의 결과를 예견해 보며 상상하여 역할을 시도
해 본다.

② 구체화(crystalization): 목표와 가치, 가능한 보상(補償)을 생
각하여 개인은 특정한 방향으로 나아갈 준비를 한다. 사고(思考)의
고정이 필요하다. 가장 바람직한 방향으로 여겨지는 노선을 따라
밀고 나갈 준비를 한다.

③ 선택(choice): 선택의 결정은 구체화 다음에 이루어진다. 이
단계에 오면 자기가 하고자 하는 것과 그렇지 않은 것을 분명하게
진술할 수 있게 된다. 선택의 적절성 여부는 구체화 과정의 적합
성 여부에 달려 있다.

④ 명료화(clarification): 이 단계는 이미 내린 의사결정을 신중히 분

---

11) E. L. Tolbert, *op. cit.*, p.50. 또는 이정근, ≪전게서≫, pp.54-55.

석, 검토해 보고 결론을 내리는 과정이다. 또한 미흡된 점이나 의심스
러운 점을 검토, 결정하는 기회를 제공하는 것이다.

(2) 실천기(implementation)

적응기(adjustment)라고도 하며 이 단계는 앞에서 내린 잠정적
결정을 실천에 옮기려는 과정으로서 3단계로 구분된다.

① **순응(induction)**: 개인은 새로운 상황, 예를 들면 직장이나 학
교에 들어가서 인정과 승인을 얻고자 노력한다. 새 집단이나 조직
의 풍토에 적응하기 위해서 자신의 일면을 수정하거나 버리기도
한다.

② **개혁(reformation)**: 수용적 자세가 받아들여진 이후에 개인은
주장적인 강경한 태도를 보이기 시작한다. 그래서 개인이 집단에
의해 움직여질 뿐 아니라 자기가 속한 집단에 대하여 자기의 견해
를 인식시키게 한다.

③ **통합(integration)**: 이 단계에 와서는 집단의 요구와 개인의 요
구와의 균형이 이루어지게 된다. 이것은 고정된 것이 아니라 일종
의 「역동적 평등」 상태이다. 따라서 이 상태는 변회가 될 수도 있
으며 분화와 통합의 과정을 계속 주도해 나가게 된다.

위에서 기술한 과정은 합리적으로나 철저하게 수행될 때 가장 효과
적이 될 수 있다. 이상 기술한 「탐색-구체화-선택-명료화-순응-개
혁-통합」의 연속적 관계는 진로와 관련된 선택을 해야 할 때마다 거
치게 된다.

결론적으로 타이드만과 그의 동료들은 이론을 정립하고 검증하는 데
주로 수퍼와 긴즈버그의 이론을 많이 도입하였고 이들은 직업적 자아
개념은 연령이 증가함에 따라 변화하며 자아개념의 명료화와 자아지식
의 증가현상을 나타낸다고 가정한다. 직업적 추구에 있어서 개인이 나
아갈 방향을 선택하고 선택한 방향에서 잘 적응하며 발전하는 과정에
서 이루어지는 자아의 발달로 개념화하고 있다.

라. 터크맨의 進路開發 敎育理論

터크맨12)은 자아인식·진로인식 및 진로결정이라는 주요 요소를 포함하는 8가지 진로발달 이론을 구성하였다. 이 이론은 진로개발 교육이라고 부르는 기초 위에서 적용된다. 즉, 기술훈련만을 제외한 모든 진로교육의 전체 양상을 포함한다.

터크맨은 다음과 같이 8단계를 기술하고 있다.*

1단계: 유치원에서 1학년까지, **일방적 의존성**

이 단계는 외부적 통제에 의존한다. 작업문화에 대한 정보와 가정에서 발견되는 도구의 특성을 포함하는 진로인식에 강조점을 둔다.

2단계: 1~2학년, **자아의 주장**

여기서는 다양한 일에 대한 지식이나 일의 풍토, 그리고 직업의 실제로 선택되는 사실에 관한 자율성(autonomy)에 강조를 한다.

3단계: 2~3학년, **조건적 의존성**

아동은 약간의 독립성을 인식하고 이를테면 친구 같은 선택을 하게 된다. 이 단계의 자아인식에 대한 초점은 동기와 필요, 그리고 다른 사람과의 관계형성에 대한 오리엔테이션이다. 의사결정 과정은 주의를 끄는 것이다.

4단계: 4학년, **독립성**

아동은 세계를 탐색하고 어떻게 일하는가에 대하여 이론화한다. 사회 속에서의 위치와 기술과 직업의 인식에 초점을 두며 또한 의사결정의 실천에 관심을 둔다.

5단계: 5~6학년, **외부적 지원**

---

12) Bruce W. Tuckman, "An Age-Graded Model for Career Development Education," *Journal of Vatocional Behavior*, 4, 1974. pp.193-212.

* 여기서 표시되는 1~12학년은 미국의 학제에 준거된 것이므로 이것을 초등학교 6년, 중학교 1~3학년, 고등학교 1~3학년 등으로 구분하여 이해할 것을 명기한다.

아동은 성공의 표시로서 외부적인 지원과 승인을 찾고 있다. 중요한 강조점은 흥미와 목표, 작업환경의 필요조건, 직무 그리고 미래에 대한 의사결정 과정의 명료화를 강조하고 있다.

6단계: 7~8학년, **자기 결정**

자아개념이 명백해지고 자기주장의 노력이 있으며 자신의 규칙과 규범을 확립한다. 과거에 탐색된 자기의 모양뿐 아니라 능력을 포함하는 자아인식 요인에 초점을 둔다. 진로의 가치와 직업군이 탐색된다. 의사결정의 필수적 요인이 탐색된다.

7단계: 9~10학년, **상호관계**

동료문화 요인과 친근한 관계형성의 확립이 더욱 중요하게 된다. 그리고 집단의 가치가 진로선택에 임하게 된다. 동기 유발에 대한 자아인식 태도, 직업선택에서의 가치, 일의 기대, 작업풍토, 직업의 필요 잠재력 그리고 증가되는 의사결정의 예언 등에 초점을 둔다.

8단계: 11~12학년, **자율성**

이제 개인은 자기가 누구인가를 알고 탐색적인 직업 활동을 포함하는 새로운 경험을 실시해 볼 준비가 되어 있다. 이 단계이 주안점은 적합성에 대한 새로운 경험, 특정한 일이나 교육의 필요조건에 대한 학습과 선택가능의 범위를 축소회하는 데 초점을 둔다.

이러한 모델은 또한 제안된 미디어(media)와 경험적 활동이 포함된다. 터크맨은 완전하고 결정적인 이론과 응용을 제공하는 것보다는 차라리 검증할 수 있는 가설을 제시하도록 고안되었다고 지적하고 있다.

(3) 欲求理論

욕구이론에는 로오(Anne Roe), 홀랜드(John L. Holland), 호포크(Robert Hoppock)의 세 학자를 들 수 있다.

가. 로오의 欲求理論

직업선택에 인성 요인(人性要因)을 처음 도입한 임상심리학자인 로오는 인성특성에 관한 연구결과를 기초로 하여 직업선택 이론을 형성시켰다. 로오는 초기의 가정환경이 진로선택에 중요하다고 결론짓고 있다. 이러한 일반적 위치에 근거해서 로오는 다음과 같은 중요한 명제(命題)를 개발하였다. 그 5가지 명제는 아래와 같다.

　　명제 1: 유전은 모든 특성의 잠재력 발달에 한계가 있다. 그러나 유전적인 통제와 범위의 특수성과 한계의 정도는 특성마다 다르다.
　　명제 2: 물려받은 특성발달의 정도와 통로는 개인에게 유일한 경험에 의한 것뿐 아니라 모든 일반 문화적 배경과 가정의 사회·경제적 지위에 따라 영향을 받는다.
　　명제 3: 비교적 유전의 통제를 조금밖에 받지 않은 흥미나 태도, 기타 인성변인의 발달유형은 주로 개인의 경험을 통해서 결정된다.
　　명제 4: 주의집중 면에서 볼 때, 정신력(psychic energy)의 최후의 유형은 흥미의 중요한 결정소(決定素)이다.
　　명제 5: 이러한 욕구와 만족 그리고 조직의 강도는 성취도를 나타내는 동기 유발의 정도에 따라 결정된다.13)

로오는 일의 의미를 명료화하기 위해서 매슬로우(Maslow)의 인성이론을 적용하였고 일의 세계를 체계화하기 위해서 직업분류를 「단계별 분야」로 발전시켰다.

<그림 2-1>에서 보는 바와 같이 초기의 가정환경(풍토)과 직업선호

---

13) Anne Roe and Marvin Siegelman, *The Origin of Intereess*(Washington, D. C.: American Personnel and Guidance Association, 1964). p.5.

와의 관계를 설명하고 있다. <표 2-2>에서는 부모의 타입, 타인과 상호작용 하는 모델, 예상되는 직업선택과의 관계를 보여 주는 직업분류표를 작성하였다.

로오에 의하면, 가정의 정서적 분위기, 즉 부모와 자녀 간의 상호작용(육아법)은 자녀에 대한 자녀회피, 자녀에 대한 정서적 집중, 자녀수용 등 세 가지 유형으로 분류된다고 한다. 이를 구체적으로 설명하면 다음과 같다.

(1) **자녀의 회피**(avoidance of the child)

① 거부적 분위기: 냉담, 적개심, 자녀의 선호(행복)와 의견을 무시하거나 부적합성을 지적한다. 신체적 필요를 충족시켜 주려는 노력을 하지 않는다.

② 방임적 분위기: 자녀와의 접촉 및 부모로서의 책임을 회피하려는 경향, 자녀의 욕구충족을 위해 별로 노력하지 않는다. 자녀에 대한 관심을 표시하지 않으나 감징적으로 거부하지 않는다.

(2) **자녀에 정서적 집중**(emotional concentration on the child)

① 과보호: 의존적이고 사랑을 듬뿍 주며 비밀이 없고 지나치게 보호함으로써 의존적이고 동조적(同調的)인 행동을 많이 나타내게 된다.

② 요구과잉: 부모는 자녀가 남보다 뛰어나기를 바라므로 공부를 잘해 주기를 기대하기 때문에 엄격한 훈련을 시키고 무리한 요구를 한다.

(3) **자녀의 수용**(acceptance of the child)

① 무관심: 자녀를 수용하지만 밀착되어 있지 않다. 필요와 요구에 민감하나 강요하지 않는다.

② 애정적: 온정적이고 관심을 기울이며 요구에 응하여 벌보다는 이성(理性)으로 대하며 독립심을 키운다.

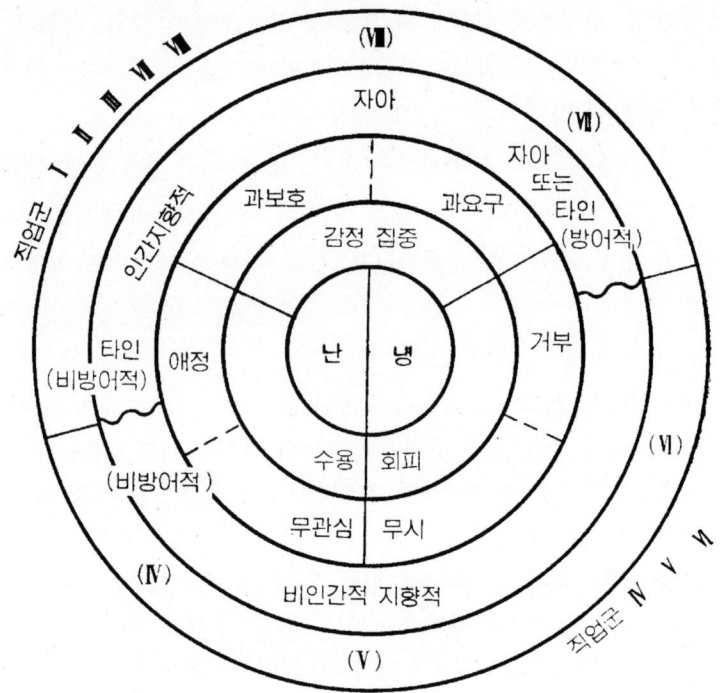

<그림 2-1>부모의 육아방법과 자녀의 직업지향성

　위와 같은 분류에 의하면, 종합적인 이론을 다음과 같이 세 가지 가설을 제기할 수 있다(그림 2-1 참조).

〈표2-2〉   로 우 의 직 업 분 류

직업군 \ 수준	I 서비스직	II 비즈니스직	III 조직·단체직	IV 산업기술직	V 옥외활동직	VI 과학직	VII 일반문화직	VIII 예·체능직
전문·관리 (상급)	조사연구 과학자	판매원소장 회사사장	회사사장 각료	발명가 과학자(공학)	공학연구자 (광산)	치과의사, 의사 연구과학자(물리화학)	법관 교수	관현악 지휘자 TV 디렉터
전문·관리 (보통)	행정가, 매니저 보호관찰관 사회사업가	인사과 직원 매매기사	은행원, 중개인 CPA 호텔매니저	항공엔지니어 비행기 분석가 공장 감독	지리학자 어류전문가	화학자 약학자	목사, 편집장 뉴스해설자 교원	건축가 야구선수 조각가
준전문· 관 리	고용면담자 간호원 YMCA디렉터 디그래신치료자	협검원 화물취급자 자동차보험 판매원 도메인	캐리라 우체국소장 개인비서	배행사 계약자 (공사) 기관사	양봉가 자작인 산림예호가	물리요법사 시체보건가 발치료 전문이사	사법서사 사어원 기자	광고전문가 운동 코치 내부장식가 사진사
숙련	구인상사 이용사 헤어드, 순경	경매인 조사인 가옥판매원	속기사 통계원 편집자	목수 용제원 대장장이, 미장이	광부 조경사	의료기술자 간호원	편집인	삽화가 만화가 유리창 장식가
준숙련	요리사 엘리베이터관리인 소방서원 운영경창이, 해군	표판매원 판매점원 행상원	시기, 우체부 교환원 타이피스트 현금출납원	크레인조작인 트럭운전사 가정신호인	어부 정원사, 여관주인 사냥꾼	보조간호원	도서관 종사자	이류모델인
비숙련	청소부 경비원, 하녀	신문배달원	심부름꾼 소년	목수보조인 노동자	등물사역사 농장노동자 포장마느자		부사인	무대장치인

〈자료〉 Helen P. Moser, William Dubin and Irving M. Shelsky, "A Proposal Modification of the Occupational Classification," Journal of Counseling Psychology Vol.3, 1956, p.30.

1) 온정적이고 과보호적인 환경에서 성장한 사람은 인간지향 성격
을 이루며 그 결과 예능이나 예술계통의 직업을 원하게 된다.

2) 부모의 사랑을 받으며 수용적 분위기에서 성장한 사람은 역시 인
간지향의 성격을 띠며 그 결과 서비스직과 같이 사람들과의 접촉이 중
요한 역할을 하는 직업을 택하는 경향이 짙다.

3) 부모의 사랑을 제대로 받지 못하고 거부적인 가정 분위기에서
성장한 아동은 공격적이고 방어적이다. 그 결과 접촉이 적거나 별로
중요시되지 않는 과학계통의 직업을 택하려 한다.

이와 같이 아동이 어떠한 가정 분위기 속에서 성장했느냐에 따라
상이(相異)한 태도·흥미·능력·욕구충족 양식 등이 형성하게 되는데
이러한 것들이 장차 직업선택이나 인간관계, 생활양식 등에 영향을
미치게 된다.[14]

로오는 직업분류에 관한 연구[15]도 하였는데 직업군을 8개 영역으
로 구분하였다. 그리고 6개의 수준으로 분류하였는데 종합적인 직업
내용은 앞의 <표 2-2>과 같다.

<표 2-2>에 의하면 인간 지향적 직업 분야에는 직업군 I, II, III, VII,
VIII, 즉 서비스, 비즈니스, 조직이나 단체활동, 일반문화직, 예술과 예능직
이 속하며 비인간지향적인 직업 분야에는 산업기술·옥외활동·과학연구
등의 직업이 속한다.

결론적으로 아동의 욕구구조와 욕구충족을 형성시켜 주는 것은 어
떤 구체적인 육아기술이 아니라 아동에 대한 부모의 기본적인 태도에
달려 있음을 알 수 있다.

---

14) 李定根, ≪前掲書≫, p.37.
15) Roe and Siegleman, *op. cit.*

나. 홀랜드의 人性理論

홀랜드는 그의 이론에서 개인의 행동양식이나 인성유형(人性類型)이 직업선택과 발달에 중요한 영향을 미친다고 보고 있다. 그는 직업을 선택할 시기에 있어서 개인은 타고난 유전적 소질과 문화적·개인적 요소 간의 상호작용의 소산이라고 한다. 문화적·개인적 요소란 동료·부모, 그밖에 개인에게 중요한 영향을 미치는 성인·사회계층, 개인이 속한 사회의 문화적·물리적 환경 등을 의미한다.16)

<표 2-3> 직업환경과 적응방향의 대조표1)7)

	직 업 환 경	적 응 방 향
현실적 환경	노동자·농부·트럭 운전수·목수·중장비·운전공 등 근육을 이용하는 직업	체력을 필요로 하는 활동을 즐기며 공격적이고 운동신경이 잘 발달되어 있다.
지적 환경	물리학자·인류학자·철학자·수학자 등 지적 작업에 종사하는 직업	과업 지향적이며 추상적인 일을 즐기고 여러 가지 문제들을 분석·이해하려는 욕구가 강함.
사회적 환경	타인을 위해 봉사하는 요소가 강한 환경으로 임상심리학자·카운슬러·선교사·교사·사회사업가 등의 직업	안전한 상황에서 일하는 것을 즐기며 언어능력 및 대인관계의 기술이 뛰어나고 여성적인 동시에 사회 지향적이며 남을 가르치거나 치료하는 역할을 좋아함.
전통적 환경	우체국 직원·은행 출납계 직원·수학가·장부계원·비서 등 타인의 의사에 자기를 합치시켜야 하는 요소가 강한 직업	틀에 박힌 언어나 수를 취급하는 활동 및 종속적인 역할을 좋아한다. 법률·규칙 등을 잘 지킴.
설득적 환경	자동차 세일즈맨·경매인·정치가·바이어·공식집회 사회자 등 상대를 설득시키는 요소가 강한 직업	남성적인 면이 강하고 타인을 지배하거나 설득해야 할 경우에 뛰어난 능력을 발휘한다. 비교적 외향적이며 권력·지위 등에 관심이 많음.
심미적 환경	시인·소설가·음악가·조각가·작곡가·무대감독·희곡작가·미술가 등 예술 전반에 걸친 직업	내향적이고 비사교적이며 예술적 매체를 통해서 자기를 표현하려는 욕구가 강함.

개정된 홀랜드의 이론에 의하면 인성유형과 환경에 대한 아주 비슷

---

16) 이정근, ≪전게서≫, p.41.

한 용어를 사용하고 있다. 그 유형들은 직업환경과 적응방향을 현실적·연구적·심미적·사회적·설득적·전통적 환경들로서 6가지로 나눈다. 인성유형의 발달은 유전과 환경 요인의 상호작용의 결과이다. 홀랜드의 인성이론의 요지는 개인이 직업을 선택할 때에는 바로 자신의 적응방향을 만족시켜 줄 수 있는 직업환경을 선택하게 된다는 것이다.

직업환경과 적응방향의 대조표를 만들어 6가지의 직업범주를 분류해 비교하면 상관관계를 찾아볼 수가 있다(<표 2-3>참조).

<표 2-3>의 대조표에 따라 직업환경과 적응방향이 일치하게 되면 그것이 보다 안정된 선택이 될 수 있고 보다 높은 직업적 성취, 정서적 안정의 유지, 만족, 높은 지적 성취 등을 가져올 수 있다.

요약하면 홀랜드의 이론은 개인의 행동은 그의 인성과 환경과의 상호작용의 함수이며 선택행동은 인성의 한 표출이라는 것이다.

(4) 精神分析 理論

진로발달에 대한 심리적 접근방법에서는 프로이드의 정신분석학적 접근방법을 이용하고 있다. 여기서는 주로 개인의 내적 동기(內的動機) 또는 과정변인(過程變因)을 중요시한다.

정신분석학에서는 인간이 생리적 속성을 지닌 욕구와 충동을 승화시킴으로써 사회의 기대 및 습관에 적용한다고 설명한다.[18] 그러나 정신분석학자들에 있어서 일(work)이란 중요한 관심의 문제로 여겨오지 않았다. 프로이드는 일을 조직사회와 이행되어야 할 불쾌한 의무사항에 필수적인 것으로 보면서도 그 일의 중요성에 대하여 양면성을

---

17) 《上揭書》, pp.41-43.
  * 필자가 《상게서》 내용을 종합하여 표로 작성하였음.
18) 이정근, 《전게서》, p.31.

지니고 있다고 보았다. 그러나 신프로이트파들은 일의 의미를 욕구의
만족이나 심리적 발달에 명백한 것이라고 간주하였다. 최근의 몇몇
이론가들은 인성(人性)의 정신분석 이론을 개인생활과 선택에 포함되
는 요소들 가운데 일의 역할에 관한 연구의 기초로 사용해 왔다.

정신분석학적 직업발달 이론의 중요한 종합적인 진술은 4가지 직업
진단 연구에서부터 성장되었다. 이러한 연구의 고무적인 결과에 따라
보딘(Bordin), 내취맨(Nachman), 세갈(Segal) 등은 「직업발달을 위한
구조」를 구성하였다. 이 골격의 주요 요소 또는 이론은 다음과 같다.

1) 인간발달에는 계속성이 있다. 유아기에 있어서 가장 단순하고
최초의 심리적 · 생리적 과정은 성인이 되었을 때의 복잡한 지적 ·
신체적 활동에 연결된다.

2) 만족감의 본능적 근원은 유아기의 단순행동에서 이루어진 것
같이 복잡한 성인행동에서도 똑같다.

3) 개인의 욕구유형은 그 유형이 그의 평생 동안에 다소 수정되
기는 하지만 초기 6년 이내에 결정된다.

4) 개인이 추구하는 직업은 초기 6년 내에 발전된 욕구에 의해
서 결정된다.

5) 그 이론은 모든 연령과 모든 단계에 적용하여 다음과 같은
한계를 가지고 일의 유형을 채택한다.

① 그 이론은 외적 요인, 즉 문화적 · 재정적인 요인에 따라
제한되거나 동기화되지 않는 사람에게는 적용하지 않는다. 행동
을 결정하는 욕구에 대해서는 선택의 자유가 충분히 보장되어야
한다.

② 일의 만족을 조금 가지거나 또는 전혀 찾지 못하는 사람
에게는 적용하지 않는다.

6) 넓은 의미에서 일이란 유아충동의 승화현상을 사회적으로 수
용할 수 있는 행동으로 묘사한다.

7) 직업에 대한 지식의 결핍은 기대를 충족하지 못하는 직업선

택의 결과를 낳게 된다. 그러나 기회에 대한 정서적(신경증적) 정
보의 차단은 심리적 기재로 본다.

　8) 모든 직업은 정신분석적인 욕구를 나타내는 범주 범위 내에
서 묘사될 수 있다.19)

　이와 같이 보딘과 내취맨, 세갈 등은 진로선택 과정은 정신분석학
적인 구조 속에서 설명될 수 있다고 한다.

　보딘과 그의 동료들의 직업선택 이론은 그 후 직업분석·인성특성,
아동기의 경험에 대한 연구를 통해서 더욱 발전되었다. <표 2-3>에서
는 이와 같은 관계를 잘 요약해 주고 있다.20)

　표를 보면, 일의 활동 또는 충동표현의 10가지 범위는 생리적 기능
의 용어로 표현되고 있다.

　감각차원은 정보습득이 아닌 감각기관들을 이용하여야 한다. 가령 아
동이 물건이 예쁘기 때문에 보고 만져보며 즐거워하며 감각적으로 충족
되는 것과 같은 이치이다.

　결국 직업도 감각적으로 관련된 것을 추구하게 되는데 감각이 섬세
하게 발달해 있고 감각적 즐거움을 타인에게 제공해 주는 일에 종사
하는 예술가 등이 바로 이러한 차원에 나타나게 된다.

---

19) Edward S. Bordin, Barbara Nachmann, and stanley J. Segal, "An Art-
iculated: Framework for Vocational Development," *Journal of Couns-
eling Psychology*, 10, 1963. p.110.

20) Larry J. Bailey and Ronald Stadt, *Career Education: New Approaches
to Human, Development*(Bloomington, Ill: McNight Publishing Co.,
1973). pp.77-78.

<표 2-4> 욕구충족활동

차 원 군	생 리 적 기 능	직 업 적 기 능
섭취적(nurturant)	음식 섭취, 인간·동물·식물의 성장 발달의 조장 및 보호	사회사업가·간호원·교사
구순공격적 (oral aggressive)	짜르기, 물기, 씹기, 삼키기	제조업·건설업·광업
조작적(manipulative)	신체적 힘, 권력 행사, 설득·위협·유혹	컴퓨터 조작·세일즈·광고업
감각적(sensual)	보기, 건드리기, 맛보기, 소리 듣기	예술적·창조적 직업
항문적(anal)	획득, 시간적 조절, 정돈, 축적, 더럽히기	회계원·서무직원·화공약품상
성기적(genital) 탐색적(exploratory)	수태·생산·직립·통과·어떤 사실에 대한 조사·탐색·이해	건설업·잠수업·농업·수학·화학자·물리학자 등의 과학적 연구 분야
유동적-억제적 (flowing and quenching)	요의	연관공·소방원·수리 역학
공개적 (exhibition)	생식기나 나체를 남에게 보이고 싶어 하는 충동	배우·법률가·광고업·목사
놀농석 운통 (rhythmic movement)	심장·호흡, 기타 생리적인 리듬	음악가·무용가, 기타 신체율동을 포함하는 예술가

종합하면 직업행동의 정신분석학적인 개념은 정신분석의 광범위한 맥락에서 이해되어야 한다. 정통적인 정신분석의 주요 가정은 개인이 생리적 본능의 결과로서 경험하는 욕망과 충동을 승화(sublimating)시킴으로써 사회기대와 관습에 적응할 수 있다는 것이다. 개인은 적합한 활동에 참여하거나 또는 정신력의 전환(轉換)인 반응을 함으로써 사회적으로 수용될 수 있는 형태에서 본능(libido)을 나타낸다.[21]

브라일(Brill)은 직업선택에 있어서 정신분석학의 개념을 도입시켰고 그에 따르면 개인은 쾌락원리와 현실원리에 입각에서 직업을 선택한다고 한다. 그는 승화(昇華)와 직업선택이 밀접한 관계가 있다고 보고 개

---

21) J. O. Crites, *Vocational Psychology*(New York: McGraw-Hill Book Co., 1969). pp.91-92.

인의 인성 및 충동이 승화를 통해서 자신의 기본욕구를 충족시켜줄 수 있는 직업을 택하도록 유도해 준다고 하였다.

(5) 社會理論

가족과 가정과 같은 사회기관과 직업구조의 영향은 사실상 모든 이론가들이 고려하고 있는 점이다. 그러나 그 강조사항은 비교적 다양하다. 사회이론은 개인을 둘러싼 사회·문화적 환경이 개인의 행동에 영향을 미친다는 사회학적 지식을 바탕으로 진로발달의 이론을 발전시킨 것이다.22) 여기에 대표적인 학자들은 블라우(Blau, 1956), 홀링스헤드(Hollingshead, 1949), 밀러(Miller), 포롬(Form, 1951) 등이다. 이 이론의 주요 개념은 가정·학교·지역사회 등의 사회적 요인이 직업선택과 진로발달에 영향을 미친다고 한다. 또한 개인이 속해 있는 사회계층은 이에 대한 지대한 영향을 미친다.

사회학자인 홀링스헤드(August B. Hollingshead)는 사회계층이 직업계획이나 직업 가능성, 계획에 대한 확실성에 대하여 두드러진 효과를 가진다는 것을 발견하였다. 계층이 낮으면 낮을수록 사춘기의 학생들은 이러한 요인에 의해서 낮게 결정된다는 것이다. 수준과 연결된 「직업통로」에로 가능한 직업선택에 있어서 사회적인 영향이 나타나게 된다.23) 직업선택과 발달은 또한 산업사회학자들의 주요한 관심사가 되었다.

결국 이 이론은 사회계층에 따라 대다수 사람들의 사회적 반응, 교육받은 정도, 직업적 야망, 일반지능 수준 등을 결정하는 독특한 심리

---

22) 이정근, ≪전게서≫, p.29 재인용.
23) August B. Hollingshead, *Elmtown's Youth*(New York: John Wiley and Sons., 1949). pp.281-287, 360-370.

적 환경을 조성하게 되는데 이것이 결과적으로 직업선택 및 발달에 영향을 미치게 된다는 것이다.

따라서 진로상담을 할 때에 고려해야 할 사회적 요인은 가정의 사회·경제적 지위, 가정의 영향력, 학교의 성취도, 지역사회 환경, 압력집단, 역할지각 등 제반 요인을 파악하여 알맞게 지도되어야 한다.

사회이론가들은 사회·경제적 요인이 전적으로 중요한 부분을 차지하는 작업생활 단계의 등급을 다음과 같이 제시하고 있다.

① 예비(preparatory): 일의 오리엔테이션이 전개된다.

② 시초(initial): 시간제 일의 경험과 교육을 포함하는 초기의 작업단계

③ 시행(trial): 만족한 일이 생길 때까지 일의 세계에 돌입하는 시간으로 구성되는 일의 시행단계

④ 안전(stable): 일과 지역사회에서의 확립을 위한 일의 안전단계

⑤ 정년(retirement): 일의 흥미가 쇠퇴해 버리는 단계

(6) 意思決定 理論

겔라트(Gelatt, 1962, 1967, 1972), 힐튼(Hilton, 1962), 허쉔슨(Hershenson)과 로스(Roth, 1966), 케이츠(Katz, 1963, 1966) 등이 이 이론의 대표적인 학자로서, 자신의 이익을 극대화하고 손실을 극소화하는 방향으로 행동한다는 케인즈의 경제이론에 바탕을 두고 있으며 여러 가지 선택 가능한 직업 중에서 자신의 투자가 최대로 보장받을 수 있는 직업을 선택한다는 것이 이론의 요지이다.[24]

겔라트가 가장 대표적인 의사결정 이론가로서 이론은 상담접근의

---

24) 이정근, ≪전게서≫, p.27에서 재인용.

기초로서 실제로 구안된 것으로 직업선택과 발달에 의사결정의 순환 과정으로서 잘 설명되고 있다.

젤라트의 의사결정 과정 이론은 <그림 2-2>에 제시한 바와 같이 목표나 목적 등 목적의식을 세운다. 개인은 목적의식에 따라 정보수 집이 필요하다. 자료의 이용이 그 과정의 핵심이다. 자료가 수집되면 가능한 대안을 열거한다. 다음의 전략은 각 결과에 대한 가망성(desirability)이 포함될 것이다.

개인의 예언체계는 자기가 가능한 개연적인 결과를 알아볼 수 있는 방법을 결정한다. 전략의 다음 단계는 결과의 가망성에 대한 개인의 평가이다. 개인은 가치의 범위와 목표를 비교한다. 예를 들면, 만일 돈 버는 것이 개인의 최고가치라고 한다면, 그는 많은 수입을 제공할 수 있는 행동방향으로 선택하게 될 것이다.

결정의 평가와 선택으로 마침내 의사결정이 이루어진다. 그 결정은 「최종적」이 될 수도 있고 또는 「탐색적」인 결정이 될 것이다. 의사결 정시에 순환과정 형태가 화살표 방향으로 반응될 때에 시행에 따라 결정의 적합성이 이루어지거나 또는 다음 조사방법이 계획된다. 이러한 순환과정이 다소 계속된다.

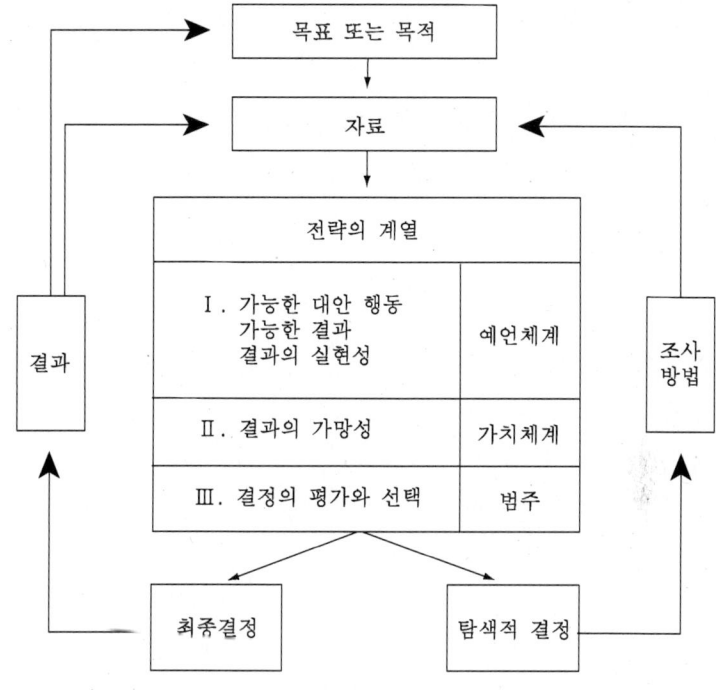

<그림 2-2>겔라트의 의사결정 참조체제[25]

이것을 요약하면 목적의식 → 정보수집 → 가능한 대안의 열거 → 각 대안의 결과 예측 → 각 대안의 실현 가능성 예언 → 가치평가 → 의사 결정 → 평가 및 재투입의 과정이 계속된다.

따라서 의사결정은 주기적이며 계속적인 성격을 띠게 된다.

---

25) H. B. Gelatt, "Decision-Making: A Conceptual Frame of Reference for Counseling," *Journal of Counseling Psychology*, 9, 1962. p.242.

(7) 社會學習 理論

이미 취급한 수많은 이론가들이 사회학습(social learning)을 이용해 왔지만 좀 광범위하게 진로발달에 관심을 둔 미첼(Anita Mitchell), 존스(Brain Jones), 크룸볼츠(John Krumboltz)와 학습인지 과정에 주안점을 둔 토레슨(C. E. Thoresen), 어와트(C. K., Ewart) 등의 활동은 특별한 관심을 끌 만하다.

미첼, 존스, 크룸볼츠 등의 사회학습 이론을 심리학·경제학·사회학·생활지도·교육 등에서 개념을 도입하였는데 발전과정을 통하여 신망을 얻게 되었다.

사회학습 이론은 진로결정에 영향을 미치는 요소를 다음 4가지 범주로 구성하고 있다.

① 인종·성별·지능과 같은 유전적인 타고난 재능
② 직업과 훈련기회 및 가정에서의 경험과 같은 환경적 조건과 사건
③ 도구학습과 연합학습과 같은 학습경험
④ 좋은 일의 습관과 같이 학습기술 등의 과업접근 기술

이와 같은 네 가지 영향의 타입이 다음과 같은 세 가지 종류의 결과를 초래하게 되었다.

① "나는 수학에 뛰어나다."와 같이 자기관찰의 일반화
② 직업목표를 세우고 대학선택에 있어서 정보를 이용하는 것과 같은 과업접근 기술
③ 자아관찰과 과업접근의 상호작용에 기초를 둔 행동26)

---

26) J. D. Krumboltz, A. M. Mitchell, and G. B. Jones, *Career Counseling-* (Monterey, Calif: Wadworth Inc., 1975).

진로계획과 진로발달의 과정은 누가적인 학습경험 토대 위에 유전
과 환경의 영향을 포함한다. 학습경험은 정의적이고 인지적이다.

제3장 進路敎育 模型의 理解와 內容

헤르(Herr)에 의하면[1] 진로교육은 교육목적에 관한 두 학파의 종합이라고 볼 수 있다. 하나는 진로교육의 자극으로서 직업모형을 이용하고 다른 하나는 진로모형을 이용한다. 직업모형은 학생들이 학교를 떠날 때 아주 편협하게 정의된 직업에서 고도의 발전된 기술을 가지는 것을 보장하는 데 주로 관심을 둔다. 반면에 진로모형은 각 개인을 다양한 일 체제(work system)에 들어가도록 하는 수많은 통로를 따라 교육제도를 거쳐나가도록 하는 것으로 생각한다. 이 모형은 각 개인이 다양한 직업의 기회 가운데에서 가능한 한 자유롭게 선택하도록 하는 기술을 가지도록 개인의 중요성을 강조한다.

진로모형은 직업모형보다 더 범위가 넓다. 진로모형은 직업기술의 습득은 물론 의사결정 양식을 자극하는 여러 요소, 즉 태도·지식·자아개념을 포함한다. 이 모형은 학생들이 선취적(先取的)이고 완성된 계획을 발전시켜 그것을 실행할 수 있도록 하는 데 관심을 둔다. 이와 같이 이 진로모형에서 발견된 개인성장의 중요성은 단지 직접 직장에 나가는 젊은이에게만 한정되는 것은 아니다. 이 모형은 모든 학생들이 고등학교 이상의 궁극적인 목적에 관계없이 무엇을 해야 할지 목적을 찾는 데 도움을 필요로 하는 바를 주장한다.[2]

---

1) Edwin L. Herr, "Unifying an Entire System of Education Around a Career Development Theme," in *Career Education: Perspective and Promise*(Columbus: Charles E. Merrill Publishing Co., 1972). p.100.
2) *Ibid.*, p.101.

　현재 대부분의 학교제도는 교과중심 교육과정 안에서 운영하고 있다. 각 교과마다 기술의 영역과 계열이 분류되어 있다. 이론적으로 각 학생은 <그림 3-1>에서 보는 바와 같이 자신의 성취도·능력·흥미에 따라서 하나의 연속체상에 놓여 있다. 그러나 교과목 범위를 넘어서 이 교과를 학생을 위해 의미 있는 전체로서 통합시키는 데 어느 정도 이루었는가에 대한 진전사항은 알 수 없다. 또한 현 코스의 내용이 학생 목표에 관련시키는 데 제한된 성공만이 있을 따름이다.

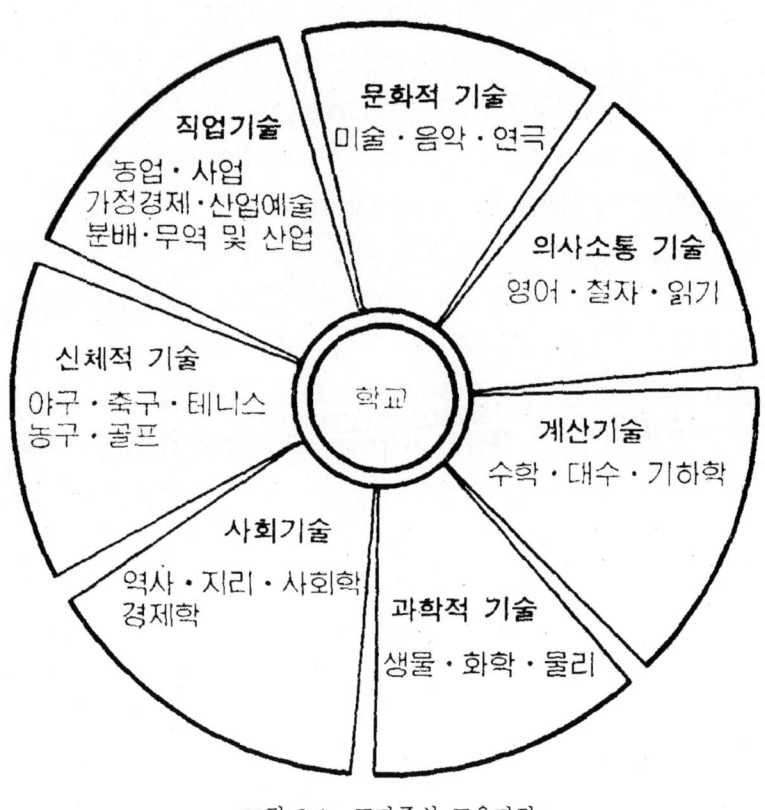

<그림 3-1> 교과중심 교육과정

그러나 <그림 3-2>에 반영된 바와 같이 진로교육은 교육적 과정이며 목표를 위한 수단이며, 그 목표는 개인의 정치적·경제적·사회적 및 개인적 목표의 실현인 것이다. 이 모형은 세 가지의 중요한 진로교육의 원리를 예시해 주고 있다.3)

1) 진로탐색과 오리엔테이션의 중간단계를 포함하여 진로인식에서부터 진로준비 단계에까지 걸쳐 진로단계의 연속체가 있다.

각 단계(phase)가 특정한 시기(K-6, 7~8, 9~10, 11~성인)로 분류되어 있지만 상향 화살표가 제시하는 바와 같이 단계에 과정이 있다. 거꾸로 표시한 피라미드 모형에서는 개인이 진로교육을 통하여 성장하고 성숙해 감으로써 끊임없이 확대 되어가는 이 단계의 성질을 나타내고 있다.

2) 형식학교 구조 내외에서의 학습경험은 개인의 경제적·정치적·사회적 개인목표를 충족시키기 위한 수단으로서 선정되어야 한다. 이처럼 교과목은 학생의 목표에 공헌하기 위해 선택되어야만 한다. 보다 심층적인 학습경험은 개인이 개인적 역할의 변화가 발전함에 따라 목표를 설정 내지 재설정하여 평생 동안 필요로 한다.

3) 학습에는 개별화된 접근방향으로 지향하는 움직임이 있다.

인식단계에서는 일반적인 일의 세계 인식, 일 지향사회의 가치와 개인의 역할에 초점을 둔 개인 및 집단을 위한 여러 활동이 계획된다. 이 수준에서 모든 학생들은 다양한 환경에서 실천되고 있지만 똑같은 개념에 접하게 된다.

---

3) Calfrey C. Calhoun and Alton V. Finch, *Vocational Education: Concepts and Operations*(Belmont, Calif: Wadworth Publishing Company, 1982). p.95.
4) *Ibid.*, p.96.

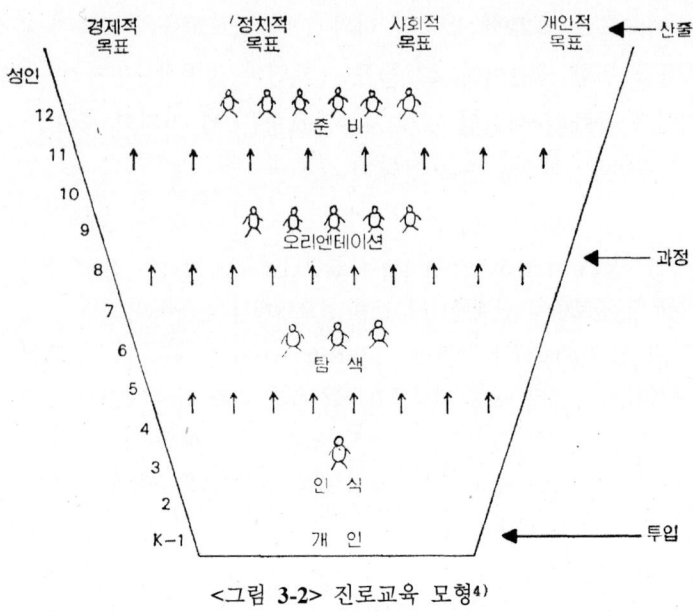

<그림 3-2> 진로교육 모형[4]

　학생들이 진로교육의 상위단계를 거쳐 나아감에 따라 탐색해야 할
직업군(occupational clusters)을 선택한다. 그들이 준비단계에 접근함에
따라 선택은 한 분야로 좁혀지며 나중에 훈련이 그 분야 안에 특정한
능률을 제공해 준다. 이와 같이 진로교육은 학생들이 열망하는 역할이
나 준비로서 가능한 학습경험에 있어서 네 단계를 진행해 나가고 가능
한 다양한 진로선택 중 선택하고 경험할 때 보다 더 다양해진다.
　연방정부의 진로교육 모형을 분석해 보면, 이러한 개념들을 보다
포괄적으로 이해하기 위한 단계를 설정할 것이다.

1. 美國 文敎部의 進路敎育 模型

진로교육은 미국에서 개발된 새로운 교육이념이기 때문에 모형은 미국문교부 진로교육 모형을 제시하고 이해를 촉구하고자 한다. 진로교육 모형은 바람직한 진로발달 단계에 부합하는 기본요소들을 포함하도록 구성되어 있다.

<그림 3-3>에서 제시한 바와 같이 초등학교 교육에서부터 대학교육에 이르기까지 교육의 발달과정을 ① 진로인식, ② 진로탐색, ③ 진로준비, ④ 진로전문화 등의 네 단계로 구분하고 각 단계에 적절한 진로교육 내용을 실천하도록 제시하고 있다(각 단계별 내용은 1장 2절의 진로교육 내용체계를 참조5)할 것).

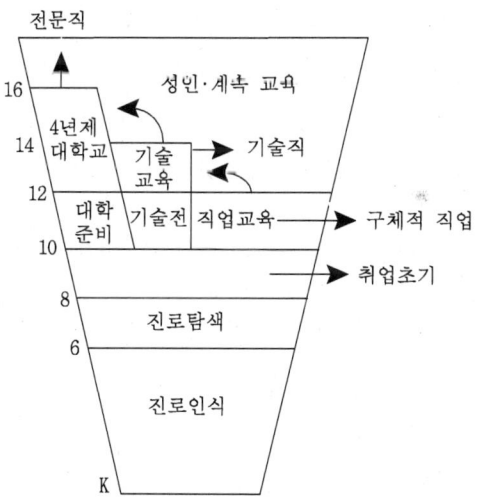

<그림 3-3>미국 문교부(U. S. O. E.) 진로교육 모형5)

---

5) 장석민·홍영란, "미국의 진로교육 모형에 관한 분석," ≪진로교육에 관한 문헌분석≫(서울: 한국교육개발원, 1985). p.76 재인용.

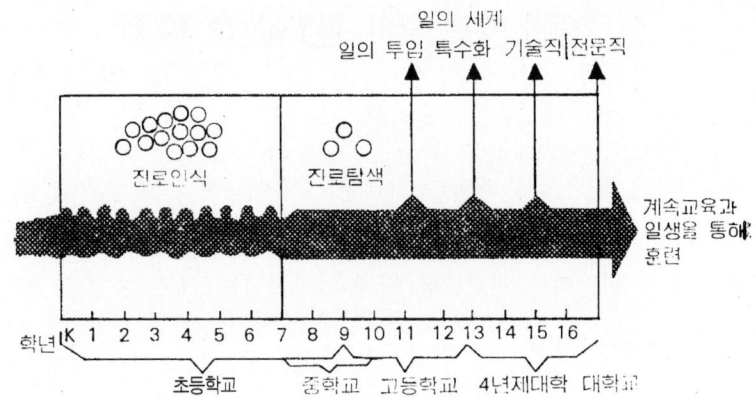

연방정부의 지원에 의해 개발된 진로교육 모형은 1971~1972년에 네 가지 개발모형을 제시하였다.7) 그 진로교육 모형은 다음과 같다.

① 학교중심 모형(school-based model)
② 고용주 중심 모형(employer-based model)
③ 가정 및 지역사회 중심 모형(hom / community-based model)
④ 지방 및 주거 중심 모형(rural / residential-based model)

위의 네 가지 모형들은 주로 환경에 따라 다르게 진로교육의 목표에 제시한 내용을 효과 있게 달성하기 위하여 적극 활용되고 있으며, 1972년 후반부터는 그 연구개발 보급업무가 국립교육연구소(National Institute of Education)로 이전되었다.8)

---

6) John B. Stevenson, *An Introduction to Career Education*(Belmont, Calif: Wads-worth Publishing Co., 1973). p.91.
7) Keith Goldhammer and Robert E. Taylor, Career Education(Columbus: Charles E. Merrill Publishing Company, 1972). p.7.
8) Larry J. Bailey and Ronald Stadt, *Career Education: New Approaches to Human Development*(Bloomington, Ill.: McNight Publishing Company, 1973). pp.271-275.

이 모형들의 기본적 의도는 ① 진로교육의 보급을 위한 대안적 가설의 탐색 및 검증과, ② 다양한 가설에 적합한 시범적 진로교육 프로그램의 구안(構案) 및 개발을 위한 것이다. 또한 프로그램 대상자들의 요구가 변화할 경우 다른 모형으로 자유롭게 이동할 수 있도록 구성되어 있다.[9]

2. 進路敎育을 위한 實踐模型

앞에서 언급한 바와 같이 진로교육은 직업적성 교육으로서 평생교육 체제 속에서 실천되어야 하는 종합적인 교육 프로그램 내지는 교육활동이다. 진로교육은 모든 개인을 대상으로 하며 그 실천과정에서는 학교·가정·지역사회 등의 공동노력이 집결되어야만 소기의 목적을 달성할 수 있다. 따라서 정규 학교 안에서 이루어지고 있는 수업, 학교 및 학교 밖에서 실시되고 있는 직업적인 기술훈련 또는 진로개발 프로그램은 각종 지역사회의 조직과 가정 등이 진로교육을 구성하는 중요한 요소들이 되고 있다.

진로교육이 실천될 수 있는 장소는 비단 학교뿐만 아니라 가정·지역사회 또는 산업사회 등이 될 수 있다. 학교교육만으로는 광범위한 진로교육의 목표를 달성할 수가 없다.

1973). pp.271-275.

9) 장석민·홍영란, ≪전게서≫, pp.76-77 재인용. 또는 D, L. Jesser, *Career Education: A Priority of the Chief State School Offices*(Utah: Olympus Publishing Co., 1976). Grant Venn, Thirteen Ways to Improve Your Occupational Program. in J. W. Fuller and T. O. Whealon (Ed.), *Career Education*(Chicago: Nelson-Hall, Inc., 1979).

진로교육이 이루어지기 위해서는 다음과 같은 기본적인 가정이 고
려되어야 한다.10)

　　1) 개인이 자신의 삶을 위한 직업선택에서의 자유는 민주주의의
기본이며, 개인을 최대로 성장하게 하는 데 필요하다.
　　2) 직업선택에 있어 개인차가 고려되어야 한다.
　　3) 산업인력 구조의 면에서 볼 때, 모든 사람에게는 적합한 일자
리가 있다.
　　4) 직업에 관하여 계획하고 결정하며 직업능력을 갖는 것은 개인
의 존엄성과 미래에 도움이 된다.
　　5) 개인은 자신의 재능에 대한 가치를 잘 이해하여야 한다.
　　6) 직업이나 진로의 선택은 성장발달의 한 부분이고 이에 영향을 받는다.
　　7) 직업의 선택은 너무나 복잡하기 때문에 대부분의 사람들은 직
업상담을 필요로 한다.
　　8) 개인의 통합성의 보존은 개인이 어떤 특수한 방향으로만 나아
가게 하는 것을 부정한다.
　　9) 생애개발에 내재하는 이론은 민주적인 가치와 일치하여야 한다.
　　10) 생애개발은 발달과업의 단계별에 따른 학습과제로 표현될 수 있다.
　　11) 생애개발에 필요한 지식·기능·태도를 설정하여 이를 직업지
도에서 강조할 수 있다.
　　12) 학생이나 성인이 생애개발을 위해 획득하여야 할 기본요소는
다음과 같다.
　　　　① 진로선택의 필요성에 대한 이해
　　　　② 직업선택 시 고려되어야 할 필요에 대한 이해
　　　　③ 자원의 활용
　　　　④ 직업목표에 영향을 미칠 수 있는 여러 가지 예기치 않은
　　　　　사항에 대한 이해

---

10) 李茂根, ≪實業－技術教育論≫(서울: 培英社, 1982). pp.260-261, Refer
　　to R. N. Evans & E. L. Herr, pp.171-172 재인용.

⑤ 현재와 미래의 관련성에 대한 이해

⑥ 선택한 직업에 대한 정보 파악

⑦ 선택한 직업에 대한 계획 등이다.

위와 같은 전제하에 여기에서는 1968년부터 미국 교육계에 진로교육이 소개되면서 1970년대 초에 연구 개발된 학교중심 모형, 고용주 중심 모형, 가정 및 지역사회 중심 모형 등의 진로교육 실천모형을 소개하고자 한다.11)12)13)

(1) 學校中心 模型(school-based model)

이 모형의 조사연구는 미국 문교부(United States Office of Education)의 연구 용역에 의하여 오하이오 주립대학교의 국립 직업교육연구소에서 연구개발한 모형이다. 이 모형에서는 진로교육을 아동들이 형식적인 학교교육에 임하는 시기부터 성인에 이르기까지 계속하여 진로에 초점을 둔 종합적인 교육 프로그램으로서 독립된 교육과정으로 구성되기보다는 정규 학교 교육과정에 융합되어 학생들에게 일의 세계(world of work)에 관련된 정보와 경험을 제공하게 된다.

학교중심의 진로교육 모형에서는 직업교육 · 생활지도 · 교육과정 개발 및 인간성장 등의 영역에 관련된 이론을 중심으로 8개 항목의 진로교육 내용과 유치원부터 후기 중등학교 단계(K-12)까지를 끝마쳤을 때 성취될 것으로 기대되는 항목의 구체적인 진로교육의 결과를 도출하였다.

---

11) Larry J. Bailey and Ronald Stadt, *Career Education: New Approaches to Human Development*(Bloomington, Ill.: McNight Publishing Co., 1973). pp.271-275.

12) John B. Stevenson, *op. cit.*, pp.76-78.

13) 김충기, ≪생애교육과 생활지도≫(서울: 평민사, 1981). pp.45-48.

<표 3-1>은 진로교육의 학습경험 또는 학습목표로서 각급학교 교육과정에 융합되어질 수 있는 요소이다.

<표 3-1> 진로교육의 요소와 결과[14]

진로교육 요소	진로교육의 결과
1. 진로인식(career awareness) (진로에 대한 전체적인 지식)	진로 통일성(career identity) (일의 세계 범위에서의 역할)
2. 자아인식(self awareness) (자아를 구성하는 요소의 지식)	자아동일성(self-identity) (끊임없는 가치체계를 이해)
3. 감상과 태도(appreciation and attitudes) (사회·경제적 면에서 자신과 타인에 대한 감정, 즉 생의 역할)	자아 및 사회적 실현(self-social fulfilment) (작업역할에 만족하는 활동적 일의 역할)
4. 의사결정 기술(decision-making skills) (의사결정에 도달할 수 있는 합리적 과정 에 대한 정보의 적용)	진로결정(career decisions) (진로발달 계획은 진로방향에 있다)
5. 경제적 인식(economic awareness) (생산·분배·소비 등에 관한 과정지각)	경제적 이해(economic understanding) (경제적 환경에서 개인적이고 사회적인 문제해결)
6. 도구와 공정의 적용(tool and process application) (인간이 행동으로 옮길 수 있는 기술과 방법)	취업기술(employment skills) (직무와 관련된 과제수행의 능력)
7. 취업기술(employability skills) (취업배치에 적합한 사회적·의사소통 기술)	진로배치(career placement) (진로발달 계획에 따른 고용)
8. 교육적 인식(educational awareness) (교육과 생애역할과의 관계)	교육적 동일성(educational identity) (진로계획을 발전시킬 수 있는 교육적 통로를 선택하는 능력)

학교중심의 진로교육은 이러한 학습경험 또는 목표를 정규 학교교육 프로그램에 융합함으로써 학생들로 하여금 자신의 흥미·적성 그리고 능력

---

14) Aaron J. Miller, "Strategies for Implementing Career Education: A School-based Model," A Paper resented at the annual meeting of the American Education Research Association (Chicago, Ill.: April, 2-7, 1972).

에 부합되는 진로를 인식·탐색하여 진로의 방향을 설정하고, 설정된 방향
에 따라 자신의 진로를 선택·준비시키는 데 궁극적인 목적이 있다.15)
학교중심 모형은 다음과 같은 일반적인 교육목표를 포함하고 있다.

　　1) 일과 관련된 자신의 소질과 흥미를 발견하고 자신의 적성과
능력을 이해한다.
　　2) 일 또는 직업의 사회적 역할을 이해함으로써 개인은 직업을
통하여 사회에 공헌할 수 있음을 인식한다.
　　3) 일과 직업을 수행하기 위하여 지식기술의 습득이 필요하며,
이를 준비하기 위한 과정으로서의 교육을 이해한다.
　　4) 자신에 대한 이해와 다양한 직업에 관한 지식의 기초 위에서
자신의 생애진로를 계획한다.
　　5) 계획된 진로에 따라 자신에게 적합한 직업에 취업을 위해 학
교의 진학을 위해 준비한다.
　　6) 일과 직업의 중요성을 인식하고 이에 대한 진정한 태도와 가
치관을 형성하게 한다.16), 17)

　　위와 같은 교육목표들은 모든 단계의 학교와 교과 영역으로부터 성
취될 수 있다. 구체적으로 진로인식에 관련되는 학습활동은 초등학교에
서 시작되어 상급단계의 학교에서 계속되는 활동이다. 중학교에서는 진
로의 탐색, 고등학교에서는 진로의 준비단계로서 흥미와 소질, 적성과
인성에 따라 미래의 직업선택을 위한 교육활동이 전개된다.

---

15) 한국교육개발원, ≪학습과 일의 세계≫(서울: 한국교육개발원, 1984). pp
.52-53.
16) Edwin L. Herr, *Review and Synthesis of Foundations for Career Edu-
cation.*, Columbus, Ohio: ERIC Clearing-house on Vocational and Tech-
nical Education, The Center for Vocational and Technical Education,
1972.
17) John B, Stevenson, *op. cit.*, pp.76-77.

이러한 활동의 성공적인 일은 진로의 인식이나 탐색에 관련된 학습
활동이 대부분으로 탐구학습·경험학습, 그리고 역할 놀이 학습, 견학
을 통한 학습활동 등 다양한 활동이 있을 수 있다.

학교중심 모형은 진로교육의 모든 실천단계에서 진로지도와 진로상담
활동이 관련되지만, 진로의 방향 설정, 진로의 계획, 그리고 진로의 준
비단계에서는 진로지도나 상담활동이 활발하게 전개되어야 한다. 따라서
진로상담 활동은 진로교육의 통합된 하나의 프로그램이 되어야 한다.

이미 진로교육의 중요성과 필요성은 명백해져 교육자들은 실제적인
교육 프로그램의 틀(frame-work) 속에서 시도하려고 하며 끊임없이
계속적인 연구에 박차를 가하고 있으며 교육적인 환경 속에서 실질적
으로 검증하는 단계에 이르고 있다.

최근 미국에서 논의되고 있는 것은 명칭은 학교중심 진로교육 모형이
아니라 포괄적인 학교중심 진로교육 모형(school-based comprehensive
career education model)이 생기게 되었다.

국가적 차원에서 개발이 된 이 모형은 위에서 제시한 바와 같이
K-12학년을 대상으로 진로교육 모형을 검증함으로써 ① 선택 가능한
진로에 대한 종합적 인식, ② 직업지향적 사회에 부합하는 자아개념,
일·학교·사회에 대한 긍정적 태도 및 이들 영역에서의 성공적 경험
을 통해 얻는 만족감, ③ 개인적 특성과 잠재 능력, ④ 유능한 사회구
성원이 될 수 있도록 직업세계와 교육 간의 관계에 대한 실제적 이해,
⑤ 선정된 직업 영역에 취업할 수 있거나 계속적으로 진학할 수 있는
능력 등을 개발하는 것이다.[18]

종합적인 학교환경에서 진로교육의 역할을 개념화하는 데 있어서
모형 1의 내용은 직업교육·생활지도·교육과정 개발 및 인간의 성
장·발달 영역에서 그 이론을 상당히 끌어내었다.

---

18) C. C. Calhoun & A. V. Finch, *op. cit.*, pp.98-99.

앞에 제시한 8가지의 교육적인 경험의 영역, 즉 진로인식, 자아인식, 감상·태도, 의사결정 기술, 경제적 인식, 고용에 필요한 능력, 취업 능력 기술 및 교육적 인식은 진로교육의 기본요소로 구성되어 있다.

이 요소들은 각 학년별 목표로 구체화되어 교육과정 속에 포함된다. 해당 학년 수준의 학생들은 교육과정과 융합된 진로교육 내용을 통해 일과 직업, 기술에 관한 광범위한 교육을 받게 된다.

직업기술교육연구회(Center for Vocational and Technical Education; C. V. T. E.)에서는 이러한 8개 진로교육 내용을 학습한 후 획득되는 종국적 결과를 확인하였다. 이 결과들은 학교를 그만두는 학생들에게 직업기술에의 투입 수준을 갖추도록 하고 계속적인 학업 또는 직업교육을 준비하도록 구안되었다. 그 요소결과들은 진로 동일성·자아 정체·자아 및 사회적 충족·진로결정·경제적 이해·고용기술·진로배치·교육적 동일성 등이었다.

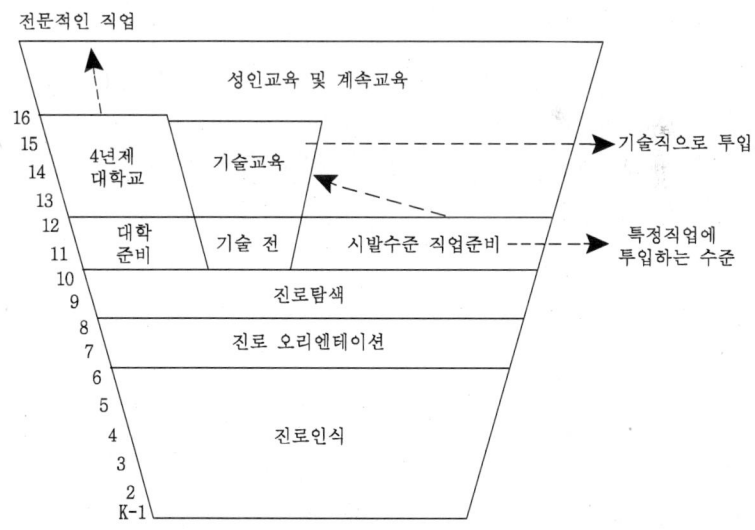

<그림 3-5> U. S. O. E. 종합적인 진로교육 체제: 학교에 기초를 둔 모형[19]

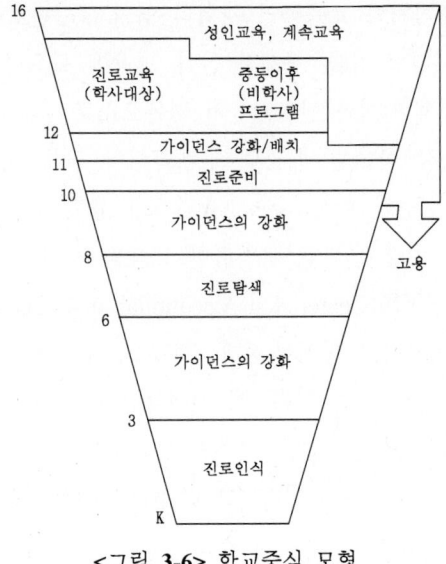

<그림 3-6> 학교중심 모형

종합적인 진로교육 모형(CCEM) 프로그램 매트릭스는 <그림 3-5>
와 같다.

이상에서 살펴본 학교중심 모형은 학교 교육과정 속에서 이루어져야
하는데 그것도 별도의 시간배당을 받아 실시하는 것이 좋다. <그림 3-6>
은 진로지도 활동에 강조점을 둔다. 이것은 학생들의 자아인식·자기확
신·성숙한 태도 등을 개발하기 위한 것이며 흥미와 능력에 적합한 진
로를 선택하도록 도와주기 위한 것이다.[20]

---

19) ERIC Clearinghouse on Vocational and Technical Education, Career Edu-
cation Practice, Information Service No.65, VT 017 221(Columbus: The
Center for Vocational and Technical Education, The Ohio state Un-
iversity, Dec. 1972). p.19.

20) 장석민·홍영란, ≪전게서≫, pp.78-79.

(2) 雇傭主中心 模型(employer-based model)

고용주 중심 진로교육 모형은 캘리포니아 주 버클리 시 극서부 교육 개발 연구소와 오레곤 주 포틀랜드 서북지역 교육연구소, 펜실베이니아 주 필라델피아 시의 양질학교(良質學校) 연구소와 서버지니아 찰스톤 시 아파라치아 교육연구소 공동으로 조사 개발되었다.[21]

교육위원이었던 마랜드(Sidney Marland)는 고용주 중심모형에 대하여 언급하기를 "중퇴한 학생들이나 아직 학교에서 공부하는 학생들을 위하여 작업훈련 프로그램을 운영하려면 산업체·기업체·정부기관의 구조를 제공해야 한다."고 주장하고 있다.

이 모형은 진로교육을 일생을 통한 자아의 발전을 위한 교육으로 보고, 개인의 의미 있는 직업적 흥미와 여가 등을 위한 사회적·개인적으로 필요한 지식·태도·기술 등을 얻거나 개발하는 교육적인 활동으로 성의하고 있다. 고용주 중심모형은 전통적인 학교에서 실행 가능한 개방교육의 대안으로 13~18세 연령층의 전체 집단을 교육대상으로 보고 있다. 또한 직접적인 고용주들의 참여를 강조하고 있으며 학생들에게 다양한 일과 학습경험을 제공하는 것이 특징이다.

고용주 중심모형은 사회의 요구에 부응하기 위하여 정규 학교교육을 통하여 학생들이 학교를 떠난 후 취업할 수 있는 능력을 갖추어야 하지만 현행 학교교육이 이것을 제대로 수행하지 못하고 있으며, 학교교육이 학교 내에서의 교육과 밖에서 일어나고 있는 것과 적절히 연관시키지 못하고 있다. 학생 개인의 요구는 물론 사회의 요구에 부응하지 못하고 직업적인 활동이나 일반 사회적 활동 그리고 개인의 인성발달 등의 관점에서 계속성이 결여되어 있다는 것이 문제로 지적되고 있다. 또한 인문계 교육과 직업교육, 일반 교양교육 등을 지나치게

---

21) John B. Stevenson, *op. cit.*, p.80.

구분하고 있다는 것이다.

이러한 교육의 문제를 해결하기 위한 대안으로서 고용주 중심의 진로교육은 다음과 같은 목적을 지닌다.

1) 젊은 연령층을 대상으로 현행 일반교육이나 직업 프로그램에 대한 대안적인 교육 프로그램을 제공한다.

2) 포괄적인 진로교육 프로그램을 통하여 아카데믹한 주지교과·일반교과 및 직업교육 과정의 활동적 요소를 통합한다.

3) 개별적이고 자아지향 프로그램에 참여하여 강력한 자아개념을 발전시킨다.

4) 교육과 일의 세계와의 관련성을 제고시킨다.

5) 지역사회, 공공 또는 사기업 등이 교육에 참여할 수 있는 폭을 넓힌다.

6) 비전통적 환경에서 발생하는 교육적인 경험을 강조한다.

7) 학생과 직업교육 및 사회 환경을 적극적으로 조절할 수 있는 생활지도의 체제를 구상한다.22)

고용주 중심의 진로교육 프로그램은 생활의 어떤 상황에서 주어지는 경험과 어떤 상황적인 계획으로 조직되어지는 의도적인 경험의 연속이 핵심이다. 학습자의 이러한 경험을 촉진시키기 위하여 여러 사회기관이 관련된다. 또한 이러한 경험을 촉진시키는 구체적인 방법은 자율경험 학습, 소집단·대집단 회합, 개별학습, 집단학습 등의 방법이 활용되고 있다. 이 모형은 그 실천과정에서 진로교육의 목표를 달성하기 위한 자원 (resources)의 동원과 함께 고용주가 절대적으로 중요한 역할을 하게 된다.

이상의 목적을 가진 고용주 중심 모형은 연중 계속 운영되며 입학

---

22) Edrwin L. Herr, *Review and Synthesis of Foundations for Career Education*(Columbus, Ohio: ERIC Clearinghouse on Vocational and Technical Education, The Center for Vocational and Technical Education, 1972).p.7.

이나 중퇴, 졸업이 자유로운 개방체제를 가진다.[23]

이 모형에서는 특히 학생들이 자기 나름대로의 직업모형과 직무상황을 선택하고 그에 참여함으로써 자신의 흥미와 욕구에 가장 적합한 학습 환경을 조성해 나가도록 유도하는 데 강조점을 두고 있다.[24]

<그림 3-7>은 직업·취미·여가 생활의 맥락 속에서 개인의 인성적·인지적·사회적 발달의 통합을 시도하는 이 모형의 핵심개념을 나타내 주고 있다.

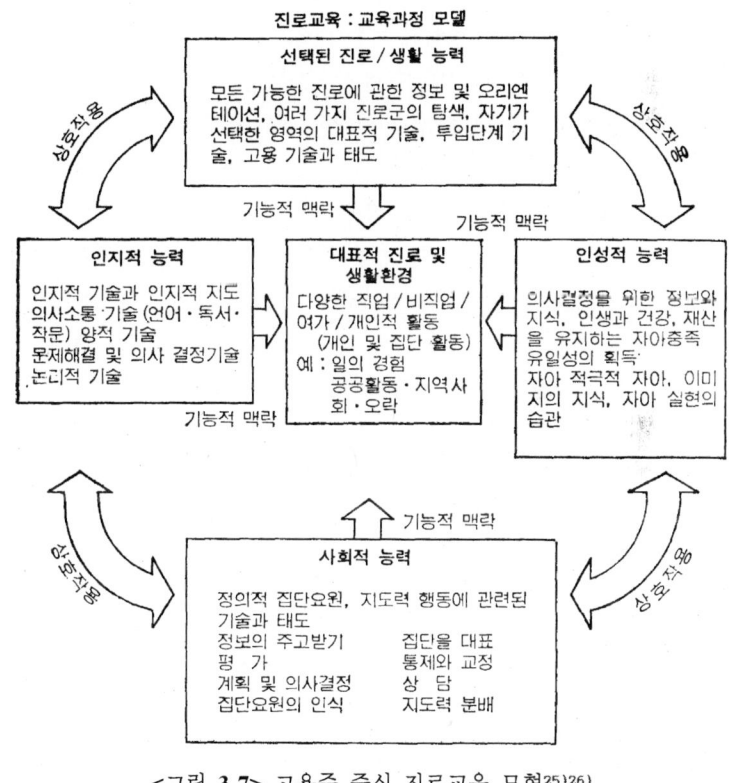

<그림 3-7> 고용주 중심 진로교육 모형[25][26]

---

23) C. C. Calhoun and A. V. Finch, *op cit.*, p.100.
24) Larry J. Bailey and Ronald Stadt, *op. cit.*

바나디(Banathy)는 고용주 중심 모형에 내포되어 있는 핵심적인 특징을 다음과 같이 기술하고 있다.[27]

(1) **경험과 경험의 연속개념의 중요시**: 경험은 생활 장면에서 제공되는 학습기회로서 잠정적인 학습단위라고 할 수 있다. 또한 계획된 상황에서 의도적으로 조직되어지는 유목적적 경험은 경험의 연속이라 할 수 있다. 이 두 개념은 고용주 중심 모형을 구성하는 핵심적 요소이다.

(2) **개별화되고 탄력성 있는 교육과정 제공**: 인지적·사회적·인성적·직업적(취미·여가) 영역에 관한 교육과정을 조직하는 데 있어서 개별학습 단위인 모듈식 접근법을 시도한다.

(3) **다양한 사회기관에 참여**: 바람직한 결과를 얻기 위해 다양한 사회기관의 참여가 요망된다. 학습자의 경험획득을 촉진시키기 위한 방법으로서 자율학습, 회의, 집단 작업, 대·소집단 모임, 개인지도 등이 활용될 수 있다.

(4) **집단식 접근법 활용**: 사회적 능력을 개발하기 위해 구조화되고 의도적인 사회참여를 유도하는 데 4~8명으로 구성된 소집단을 활용한다. 집단식 접근법(team approach)은 사회구성원으로서의 소속감과 지도력 개발에 효과적이다.

(5) **학습자 지원 팀의 구성**: 학습자 지원팀은 조정자·운영자·자원인사 등의 여러 부류의 사람들로 구성된다.

(6) **학습 분야의 선정**: 학습 분야는 직업 및 취미에 관한 탐구와 참여를 포함한 여러 경험의 기초를 마련해 준다. 또한 학습자원에

---

25) John B. Stevenson, *op. cit.*, p.83.

26) Bela H. Banathy and Robert M. Peterson, *Employer-Based Career Education*(CBCE), A Paper Presented at the Annual Meeting of the American Educational Research Association, Chicago April 2-7, 1972.

27) B. H, Banathy, *Employer-Based Career Education Model*, in J. H Magiosis (Ed.), *Career Education* (Washington: American Vocational Association, 1973).

관한 정보와 배열의 중심부로서 가정에서의 학습이 중요시된다.

(3) 家庭 및 地域社會中心 模型
(home and community-based model)

교육개발 센터(Education Development Center; E. D. C.)에서 개발된 이 모형은 가정을 토대로 성인들의 취업능력을 신장, 증진시키는 데 주안점을 둔다. 이 모형은 여러 가지 이유에서 정규학교 교육을 받지 못했거나 더 많은 학습기회를 원하는 젊은 사람들이나 성인에게 또는 16~25세 내지 그 이상의 연령층을 대상으로 하며 가정을 학습의 센터로 활용한다.

마랜드는 이 모형의 개념을 다음과 같이 설명하고 있다.[28]

"가정중심 모형은 교육받지 못한 성인들에게 형식교육의 주요활
동을 개최할 수 있도록 TV나 방송통신 과정을 이용한다."

이와 같이 이 모형의 기본전략은 대중매체를 통하여 그들을 동기 유발시키고 필요를 충족시킬 수 있는 프로그램을 제공한다.

헤르는 가정·지역사회 중심 모형의 목적을 다음과 같이 제시하고 있다.[29]

1) 교육의 전달체제를 가정과 지역사회에서 발전시킨다.
2) 성인을 위한 새로운 진로교육 프로그램을 제공한다.

---

28) John, B. Stevenson, *op. cit.*, p.86.
29) Edwin L. Herr, *op. cit.*

3) 개인을 직업과 관련된 인생역할을 돕기 위하여 생활지도 및 직업안내 계획을 수립한다.

4) 일의 세계에 대비한 자신감 있는 역군을 양성한다.

5) 학습의 장으로서 가정의 질을 높인다.

버틀러는 이 모형의 특수목적을 다음과 같이 요약한다.30)

1) 진로교육 자원을 이용하지 않고 가정·지역사회에 기초를 둔 구성원에 도달하도록 한다.

2) 진로교육에 실제적인 성인들의 구성원을 포함시킨다. 그렇게 함으로써 직업·전문고용 또는 자발적인 활동을 통하여 지역사회 생활에 들어갈 수 있는 선택권을 확대시킨다.

3) 지역사회의 기관과 개인들을 돕는다. 그들은 이와 같은 구성원들을 접근시키고 그들이 행함에 따라 노력을 통합하고 이 구성원들의 진로교육 욕구를 나타내는 데 반응을 증가시키도록 진로교육을 제공한다.

4) 지역사회에 없는 필요한 자원을 분류하고 이러한 활동을 개발, 준비하는 적합한 기관에 추천하도록 한다.

요약하면, 교육개발 센터는 개별화 학습문제에 초점을 둔 「종합적인 진로지향 프로그램」을 구성하는 가정 및 지역사회 모형을 발전시키는 과정에 있다. 이 모형에서는 앞에서 언급한 바와 같이 종합적으로 가정에서 사용하는 대중매체, 즉 TV나 라디오, 비디오테이프, 카세트, 기타 인쇄매체를 활용하여 실업(失業) 상태의 성인들에게 재훈련의 기회를 제공한다. 아울러 유관기관·개인상담·지역사회 인사자

---

30) John B. Stevenson, *op. cit.*, p.86. 또는 Cornelius F. Butler, *The Home/Community-Based Model, Model Three: A Synopsis*, Unpublished Material, 1972. p.87.

원의 탐색 등을 통해서 취업능력의 발전을 도모한다.

결국 이 모형은 칼호운(Calhoun)과 핀치(Finch)의 지적대로 ① 학습 센터로서 가정의 질을 높이고, ② 가정 및 지역사회를 위한 교육확산 체계를 개발하며, ③ 성인을 위한 진로교육 프로그램을 제공하고, ④ 직업적 역할수행을 도와주는 진로지도 및 진로배치 체제를 확립하여, ⑤ 더욱 유능한 직업인을 양성하는 데 있다고 보겠다.

따라서 이와 같은 방법은 주로 대상자들에게 진로에 관련된 정보와 참고자료, 진로지도 등의 상담활동을 제공하게 되며 인쇄 자료나 영상화(映像化) 된 자료 등을 활용하여 진로교육을 실시하는 것이다.

(4) 地方 및 住居中心 模型
(rural / resdential dased model)

이 모형은 제도적 모형(institutional based model)이라고 불린다. 몬 태나 주 글래스고우에 위치한 마운틴 플래인즈 교육·경제개발 프로그램(Mountain Plains Education and Economic Development Program)의 협조하에 시행, 연구 실험되었으며 광범위하게 적용·실시되고 있다.

이 모형은 취업기술이 필요하나 혜택 받지 못하는 농촌가정 및 개인에게 초점을 두어 그 지역의 경제적 발전을 도모하고 생활수준을 향상시키는 데 주력한다. 따라서 인터뷰, 가정의 흥미·욕구·태도 등의 개별자료, 기타 유용한 정보를 토대로 각 가정의 요구사항을 파악하여 기초 자료로 삼았다.

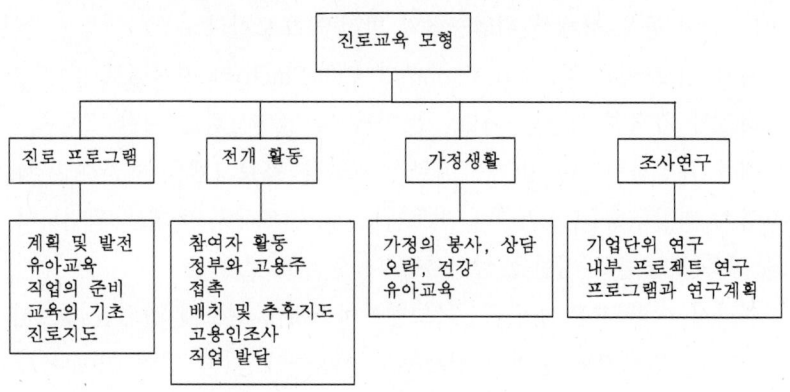

<그림 **3-8**> 지방 및 주거중심 모형31)

<그림 3-8>은 지방 및 주거중심 모형을 도식화한 것이다. 이 프로그램에 참여하는 가정은 가족생활과 지역사회 봉사, 공공 서비스, 건강 및 보건 봉사 등을 통해 직업인식·탐색·준비 등을 갖추게 된다. 이 모형의 목적은, ① 가정에 지역사회에 알맞은 고용능력을 가지도록 준비한다. ② 지역의 경제발전에 수단을 제공한다. ③ 가정생활을 도모한다.31)

따라서 이 모형의 주요 관심은 혜택 받지 못한 지방 주민의 가정이 지역 주민 센터에서 실질적인 프로그램을 통하여 사회·경제적 조건을 개선하기 위해 노력하는 것이다. 이 거주지 센터에서는 프로그램을 작성하여 전체 가정, 유아보호, 유치원, 초등학교, 중·고등학교 교육, 진로 및 기술 교육, 청소년, 성인과 부모교육, 가정생활 원조, 의료봉사, 복지사업, 상담 문화 및 레크리에이션 기회제공 등의 활동을 제공하게 된다. 또한 지역사회를 위한 경제개발 활동계획도 계획되었다.

31) Larry J. Bailey and Ronald Stadt, *op. cit.*, p.274.
32) *Ibid.*, pp.84-35.

3. 進路敎育 模型의 槪要

종합적인 진로교육 속에 계속적인 진로발달을 개념화하기 위해서 미국의 여러 주(州)별로 발전시킨 모형을 소개하면서 비교하여 진로교육 모형의 차이점을 이해하는 데 도움을 주고자 한다.

(1) 위스콘신州 進路敎育 模型

위스콘신 주는 효율적인 진로교육 실시를 위하여 진로지도 활동과 교육과정을 결합시켜 유용한 모형을 개발하였다. 즉, 교사·전문가·학교행정가로 구성된 위원회를 통하여 교육과정 중심의 진로발달 모형을 개발하고 이를 검증하였다.[33]

위스콘신 교수부가 마련한 개념적 유형에 의하면 16가지 진로발달 개념을 발전시켜 왔는데, 이 개념은 다음과 같다.

1) 자아의 이해와 수용은 일생을 통하여 중요하다.
2) 직업은 인생의 보람을 위해 존재한다.
3) 인간은 위신과 가치를 지니도록 인식해야 된다.
4) 여러 가지 방향으로 분류되어 있는 직업에는 광범위한 다양성이 내포되어 있다.
5) 일이란 사람마다 다르게 의미를 느낀다.
6) 교육과 일은 상호 관련되어 있다.
7) 개인은 각기 흥미와 능력·태도·가치가 다르다.
8) 직업의 수요와 공급은 생애계획에 영향을 끼친다.

---

33) Calhoun and Finch, *op. cit.*

9) 일의 전문화는 상호의존관계를 야기한다.

10) 환경과 개인의 잠재력은 생애발달에 영향을 끼치는 데 상호
작용하고 있다.

11) 직업과 생활양식과는 상호관련이 있다.

12) 개인은 직업의 종류를 적당하게 수행하도록 배울 수 있다.

13) 생애발달은 연속적인 선택을 필요로 한다.

14) 여러 가지 집단과 기관은 일의 성질과 구조에 영향을 준다.

15) 개인은 생애계획에 책임이 있다.

16) 일의 특성과 개인은 변화하는 사회 속에서 융통성이 있어야 한다.

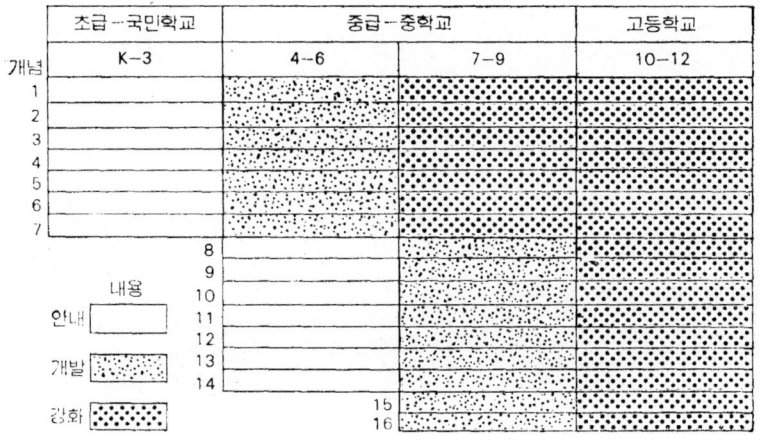

<그림 3-9> 진로발달 모형의 범위가 계열[34] (Sheboygan 모형)

위스콘신 모형은 세 측면에서 살펴볼 수 있으며 각 측면마다 핵심
적 역할을 하는 기본요소가 있다(그림 3-10 창조).

세 가지 핵심적 요소는 (1) 자아, (2) 진로계획 수립 및 준비, (3)
직업세계 등을 들 수 있으며 이 핵심요소들은 진로발달의 과정 속에
서 상호 관련적으로 작용한다.

34） John B. Stevenson, *op. cit.*, p.63.

　이 모형은 하나의 과정모형으로서 기스버(Gysber) 모형이라고도 하며 개인(個人)에 초점을 둔다. 이 모형은 세 가지 요소를 강조하고 있는데, ① 여러 요소의 상관관계, ② 의사결정 과정에 강조점을 두고, ③ 진로발달의 계속적인 상태로 구분한다.

　이 세 가지 요소로부터 16가지의 진로발달 개념이 발전되었는데 이 개념들이 교육적 발달의 여러 시기, 즉 아동중기(K-3 학년), 아동후기(4~6 학년), 청년전기(7~9 학년), 청년중기(10~12 학년)와 어떠한 상호관련을 가지는가에 관심의 초점을 두었다. 이 개념들은 각 발달단계에 적합한 행동목표로 구체화되어 많은 학교 교육과정에 도입되었다.

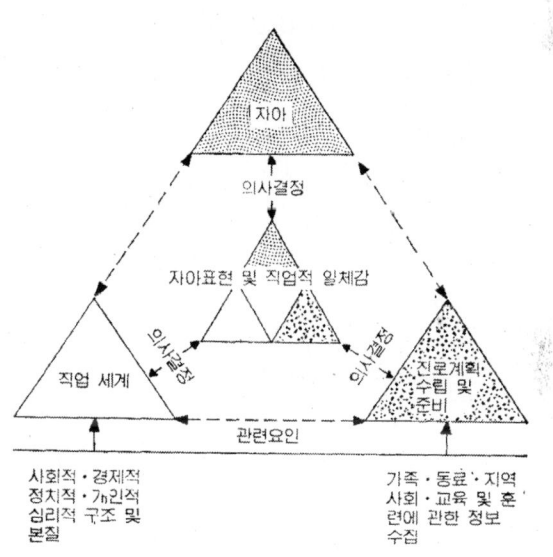

<그림 3-10> 위스콘신 주 모형[35]

---

35) *Ibid.*, p.60.

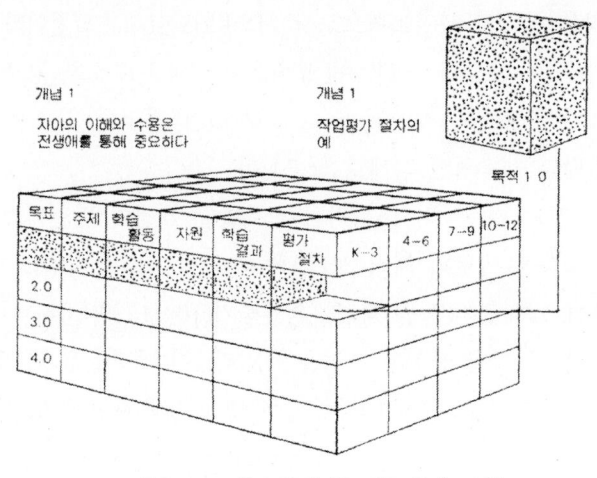

<그림 3-11> 위스콘신 주 진로발달 모형

위의 <그림 3-11>은 위스콘신 주의 진로발달 모형을 나타낸 것이다. 16개의 진로발달 개념의 일부를 발췌해 보면 <개념 1>은 "자아의 이해와 수용은 전 생애를 통해 중요하다." 등으로 예를 들어 설명할 수 있다.

(2) 하와이州 進路發達 模型

하와이 진로발달 모형은 초등학교에서부터 14학년의 학습경험을 위한 기초를 형성하고 있다. 이 모형은 진로발달 성취를 위한 세 가지 기본적 구성요소, 즉 ① 자아실현을 통한 개인의 성장과 발달, 경제적 효율성, 사회적 관계 및 시민적 책임. ② 가정·학교·일 / 여가·지역사회에서 성장이 이루어지는 환경, ③ 인식 및 탐색, 준비·정치(定置)를 통한 경험의 배열(排列) 등을 밝히고 있다.

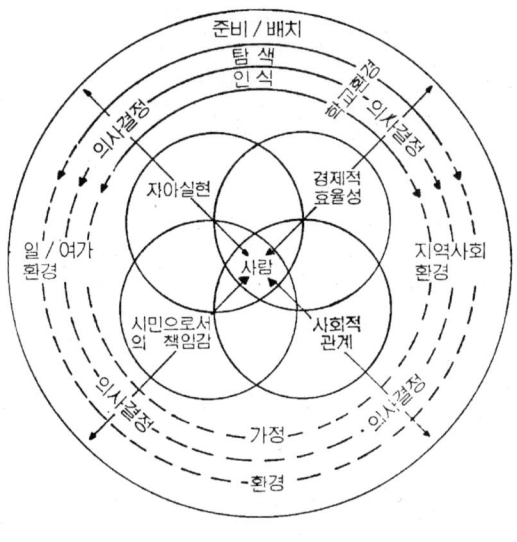

<그림 **3-12**> 하와이 주 모형[36]

위의 <그림 3-12>는 하와이 진로발달의 개념적 모형을 도식화한 것으로서 참조하기 바란다.

(3) 메인州 南 포틀랜드 進路發達 模型

이 메인 주의 진로발달 모형은 <표 3-1>에 제시한 바와 같이 8가지 기본요소를 구체화하고 있다. 네 단계의 교육수준, 즉 초등 전기·초등 후기·중학교·고등학교에서의 목표가 각기 기본요소를 나타내고 있다.[37]

---

36) Calhoun and Finch, *op. cit.*, p.105.
37) *Ibid.*, pp.106-107.

〈표 3-1〉 메인 주 진로발달 계획

	목		표	
	초등학교 초기	초등학교 중기	중학교	고등학교
자아인식	자신의 흥미·기술·감정의 인식을 나타내 보임.	자신의 기술·흥미·감정·가치의 이해를 나타내 보임.	자신의 재능·가치·흥미 결함의 진로목표의 관계 인식	자신의 진로요구와 장래의 취업능력기술에 관련한 목표 지향적인 선택
대인기술	사회상황에서 협동을 나타내 보임.	개인과 집단의 차이점의 인식 발달	일의 역할에 요구되는 대인기술발달, 신임과 존경이 대인관계에서 요인이 된다는 것을 인정	자진하여 하는 일이나 part 및 full 타임의 일에서 인간관계의 중요성에 대한 이해
의사결정	자료수집과 개념발달에 자신의 감각활용	일반화하고, 가설 세우고 예언하는 기술발달	미래에 대한 통제의식을 주는 결정결과 인식의 발달	교육·일·경험에 토대를 둔 현실적인 대안 확인. 진로결정에 대한 책임 수용
일 인식	가정과 학교 및 사회에서의 근로자의 지식획득	근로자에 영향을 주는 개인적·환경적 요인 구별	15가지 USOE 직업군 내의 직업의 공통적·독특한 특성을 탐색하고 분석	진로경향에 영향을 주는 사회적·환경적·기술적 요인을 인식하고, 그 결과 근로자는 융통성 있고, 적응적이고 활동적이어야 함.
조정기술	운동기능 기술의 발달	운동기능 기술의 개선	여러 진로 및 여가활동에 필요한 조정기술을 확인하고 이용	자신의 장래의 진로나 교육계획에 필요한 조정기술 이용능력의 개발
경제적 인식	사람은 일에 대한 대가를 받아야 하고 그 받은 돈을 자신의 요구와 필요에 만족스럽게 사용해야 된다는 것을 이해	각 개인은 소비자·생산자·시민이며 그에 따른 어떤 권리와 책임을 가진다는 것을 인식	개인 및 가족경제에 관련함으로써 재정적·합법적 소비자라는 것을 인식	한 노동자 및 소비자로서 미국경제제도의 복잡성을 이해하고 인식하기

	초등학교 초기	초등학교 중기	중학교	고등학교
일의 가치	근로자가 사회에 봉사하는 방법 확인	인간은 일을 통해 만족을 얻을 수 있다는 것을 인정	자신의 진로가 인생 스타일에 영향을 준다는 것을 이해	자극과 실제 일의 경험을 통해 취업의 개인적·사회적 가치를 깨달음.
교육의 관련성	학교는 배우는 곳이라는 것을 인정	학교교육은 장래의 진로를 위해 필요하다는 것을 인정	지적·신체적·의 사소통기술이 모든 진로 영역에 기본이며 적용된다는 것을 인정	지식내용의 숙달과 교육계획 혹은 직업계획과의 관계 확인

(4) 오하이오州 進路教育 模型

오하이오 주 진로교육 모형은 진로발달의 관점에서 파악될 수 있다. 이 주에서는 「연속적 진로발달 모형」이라고 부르는데 <그림 3-13>에 제시한 바와 같이 수평적(수직적) 형태로 되어 있고 유치원부터 중등학교 이후(성인) 시기에 이르기까지 연속적으로 실시하도록 되어 있다.

연속적 진로발달 모형은 <표 3-2>와 같이 5단계로 나누어 각 수준별로 알맞게 지도하도록 구성되어 있다. 그리고 모형내용은 다음과 같다.

〈표 3-2〉 오하이오 주 모형의 내용

해당학년 수준	진로교육 프로그램
유치원 ~ 6학년	진로동기 유발(Career Motivation)
7 ~ 8학년	진로소개(Career Orientation)
9 ~ 10학년	진로탐색(Career Exploration)
11 ~ 12학년	직업교육 및 전 전문 진로교육(Vocational and / or Preprofessional Education)
중등학교 이후	기술교육·성인교육·고등교육 (Technical Edu., Adult Edu., Higher Edu.)

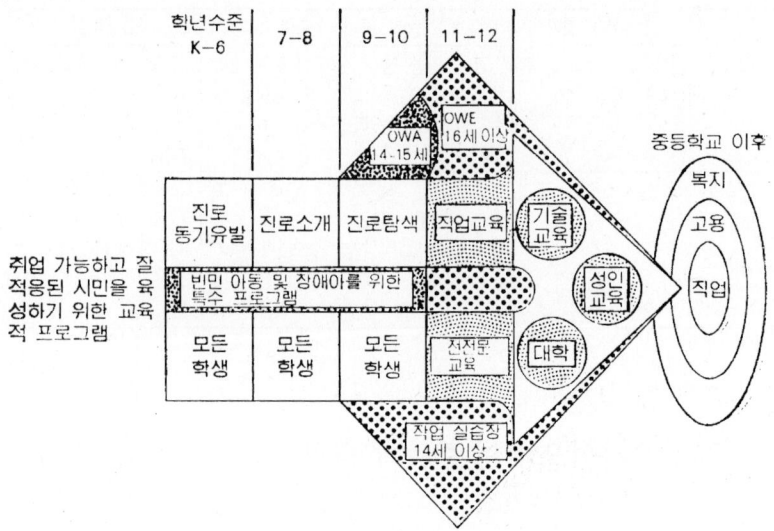

<그림 3-13> 오하이오 주 진로교육 모형[38]

(1) 가정생활 프로그램: 이는 학령전 아동에 대한 보호와 동기 유발을 촉진시키고 가정, 특히 빈민층 가정이 학령아동의 욕구에 좀 더 긍정적인 영향을 줄 수 있도록 도와주기 위해 마련된 프로그램이다.

(2) 진로동기 유발 프로그램: 이는 유치원에서부터 6학년까지의 학생을 대상으로, 일의 세계에 대한 긍정적인 태도를 함양하고 직업인에 대한 존경심을 고취하며 직업세계의 바람직한 일원이 될 수 있도록 교육시키는 프로그램이다.

(3) 진로소개 프로그램: 이는 7~8학년 학생을 위한 프로그램으로서 직업세계를 넓게 인식시키고 준비시키는 데 초점이 있다.

(4) 진로탐색 프로그램: 이는 9~10학년 학생 내지 14~15세 청소년들을 대상으로 하는 프로그램이다. 각 개인의 흥미와 능력에 적합한 몇 가지 직업기회를 제공하고 여기서부터 일차적 경험을

---

38) 장석민·홍영란, ≪전게서≫, pp.92-94.

얻은 후 자신의 진로를 검토해 보는 기회를 갖도록 하는 데 목적
이 있다.

(5) 진로준비 프로그램: 이는 16세 이상의 청소년을 대상으로 하
여 다음의 내용을 포함한다.

① 직업기술과 전문지식을 제공하고 고용 준비를 위한 작업
습관 및 태도를 개발하는 종합적 직업 프로그램이다.

② 고등학교 이상의 전문교육을 위한 토대 및 지식을 제공
해 주는 종합적 준전문적 교육(pre-professional education)프로
그램이다.

(6) 직업훈련 및 재훈련 프로그램: 학교 중퇴자가 성인에게 직업훈련
및 재훈련의 기회를 제공해 주고 기술변화 및 사회적·개인적 희망
과 요구에 따라 전문기술을 교수하는 프로그램이다.

오하이오 진로발달 프로그램의 대상자 중 9학년생(14~15세)의 경우
학교 학습에 싫증을 내는 학생들은, 「직업적응 프로그램」(Occupational
Work Adjustment Program; OWA)에 참여한다. 이 프로그램은 자아와
학습, 일에 대한 긍정적 태도를 배양시키는 데 목적이 있다.

또한 「작업 실습장」(Occupational Labs) 프로그램은 학교 내에서
단시일에 단순 기술직이나 준숙련직에 적합한 직업교육을 실시하도록
되어 있으며 여기에 참여하는 학생 역시 학교 학습에 흥미를 잃은 학
생들이 대부분이다.

「직업경험 제공」(Occupational Work Experience; OWE) 프로그램
은 16세 이상 학생(11~12학년)들을 위해 구안되었는데 여기에 해당
되는 학생들은 기본적인 고용기술을 습득하지 못한 채 중도 탈락할
가능성이 큰 학생들이다. 따라서 기본기술을 습득하고 태도를 개선하
며 읽고 쓰고 셈하는 능력을 키우는 한편 단순직이나 준숙련직에 적
합한 기술을 배우게 된다.

(5) 오리건州 進路敎育 模型

오리건 주의 진로교육 모형은 U. S. O. E. 모형에 근거를 둔 모형으로서 피라미드형의 모형을 가지고 있다. <그림 3-14>는 유치원에서부터 중등학교 이후 성인에 이르기까지 단계를 넷으로 나누어 진로인식·진로탐색·진로준비·진로전문화 단계로 구분하여 각 단계별로 수준에 맞추어 진로교육을 실시하도록 권고하고 있다.

오리건 진로교육 모형이 제시하고 있는 프로그램을 통하여 발달 수준과 행동 영역을 단계별로 내용을 소개하면 다음과 같다.

(1) **진로인식 단계**(유치원~6학년): 초등학교 수준의 진로교육 프로그램을 통하여 학생들은,[39]

　　① 여러 가지 직업의 종류에 관해 인식하고,

　　② 직업적 역할과 관련지어 자아의 인식을 높이며,

　　③ 일과 사회에 대한 건전한 태도를 함양하기 위한 기초를 마련하고,

　　④ 모든 분야의 직업인들에 대한 존경과 이해의 태도를 기르며,

　　⑤ 학교수업을 통하여 직업군(occupational clusters)을 탐색함으로써 잠정적인 진로선택의 기회를 갖도록 한다.

(2) **진로탐색 단계**(7~10 학년). 중학교 수준의 진로교육 프로그램을 통하여 학생들은,

　　① 주요 직업 영역을 탐색하여 자신의 흥미와 능력을 평가해 보고,

　　② 직업분류와 직업군에 익숙해지도록 하며,

　　③ 의사결정에 관계되는 적절한 요인들을 인식하도록 하고,

　　④ 의미 있는 의사결정 경험을 얻으며,

　　⑤ 잠정적으로 진로를 선택하고 직업계획을 수립한다.

---

39) 金忠起, ≪生涯敎育의 課題와 展望≫(서울: 大賢社, 1981). pp.50-51 재인용.

(3) 진로준비 단계(11~12 학년) 고등학교 2~3 학년 수준의 진로교육 프로그램을 통하여 학생들은,

① 취업의 초기단계 내지는 차후의 직업훈련에 요구되는 직업적 기술과 지식을 습득하고,

② 고등학교에서의 경험과 일반적인 진로목표를 연결시키며,

③ 적절한 직업태도를 개발하고,

④ 협동적인 작업경험을 얻도록 하며 직업조직의 한 구성원이 될 수 있는 기회를 갖도록 한다.

(4) 진로전문화 단계(고등학교 졸업 이후 및 성인): 이 단계의 교육 프로그램을 통하여 각급학교의 학생들은,

① 구체적인 직업적 지식을 쌓는 한편 특정한 직업 분야에 대해 준비하도록 하고,

② 긍정적인 고용주·고용자 간의 관계를 형성하도록 하며,

③ 재훈련과 선진기술 습득의 기회를 갖도록 한다.

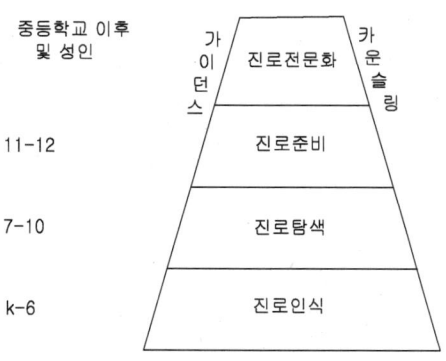

<그림 **3-14**> 오리건 주 진로교육 모형

이상과 같이 오리건 진로교육 모형은 U. S. O. E. 모형과는 다른 면에서 생활지도와 상담을 특히 강조하고 있는 점이 특이하다. U. S. O. E. 모형은 학습자의 선택목표를 넓혀 주는 데 치중하고 있는 반면에 오레곤 모형은 모든 학습수준에서 의사결정 과정을 중시함으로써 학습

자가 점차적으로 구체적인 선택단계에 이르도록 유도하고 있다.

(6) 네바다州 進路敎育 模型

오리건 모형의 구성체계에 근거를 두되 나름대로의 다양한 방식으로 재조직한 진로모형 중의 하나가 네바다 모형이다.

네바다 주에서는 진로교육 모형을 일련의 벤 다이어그램(Venn diagram)으로 개념화하여 개발하였다.

기본모형은 「현실」세계("real" world)에 살고 있는 학습자들에 초점을 맞추고 있다. 이 모형의 구성요소인 네 가지 학습 환경, 즉 학교·가정·지역사회·직장은 각기 개별적인 것이 아니라 서로 간에 연결되어 유대를 맺고 있음을 알 수 있다(그림 3-15 참조).

이 모형에 포함되어 있는 개념들을 정의하면 아래와 같다.

(1) **현실 세계**(Real World): 개인의 생활양식에 영향을 주는 인간적 경험의 총체로서 인간발달에 기여하는 모든 것을 말한다.

(2) **직장**(Workplace): 개인의 익숙한 생활방식 내지 개인적 만족의 결과를 가져오는 노동·직무·임무 등을 수행하는 영역을 뜻한다.

(3) **지역사회**(Community): 공동의 지역에 거주하는 다양한 유형의 개인들이 공통의 규칙과 법규, 가치에 의해 연결되어 있는 상호작용 집단을 일컫는다.

(4) **가정**(Home): 한 개인이 혼자 혹은 다른 가족구성원과 함께 살고 있는 장소를 말한다.

(5) **학교**(School): 개인들에게 일련의 구조화된 경험을 공식적으로 교수하는 장소를 말한다.

(6) **학습자**(Learner): 모든 사람을 포함한다.

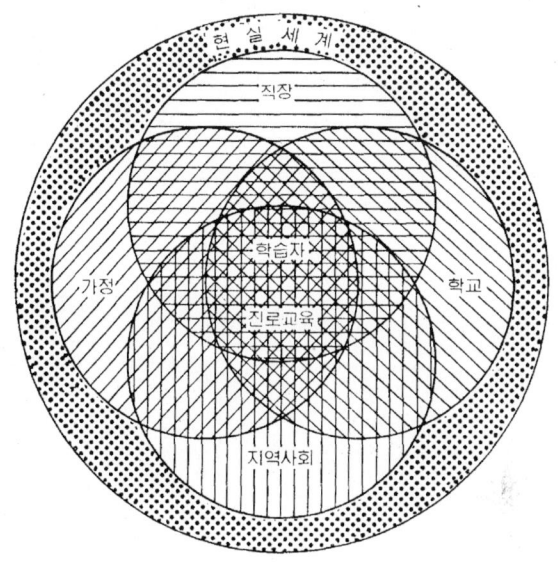

<그림 **3-15**> 네바다 주 진로교육 모형

이상과 같이 진로교육의 모형은 각 주에 따라 다소 차이는 있지만 진로교육의 정의와 목표에 알맞은 프로그램을 제시하여 학생들로 하여금 그들 자신의 능력·적성·흥미·태도 등을 바르게 이해하고 키워나가는 데 중점을 둔 것은 공통점이라 할 수 있다.

따라서 진로교육의 내용은 직업적 역할과 자아인식, 일의 세계에 대한 인식, 일에 대한 적극적이고 긍정적인 태도의 습득, 의사결정 능력의 함양, 원만한 인간관계와 기술습득, 일과 직업의 경제적 측면 이해 및 교육과 일의 세계와의 관계 인식, 가정·학교·지역사회의 연계체제 수립, 나아가 계속교육을 강조하고 있다.

제4장 進路計劃의 樹立

1. 進路計劃의 意味

  진로계획(career planning)이란 "개인이 진로발달 과정의 진로인식 및 진로탐색의 단계에서 얻은 진로에 대한 기초소양과 지식을 토대로 적합한 진로를 자신의 능력·적성·흥미에 비추어 효율적으로 선정할 수 있는 지침을 세우는 것이며 진로계획이 수립된 후에도 준비과정을 거치면서 계속적으로 수정·보완되어야 한다."고 정의되고 있다.[1]

  진로계획이라 함은 여러 가지로 정의가 가능하겠으나 우리나라에서는 대개 고등학교를 졸업한 이후의 진학계획이나 직업계획을 연상하기 쉬우나 엄격히 말하면 중학교 이후부터 생각해야 할 것이다.

  초등학교에서부터 중학교까지는 인문·자연·실업계 등 구분이 없이 발달단계에 따라 계속적으로 연속되는 교육이기 때문에 특별한 진로계획이 필요 없을 것 같다. 그렇지만 진로교육 과정의 추진은 계속되어야 할 것이다. 다만 여기서 구분하고 넘어가야 할 것은 중학교 졸업 이후 어느 계통의 진로를 택하느냐에 따라 인문고등학교와 실업고등학교로 진학계획을 세워야 하는 단계가 있으므로 분명하게 자신의 진로계획을 수립하여야 한다. 왜냐하면 계획에 따라 방향이 달라지기 때문이다.

---

  1) 서울대학교 사범대학 교육연구소 편, ≪교육학용어사전≫(서울: 배영사, 1981). p.526.

우리나라 고등학생들의 진로계획이라 하면 편의상 진학계획과 직업
계획의 두 범주로 분류해서 생각할 수 있다. 즉, 고등학교를 졸업한 후
의 진로는 상급학교에 진학할 계획을 갖는 경우와 직업을 갖기 위해
취업할 경우를 생각할 수 있다. 물론 취업을 한 상태로 야간학교에 진
학할 수도 있겠고, 우선은 취업계획을 세우지만 수년 후 궁극적으로는
대학으로 진학하겠다는 계획이 있을 수 있는데, 이것 역시 진학 및 직
업 계획의 범주 내에서 개념화시킬 수 있을 것이다.

진학계획이라고 하면 개인이 어떤 「수준」까지의 교육을 받으려고 계
획하느냐 하는 것과 어느 「분야」에 대한 교육을 받을 것을 계획하느냐의
두 측면을 염두에 둘 수 있다. 전자는 고등학교·전문대·대학(교)·대
학원 등의 교육제도상의 학교급(學校級)을 일컫는 것이요, 후자는 인문
과학·자연과학·사회과학·예술 또는 그보다도 더 구체적 수준의 전공
영역을 가리키는 개념이다.

직업계획 역시 농업·공업·상업·제조업 등의 직업 「분야」와 생산
직·사무직·판매직·전문직·노무직 등으로 분류되는 「직종」별 분류가
가능한 모든 직업의 종류를 의미하며 여기에 관심을 두고 있는 것이다.

진로계획을 생애계획 또 인생의 설계라고도 부른다. 이것은 인생계획
의 하위개념이며 직업계획보다는 상위개념이다. 진로란 협의의 개념으
로 직업이란 의미로 통용되고 있으나 광의의 개념으로 해석하면 인간
이 일생을 통하여 수행하는 일의 총체를 포함하는 보편적인 생활유형
을 말하며, 계획이란 구체적인 목적을 효율적으로 달성하기 위한 미래
지향적인 인간행동의 순서, 또는 절차이며 목적과 수단, 방법을 합리적
으로 연결시키는 지적(知的) 준비과정이라고 한다.2) 또한 어떠한 행동
을 위한 의사결정 내지 정책결정에 선행하는 과정이다. 이와 같은 정의
를 종합하면, 진로계획이란 개인이 장차 종사하고자 하는 직업 분야를

---

2) 이정근, ≪진로지도와 진로상담≫(서울: 중앙적성연구소, 1978). pp.137-139.

선택하고 그 분야에서 요구되는 일을 효율적으로 수행하기 위한 수단과 방법을 합리적으로 연결시키는 지적 준비과정이라고 할 수 있다.

2. 進路計劃의 必要性

진로계획은 앞에서 이미 언급한 바와 같이 진학계획 또는 교육계획과 직업계획으로 생각할 수 있다. 포괄적으로 말하면 장래의 인생계획을 효율적으로 수립하는 것을 의미한다.

우리가 흔히 앞으로 무엇을 해야 할까 하는 것은 뚜렷한 목표가 있어야 한다는 전세조건이 있어야 한다. 목표를 세우고 난 다음에는 그 목표를 달성하기 위해서 세부적인 시행계획을 세우고 그 계획에 따라 차례로 한 단계씩 실천에 옮겨야 한다. 항해를 할 때 항해도와 나침반이 필요하듯이 철저한 계획표가 필요한 것이다. 예를 들면, 가령 서울에서부터 부산으로 여행을 떠난다고 하자. 먼저 생각해야 할 점은 목적이 무엇인가를 알아야 한다. 여행을 목표로 삼았다면 그 여행은 며칠 동안이며 어떠한 방법으로 효과 있게 달성할 수 있을 것인가에 대해서 구체적인 단계적 계획을 세워야 차질 없이 성공적으로 마칠 수 있을 것이다. 즉, 여행의 목표를 세웠다면 어떠한 방법으로 목적지에 갈 것인가를 세부적으로 계획을 세워야 한다. 부산에 가는 방법에 있어서 계획을 세운다면 가는 방법은 무엇을 택할 것인가. 가는 방법은 기차냐 아니면 고속버스냐, 비행기로 가느냐 자가용으로 갈 것인가. 이렇게 가는 방법을 경제적·시간적·신체적·정신적 여건을 잘 고려해서 자기의 능력 범위 내에서 알맞은 방법을 선택해야 할 것이다. 그리고 여기에 대한 비용은 얼마나 필요한가, 예산도 고려해야 할 것이다. 다음에는 여행에 필요한 도구는 무엇을 얼마만큼 어떻게 준비해야 하는가. 머물고 지내야 할 장소도 미리 계획 속에 넣어야 목적한 바를 순조롭게 달성할 수 있을 것이다.

이와 같이 여행 스케줄을 미리 떠나기 전에 준비해 두어야만 떠나더라도 실수 없이 무사히 여행을 즐기고 성공적으로 돌아올 수 있게 된다. 그렇게 준비작업이 이루어져야 시간적·공간적으로 낭비를 하지 않고 쉽게 목적을 달성할 수 있는 것이다. 이처럼 단순한 여행에 있어서도 치밀하고 정확한 준비계획이 절실하게 필요한데 하물며 인생행로의 긴 여행 또는 장래의 중요한 인물이 되겠다고 결심한 개인이 단순한 순간적인 계획으로 일생계획을 성공적으로 성취시킬 수 있겠는가를 생각하여야 한다. 그러므로 진로계획은 진로교육의 모형에 따라 진로의 인식·탐색·준비의 과정을 거쳐 직업에 들어가기 전에 개인의 성향·특수능력·독특한 열망·흥미·태도·성격 등을 객관적으로 파악하고 이러한 토대 위에서 적합한 직업준비 교육이 시작되는 개인적인 과업이다.

따라서 진로계획은 누구에게나 필요한 것이다. 아무리 능력이 있고 금전적으로 여유가 있다 하더라도 무엇을 위해, 그것을 언제, 어디서, 어떻게 활용할 것인지 치밀한 계획이 없이는 인생을 헛살기 안성맞춤이다. 다시 돌이킬 수 없는 엄연한 사실로서 한 번 지나간 세월은 다시 오지 않으므로 인생에 대한 미래의 계획은 아무리 강조해도 지나치지 않을 것이다.

진로계획은 어디까지나 개인이 주체가 되며 장차 개인이 종사할 직업에 대한 선택이 선행된 후 이것을 효율적으로 달성시킬 수 있는 수단과 방법이 강구되어야 한다. 이러한 절차가 진로계획에서 이루어져야 뚜렷하게 자신의 방향을 정하고 성공적인 인생행로를 보람 있게 보낼 수 있는 것이다.

3. 進路計劃 樹立의 基本原理

인간은 누구나 한결같이 장래에 좋은 직업을 선택하여 많은 보수를 받으면서 편안하고 유복하게 평생을 지내기를 염원하고 있다. 그러나 그 일이 개인차에 따라서 성공적인 사람이 되기도 하고 실패의 고배를 마시기도 한다. 남들이 좋다고 인정되는 직업은 흔한 것이 아니라 희귀하고 성취하기가 어렵다. 그럼에도 불구하고 일류학교 일류전공을 택해야만 좋은 직업, 많은 보수를 얻을 수 있다는 관념에 사로잡혀 개인의 능력·적성을 고려하지 않고 무조건 일류만을 선택하려는 경향을 나무랄 수도 없다. 하지만 인원이 제한되어 있기 때문에 경쟁은 불가피한 것이다.

선의의 경쟁은 민주사회에서 필요한 것이다. 경쟁에서 이긴 사람은 승리의 쾌감을 맛보지만 경쟁에 실패한 사람은 패배의 맛을 보고 낙망과 고뇌를 안고 좌절의식에 빠져 인생을 포기하는 수도 있다. 이렇게 경쟁 속에만 살아가는 현대사회 속에서 자라나는 학생들은 눈앞에 보이는 것이 오직 경쟁에서 이겨야 하겠다는 일관된 생각에 사로잡혀 수단과 방법을 가리지 않는다. 게다가 자기의 적성·흥미·능력·인성을 고려해 볼 여유도 없이 무조건 상향의식(上向意識)과 소위 출세위주의 사고방식이 지배하게 되므로 요즈음 문제시되고 있는 「눈치작전」 「무조건 대학에 들어가야 하겠다.」 「배짱지원」 현상이 난무하게 되는 것이다.

이것은 자기의 뚜렷한 진로계획을 세워서 행동하는 것이 아니라 시류(時流)에 편승하여 무계획적으로 자신의 진로를 순간에 맡겨 버리는 처사라고 할 수 있다. 그러므로 인생계획에서 실패하게 되는 것이다. 뚜렷한 목표와 계획이 없이 무계획적인 진로선택으로 말미암아 선택에 들어가서 만족하지 못하고 부적응을 가져오기 쉽다. 뿐만 아니라 능률이나 의욕도 생길 수가 없는 것이다.

공자(孔子)의 삼계도(三計圖)에 이르기를 "일생의 계획은 어릴 때에 있고 1년의 계획은 봄에 있고, 하루의 계획은 새벽에 있는 것이니 어려서 학문을 배우지 않으면 늙어서 아무것도 알지 못하게 될 것이요, 봄에 씨를 뿌리지 않으면 가을이 되어도 수확할 가망이 없을 것이요, 새벽에 일찍 일어나지 않는다면 그날 할 일을 판단하지 못할 것이다." 라고 하였다.3) 이와 같은 계획의 중요성을 제시한 내용은 현대적 의미로 잘 해석하여 음미해 볼 만한 것이다.

진로계획은 자신의 이해과정을 통하여 소질·능력·지능·적성·홍미·성격·개인의 포부·가정여건·신체적 조건·가치관·직업세계의 이해와 분석, 미래의 전망, 부모의 기대, 학업성취도·직업윤리 등을 기초로 하여 시작하여야 하는 개인적인 과업이다. 이러한 여러 가지 둘러싸여 있는 조건을 탐색하고 가능한 범위를 선택한 토대 위에서 자신의 진로계획을 수립하도록 한다. 이와 같이 복잡한 문제와 혼란을 제거시키고 참다운 자신이 누구이며 무엇인가, 장차 어떠한 곳에서 평생의 삶을 풍요롭게 누릴 수 있는가를 점검하기 위해 목표를 구체적이고 실현가능한 범위 내에서 세워야 한다.

진로계획의 기본원리를 제시하면 다음과 같다.

1) 자신의 삶의 목표를 능력을 바탕으로 건전하게 세운다.

인간은 누구나 욕심의 본능이 있다. 그렇다고 모두 이 욕심을 채우기는 어렵다. 긍정적인 면에서 볼 때 욕심 또는 욕망, 열망(aspiration)이 가득하면 발전을 할 가능성이 충만 되어 있다. 그러나 분수에 넘치는 욕망을 채우기 위하여 능력 범위를 벗어나 행동하면 능률적이 못되고 목표에 도달하지 못하면 욕구불만이 쌓이고 좌절하기 쉽다. 이러한 과정이 계속되면 자신을 포기하는 결과를 낳게 된다. 그러므로 이상을 높게

---

3) 李民樹 譯, 《明心寶鑑》, 新釋(서울: 乙西文化社, 1980). p.208, 孔子 三計圖 云「一生之計 在於幼, 一年之計 在於春, 一日之計 在於寅, 幼而不學 老無所知, 春若不耕 秋無所望, 寅若不起 日無所辯」.

가지더라도 현실을 무시하지 말아야 한다(Hitch your wagon to a star but keep your feet on the ground).

따라서 자신의 구체적인 열망이 가장 좋은 출발점이다. 자기 자신이 진정으로 하고 싶은 것이 무엇인가를 먼저 파악하는 일이 중요한 과제이며 기초적인 단계에서부터 설정해야 할 것이다. 자기가 원하는 바가 무엇인지 결정을 해야만 이에 대한 구체적인 방법을 구상할 수 있는 것이다. 자기가 원하고 자신 있는 일을 하는 사람은 일에 대한 능률이 오르고 성취감이 높을 것이고 행복감을 느끼며, 자부심도 보람도 느낄 수 있는 것이다.

그러므로 주체는 개인이 중심이 되어 직업흥미·적성·능력을 검토하고 장차 자신이 진정으로 하고자 하는 일이 무엇인가를 분석하고 추구해 갈 수 있는 방도를 강구하도록 자신의 노력은 물론이고 학교에서는 담임교사나 상담교사가 진로계획 수립에 참여하며 소신 있는 계획수립을 도와주어야 한다. 아울러 학부형들도 자신의 가치관에 얽매이지 말고 자녀의 특성을 잘 살펴서 그들이 요구하는 방향에 기초하여 실현 가능한 협력을 아끼지 말아야 한다.

2) 금전이 아무리 중요한 의미를 지닌다 해도 그것이 자신의 진로 선택을 지배해서는 안 된다.

자본주의를 기본으로 하는 민주주의 사회에서 금전의 중요성을 무시할 수는 없다. 그러나 경제적인 측면만을 보고 자신이 원하지 않은 직업이나 진로를 선택하면 부적응을 초래하기 쉽고 보람도 느끼지 못하며 싫증을 느끼게 된다. 아울러 능률이 오르지 않고 불만 속에서 헤매게 된다. 그러므로 보수가 다소 적더라도 자기가 원하는 일, 좋아하는 직업을 찾아서 종사하는 것이 현명하다. 왜냐하면 일생을 살아나가는 데 불만 속에서 지낼 수는 없을 뿐만 아니라 자신의 잠재 능력도 발휘할 수 없고 자아 실현하는 데에도 큰 지장을 주기 때문이다.

많은 연구보고서에서도 지적되고 있지만 경제적 보수에만 관심을 갖고 그 방향으로 진출했다가 부적응을 일으키는 경우가 많아 실패를 거듭하는 사람들이 늘어가고 있다. 어느 분야이건 간에 적재적소에 알맞은 진로선택이 개인의 행복을 좌우하기 때문에 일생을 금전에 얽매여 자기의 적성을 포기해서는 안 된다.

앞으로 산업이 더욱 발전되고 경제사정도 향상될 것이 전망되므로 개인의 최저생활도 보장될 것이 확실하다. 그러나 자기의 인생을 너무 금전에 예속시켜 적성에도 맞지 않는 불행한 삶을 택해서는 안 된다. 수많은 성공인들은 경제적 여건에 구애되지 않고 자기의 소질에 맞는 직업을 선택하여 선택한 분야에서 창의력을 발휘하고 인정감을 받으면서 소명의식 속에서 자기의 존재를 빛내고 있는 사람들이다. 보람 있는 삶이란 주어진 여건 속에서 자기능력을 표현하고 행복을 찾으며 자아실현 하는 사람들임을 명심해야 한다. 그렇게 함으로써 사회도 안정되고 누구나 만족한 삶을 풍요롭게 누릴 수 있게 되는 것이다.

3) 장래 하고 싶은 일을 한꺼번에 결정하려는 것은 현명한 처사가 아니다.

학생들은 이상이 일반적으로 높다. 의욕도 강하다. 호기심도 많다. 그래서 닥치는 대로 한꺼번에 목표달성을 위해 우왕좌왕하기도 하고 허둥대다가 시간을 헛되게 보내는 사람이 많다. 계획만 많이 세워 놓았다고 전부 이루어지는 것은 아니다. 구체적이고 조그만 범위에서부터 시작하는 것이다. 이것을 단계적 원리라고 한다(small step의 원리). 무엇이든 크게 이루는 사람은 처음부터 크게 성장한 것이 아니라 조그만 일에서부터 차근차근히 부지런하고 쉴 틈 없이 꾸준하게 그 목표를 향하여 전진하여 나중에 크게 이루어 놓은 것이다. 그러므로 개인 자신은 물론 학교에서는 학생들에게 그들이 할 일을 단번에 결정하려 들지 말고 우선 폭넓은 진로의 방향만을 정하고 이에 대한 준비를 계속적으로 추진해 나가도록 권장하여야 한다.

요즈음 학생들은 TV · 라디오 · 비디오 · 카세트 등의 시청각 매체가 발달되어 학습을 중점적으로 집중할 수 있는 환경을 이루지 못하고 있기 때문에 주의집중이 어렵다. 주위가 산만한 환경에 놓여 있다. 때문에 진로계획 추진에 있어서도 문제가 많이 발생되고 있다. 예를 들면, 학생들이 어떠한 목표를 세워 추진하려는데 한꺼번에 여러 가지를 동시에 이루려고 하는 성급한 행동이 많이 엿보인다. 그렇게 함으로써 한 가지도 제대로 이룰 수 없는 경우들이 많아진다. 그러므로 주위환경의 장애물을 스스로 제거하거나 통제하고 자기의 목표를 구체적인 방향으로 세우고 꾸준히 정진해 나가야 한다.

옛말에 "우물을 파려면 한 우물을 깊게 파라"는 속담이 제시하는 바와 같이 자기가 좋아하고 원하는 방향의 진로에 깊숙이 파고들어야 한다. 조금 실천하다가 피곤하거나 싫증난다고 접어치우고 다른 방향으로 돌린다면 시간만 낭비되고 얻는 것이 없게 된다. 그러므로 자기이해 · 자기탐색을 통하여 얻어진 객관적인 평가토대 위에서 자신의 재능을 마음껏 발휘하도록 끊임없이 실천하고 노력하는 과정이 중요한 것이다.

4) 끊임없이 다양한 진로정보를 탐색하여 자신에 필요한 것을 선택하여야 한다.

현대사회는 고도의 산업사회이며 정보사회라고 한다. 학생들은 교과교육에 충실할 것은 물론이려니와 교육정보 · 직업정보, 개인 · 사회적 정보에도 민감하게 관심을 가지고 정보탐색에 노력하여야 한다.

현재 학교에서는 대학입시를 위한 주입식 교육과 교과교육에만 치중하는 경향이 짙다. 물론 학교교육이 교과교육에 중점을 두어야 한다는 것은 바른길이라 할 수 있다. 그러나 지나친 교과교육만으로써 교육목표를 달성할 수는 없는 것이다. 생활지도 교육도 필요하고 더욱이 장래의 직업선택을 위한 준비교육으로서 진로교육이 중요한 의미를 제공해 주고 있다. 그럼에도 불구하고 「교과서」만을 위주로 하여 학력고사 점수만을 높이기 위한 교육은 전인교육 정신에 위배되는 것이다.

산업사회의 발전으로 말미암아 과거의 전통적인 교육방법만으로는 학생들의 요구를 충족하기에 부족하다. 학생인구의 폭발적인 증가, 직업세계의 다양화·전문화·세분화 경향에 따르는 정보결핍의 문제, 인구의 도시집중화, 다양한 첨단산업의 정보의 발전과 홍수같이 쏟아져 나오는 정보, 가치관의 변화, 핵가족 현상, 모성실조, 여성의 사회적 진출, 대인관계의 복잡성, 이성의 문제, 결혼문제, 직업선택의 복잡성, 심한 경쟁사회, 도덕·윤리의 문제, 이데올로기의 문제 등 복잡한 문제가 산더미같이 쏟아지고 있다. 이러한 복잡한 환경 속에서 현명하게 적응하기 위해서는 각 분야별로 정확한 정보를 입수하고 정보의 탐색을 통해서 적합한 내용의 것을 선택하고 인생계획 수립에 이용할 수 있도록 노력하여야 한다.*

4. 進路計劃 樹立過程

진로계획의 수립은 어떠한 과정을 거쳐 이루어지는 것일까? 진로계획은 각종의 정확한 정보를 수집한 기초 위에 논리적이고 체계적인 사고과정을 거쳐 수립되는 것이 원칙이다.

일반적인 진로계획 방법을 제시해 보면 ① 자신의 재능을 발견하라. ② 자기가 가지고 있는 기술을 분류해 보라. ③ 장래의 목표를 설정하라. ④ 직업의 세계를 조사하여 자신의 흥미와 적성과 맞추어 보고, ⑤ 집중해서 행동계획을 실천하라. ⑥ 수많은 경쟁자의 이력서(résumé)를 물리칠 수 있는 개인의 창조적인 계획(proposal)을 세워라 등을 제시할 수 있다.[4]

---

* 구체적인 정보의 세계는 다음 제6장에서 상세히 설명할 것임.
4) Robert I. Radin, *Full Potential: Your Career and life Planning Workb-*

위와 같은 진로설계를 실행해 옮기기 전에 해야 할 일들은 구체적으로 제시하면 다음과 같다.5)

가. 진로의 발견(career detection)은 어떻게

진로의 발견을 하려면, 가장 환상적인 직업은 무엇인가를 찾아야 한다. 직업에 있어서 가장 좋은 실마리는 상상하고 있는 것과 같이 근사한 행복을 가져다 줄 수 있는 것이어야 한다. 자기가 원하는 바를 돈과는 관계없이 상상해 보도록 한다. 장차 무엇이 될 것인가? 나는 무엇인가? 나의 소질은 무엇인가를 확실하게 미리 발견하는 진로인식의 단계를 거쳐야 한다.

어떠한 문제이든 간에 과학적으로 해석하기 위해서는 ① 사실의 관찰과 분석, ② 문제의 정의 및 가능한 해결방안 모색, ③ 가능한 해결방안에 대한 실증적 자료의 확보, ④ 실증적 자료에 의한 합리적인 결론 도출 등의 단계를 거친다.

라일리(Reilly)의 진로계획의 단계를 열거하면 아래와 같이 4단계를 거쳐 이루어진다.

1단계: 개인의 열망, 기본능력, 인간관계에 대한 관찰과 분석
2단계: 개인의 진로문제를 명확히 정의하고 그 해결방안 모색
3단계: 가능한 해결방안에 대한 신빙성 있는 정보수집
4단계: 수집된 정보를 평가하고 그로부터 진로목적에 대한 결론 도출.6)

---

ook(New York: McGraw-Hill Book Co., 1983).
5) Louise Welsh Schrank, *Life: A Practical Guide to Successful Career Planning*(Skokie, Ill.: VGM Career Horizons, 1982). p.63.
6) 이정근, ≪전게서≫, p.145에서 재인용.

이와 같이 진로계획을 세울 때에는 자신의 열망·능력·취향·인성·가정적 여건·직업세계의 본질과 동향, 그리고 진로에서의 성공가능성, 위험부담률 등을 분석한 후에 어느 한 진로를 택하고 그 진로가 자기에게 가치 있고 적합하다고 판단될 때 그 진로를 추구하는 데 필요한 준비계획을 다시 수립해야 한다.

나. 나의 꿈을 실현하기 위하여 나는 진정코 무엇을 성취해야 하는가

이러한 질문에 대한 대답은 직업의 세계에 존재하는 기회에 알맞은 지식(외적 세계)과 영혼 탐색(내적 세계)을 요구한다. 구체적 목적을 달성하기 위해서 학생들은 가치관·흥미·욕망·향성 그리고 기술에 대하여 수집해 온 정보를 이용하여야 한다. 즉, 교육정보나 각종의 직업정보, 개인·사회적 정보에 익숙하여야 한다. 이것을 진로정보(career information)라고 하는데7) 개인의 진로선택 및 적응을 위해 필요한 지식과 이해에 관련된 정보를 말한다.8)

진로정보는 다음과 같은 자료에서 찾을 수 있다. (1) 학생 자신의 개성 및 가정환경에 대한 이해자료, ② 변천하는 일의 세계에 대한 이해자료, ③ 상급학교 선택에 관한 자료, ④ 구체적으로 직업·취업이나 진학을 준비하는 데 필요한 지식체계, ⑤ 장래의 자기실현에 필요한 사전지식 등이다.9)

종합적으로 중등학교 수준의 정보활동은 다음과 같이 정리된다.

7) Willa Norris, Raymond Hatch, Iames Engelkes, Bob Winbiorn, *The Career Information Service*(Chicago: Rand McNally Co., 1979), p.182.

8) 洪基亨·李承雨, ≪進路指導≫(서울: 敎育出版社, 1977). 또는 홍기형, ≪진로정보≫ 중등학교 진로지도 담당교사 연수교재(서울: 문교부, 1978). pp.165-200.

9) 이정근, ≪전게서≫, p.80.

1) 직업에 관계되는 넓은 분야의 이해를 돕는 것

2) 학생들이 몇 개의 선정된 직업이나 교육시설을 중점적으로 연구할 수 있는 수단을 발전시키는 것

3) 충분한 자기연구(self-study)를 토대로 해서 직업계획과 교육계획에 대하여 알도록 하는 것

4) 충분한 자기 연구를 통해서 잠정적이지만 교육적 계획을 세우도록 하는 것

5) 학교를 중퇴하거나 떠난 학생들, 예를 들면 취직하거나 진학하거나 가정을 갖는 사람들이 당면한 욕구를 충족시켜 줄 수 있는 특정한 기술을 제공하는 것 등이다.10)

다. 직업의 세계에서 나는 어떻게 환상기에 생각했던 직업과 현실과를 분별하여야 할 것인가

진로발달 이론에 의하면, 긴즈버그는 환상적 단계(fantasy stage)를 초등학교 수준에 있는 학생들이 현실여건, 자신의 능력이나 가능성을 고려치 않고 독단적으로 어떤 특정한 직업을 택해서 자기가 원하는 것은 무엇이든지 다 할 수 있다고 믿었었다. 그런데 이와 같은 환상은 연령이 증가함에 따라 시험적 단계로 옮아간다. 즉, 흥미단계(11~12세)·능력단계(13~14세)·가치단계(15~16세)·전환단계(17~18세)로 바뀌며 점차로 주관적인 요구에서 현실적이고 객관적인 요인에 관심을 돌려 구체화된다고 한다. 이렇게 볼 때, 이런 과정은 누구에게나 거치는 과정으로서 각급학교의 단계별로 직업의 인식·탐색·준비의 과정을 거침으로써 자아인식이 분명해지고 능력을 파악하고 적절한 분야의 직업선택에 돌입할 수 있게 된다.

---

10) 황응연·윤희준, ≪현대 생활지도론≫(서울: 교육출판사, 1984). pp.168-169.

　가능한 한 진로계획은 자기의 가능성, 즉 능력과 적성에 알맞은 수준의 목표설정이 바람직하고 성취하기 쉬우며 쉽게 성공감을 맛보게 된다. 성공이란 반드시 권력의 획득이나 물질적 성취에만 있는 것이 아니라 자기탐색 과정을 통하여 얻어진 객관적 토대 위에 자기결정이 이루어진 것이라야 성공이라고 할 수 있다. 그러므로 누구나 자기가 선택한 분야에 직업을 얻게 되면 소기의 생계위지와 자기만족, 행복한 삶을 누리게 될 것이다. 이것이 바로 자기실현이요, 자아실현의 경지라고 단정 지을 수 있다.

　생애와 인생설계 과정의 목표는 사회와 공생하는 관계를 발전시키고 사회가 요구하는 바를 자기가 즐길 수 있도록 연계성이 이루어지며 자기가 요구하는 바를 사회가 제공해 줄 수 있어야 한다. 이와 같은 역동적 관계가 순조롭게 이루어질 때 사회가 안정되고 개인이 선택한 직업에 만족하게 되고 인력의 균형배치가 이루어질 것이다. 이것은 개인 인력의 가능성을 최대한으로 이용할 수 있게 되며 나아가서는 국가의 인력소모를 방지하고 적재적소에 이용함으로써 국가 인력수급 정책에도 이바지하는 것이다. 나와 직업선택은 불가분의 관계이므로 나의 직업선택은 나의 행복과 만족으로 이끄는 관계이다. 그러므로 직업선택 과정이 현명하게 이루어져야 한다.

　직업선택의 과정은 ① 직업선택의 필요성 확인, ② 관련정보의 수집과 이용, ③ 가능한 직업의 열거, ④ 각 직업에서의 성취 가능성 예측, ⑤ 각 직업에서의 성공 가망성 예측, ⑥ 직업에 대한 가치 평가, ⑦ 직업의 선택, ⑧ 결정에 대한 추수지도 등의 과정을 거쳐 이루어져야 한다.11)

---

11) ≪上揭書≫, pp.65-67.

5. 進路決定過程과 要因

(1) 進路決定의 槪念

진로결정은 한 인간이 생애발달 과정을 통하여 체계적이고 지속적
으로 이루어진다는 진로의식 발달 이론의 측면, 진로인식·탐색·결
정에 이르는 일련의 과정을 학습시켜 주어야 한다는 진로학습 이론의
측면, 개인의 진로결정에 작용하는 여러 가지 요인과의 관계를 보다
명확히 이해할 수 있게 함으로써 합리적으로 진로를 결정하게 된다는
진로선택 및 결정이론의 측면을 통하여 이루어진다. 이와 같은 개념
화된 진로결정의 모형을 제시하면 다음과 같다.12)

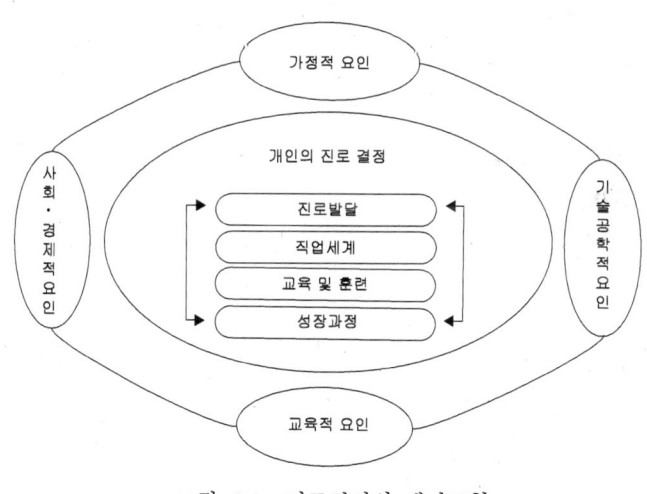

<그림 4-1> 진로결정의 개념모형

---

12) 강무섭·박영숙, 《학생의 진로결정 과정 분석》(서울: 한국교육개발원,
   1984). p.27.

<그림 4-1>에서 보는 바와 같이 진로결정은 ① 진로발달, ② 직업세계, ③ 교육 및 훈련, ④ 성장과정의 4가지 요소의 상호작용으로 이루어지며 이러한 결정은 환경요인으로서 ① 가정적 요인, ② 사회 경제적 요인, ③ 교육적 요인, ④ 기술공학적 요인의 영향을 받아 이루어진다.

진로결정이 이루어지는 구체적 요인을 제시하면 다음과 같다.

가. 진로의식 발달

개인의 일생 동안 자신의 진로에 대하여 인식하고 탐색하며, 진로를 선택·결정해 가는 발달과정을 의미한다. 진로발달에 관한 이론은 2장에서 언급되었으므로 각 이론의 특징은 앞에 언급한 내용을 참고하기 바라며 여기서는 진로에 대한 개인의 자아발달을 강조한다. 타이드맨과 오하라의 견해에 따라 직업적 자아주체성을 강조하면서 자신의 제반 특성을 파악하고 자신의 자아를 실현시킬 수 있는 것이 무엇인가를 나름대로 인식하고 사고하는 과정을 통해서 자아의 정체감을 확인한다.

나. 직업세계의 경험 강조

우리나라의 경우에는 학교를 다니면서 취업경험을 할 수 있는 기회가 매우 제한되어 있어서 시간제(part time) 고용의 직업경험을 갖기가 어렵다. 그러나 가급적이면 취업경험을 해 보는 것이 장차 진로선택에 큰 도움이 된다는 것을 생각하여야 한다. 직업을 결정하기 전에 재학시의 현장경험은 경제적 이익을 추구하는 데에도 도움이 될 뿐만 아니라 장래의 직업을 선택하는 과정에서 영향을 미친다는 것은 이미 잘 알려진 사실이다.

미국과 같은 선진국에서는 오래 전부터 학생들이 시간제 일을 많이 하고 있다. 물론 일을 할 수 있는 기회, 즉 직업세계에서 잠정적으로 취업

경험을 가질 수 있는 기회가 많기 때문에 제아무리 경제적으로 부유한 가정에서 태어났다고 하더라도 부모의 경제적 지원에 영향을 받지 않고 독립적으로 학비나 용돈을 벌어 부모의 경제적 부담을 덜어 주기도 한다. 뿐만 아니라 독립정신도 기를 수 있고 직업생활을 통해서 산 경험을 얻게 되어 장차 고정적인 미래의 자기의 삶을 유지하기 위한 직업선택에 큰 도움이 된다. 왜냐하면 이론상으로 자기가 염원했던 직업에 대하여 실제로 경험해 본 결과 현실은 차이가 있음을 느끼게 되면 자연적으로 다른 방면의 직업선택에의 길로 수정해 나갈 수 있기 때문이다.

그러나 직업선택이란 그리 쉽게 경험만을 위한 장소가 있지 못하기 때문에 사전에 미리 준비과정, 즉 개인의 흥미·적성·능력 등을 잘 파악하여 이에 합당한 방향으로 선택을 해야 바람직하다.

직업세계의 경험은 반드시 취업현장에서만 꼭 얻을 수 있는 것은 아니다. 직업의 세계, 즉 각 직업군에 속해 있는 직업들을 소개한 책자, 팸플릿 등을 통해서 간접 경험할 수도 있다.

미국의 경우, 직업정보 지료가 많이 개발되어 있어서 진로탐색을 할 수 있는 여건과 기회가 많이 보장되어 있다. 예를 들면, 직업전망 사전·직업분류 사전·직업정보 등 직무분석을 해놓은 직업정보 자료를 통하여 각기 직업마다 직업의 근무조건·작업조건·교육 및 훈련정도·보수·승진관계·장래에 대한 전망, 기타 필요한 정보자료를 제시해 준다.

우리나라의 경우에는 직업경험을 미리 알아볼 수 있는 「직업의 세계」에 관한 정보자료가 보급되지 못하고 이제 개발하는 단계에 있기 때문에 외국의 그것을 참조해 보아야 할 형편에 있다. 서울특별시 교육연구원이 펴낸 《직업의 세계》(1977)와 노동부에서 발간한 《직업의 세계》 또는 문교부 《장학자료》 그리고 필자가 소개하고 있는 《직업의 세계》에 관한 안내정보가 전부이다. 그러나 노동부 중앙직업안정소에서 <직업의 세계>에 관한 정보자료를 1982년부터 매년 한두 직업군씩 펴내고 있다.

다. 교육 및 훈련 경력

자신이 학교교육을 통해서 받은 교육이나 훈련은 진로를 결정하는데 결정적인 영향을 미친다. 인문계·자연계·의료계·공학계·사회계·예―체능계열 등의 전공학과 선택과 이에 해당되는 직업과 매우 관련이 있으며 어떤 전공을 택했느냐에 따라 진로가 달라지기 때문에 교육정도가 중요한 역할을 하게 된다. 그 수준으로 보아 초등학교만 졸업했느냐, 중·고등학교만 나왔느냐, 또는 전문대학·4년제 대학·대학원 등, 교육받은 정도에 따라 진로선택과 방향에 큰 영향을 미친다. 그밖에 학교 밖에서 개인적으로 훈련을 받은 경험이나 특별활동, 개인의 특수 소질과 능력이 경우에 따라서 전공과 관계없이 직업선택에 영향을 미치는 수도 있다.

라. 성장과정

개인이 일생동안 거치는 성장과정 역시 진로결정과 상관이 깊다. 즉, 사춘기나 결혼, 군 입대·군 면제 등의 중요한 결정 과정의 결과가 진로의 방향을 크게 좌우할 수 있다.

개인의 진로계획은 성장과정의 측면, 즉 사춘기→취업→결혼→첫자녀 출생→자녀의 성장→중년생활→노년생활의 영위 등으로 일반적인 과정이 진행되는데 여기에서 각자 다른 가정환경에서 배경이 달리 성장되고 또한 개인의 가치관의 차이에 따라 진로계획이 서로 뒤바뀔 수도 있으므로 자기의 위치를 확인하고 개인의 여건에 맞도록 취사선택이 필요한 것이다.

(2) 進路決定 要因

여기서는 개인의 진로결정에 영향을 미치는 모든 요인을 제시하고 이 요인에 따라 내용을 정리해 보면서 방법을 이해하도록 하고자 한다. 진료결정 요인을 크게 세 부분으로 나누면 ① 개인적 차원, ② 사회·경제적 차원, ③ 교육체제적 차원으로 구분한다. <표 4-1>은 결정 요인을 세분화한 것이다.

가. 개인적 차원의 진로결정 요인

(1) 내재적 요인
개인의 특성, 즉 연령·성(性)·능력·인성·직업적 홍미·신체적 조건 등이 포함된다.

〈표 4-1〉 진로결정 요인[13]

구 분	결 정 요 인
Ⅰ. 개인적인 차원	1. 내재적 요인 　 연령·성·능력·인성·직업적 홍미·학력·신체적 조건 등 2. 외재적 요인 – 가정배경 　 부모의 직업 및 학력, 가정의 사회·경제적 지위, 가족구성·종교
Ⅱ. 사회·경제적인 차원	1. 산업구조의 변화 요인 2. 산업기술의 혁신 요인 3. 인구증가 요인 4. 사회의 직업가치관
Ⅲ. 교육체제적인 차원	1. 학교배경 2. 교육정책

---

13) ≪상게서≫, p.34.

① **年齡:** 진로발달이나 직업선택 이론에는 진로선택이나 진로결정의 형태가 일반적으로 연령이 증가함에 따라 현실화되고 구체화된다는 가정이 전제되어 있다.

데이비스(Davis), 몬테사노(Montesano), 게이스트(Geist), 넬슨(Nelson) 등의 학자들이 연구한 바에 의하면 긴즈버그에 의해 정립된 직업선택 과정의 타당성을 검증한 결과 긴즈버그 이론이 일반화될 수 있다는 것과 직업의 선택이나 성숙이 연령의 증가에 따라 발전한다는 것이다. 몬테사노와 게이스트는 고교 3학년 학생들이 중학 3학년 학생보다 선택에 더 많은 요인들, 특히 자신의 능력이나 직업에서 요구되는 자격요건·작업환경 등에 관련된 요인들을 더욱 고려한다고 밝히고 있으며, 넬슨은 연령이 많은 아동이 적은 아동보다 직업명·직업내용·직업적 흥미에 대하여 더 많이 알고 있음을 밝혀냈다.14)

따라서 연령이 증가함에 따라 직업적 흥미 등이 성숙해진다는 것을 명심하여야 한다.

② **性:** 남녀간의 차이에 따라 직업적 흥미가 다르게 나타난다. 각 나라마다 성의 역할이나 인식도가 다르기 때문에 공통적으로 측정할 수는 없으나 일반적으로 남자가 직업의식이나 진로계획·직업선택 등에 관심이 여성보다 높게 나타난다고 한다. 그러나 최근에는 남녀차별이 없이 기회의 균등을 보장하고 있으므로 진로계획 및 직업에 대한 태도 면에서 여성이 남성에 비해 더 성숙해 있음을 밝혀내고 있다.15)

③ **能力:** 일반 지능 또는 적성이 여기에 속한다. 이와 같은 것들은 진로의 선택과 선택한 직업에 적응해 가는 데 직접적인 영향을 끼친다.

프럭터(M. W. Proctor)가 제시한 직업에 따른 평균지능을 살펴보면 전문직으로 올라갈수록 높은 수준의 지능을 요구하고 노동이나 단순직종은 낮은 수준의 지능으로도 업무를 수행할 수 있음을 발견해

---

14) ≪상게서≫, p.35. 재인용.
15) L. J. Bailey & R. W. Stadt, *op. cit.,* pp.112-117.

냈다(표 4-2 참조).

〈표 4-2〉 직업과 지능[16]

직업의 구분	평균 지능지수
전 문 직	115
관 리 직	108
서 기 직	104
숙 련 직	99
반 숙 련 직	97

적성이란 특수 분야에 대한 능력의 정도나 그 능력의 발현 가능성을 말하는 것으로 어떤 직업 내에서 성공 가능성을 예언해 주는 요인을 의미한다.[17]

적성 요인에는 언어능력·공간지각·계산력·추리력·기계추리력·척도해독력·수공능력·기억력·사무지각·형태지각 등의 10개 요인들이 포함되어 있다[18](표 4-3 참조).

④ 人性(personality): 인성에는 개인의 가치관·욕구·자아개념·열망수준·대인관계 등의 제반 특성이 있다. 이러한 특성 역시 직업선택에 영향을 미친다. 예를 들면, 충분한 능력이 있더라도 열망수준이 낮으면 그에 따른 낮은 수준의 직업을 택할 가능성이 있고 반면에, 열망수준이 높으면 다소 능력이 부족하더라도 자신의 열망 또는 욕구를 충족시킬 수 있는 노력을 경주하여 높은 수준의 직업을 선택할 가능성이 있다는 것이다.

---

16) 한국교육개발원, ≪학습과 일의 세계≫(서울: 한국교육개발원, 1983). p.157.
17) 이정근, ≪전게서≫, pp.59-60.
18) 한국교육개발원, ≪진로교육 자료≫, 1982. pp.73-74.

〈표 4-3〉 적성과 직업

적 성 요 인	내 용
언 어 능 력	정확한 의사소통을 위해 정확한 단어를 선택하고, 어휘를 연상하고 문장의 뜻을 이해하고, 의사를 발표하는 능력을 말하며, 이 언어능력은 언어적 개념을 중요한 요인으로 하는 사회과학 분야에서 요구되는 적성이다.
공 간 지 각	입체적 공간관계를 이해하는 능력으로서 시각을 통하여 실체적 물체를 취급하고, 실체적 물체를 회전, 또는 분해했을 때의 형태를 상상하는 능력이다. 이 능력은 제도·설계·건축·미술·가구 등 제도에서부터 재단에 이르기까지 입체구성 능력을 요구하는 직업 분야의 적성 요인이다.
계 산 력	정확하고 빠르게 계산하는 능력을 말하며, 이 능력은 대부분의 직업에서 필요한 기초적 능력이지만, 특히 사무 분야에서 중요한 적성이다.
추 리 력	원리를 추리하고 응용하는 능력이다. 자연과학·사회과학 등의 분야에서 필요로 하는 적성이다.
기 계 추 리 력	각종 기계기구 및 물리학적 원리를 이해하고 추리하는 능력을 말하며, 이 능력은 토목·기계수리 기술자·조립 기술자, 기타 각종 이공학 시설 분야 및 공장 등에서 요구되는 적성이다.
척 도 해 독 력	척도·그래프·차트·계기 등을 신속·정확하게 읽는 능력을 말하며, 이 능력은 이공학·화학·생물·수학·의학 등의 과학 분야와 실업 및 기술 분야에서 요구되는 적성이다.
수 공 능 력	운동감각의 정확성과 신속히 반응하는 능력이다. 이 능력은 전자공·전기공·인쇄공·세공 등의 직업 분야에서 중요한 적성이다.
기 억 력	복잡한 자료나 항목들의 분류 및 상징, 기호를 학습하고 암기하는 능력을 말하며, 이 능력은 사회과학·실업·사무 분야에서 중요한 적성이다.
사 무 지 각	문자나 기호를 정확하고 신속하게 식별하는 능력을 말하며, 경리·서기·전화교환 등 사무 분야에서 필요한 적성이다.
형 태 지 각	실물이나 도해를 정확하고 빠르게 비교·변별하는 능력을 말하며, 이 능력은 통신·타자 등의 사무 분야와 도안·디자인 등의 응용미술 분야, 그리고 기타 기능직 분야에서 필요한 적성이다.

　　그러므로 학교교육에서 강조해야 할 점은 가능한 범위 내에서 성취동기 육성을 위한 지도가 요청되고 있다.

　　다음의 <표 4-4>는19) 인성유형과 직업과의 관계를 연결시켜 본 자료인데 인성특성에 따라 여기에 적합한 직업을 택할 수 있는 가능성을 보여주고 있다. 따라서 자기의 인성특성을 파악한 후 이에 적합

---

19) ≪上揭書≫, p.80.

한 직업을 탐색해야 한다.

〈표 4-4〉인성유형과 직업

구 분	특 성	직 업
활동성	신체적 활동에 대한 선호, 공격적, 운동신경발달, 언어적, 인간관계 기술 부족, 추상적인 것보다 구체적인 것을 좋아함. 비사교적	노동・기계・조작・비행사・농부・트럭 운전사 등
사려성	과업 지향적, 문제를 깊이 생각함. 세계를 조직 이해하려 함. 추상적인 것에 대한 선호	물리학자・인류학자・화학자, 수학자・생물학자 등
사회성	남을 가르치거나 치료하는 것을 좋아함. 안정된 것을 좋아함. 언어적, 인간관계 기술 풍부, 사회적 지향	임상심리학자・상담자・외교관・교사・목사 등
안전성	체계적인 언어적・수리적 업무와 책임감이 부여된 업무를 정확하게 수행	출납원・통계학자・부기계원・행정 보조원・우체국 서기 등
지배성	남을 지배하거나, 물건을 팔거나, 이끌기 위한 언어적 기술 탁월	자동차 판매원・경매인・정치가・사회자・판매원 등
예술성	간접적인 인간관계를 좋아함. 예술매체를 통해서 자기표현을 함으로써 세계의 문제를 다루는 것을 좋아함.	시인・소설가・음악가・조각가・극작가・작곡가・연출가 등

<자료> 한국교육개발원, 《전게서》, p.80.

⑤ **직업적 흥미:** 직업적 흥미는 찾아내는 방법에 따라 ① 표현된 흥미, ② 행동화된 흥미, ③ 검사된 흥미로 구분되고 있다. 이것들 중에 직업과 가장 깊은 관계를 가진 것이 검사된 흥미이다.

대개 직업적 흥미가 있는 곳에서 직업수행에 만족할 수 있는 것이고 이상적이라고 할 수 있다. 그러나 인력수급 차원에서 볼 때 수요와 공급이 일치할 경우에는 바람직한 흥미본위대로 직업을 택할 수가 있지만 직업에 대한 공급이 부족하고 인력의 수요가 많을 경우에는 제아무리 흥미위주로 선택하려고 해도 과부족으로 말미암아 여건이 맞지 않아 아무 곳에라도 투입되어야 할 형편이므로 직업에의 적응에 문제가 발생하게 된다.

현재 우리나라의 직업세계의 현황을 보면 산업체나 기업체 등에서 요구하는 인력은 매년 2~3만 명 정도인데 매년 쏟아져 나오는 대학 졸업자(전문대 포함)는 25만여 명에 이르고 있으므로[20] 적재적소에 알맞게 직업적 흥미대로 배치될 수 없는 형편에 있어 더욱 문제가 된다. 이런 현실에서 볼 때 과연 진로교육이 필요할 것이냐에 대하여 의아심을 품는 사람들도 많이 있다.

그렇다고 진로교육이 필요 없게 되는 것은 아니다. 어디까지나 이론의 뒷받침이 없이 이루어진 실제는 마치 모래 위에 집을 지은 것처럼 쉽게 무너지기 쉬우므로 이론적 배경의 뒷받침이 있어야 한다. 이론은 실천하는 데 필요한 길잡이가 되는 것이다. 흥미와 직업 간의 관계는 <표 4-5>에 자세히 설명되어 있다.

〈표 4-5〉 흥미와 직업

흥　　　미	내　　　　　　　　　　용
문　학　적 흥　　　미	시·문학 등 문예활동이나 어학·편집 등에 관련되는 흥미로서, 저술·번역·편집·교정직 등에 알맞다.
물상과학적 흥　　　미	자연과학 중에서도 물리학·화학·지구과학 등에 대한 연구적 흥미로서 크게 자연과학적 또는 공학직에 알맞다.
생물과학적 흥　　　미	생물학·생리학·의학·동물학·식물학·미생물학, 기타 생명계와 관련된 흥미로서 생물과학직 또는 생명과학직(의직에)에 알맞다.
사회과학적 흥　　　미	정치·선전·광고·법률·외교 등 집단적·정치적·언론적·설득적 활동에 관한 흥미로서 행정 및 관리직, 법무직, 사회과학 연구직에 알맞다.
기　계　적 흥　　　미	기계·금속·조선·섬유·교통수단·전기 등 기계류의 제작·수리에 관한 흥미로서 공학 및 기술전문직에 알맞다.
전　자　적 흥　　　미	전자공학 기술 및 기타 전자 분야를 다루는 활동에 관한 흥미로서 전자공학·전자기술직에 알맞다.
상　업　적 흥　　　미	경제·경영·무역·관리 등 기업의 운영과 경제적 활동에 관한 흥미로서 경영 및 관련직에 알맞다.
봉　사　적 흥　　　미	사회사업·사회복지·교육·종교 등 활동에 관한 흥미로서 교직·종교 관련직·사회사업가직 등에 알맞다.

---

20) ≪문교통계연감≫, 1985.

흥　　미	내　　　　　　　　　　　용
사　무　적 흥　　　미	회계·계산·경리·서기적 활동에 관한 흥미로서 단순사무직에 알맞다.
옥외운동적 흥　　　미	체육활동 또는 야외활동에 관한 흥미로서 스포츠 관계직 또는 옥외 관찰· 답사직에 알맞다.
음　악　적 흥　　　미	성악·기악·작곡·감상·평론 등 음악적 활동에 관한 흥미로서 음악 관련직 에 알맞다.
미　술　적 흥　　　미	회화·조각 등 미술활동·디자인·감상·평론 등 미술적 활동에 관한 흥미로 서 미술 관련직에 알맞다.

<자료> 사립 중·고등 학교장 회의, 직업흥미 검사실시 요강, 1979.

⑥ **학력:** 학력 요인은 교육수준과 학업성취의 정도를 의미한다. 이 요인은 진로결정과 상관이 높다. 개인은 학교교육을 통하여 취업에 필요한 지식 및 훈련을 쌓게 되며 장차 자아실현에 필요한 기초 및 전문지식과 교양을 습득한다. 대개의 경우 각 학력수준에 따라 요구되는 직업선택은 다르다. 초·중학교만 나오게 되면 진로선택에 있어서도 낮은 수준의 직업을 택할 수밖에 없으므로 전문직이나 관리·행정직 또는 기술직 영역에 종사하려면 고학력을 요구하게 된다. 또한 산업사회에서 각 고용주가 고학력을 요구하고 있는 현실이므로 자연히 요구에 맞도록 학력이 점점 높아만 가게 되어 있다. 그러므로 학력의 요구는 사회변천에 따라 많이 좌우되고 있다. 과거 1960년대 이전에는 산업이 발달되기 이전이기 때문에 고학력을 요구하지도 않았고 또한 고학력 소지자도 드물었다. 그러나 1960년대 이후 급속한 과학기술의 발달과 변화로 말미암아 전문직에 수용할 유능한 일꾼을 요구하게 되므로 고학력자가 늘기 시작하였다. 앞으로 고학력 추세는 점점 심해질 것으로 전망된다. 그렇다고 고학력이 반드시 전문직 선택에 우선권은 없는 것이다.

⑦ **신체적 조건:** 신체적 조건은 체력·체능·체격 등의 신체의 모양과 건강상태, 신체적 결핍 등이 직업선택에 좌우된다. 예를 들면, 우

수한 운동선수가 되려면 필수조건으로서 우선 키가 커야 한다. 더욱
이 농구·배구·육상 선수의 경우에는 신장의 크기가 절대적으로 좌
우하게 된다. 이처럼 자신의 신체적 조건에 따라서 어떠한 직업을 선
택할 수 있는가를 미리 탐색해 볼 필요가 있는 것이다.

각종 직업에 요구되는 신체적 조건은 체력의 지구성, 손의 힘, 팔
의 힘, 다리의 힘, 손가락의 기교성, 팔다리의 기교성, 시각력·청각
력·후각의 발달 정도, 미각의 발달 정도, 두 손의 독자적인 운동, 용
모, 눈과 손의 협동, 다리와 손과 눈의 협동, 신장, 체중이 중요하며,
신체적 활동에는 걷기, 높이뛰기, 달리기, 균형 잡는 일, 높이 올라가
는 일, 서 있기, 기어 올라가기, 말하는 일, 말을 듣는 일, 무릎을 굽
히는 일, 운반하는 일, 잡아당기는 일, 깊이를 탐지하는 일 등 신체활
동을 통해서만 가능한 직업들이 있음을 기억할 뿐만 아니라 실제로
그 방향대로 나아가야 한다.

누구나 신체가 건강하고 체력이나 체능, 체격 등이 잘 발달되어 있
으면 직업선택에 있어서 문제가 별로 없겠지만 경우에 따라 신체적
장애, 즉 신체적 쇠약, 근시·색맹·난청·발음장애 등을 가지고 있는
학생들은 자신의 결함을 고려하여 <표 4-6>에 제시한 직업 분야에
관심과 흥미, 능력이 있다 할지라도 삼가는 것이 자기발전을 위해 현
명한 처사라고 할 수 있다.

〈표 4-6〉 신체적 조건에 의한 부적당한 직업의 예[21]

신체적 장애	부적당한 직업의 성질	부적당한 직업의 예
신체적 쇠약	강건한 체력을 요하는 직업	선박 갑판원·철물·압연공·주조공·단야공·광부·토공·농업 종사자·운반 인부 등
근 시	충분한 시력을 요하는 직업	정밀 기계공, 교통 종업원, 활판·문선·식자공·인쇄공·인쇄 조각공·금세공사·사진기술자 등
색맹·색각	색채를 상세히 구별해야 하는 직업	화가·장식도안가·의사·교통종업원·염색공·다색판 제판 인쇄공·자수공·미술서예가·약제사 등

신체적 장애	부적당한 직업의 성질	부적당한 직업의 예
난 청	재해의 위험이 많은 작업이나 귀를 사용할 일이 많은 직업	음악가·악기조율사·시계수선공·통신사·안내계·전화교환수·판매계·교원·간호원·의사 등
발 음 장 애	유창한 변설을 요하는 직업	아나운서·교원·전화교환수·성악가·판매원 및 서비스업 종사자 등
신 경 질 환	대인관계가 잦은 직업	경찰·기자·의사·교사 등

(2) 외재적 요인

외재적 요인은 주로 가정배경에 관련된 요인들로서 부모의 직업이나 교육수준, 자녀에 대한 기대, 가정의 전통과 종교, 가정의 경제적 여건, 가정의 사회·경제적 지위, 가치관·진로관 등에 대하여 고려해 보는 것이다. 이러한 요인이 학생의 진로결정에 큰 영향을 미친다.

학생들의 최초의 교육의 장(場)은 가정이다. 가정에 있어서 교사는 부모이다. 부모와 가족들의 접촉을 통해서 직접 간접으로 가정의 영향을 많이 받는다. 예를 들면, 부모가 의사이면 자식도 의사가 되기 쉬운 조건을 가정 주위로부터 후천적인 경험을 풍부하게 가질 수 있게 되어 농촌에서 사는 농부의 자녀가 의사가 되는 과정보다 훨씬 쉽게 이루어질 수 있다. 따라서 부모의 직업은 자녀가 직업을 갖는 데 있어서 결정적 역할을 할 수 있다. 물론 예외적인 예는 얼마든지 있다.

부모의 직업뿐 아니라 가정의 사회·경제적 지위, 직업관·가치관·종교 등이 모두가 진로선택에 영향력을 행사한다. 가정환경이 넉넉하여 고등교육을 받을 수 있는 경제적 뒷받침을 잘해 주면 손쉽게 학위과정도 마치고 나와 전문직에 종사할 수 있는 기회를 갖게 된다. 하지만 집안 형편이 어려워 능력과 학업성취도는 높지만 주위여건을 감안해서 열망수준을 아주 낮게 가지는 현상 때문에 고등교육의 기회를 놓치고 만다. 따라서 진로결정에 있어서 경제적인 여건을 반드시 고려해야 한다.

---

21) 한국교육개발원, ≪전게서≫, pp.80-82.

그밖에 부모의 자녀에 대한 기대이다. 부모의 기대에 어긋나지 않기 위해서 줄기차게 노력하여 역경을 이기고 목적을 달성하는 예를 주위에서 많이 볼 수 있다. 부모의 가치관에 있어서도 마찬가지이다. 부모의 사고방식·양육태도*·욕구·자녀교육관 등 부모의 가치수준과 능력·태도에 따라 좌우될 수도 있다.

필자의 경우에 경험적인 예를 들어보자. 필자는 현재 진로교육을 주장하는 교육학자요 교수로서 직업을 가지고 활동하고 있지만, 과거 교수가 되기 이전에 진로결정 시기인 중학교에서 고등학교 진학의 분기점에서 어느 방향으로 선택할 것인가에 갈등이 있었다. 그런데 부모 특히 부친의 사고방식과 가치관은 그 당시 「사범학교」에 보내는 것이 최고의 직업선택의 길로 생각했던 것 같다. 왜냐하면 일제시대에 「교사」라면 사회적·경제적 지위로 볼 때 손색이 없는 직업으로서 명성을 날리고 있었던 때에 살고 있었으므로 자식을 사범학교에 보내는 것을 크게 영광으로 생각하였고 당연한 결정으로 여겼다.

사실 일제시대에 사범학교는 특수학교로서 소위 수재만 들어가는 학교로서 명성이 있었던 터이기에 부친의 가치관에 따라서 부모의 의사를 존중하여 진로의 선택을 결정했던 것이다. 그러나 본래 필자의 적성과 홍미는 교육학 계통 분야가 아닌 공학계열로서 「건축학」에 소질이 있었다. 그래서 만일 부모의 의사에 좇지 않고 자신의 결정으로 소질대로 진로를 택했다면 아마도 지금쯤 교직과 다른 건축 분야의 직업영역에서 사회적 활동을 하고 있었을 것이다. 만일 사범학교에 갈 것을 포기하고 공학계열의 건축설계 업무를 박사학위 과정을 이수하는 것만큼 노력을 기울였다면 그 분야에 뛰어난 대가로서 건축설계사로서 서울 시내의 유수한 고층건물 등의 설계를 도맡아 설계업무에 종사하여 경제적으로는 교수보다 훨씬 나은 상태에서 풍요롭게 생활을 누릴 수

---

* 제2장에서 진로발달 이론 중 Roe의 욕구이론을 참조해 볼 것.

있었을 것이다.

그렇기 때문에 어렸을 때 진로결정 이전에 진로탐색 과정을 통하여 직업의 세계를 좀 더 구체적으로 이해를 할 수 있었으면 좋을 것이다. 진로교육이 그만큼 중요함을 새삼스럽게 느낀다. 지금도 머리 한 구석에는 아쉬움이 남아 있음을 부인할 수 없다. 아마도 진로교육을 심취하게 된 동기도 자신의 진로결정 문제에 문제가 있었기 때문에 자라나는 2세 국민들은 나와 같은 전철을 밟지 말도록 하기 위해서 더욱 관심을 가지고 주장하고 있는 것인지도 모른다.

외재적 요인의 뒷받침을 해줄 수 있는 연구에는 고형일의 석사학위에 나타난 결과로도 증명할 수 있는 예로서 가정의 사회·경제적 지위, 학생의 학업성취도, 부모의 교육수준 등이 학생의 현실적 교육포부를 48.1%까지 예언해 주고 있음을 밝히고 있다.[22]

즉, ① 가정의 사회적·경제적 지위와 학생의 학업성취는 부모의 교육 기대와 밀접한 관계가 있다. ② 가정의 사회·경제적 지위는 이상적 교육 포부 및 현실적 교육포부와 밀접한 관계가 있다. ③ 학생의 학업성취는 그들의 이상적 교육포부 및 현실적 교육포부와 밀접한 관계가 있다. ④ 부모의 교육기대는 학생의 이상적 교육포부 및 현실적 교육포부와 밀접한 관계가 있다는 등 가설들이 $P < 0.05$ 수준에서 긍정되었다.

이상의 연구결과로서 보는 바와 같이 개인의 진로결정에는 내재적 요인 못지않게 외재적 요인으로서의 가정의 사회·경제적 지위 등 여러 요인이 상당한 영향을 미치고 있음을 기억하여야 한다.

---

22) 강무섭 외, 《전게서》, pp.39-40 재인용; 고형일, "고등학교 학생의 교육포부를 결정하는 사회·심리적 요인의 탐색," 서울대학교 대학원 석사학위 논문, 1978. pp.49-50.

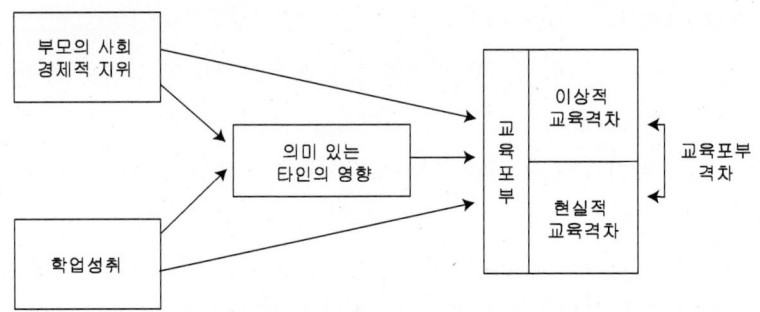

<그림 4-2> 교육포부를 결정하는 사회 심리적 요인

나. 사회·경제적 차원

현대사회는 산업기술·과학시대로 접어들면서 직업의 세계에 다양한 양상을 보여주게 되었다. 농본주의 사회에서는 농업이 1차 산업의 주류를 이루어 왔으나 이제는 2차 산업에서 3차 산업으로 변화를 거듭하고, 네이스빗(John Naisbitt)이 그의 저서 《제4의 물결》23)에서 제시하고 있듯이 정보화시대로 변하고 있다. 이에 따라서 직업의 세계의 다양화·전문화·세분화의 변화를 비롯하여 고용구조도 상당한 변화를 일으키게 되었다.

이러한 복잡한 산업사회에 현명하게 적응하기 위해서는 개인은 자신의 진로선정을 위해 변화하는 추세에 대한 정확한 지식과 미래의 전망에 관련된 각종 정보를 필요로 한다. 따라서 여기서는 개인의 진로결정에 관련될 수 있는 사회·경제적 요인들에 대하여 언급하고자 한다. 이 요인 가운데에는 ① 산업구조의 변화 요인, ② 산업기술의 혁신 요인, ③ 인구증가 요인, ④ 사회의 직업가치관 요인 들을 들 수 있다.

---

23) John Naisbitt, *The Megatrends*(New York: Warner Books Inc., 1984).

(1) 산업구조의 변화 요인

우리나라의 직업전망을 알아보기 위해서는 학생들에게 우리나라의 직
업 세계가 어떻게 변화하고 있는가를 알도록 자세히 소개해 주어야 한다.

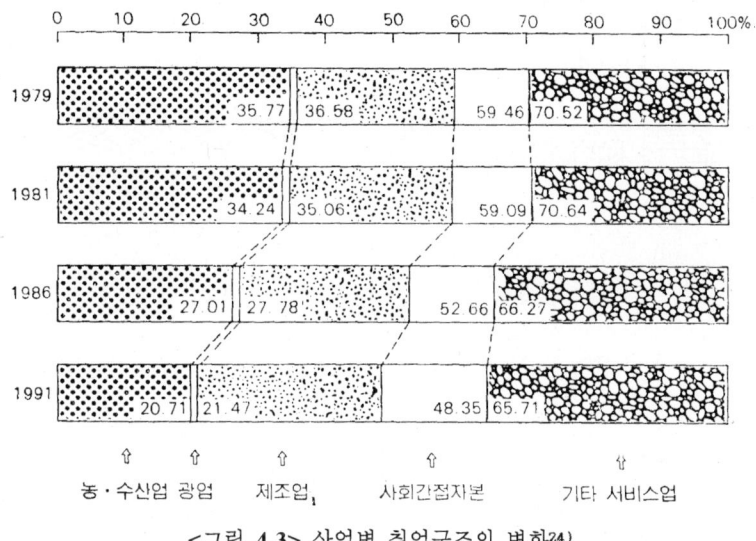

<그림 4-3> 산업별 취업구조의 변화[24]

산업구조의 변화전망은 <그림 4-3>에 나타난 바와 같이 제1차 산
업의 감소추세, 제2차 산업의 급증, 제3차 산업의 계속적인 증가추세
로 있다. 또한 직종별 고용구조를 보면 <그림 4-4>에 제시한 바와 같
이 전문·기술직, 행정·관리직이 증가추세에 있고 농·수산 종사자는
감소하고 있으며 생산직은 증가추세에 있음을 알아야 한다. 이렇게 학
생 개인은 산업구조의 변화에 대하여 과거의 현황과 미래의 변화추세
에 대한 전망을 살펴보고 이에 대한 정보를 이용하여 진로계획에 대비
하여야 한다.

----

24) 과학기술처, 장기 인력수습 전망 1979-1991. p.44.

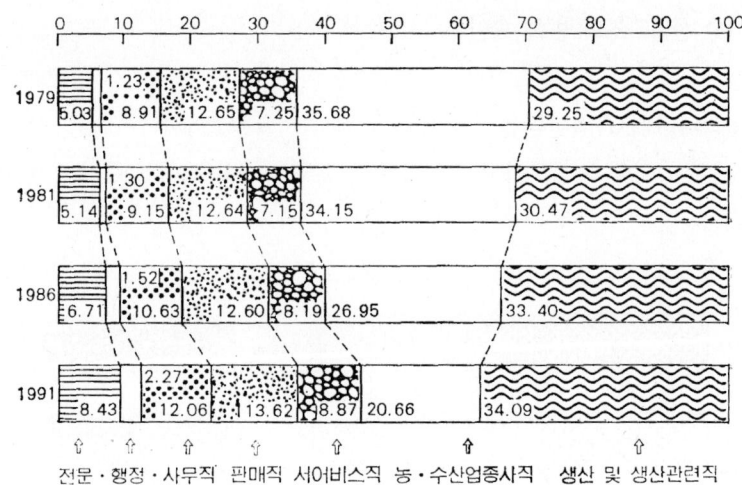

<그림 4-4> 직종별 인력구조의 변화(%)[25]

〈표 4-7〉 직종별 임금수준[25]

(단위: 원)

연도별	전직종	전문 기술직	행정 관리직	사무직.	판매직	서비스직	농 림 수 산 및 수렵직	생산직
1972	23, 819 (100.0)	43, 748 (183.7)	72, 322 (303.6)	34, 710 (145.7)	25, 208 (105.8)	17, 187 (72.2)	17, 127 (71.9)	18, 956 (79.6)
1976	64, 308 (100.0)	136, 004 (211.5)	220, 958 (343.6)	103, 668 (161.2)	52, 519 (81.4)	47, 865 (74.4)	40, 123 (62.4)	46, 639 (72.5)
1979	146, 442 (100.0)	285, 504 (195.0)	485, 826 (331.8)	196, 199 (134.0)	119, 560 (81.6)	108, 425 (74.0)	121, 304 (82.8)	111, 476 (76.1)

<주> ( ) 안의 숫자는 전 직종에 대한 임금수준 비율임.
<자료> 경제기획원, 《한국의 사회지표》, 1980. pp.86-87.

---

25) 경제기획원, 《한국의 사회지표》, 1980. pp.86-87.
26) 《상게서》, p.50.

아울러 각 직종별 임금수준도 점점 증가추세에 있는데 이러한 정보에
도 관심을 가지고 진로 결정하는 데 참고가 되도록 한다.(표 4-7 참조)

앞으로의 인력구조의 변화는 <그림 4-5>에 표기된 것처럼 인력수급
면에서 고학력의 인력수요가 증대하고 다소 고령화하고 있으며 여성의
사회적 진출이 늘 것으로 전망된다. 아울러 인력구조의 변화를 정리한
것이다.

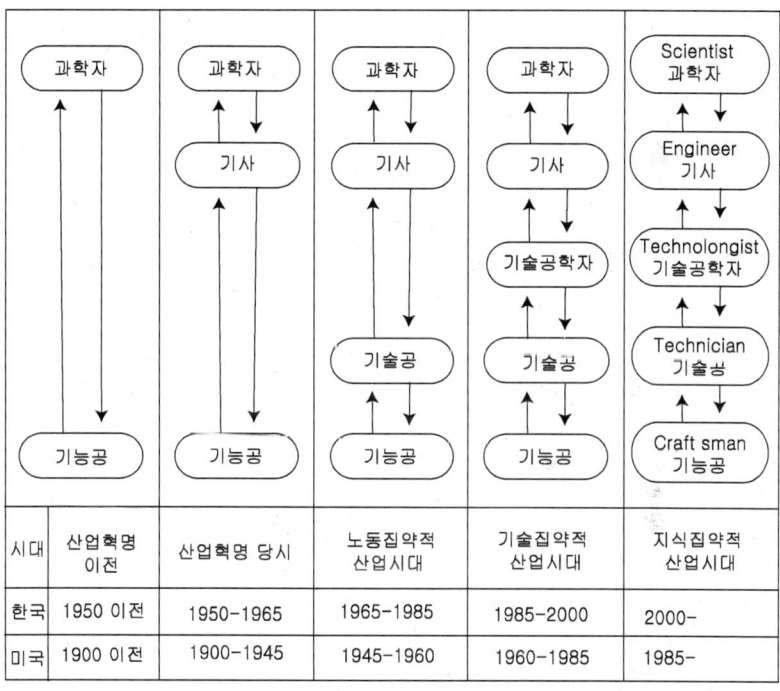

시대	산업혁명 이전	산업혁명 당시	노동집약적 산업시대	기술집약적 산업시대	지식집약적 산업시대
한국	1950 이전	1950-1965	1965-1985	1985-2000	2000-
미국	1900 이전	1900-1945	1945-1960	1960-1985	1985-

〈자료〉이정근, "산업교육의 차원에서 본 제사회교육의 현실과 미래,"
산업교육학술회의, 연세대학교 교육대학원. 1982. 4, p.37.

<그림 4-5> 산업발전에 따른 인력구조의 변화[27]

---

27) 이정근, "산업교육의 차원에서 본 제사회교육의 현실과 미래," 산업교
육 학술회의, 연세대학교 교육대학원. 1982. p.37.

학력별 산업인력 구조는 초등학교 수준의 학력을 밑으로 하였을 때 저
개발국은 피라미드형, 개발도상국은 항아리 형, 그리고 선진국에서는 마
름모꼴을 이룬다. 산업발전에 따라 인력구조와 학력(學歷)이 어떻게 변
화되었나를 미국을 중심으로 제시하면 다음과 같다.28)

〈표 4-8〉 산업발전에 따른 직업구조의 변화와 학력의 요구도

시대별 학력 종사직	1930년대 학력		1970년대 학력	
막 노 동	초 등 졸	32%	초 등 졸	5%
반 숙 련 공	초 등 졸	25	중 등 학 교 졸	21
기 능 공	중 등 학 교 졸	10	중 등 학 교 졸	10
			전 문 대 학 졸	2
사 무 판 매 직	중 등 학 교 졸	15	전 문 대 학 졸	20
준 전 문 직	중 등 학 교 졸	4	전 문 대 학 졸	20
관 리 직	중 등 학 교 졸	2	전 문 대 학 졸	4
	대 학 졸	6	대 학 졸	6
전 문 직	대 학 졸	6	대 학 졸	12
계	100		100	

2) 산업기술의 혁신 요인

직업은 모두 사회의 필요성에 의해서 생긴 것이므로 산업발전에 따
라 유망한 업종을 염두에 두고 어느 분야가 유망한 분야인가를 탐색
할 필요가 있다. 다음에 제시하는 공학 분야의 전망을 참고로 하여
진로계획에 대비하는 것이 좋은 착상이라고 보겠다.

다음 <표 4-9>는 전통공학과 첨단공학 분야를 제시한 것이다.

---

28) 이무근, "일의 세계와 진로지도," ≪일반계 고등학생의 진로지도≫(서
울: 유네스코 한국위원회, 1984. 6. 14~16), pp.73-74.

〈표 4-9〉 전통공학 분야와 첨단공학 분야군

전 통 공 학	첨 단 공 학	
화 학 공 학	정 밀 기 계 공 학	컴 퓨 터 공 학
기 계 공 학	기 계 물 리 공 학	(software 공 학)
전 기 공 학	해 양 공 학	정 보 공 학
건 축 공 학	우 주 공 학	제 어 공 학
조 선 공 학	로 켓 트 공 학	시 스 템 공 학
항 공 공 학	전 자 물 리 공 학	환 경 공 학
토 목 공 학	반 도 체 공 학	교 통 공 학
섬 유 공 학	핵 공 학	산 업 공 학
재 료 공 학	에 너 지 공 학	(경영공학 관리공학)
전 자 공 학	열 공 학 수 리	계 측 공 학
자 원 공 학	통 신 공 학	사 회 공 학
원 자 력 공 학	응 용 전 자 공 학	미 래 공 학
……	계 산 기 공 학	교 육 공 학
……	생 물 공 학	……
……	생 체 공 학	……

<표 4-10>은 정부가 최근 국책연구 개발 분야로 지정하여 개발하고 있는 핵심거점 기술 분야와 그 분야에 관련된 학과를 예시한 표이다.

〈표 4-10〉 핵심거점 기술사업 내용

분 야	부문	거점	관련학과(필자 기록)
반도체·컴퓨터	9	69	전자공학·전자계산·전기공학
정밀 화학 공업	10	72	화학공학·공업화학
기계 공업 고도화	15	70	기계·정밀기계·생산기계 공학·기계설계공학
에너지 및 자원 이용	10	51	자원공학·원자핵·원자력·지질학
시스템 산업	16	111	제어계측·전자·공업화학·생산기계 공학
생물 공업	8	65	생화학·생물공학·농학·축산·유전공학·생물학·수의학
소재 공업	13	69	무기재료·요업공학·금속공학
섬유 고분자 공업	11	74	섬유·재료공학·고분자공학
건설·환경·플랜트	8	54	환경공학·건축·토목
계	100	635	

<자료> 과학기술처

〈표 4-11〉 컴퓨터 산업 체계와 관련학과

분 야	내 용	관 련 학 과
hardware 산업[컴퓨터의 기계적 설비]	computer 제작, 반도체·집적회로의 제조·판매 등	전자계산 공학과·전자공학과, 그 외 전기·기계·물리학과 출신자가 진출이 용이하다.
software 산업 [컴퓨터의 프로그램 처리]	각종 program 개발, 응용처리·정보제공 및 처리 서비스업	기초 software 분야(컴퓨터 제조업체, 대형 컴퓨터 소유업체에 인력 필요) 전산학과·정보공학과·계산통계학과·수학과 응용 software 분야(사회 모든 분야의 전공자가 전자계산기 응용기술을 익혀 개인의 전공 분야에 개발 활동하는 것이다.)

컴퓨터 활용 분야는 아래와 같은 사무처리나 과학기술·경영·정보 등에 도움을 준다.
사무처리 → 생산관리·재고관리·판매관리·인사관리·급여재산·회계처리·은행 온라인 시스템·비행기 좌석예약 시스템·점수처리
과학기술 계산 → 기계설계·원자로설계·항공기설계·건축물설계·도시계획·해양개발·인공위성
경영과학 → 경영분석·경영계획·수요예측·리서치
정보안내 → 株價 정보, 기타
종합정보 시스템 → 교통관계 시스템·기상정보 시스템·공해정보 시스템
제어(制御) → 생산공정 제어관리·자동조정
컴퓨터는 단순한 기계장치(하드웨어)만으로는 의미가 없고, 그에 따른 응용기술(소프트웨어)이 개발되어야만 완전한 산업형태로 각광을 받을 수 있는 것이다. 컴퓨터 관련업체는 '81년 17개 업체에서 '83년 10월 현재 80개 업체로 증가하는 급신장세에 있다. 용인·부평·판교·인천 등 수도권에 대규모 공장이 건설되고 있다.

다음 <그림 4-6>은 정규 4년제 대학을 나와서 계속 연구하여 박사가 되는 길과 전문대학·실업고교·직업훈련·현장경험을 통하여 계속 노력한 결과에 따르는 사회적 대우를 도표화한 것이다.

앞으로의 산업사회는 이와 같이 전통적 사고에서 벗어나 어느 분야이건 간에 계속교육과 경험을 통해서 얻어지는 결과가 동등한 대우를 받을 수 있을 것이라는 전제하에 가일층 노력을 해야 할 것이다. 따라서 진로계획 시에 이와 같이 사회적 발전단계를 고려할 수 있도록 주지시켜야 한다.

(3) 학생인구 증가 요인

한정된 국토, 부존자원의 빈약한 상태에서 인구는 매년 60만 명씩 대전만한 인구가 늘어가고 있다. 학생들의 인구 증가도 상승세에 있어 이들이 모두 직업을 선택하는 데에 많은 문제점이 있다.

학생인구 변화추세를 보면 다음 <표 4-12>와 같다.

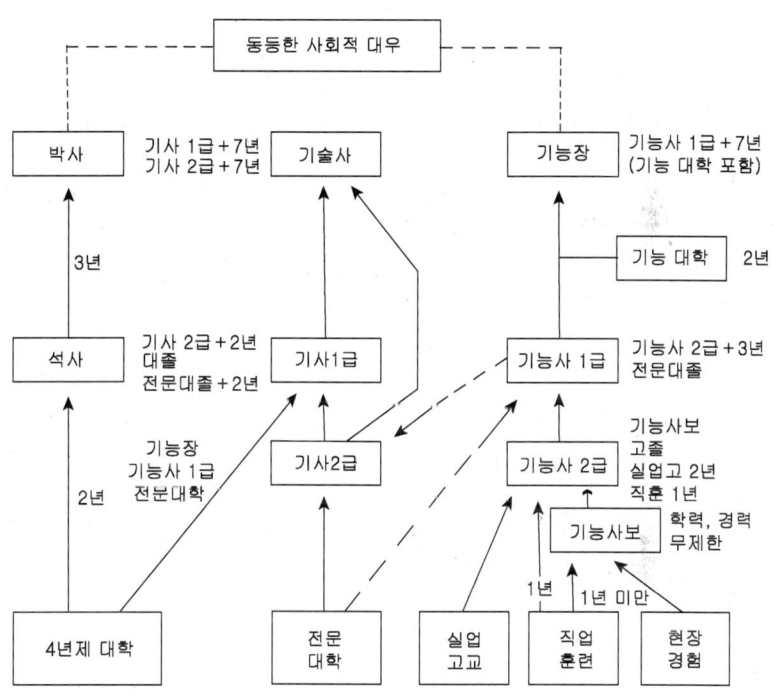

<그림 4-6> 사회적 대우 비교표

<표 4-12>에 정리된 학생인구의 증가추세를 보면 1975년 당시 대학생의 경우 약 24만 명 정도가 10년 후인 1985년 현재로 약 128만 명으로 불어났다. 이것은 고급인력 양성면에서 그만큼 양산(量産)하고

있는 것은 전문직에의 필요에도 충족하고 있는 것이지만 전문직 수요
가 전체 직종 가운데 불과 5~10% 미만을 필요로 하는 직업구조면
에서 볼 때 지나친 인력 양성임에 틀림없다. 따라서 장차 대학을 졸
업한다고 해도 모두가 전문직이나 행정·관리직에 수용될 수 없는 형
편에 놓이게 되므로 전문직 이하 수준의 생산직이나 판매직, 사무직
등의 직업구조에 투입되어야 한다. 그러므로 인력수급 전망에 대해서
도 각별한 주의가 요청된다.

〈표 4-12〉 각급 학교별 학생인구 증가표[29]

학교별 연도별	초등학교	중학교	고등학교	실업고	전문대학	대학	계
1975	5, 599, 074	2, 026, 823	648, 149	474, 868	–	238, 719	
1980	5, 658, 002	247, 997	932, 605	764, 187	151, 199	600, 416	
1985	4, 856, 752	2, 782, 173	1, 266, 840	885, 962	242, 114	1, 277, 825	

<자료> 《문교부 통계연감》, 1985.

(4) 사회의 직업관

직업관에 대한 변천과 발전에 대한 인용을 보면 직업관은 역사의 변
천과 발전에 따라 달리 가치의 척도가 이루어져 왔다. 노예가 경제활동
의 기초가 되었던 고대의 그리스인이나 로마인들은 노동을 고통스럽고
천한 것으로 보고 멸시하였다. 초기의 히브리 사람들은 일을 속죄의 수
단으로 받아들였다고 한다. 초기 가톨릭에서는 일을 고통스럽고 천한
것으로 보지 않고 또한 신성한 것으로도 보지 않았다. 즉, 11세기부터
14세기까지 가톨릭시즘은 일은 자연적 권리인 동시에 의무이며, 재산
과 이익의 기초가 된다고 보았다. 그러나 이것은 항상 높은 정신적
목적을 달성하기 위한 하나의 수단에 지나지 않는다고 하였다. 이러

---

29) 문교부, 《통계연보》, 1985. 필자가 통계연보를 중심으로 1984년 기준
으로 하여 1975년, 1980년, 1985년까지 매 5년마다 증가된 학생 수를 선
별하여 정리한 것임.

한 직업관은 르네상스와 종교개혁 당시까지 계속되었다.

종교개혁 이후에는 새로운 직업관이 생겨나게 되었다. 개신교의 일파인 캘빈주의는 직업을 「신(神)의 소명(召命)」이라고 보았다. 즉, 천직의식이 강하게 작용하게 된 것이다. 이러한 천직의식으로부터 자기 직업을 키워 감을 자기발전과 동일시하는 관념, 즉 자기직업에 자신과 자존심을 가지며 자기가 공헌한 만큼의 보수와 대우를 사회에 당당하게 요구하는 직업윤리가 생겨나게 되었다.

프로테스탄티즘에 입각한 이 새로운 직업관은 경제성장을 촉진하는 기업 활동을 불러일으켰으며, 신교 국가들은 이러한 직업관에 힘입어 생산력을 권장하고 국민의 사유재산을 인정하는 자유경제 체제를 갖추게 되었다고 한다.

또 전근대사회에서는 직업이 사회적 신분과 계급에 의해 귀속적으로 결정되어지는 것이 통례였다. 그러나 귀속적 지위보다 업적적 지위가 지배적인 근대사회로 옮겨옴에 따라 직업을 경제수단으로 보건, 그 자체에 가치를 부여하건 일에 대하여 긍정적인 태도를 가지게 되었다. 그러나 현재의 직업관에도 전통적인 요소들이 어느 정도 작용하고 있는 것이 사실이다. 특히 우리 사회의 경우 사·농·공·상(士農工商)의 신분구조·직업구조에서 볼 수 있는 바와 같이 학문과 정치를 숭상하고 산업적·육체적 활동을 천시하던 전통적 문화와 가치관이 아직도 상당한 영향력을 미치고 있다. 만일 이러한 전통적 직업 관념이 계속해서 작용한다면, 기능적 분화와 고도의 전문성을 요하는 산업사회의 전개에 상당한 갈등 요인이 될 수 있다.[30]

이와 같이 직업관은 세기를 달리해 오면서 많은 변화를 가져왔다. 그러나 현대사회에 와서는 이러한 직업적 가치관이 변모하기 시작하였다. 미국의 실용주의 사상에 영향을 받아 직업을 천시하는 것보다 직업은

---

30) 한국교육개발원, ≪전게서≫, pp.50-51.

신성한 것이요, 누구나 평생 동안 지니고 살아야 할 과정이며 생활의 유지수단으로서 절대적인 것이기 때문에 어떠한 직업이든지 반드시 필요하고 요구하는 바가 크기 때문에 직업을 통해서 생활을 영위하고 만족하며 행복감을 찾을 수 있는 방향에로 바뀌고 있다.

그러므로 학생들은 건전한 직업관 확립을 위한 준비교육이 필요한 것이며 현실의 요구에 대처해 나가야 한다. 최근의 한 보고에 의하면, 사회가 능력보다는 학력과 출신학교를 중심으로 하여 고용하려는 경향이 많으며, 금전・물질 만능주의의 가치관이 팽배하고 있는데, 학생의 효과적인 진로지도를 위해서는 사회에서 일의 중요성이 강조되고 또한 어느 직업이든지 정당한 노력에 대한 정당한 대가를 지불할 수 있도록 하는 건전한 직업의식 및 직업관이 조장되어야 함이 강조되고 있다.[31]

다. 교육적 차원 요인

(1) 학교배경 요인

개인의 진로결정에 미치는 요인 가운데에는 학교배경 변인에서 학교의 중점정책, 진로지도 활동, 교수진, 작업기회 제공 정도, 동료집단의 성격 요인이 포함된다.

학교의 교육방침이 어떠한 방향으로 관심을 두느냐에 따라 학생들의 진로의 향방이 달라질 수 있다. 예를 들면, 대학입시 위주의 주입식 교육으로서 준비교육에 중점을 두느냐, 취업준비에 강조를 두느냐에 따라 진로의 방향을 정할 수 있다. 학교행정가의 교육철학・교육방침이 전인교육을 지향하는 진로교육에 관심이 있다면 마땅히 교육과정 내용 역시 진로교육 추진을 위한 계획과 프로그램을 위한 작성과 지도에 중점을 둘 것이다. 그런데 아직까지 각급 학교에서는 대학진학을 위한 입

---

31) 유네스코한국위원회, ≪전게서≫.

시정책에만 치중하는 경향에다가 소위 일류대학에 몇 명 더 합격시킴
으로써 그 합격 인원이 많으면 학교의 위신과 학교행정가의 능력으로
평가되는 사회현실 속에서는 정상적인 진로교육이 이루어질 수 없다.
그러므로 산업사회 변화의 추세에 따라 진로교육이나 진로지도가 시
급하게 요청되는 이때에 적합한 진로지도 방침을 세워서 상담교사나
진로담당 교사, 또는 학급의 교과지도 교사들이 이에 대한 깊은 이해
와 필요성을 느끼고 중점적으로 개인의 진로탐색 및 준비과정에서 총
력을 기울인다면 학생들은 합리적이고 체계적인 진로결정을 하는 데
크게 도움이 되고 영향을 받게 될 것이다.

따라서 앞으로의 과제는 이러한 학교배경에서 학교장 이하 전체 교
직원의 역할에 크게 기대해야 할 것이다. 아울러 학교시설 환경에서
진로교육 실천을 위한 진로정보 센터를 두고 각종 교육에 관한 정보
와 직업정보, 개인·사회적 정보 등에 관한 자료를 다방면으로 수집
하고 보관하여 학생들에게 정보에 접근하는 기회를 제도적으로 많이
제공해 준다면 학생들이 학업성취 과정에서 마땅히 영향을 받아 진로
결정에 어려움을 느끼지 않을 것이다.

(2) 교육정책 요인

교육체제는 사회·경제적 변화의 흐름을 수용한다. 이는 사회·경
제의 수요에 따른 필요한 인력의 양성·공급 및 사회·경제적 변화를
이끌어가는 주도적인 역할을 수행해야 함을 의미한다.[32]

최근 교육활동의 모든 영역에 걸쳐 그 기본방향을 제시하는 교육정책의
중요성이 크게 부각되고 있다. 정부수립 이후 교육정책은 시대의 요청과 흐
름에 따라 많이 변화하여 왔다. 예를 들면, 5·16 직후에 교육정책의 최대
관심사는 대학정비였다. 1960년대에는 입시제도의 개혁이 추진되었으며 1969

---

32) 강무섭 외, 《전게서》. p.45.

년도에 무시험 진학제도 실시, 1973년에는 고등학교 입시개혁, 교육과정 개편, 1980년대 7·30 조치 이후 과외금지, 교육질서 정상화와 대학입시 제도 개편으로 고교내신제 반영과 졸업정원제 도입 등 교육혁신이 단행되었다.

이러한 교육정책의 기조는 ① 기회의 확대 및 균등화, ② 교육여건의 개선과 교육의 내실화, ③ 유아교육·특수교육, ④ 재외국민 교육·평생교육 등 새로운 차원의 교육진흥 촉진, ⑤ 고등교육의 확충과 질적 조건의 확보, ⑥ 교육의 지역 간 균형발전, ⑦ 과학기술 교육의 진흥과 인력공급의 효율화, ⑧ 교육재원의 확보와 교육행정의 전문화 등 교육정책이 교육받는 학생들의 방향에 크게 영향을 끼친다.[33] 이러한 정책 가운데 다행이 1982년 2월, 전 문교부장관의 「진로교육 충실화」에 대한 전국적인 실시에 대한 강조는 앞으로 전국 각급학교에서의 진로교육 추진에 일대 전환점을 가져오게 하였다.

이와 같이 정책추진 내용이 무엇이냐에 따라 학생 개개인은 진로결정에 영향을 끼친다. 예를 들면, 해마다 문교부 정부당국에서 대학입시에 관한 정책이 바뀌어 짐에 따라 학생들은 우왕좌왕 갈피를 잡지 못하고, 또한 일선 학교에서도 대학진학 지도에 있어서 방황을 하게 되는 것도 모두가 정책방향에 따라 움직이게 되는 것이므로 신중을 기하고 일관성 있게 처리해야 할 것이다. 눈치작전 등의 대학진학 현상도 역시 일관성 없는 교육정책의 결과이니 교육정책은 학생의 진로결정에 영향을 미친다는 것을 깊이 생각하여 조령모개식의 정책은 지양되어야 한다.

이정근은 진로결정 요인을 다음과 같이 8가지 요인이 조화 있게 충족되어야만 진로선택을 성공적으로 수행할 수 있다고 제시한다.

(1) **능력 요인:** 일반지능 및 적성이 여기에 속하는데, 일반지능·직업적성 및 기계적성이나 사무적성 같은 특수재능은 진로의 선택과 선택한 직업에 적응해 나가는 데 직접적인 영향을 미친다.

---

33) 김종철, ≪교육행정의 이론과 실제≫(서울: 교육과학사, 1982). pp.118-139.

(2) **직업적 흥미:** 특정 직업이나 광범위한 직업 분야에 대한 흥미를 말한다. 직업과 관련된 활동이나 과업에 대한 흥미 또는 개인의 진로발달에 영향을 미친다. 흥미는 그것을 찾아내는 방법에 따라 ① 표현된 흥미(expressed interest), ② 행동화된 흥미(manifested interest), ③ 검사된 흥미(inventoried interest)로 구분된다. 이 중에서 검사된 흥미가 가장 기초가 된다.

(3) **인성:** 자아개념·가치관·욕구·대인관계 등의 성격적 특성을 말하며, 이러한 특성 역시 직업의 선택과 적응에 영향을 미친다. 그러나 개인이 갖고 있는 열망수준(level of aspiration)에 따라 추구하는 일이 다르게 나타난다. 또한 대인관계의 정도에 따라 적합한 직업이 다르게 선택될 수 있다. 이러한 인성은 지필검사(紙筆檢査)·투사법(投射法)·면담·상황조사·자기보고 등을 통해서 측정될 수 있다.

(4) **학력:** 학력은 개인이 받은 교육수준을 의미하는데 여기에 학업성적과 전공을 포함시키는 것이 좋다. 즉, 학력은 교육수준·학업성직·교과별 성적·전공 분야 등을 포함하는데, 이러한 차이에 따라 직업의 방향도 결정될 수 있다는 것이다.

(5) **가정배경:** 가족구성, 가정의 사회·경제적 지위, 종교, 부모의 직업과 교육수준 등을 뜻한다. 어린이들은 가족과의 접촉을 통해서 최초의 사회적 경험을 갖게 되며, 성장과정에서 직접·간접으로 영향을 받는다. 또한 부모의 직업뿐만 아니라 사회·경제적 위치, 직업관·종교, 부모의 가정교육 태도 등 이 모든 것이 자녀의 직업선택에 커다란 영향을 미치고 있다.

(6) **경제상태:** 개인의 교육과 직업은 고용사회, 직업세계의 구조, 과학기술의 발달 그리고 봉급수준의 영향을 받는다. 현대사회와 같이 자본주의적 민주주의를 토대로 하는 국가에서는 경제가 기본바탕이 되는 것이다. 만일 직업군(occupational cluster)이나 직업의 종류 중 자기가 선택할 직업이 우선적으로 경제적 대우가 좋아야 그 쪽 방향으로 나아갈 것이다. 예를 들면, 1960년대 이후 국가에

서 경제지상주의 정책을 추구함에 따라 공업을 발전시키고 해외무
역에 집중적인 노력의 결과로 1980년대에 들어와서 경제적인 성장
이 눈부시게 발전되었다. 이러한 경향은 주로 상·공업계에 두드러
진 발달을 가져오게 되었는데, 자라나는 학생들도 자연히 이러한
추세에 따라 진로의 방향도 흥미나 적성에 알맞은 진로선택보다는
경제적으로 대우를 받는 직종을 택하는 경향이 짙어가고 있는 현
실이다. 따라서 학생들은 경제상황·고용경향·과학기술·직업세계
의 구조 및 변화에 매우 민감하다.

(7) 신체적 조건: 신체적 조건은 체력·신장·용모·체중 등과 같
이 직업에 따라 특별히 요구되는 조건을 말한다. 제아무리 지능이
나 능력·적성에 알맞은 직종이 있다고 하더라도 신체적 결함이나
불비한 조건이 있으면 그 직업은 택할 수 없게 되는 경향이 많다.
그러므로 직업에 따라 요구되는 신체조건을 이해하도록 지도하는
것이 절대로 필요하다.

(8) 학교: 학교의 성격(실업계·인문계), 교육과정, 교우관계, 교
사의 질, 교사와 학생 간의 관계, 클럽 활동(HR·서클) 등의 요인
의 차이에 따라 개인의 진로에 큰 영향을 미친다.

톨버트(E. L. Tolbert)는 진로발달 요인을 다음의 9가지 영역을 내세
워 이해를 촉구하면서 학생들에게 이러한 중요성을 강조하고 있다.[34]

① **직업적성**(occupational aptitude): 기술자 또는 사무직과 같이
특수한 직업적성뿐만 아니라 학업소질 또는 지능과 같은 능력의
소유를 말한다.

② **직업적 흥미**(occupational interest): 특수직업에 대한 흥미와
넓은 범위의 직업에 대한 관심도가 있어야 한다.

③ **인성**(personality): 자아개념·가치관·욕구, 기타 관련된 방법

---

34) E. L. Tolbert, *Counseling for Career Development*(Boston: Houghton
Mifflin Co., 1980). p.100.

과 같은 특성

④ **직업성숙도와 발달**(career maturity or development): 과정 속에 개인의 신분(위치)을 나타내는 인지적 요소

⑤ **성취도**(achievement): 학교의 교과목, 직업기술, 기타 다른 분야에 숙달된 상태

⑥ **가정, 성별 및 인종**(family, sex and race): 가족구성원, 인종, 성별, 사회·경제적 위치, 부모의 직업, 하위문화의 특성

⑦ **장해물**(handicaps): 사회적·신체적 및 심리적인 장애

⑧ **교육정도**(education): 중·고등·대학, 기타 훈련소, 교육 프로그램 등에서 취득한 교육의 수준에 따라 제한점이 있다.

⑨ **경제적 조건**(economic condition): 경제조건, 고용상태, 경향, 기계화의 효과, 고용시장의 조건 등

이러한 여러 가지 요소가 진로발달에 크게 영향을 미치고 있음은 더할 나위도 없다. 그러므로 진로발달 요인을 잘 분석·파악하여 적절히 알려주고 지도하여 적응하도록 노력할 필요가 있다.

종합적으로 진로계획 시에 고려할 점을 요약하면 다음과 같다.

① **개인적 적성 요인**

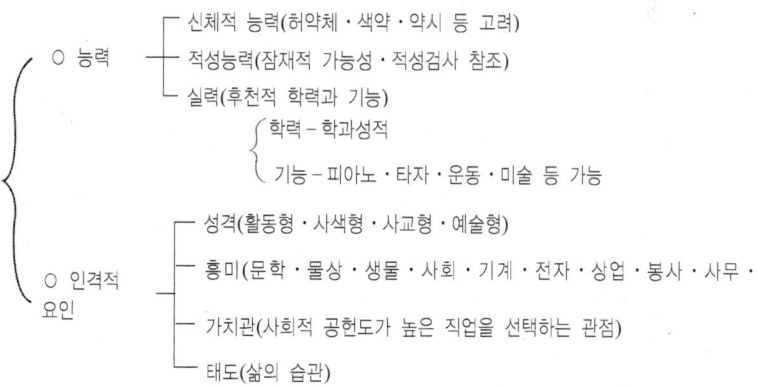

② **환경적 요인**

　○ 가정환경－경제, 본인의 위치, 부모의 기대, 경제적 지원, 부
　　모의 교육정도, 가치관・진로관

　○ 미래예측－먼 안목, 발전 가능성

③ **사회적 요인**

　○국가 정책사업 추진

　○직업윤리관 확립

　○민주주의 토착화

　○교육 및 직업의 기회균등

　○사회복지 제도의 확립

제5장 進路敎育 프로그램의 性格과 種類

1. 行動的 進路指導 模型

진로교육을 실시하는 궁극의 목적은 「자신의 진로 또는 장래를 의식하는 인간」을 길러내는 데 있다. 즉, 진로교육을 통해서 학생 개개인으로 하여금 자신을 객관성 있게 정확히 이해하고 복잡하고 다양한 주위환경의 여러 가지 여건을 고려해서 자신에게 적합한 진로를 인식·탐색·선택하고 이를 현명하게 개척해 나감으로써 자기 자신과 산업사회 발전에 공헌할 수 있는 기틀을 마련해 주어 만족할 만한 직업선택에 이르도록 하여 행복한 삶을 영위하며 자아실현에의 경지로 도달케 하는 것이다.

그렇다면 진로교육을 효과적으로 실현하기 위해서는 구체적으로 ① 자아개념의 구체화, ② 일의 세계(world of work)에 대한 이해, ③ 진로계획에 대한 책임감, ④ 의사결정 능력, ⑤ 협동적인 사회적 행동, ⑥ 일에 대한 태도 등을 형성하는 프로그램이 전개되어야 할 것이다.[1]

진로교육은 진로지도를 포함한 진학·취업 지도 등을 내포하는 넓은 의미의 직업교육 또는 직업적성 교육으로서 개인이 학업을 마친 후 산업 또는 직업 사회에 배출되어 일생을 살아나가는 데 필수적인

---

1) John B, Stevenson, *An Introduction to Career Education*(Belmont, Calif.: Wad-worth Publishing Co., 1973). pp.84-85.

생계유지와 행복한 삶의 영위를 효율적으로 이끄는 데 초점을 둔다. 이러한 당위성에 비추어 만족한 삶을 유지하기 위한 방법으로서 어떻게 지도해야 하는가에 관심을 쏟게 된다.

여태까지 교육의 방향은 적재적소에 알맞은 실용성 있는 교육보다는 입시위주의 주입식 주지교육에 밀려 전인교육을 지향할 수 있는 참된 교육이 이루어지지 못하였다. 그리하여 수많은 인력의 낭비만을 초래하고 새로운 직업세계에 적응할 수 있는 유능한 인재교육에 실패하고 말았다. 뿐만 아니라 전공 분야의 선택도 흥미나 적성, 능력이나 인정에 알맞은 것보다는 눈치와 배짱으로 인생설계를 맡기고 적성을 고려하지 않은 전공학과의 선택은 개인의 불행과 불만을 야기하고 능력 또는 잠재력 개발에 손실을 가져왔다.

이러한 문제점을 시정하고 보완하는 방법을 강구하는 일은 그 무엇보다도 중대하지 않다고 할 것인가? 따라서 적재적소에 알맞은 교육의 시도는 국력의 손실 또는 개인의 인력을 그만큼 가치 있게 보유하는 길이 되는 것이다. 즉, 국가적 차원에서 인력개발의 중심이 되는 것이다. 그러므로 진로교육의 충실화는 곧 자신을 포함한 국가의 인력자원의 효율적인 운영이란 차원에서도 강력하게 추진되어야 할 것이다. 또한 적정한 인력을 양성하여 적소에 배치함으로써 인력수급 정책에 이바지하며 사회적 불안 요인도 해소될 것이다. 이에 따라서 진로교육의 실천을 위한 프로그램을 개발하여 학교현장에서 실시하는 것이 바람직한 방법이다.

진로교육 프로그램이란 진로지도의 의미와 문제점, 인력수급 계획, 직업세계의 변화에 대응하여 알맞게 이루어지고 현명한 선택과 올바른 적응을 위한 방법을 추진하기 위해서 무엇을, 어떻게 지도할 것인가에 대한 내용을 채택, 활용하는 것이 진로교육의 효과를 올리기 위한 방법인 것이다.

이러한 프로그램은 중등학교의 진로지도 목표에 근거하여 이루어져

야 한다. 따라서 이 단계에 있어서 진로지도 목적은 ① 진로목적을
보다 구체적으로 수립할 필요성을 인정하도록 하고 ② 자신의 진로목
적을 성취하기 위한 보다 구체적인 계획을 세우도록 하고, ③ 의사결
정 능력과 문제해결 능력을 더욱 신장하고 이러한 능력을 진로계획
수립에 활용하도록 하며, ④ 졸업 후에 자기가 처할 환경에 대비하도
록 한다. 취업할 학생들에게는 적절하고도 타당한 직업훈련을 받을
수 있도록 조치한다.2)

어디까지나 프로그램은 교육목표에 근거를 두어야 하며 이를 성공
적으로 이끌 수 있는 적극적인 활동성 있는 프로그램으로 잘 조직이
되어야 한다. 고려되어야 할 사항은 다음과 같다.

1) 만일 학생들이 학교에서 배워야 할 것과 일의 세계에서 존재하
는 것 사이에 관계를 볼 수 있다면 학생들은 학교에서 더 많이 배우
도록 동기화될 것이다.

2) 모든 학생들을 위한 최선의 학습전략은 존재하지 않는다.

3) 기본적인 아카데믹한 기술, 개인적으로 의미 있는 일의 가치와 좋
은 일의 습관은 오늘날 급격히 변화하는 직업사회에서 일을 선택한 모
든 사람들이 필요로 하는 적응성 있는 도구를 대표한다.

4) 점진적으로 오늘날의 직업사회의 투입은 특수한 직업기술과 고용
주에게 매력 있는 인성적(人性的) 속성을 지닌 사람들을 요구한다.

5) 인간발달의 부분으로 진로발달은 유치원부터 시작하여 퇴직 시
까지 계속한다. 성숙유형은 개인마다 다르다.

6) 인간의 개인적 가치체계의 일부로서 일의 가치는 초등학교 때부터
의미 있는 정도로 진전되며 이 기간에 쉽사리 모방할 수 있다.

7) 직업적인 의사결정은 역동적인 상호작용, 즉 개인과 환경과의
작용을 통하여 이루어진다.

---

2) 黃應淵・李定根, ≪中等學校 進路指導 프로그램 開發에 관한 硏究≫(서
   울:梨花女子大學校, 1981. 7), pp.15-16.

8) 부모의 사회·경제적 지위는 아동이 생각했던 직업선택에 제한
요소로 작용한다.

9) 교육과 직업적성 간에 존재하는 적극적인 관계가 생기지만 일의 준
비로 요구되는 교육의 궁극적인 지표는 직업에 따라 크게 변화한다.

10) 진로결정 기술과 직업 구하는 기술은 거의 모든 사람들이 배울
수 있다.

11) 일과 교육에 대한 부모의 태도는 그들 아동들의 진로발달에 강
력한 영향을 미친다.

12) 직업적 의사결정과 준비과정은 현대사회에서 모든 성인들에게
한 번 이상 반복될 것이다.

13) 개인의 생활양식은 일생 중 여러 번 종사하고 있는 직업에 중
요하게 영향을 받는다.

14) 일에 대한 좋은 습관과 적극적인 태도는 모든 개인에게 효과적
으로 가르칠 수 있다.3)

이와 같은 문제를 고려하여 프로그램이 구성되어야 효과적인 개인의
훌륭한 미래를 약속할 수 있는 기대를 할 수 있기 때문에 그 프로그램은
다양하고 시대변천에 따라 달리 변화과정을 포함시켜야 한다. 그리고
지역사회의 요구와 환경에 알맞은 프로그램을 작성하여야 한다.

진로지도 프로그램은 교육지도·직업지도·개인 사회적 지도 프로그
램 등으로 세 단계로 구분하여 프로그램을 구성하는 것이 좋다. 교육지
도는, 진학·진급·중퇴자·학업부진아·학업지진아·학습방법·유학
등을 위한 구체적이고도 실용적인 효율적 방법을 제시 또는 지도하여
교육의 성취도를 높일 수 있는 자료와 방법을 구안한다. 직업지도에서
는 급격히 다양하게 변화하는 직업의 세계를 인식·탐색하는 자료를 제
공하여 익숙토록 한다. 즉, 직업소개 활동으로서 직업의 성질, 작업조건,

---

3) 李定根, ≪進路指導와 進路相談≫(서울: 中央適性硏究所, 1978). p.129.

교육 및 훈련 정도, 보수·승진, 장래의 전망, 직업관 등 더욱 자세한 직업탐색을 하기 위한 정보 및 참고자료 제시 등 직업에 대한 보다 총체적인 정보자료를 이해·탐색·준비할 수 있도록 직업군(occupational clusters)에 대한 정보의 지식과 방법·역할에 대한 사전의 경험을 쌓도록 한다. 그리하여 자기의 적성이나 흥미·능력 또는 성격 등에 부합될 수 있는 잠정적인 직업을 선택할 수 있는 기회와 방향을 결정할 수 있도록 한다. 개인·사회적 지도는 개인과 인간관계, 즉 적응에 필요한 정보, 인간적·물리적 환경에 영향을 미치고 사회적응 활동, 가치관, 자기성취 동기, 성의 역할, 대인관계, 인생관, 예의범절, 여가선용 등 주로 각 개인과 타인, 사회 활동하는 데 적응할 수 있는 필요한 지도를 하는 것이다.4)

우리나라에선 아직 구체적이고도 이상적인 프로그램이 개발되지 못한 현실이므로 잠정적으로 미국에서 개발된 행동적 진로지도 모형인 BMCG(Behavioral Model for Career Guidance)를 소개하고자 한다.5)

행동적 진로지도 모형은 캠벨(Campbell)과 그의 동료들이 제시하고 있는데 이 진로지도 프로그램이 체계적으로 설계되어야만 효과적으로 교육목표를 달성할 수 있다는 전제하에 체계적 접근을 기초로 하여 계획되었다.

이 체계적 접근을 이용하여 프로그램을 설계할 경우 설정된 목적을 달성할 가능성을 높일 수 있고 시종일관 전반의 흐름을 보장할 수 있으므로 관리하고 조정하기가 쉽다. 그리고 피드백(feedback)과 감독(monitor)을 계획함으로써 탐색하는 태도를 기르고 목표달성을 위한 대안적 방법을 파악할 수 있다.

BMCG는 행동적 목표를 파악하여 그것을 성취하는 데 근거하여

---

4) Kenneth Hoyt, Rupert Evans, Garth Mangum, Ella Bowen, Donald Gale, *Career, Education in the High School*(Salt lake City, Utah: Olympus Publishing Co., 1973). pp.33-36.
5) 金忠起, ≪前揭書≫, pp.116-119.

설계되었다. 여기서 말하는 행동적 목표란 학생이 특정한 학습단원을 이수한 결과 실천할 줄 알아야 하며, 관찰이 가능하고 유익한 성과를 의미한다. 이 목표는 네 가지 기본요소로 나눌 수 있는데 그것은 ① 기대되는 학생의 성취, ② 성취되어야 할 학습의 내용, ③ 성취된 내용을 평가할 규준, ④ 행동을 표현할 수 있는 학생의 기회 등으로 분류된다.

이상의 특징을 지니고 있는 프로그램은 다음 네 가지 기본적 구성요소를 토대로 하여 10단계로 조직되어 있다.

이 구성요소는 ① 프로그램 목표의 명세화, ② 대안적 방법의 모색, ③ 프로그램의 평가계획, ④ 변경된 계획의 이행 등이다.6)

진로지도의 행동적 목표의 10가지 단계는 다음과 같다.

(1) 전후관계의 평가

변화가 일어날 수 있는 환경을 규정하는 평가로서 목표에 도달되지 못한 학생의 요구를 찾아내고 그 요구의 원인이 되는 문제들을 파악할 수 있게 한다. 그것 또한 진로지도 프로그램에서 필요한 것들도 결정할 수 있게 된다.

(2) 프로그램 목표의 우선순위 결정

일반적으로 의도할 수 있는 바를 용어나 기호들을 수집하여 프로그램의 목표들을 기술하고 그 우선순위(priority)를 정한다.

(3) 학생의 행동적 목표의 진술

성공적인 학생들이 특정한 학습단원의 결론에 능히 이해할 수 있는 목표를 행동적 용어로 진술한다.

(4) 투입평가: 방법의 선택

문제점을 해결하거나 목표를 도달하는 데 도움이 되는 대안적 방법을 결정하는 평가를 선택한다. 여기서 말하는 방법이란 생활지도 목

---

6) Robert E. Campbell, Garry R. Walz, Juliet V. Miller and Sara F. Kriger, *Career Guidance: A Handbook of Methods*(Columbus, Ohio: Charles E. Merrll Publishing Co., 1973). p.172.

표를 달성하기 위하여 특정한 수단이나 기술을 광범위하게 수집하여 적합하게 정리하는 것을 의미한다.

(5) 투입평가: 기술의 선택

테크닉이란 특수한 사태에서 제한된 참가자의 집단학습을 용이하게 하기 위해 프로그램 관계자가 취하는 특수한 수단이나 관계를 의미하는데 체제모형에서는 프로그램 관계자가 대개 진로지도 직원이나 교사이며 이 참가자는 고객이나 학생이고 특수한 사태란 곧 교육적인 장면을 말한다. 기술이란 학습사태—책읽기, 자서전 쓰기, 작업현장 방문—에서 참가자의 참여를 얻어내는 방법을 의미하는 것이라 할 수 있다.

(6) 보급: 시험적 실시

혁신적인 아이디어를 시험적으로 보급하고 시범을 보인다. 이 단계는 변화과정 중의 하나에 속한다.

(7) 과정평가

프로그램 실시에 적용하고 있는 기술이 현재 어떻게 진행 중인지 알아본다. 이것은 절차계획상의 결함을 찾아내거나 예견하기 위해 취해지는 것이다.

(8) 결과평가

프로젝트 실시의 주기 동안과 종료기(終了期)의 학생의 성과를 측정하고 해석한다.

(9) 채택

채택의 문제는 지역적 상황에 알맞게 변화과정의 단계를 최종적인 프로그램의 수정을 통해서 채택하도록 한다.

(10) 반복

반복과정은 체제접근 방식의 순환과정을 의미한다. 이 단계는 「채택」 단계와 상황평가 단계 사이의 결합인 것이다. 체제란 시작부분과 종료부분이 명확한 정적인 과정이 아니라 위에서 언급한 10가지 단계가 계속적으로 반복되는 연속적인 과정이다. 각 단계별 여러 가지 기대되는 결과는 실시하는 학교 프로그램에 맞추어 점차로 확대 실시될 수 있다.

이 프로그램은 어디까지나 진로발달 이론에 근거를 두고 고안되어야 한다.7),8)

2. 綜合 進路指導 프로그램

CCGSP(Comprehensive Career Guidance Service Program)은 체계적인 방법을 도입해서 청소년(K-12)을 위한 생활지도 상담을 개발·평가하기 위해 개발된 프로그램이다.

이 프로그램은 학생들에게 여러 가지 대안 중에서 자신에게 적합한 것을 선택할 수 있도록 이에 관한 정보를 제공해 주고 자신의 재능을 평가할 수 있는 기회를 주며 자신의 생애목표를 정확하게 수립할 수 있도록 도와준다.9)

목표 지향적 행동결과는 개인적으로 만족할 만하고 가장 효율적인 학습을 이룬다는 전제하에 종합 진로지도 프로그램은 학생들에게 자신의 복합적인 가능성과 한계성을 발견하고 성취하려는 목적과 그 목적을 달성하기 위한 세부목적을 향해 자신의 행동을 건설적인 방향으로 관리할 수 있도록 도와주는 데 있다.10)

이 체제적 접근에 활용되는 방안은 다음과 같다.

(1) 청소년 발달의 요구와 관련된 목표의 파악

종합적인 생활지도 체제는 청소년들의 바람직한 목표를 명세화하고

---

7) *Ibid.*, p.174.
8) *Ibid.*, p.180.
9) 黃應淵, ≪前揭書≫, pp.25-45.
10) Robert E. Campbell, et al., *op. cit.*, p.181.

현재 수준을 파악하여야 한다.

(2) 공동목표 분류

청소년이 습득해야 할 행동의 목표는 명백히 진술해야 한다.

학생취업 전문가는 위와 같은 목표를 달성하기 위하여 ① 상담, ② 적절한 정보제공, ③ 취업을 위한 기술개발을 위한 집단지도 활동, ④ 학업에 관한 오리엔테이션 등의 직접방법과, ① 고등학교 상담자에게 팸플릿·카탈로그·기록부 등의 인쇄 자료를 만들어 배부하는 방법, ② 입학전형위원회·생활지도위원회 등의 위원인 교사들과 함께 일하는 방법, ③ 기타 취업관계자들과 일하는 간접적인 협조제공 방법 등이 있다.

성공적인 생활지도 프로그램은 다음과 같은 내용의 목표가 학생들의 요구에 부합되어야 한다.

① 직업적 행동: 직업세계에 있어서의 기회와 자신의 특성에 관해서 탐구하고 결성을 내리는 데 관련된 행동

② 교육적 행동: 재학기간과 남은 생애를 통하여 자신이 어떤 종류의 교육과 훈련을 얼마나 받기를 원하는지에 관하여 조사한 후 내린 결정에 따라 추구하는 데 요구되는 행동

③ 개인적·사회적 행동: 하나의 독립된 인간으로서 효과적으로 역할을 다하는 데 필요한 능력과 2인 이상의 소집단 상황에서 필요한 집단구성원 간의 행동

④ 학문적 학습: 여러 가지 학습과업을 보다 효과적이고 능률적으로 다루는 행동들

⑤ 시민적 자질: 일차적 사회집단과 체제보다는 이차적 사회집단과 체제에 적합하다는 점에서 사회적 행동 분야의 행동들과는 구별이 되는 행동

⑥ 여가: 여가에 대한 탐구와 활용에 관련된 행동, 문화적·오락적 추구11)

(3) 대안적 전략의 명세화

청소년과 그 부모를 위하여 그들에게 알맞은 적합한 학습경험들을 탐색하고 선택하는 것이다.

이 계획의 담당자는 직접적·간접적 조정에 의한다. 직접적 조정이란 학생들과 직접적으로 접촉하는 지도활동을 말하는데 오리엔테이션, 개인평가, 개인적인 선택, 개인적인 문제해결 능력이 이에 속한다. 간접적인 조정은 학생의 개체성을 스스로 보호하고 길러가도록 하기 위한 학생 주위에 있는 기술적 자원의 활용과 자원인사에 의한 학습활동을 말한다. 이밖에 다섯 가지 조정방법, 즉 교육적 환경·학교 교직원·지역사회 자원·연구·평가 등이 명세화되어 있다.

(4) 선택된 전략의 실시

개별학습 단원은 정선된 교수 및 상담 전략을 통하여 학생과 학부형들에게 학습기회를 제공하기 위해 고안된 것이다.

이 프로그램에서는 학습단원들을 종합 진로교육 프로그램으로 조직하여 「학생 개인이 문제해결자」라는 중심 테마를 채택하고 있다.

다음은 개인적인 문제해결 기술을 간단히 요약한 것으로 ① 계획: 문제를 인식하고 명확히 정의하는 일, 정보의 수집과 평가, ② 결정: 여러 대안의 고려 및 그 각각의 관련 결과 고려, ③ 실시: 계획의 실시 관리 및 결과 / 과정의 분석이다.

(5) 정선된 전략의 평가

학생의 목표성취도의 성과를 측정하기 위해 ① 상담 숙달도 실험과 ② 프로그램을 마친 후 실시되는 것이다. 직접조정 프로그램에서는 ① 오리엔테이션, ② 개인적·사회적 발달, ③ 효과적인 개인의 문제해결, ④ 교육적·직업적 목표수집이 포함된다.

종합 진로지도 프로그램의 궁극적인 목적은 행동적 목표에 관련된

---

11) *Ibid.*, p.181.

종합적인 자료를 모으는 것인데 이 자료수집 활동은 학생·학부형·상담교사·교사들이 사용가능한 교수자료 및 절차, 상담과 평가자료 및 절차에 맞추어 행해진다.

참고로 다음과 같은 조정방법이 포함되어야 한다.

직업소개의 내용은 ① 각 직업에 대한 성질, ② 작업조건, ③ 학력 및 훈련관계, ④ 보수, ⑤ 승진의 기회, ⑥ 장래에 대한 전망과 인력 수급 관계, ⑦ 기타 직업정보를 알아보기 위한 구체적 참고도서나 정보자료 등을 제시하여 직업에 관한 사전정보를 이해하도록 지도한다.

진로교육 프로그램은 진로교육에서 가장 핵심 분야라고 할 수 있다. 즉, 진로에 대한 인식·탐색·준비·선택에 필요한 교육내용이라고 볼 수 있는데 이것을 구체화할 수 있는 내용은 직업군에 대한 구체적인 소개로서 학생들로 하여금 이해하고 습득하여 진로의 방향을 결정짓는 중요한 요건이 된다. 따라서 다음 9, 10장에 제시한 진로지도의 실제나 직업지도이 실제 편을 참조하면 프로그램을 좀 더 구체적으로 이해할 수 있다.

우리나라에서는 아직 대표할만한 프로그램 개발이 이루어지지 못한 상태이므로 앞으로 계속 개발해야 할 과제이다. 이러한 프로그램은 교육학자·직업교육학자 등을 위시해서 모든 영역의 전문가들의 종합적인 연구로써 학생들에게 필요한 진로교육 프로그램 자료를 포괄적으로 제공해 주어 진로탐색에 유익한 기회를 갖게 되는 것이다.

제6장 進路情報 活動

1. 進路情報의 意味·目的 및 範圍

(1) 進路情報의 意味

진로정보(career information)는 진로에 대한 다양한 정보를 의미한다. 진로란 경우에 따라 직업, 또는 생애·경력·생업 등의 내용으로 쓰인다. 정보활동은 1960년도에 처음으로 미국의 노리스(Norris)와 그의 동료들이 펴낸 책자에 ≪생활지도에 있어서 정보활동≫(*The Information Service in Guidance*)으로 불렀다.[1] 이것이 1972년까지 생활지도 활동에 널리 통용되다가 1972년 개정 4판을 계기로 정보활동을 「진로정보 활동」이란 용어로 개정하여 좀 더 포괄적인 의미의 내용을 포함하여 부르게 되었다. 이렇게 개칭하여 소개하는 의미를 나름대로 분석해 보면 단순히 정보활동이란 편협적인 소규모의 정보내용을 소개하는 것보다는 이제 시대도 많이 변했고 정보도 다양하며 더욱이 1970년대 초 career education의 새로운 교육이념이 도입되면서부터 이에 상당한 영향을 받아 career information이라고 career를 얹어서 사용하는 것 같

---

[1] Willa Norris, Raymond N. Hatch and Bob B. Winborn, *The Information Service-in Guidance*(Chicago: Rand McNally College Publishing Co., 1972). 3rd Ed.

다.2) 1960~1972년대만 하더라도 생활지도 활동에서 「정보활동」을 많이 다루어 왔다. 아직도 진로발달 과정에서 필요한 기본정보 요소를 기술하는 데 쓰이고 있다. 그런데 1971년 마랜드(Sidney Marland)에 의해 진로교육의 중요성을 강조하기 시작한 후부터 이 교육이 각광을 받기 시작하여 전국에 확산되기 시작하였다. 그리하여 문교부와 연방정부 및 주 교육위원회 등에 「진로교육과」란 부서가 설치되는 등 활발한 진로교육 프로그램이 보급되기 시작하여 각급학교에서 가르치도록 되어 있다.

진로정보 활동의 핵심은 생산적 활동을 효과 있게 계획하는 데 유용하고 필요한 정보이다. 정보를 설명하는 데 이용하는 방법은 중요한 의미가 있다. 하지만 보다 의미 있는 과정에서 야기되는 가능한 정보의 질이나 적합성에 있다. 그러므로 진로정보의 의미는 진로발달에 있어서 개인이 필요로 하는 정보를 수집, 보급하며 설명해 준다고 정의한다.3) 진로정보는 언제나 진로선택을 위한 교육·직업 및 사회·개인적 정보 등의 세 가지 영역으로 나누어진다. 이 세 가지 영역이 상관되어 있으며 개별적인 것보다는 집단적으로 간주한다.

인간생활에 있어서 평생을 통하여 진로에 관한 결정만큼 개인에게 중요하고 지대한 영향을 미치는 결정도 드물다. 그럼에도 불구하고 진로를 소홀히 하는 경향이 있다. 즉, 자신과 일의 세계에 대한 자료를 충분히 분석, 평가하지도 않고 즉흥적으로 자기가 나아갈 길을 결정해 버리는 경우가 허다하다. 과거에는 각종의 다양한 정보보다는 단순히 보수와 승진 전망, 안정성 등과 같은 기준만을 제시하고 진로를 선택하도록 하였다. 그리고 가치관·흥미·직업관 등의 개인적·내적 요인을 무시한 경우가 대부분이었다.

---

2) *Ibid.*, p.25.
3) Willa Norris, Raymond N. Hatch, James R. Engelkes, Bob B. Winborn, *The Career Information Service*(Chicago: Rand McNally College Publishing Co., 4th Ed. 1979). p.8.

그러나 오늘날에 와서는 많은 변화를 가져왔다. 진로선택 기준도 자아(自我)와 직업정보, 교육정보, 개인·사회적 정보 등의 정확한 이해를 토대로 하여 자기결정에 이르도록 하는 방법이 발전되기 시작하였다.

진로정보란 개인이 진로선택 및 적응을 위해 필요한 모든 지식과 이해에 관련된 정보를 말한다.4) 정보란 학생들이 건전하게 성장발달하기 위하여 자기와 자기를 둘러싼 환경을 알기 위하여 필요한 자료이며 또한 장래계획이나 의사결정을 하는 데 필요한 자료이다.

정보활동(information service)은 여태까지 생활지도 활동에서 많이 활용되는 활동으로 학생들이 문제에 직면하여 장래 계획이나 의사결정을 할 때 자기와 자기를 둘러싼 환경을 이해하는 데 필요한 사실과 자료를 수집해서 제공해 주는 활동을 표시한 것이다.5)

생활지도의 아버지로 불리는 파슨스(Frank Parsons)는 1908년에 보스턴에 직업보도국을 설치하고 직업지도에 착수하였다. 그는 직업시도를 한 때에 개인의 분석과 직업세계의 이해를 위한 정보를 제공해 주고 직업기술을 가르쳤으며 적합한 직업선택에 도움을 주어 학생들이 생활유지 수단으로서의 직업수행에 적응을 잘하고 만족하며 행복한 삶을 누리도록 하는 데 크게 공헌하였다. 그런데 그 당시에는 일의 경제적 측면, 이를테면 임금·의무·물리적 환경·승진전망·근무시간·소재지·학력수준과 같은 요인만을 강조하고 있고 일이라는 맥락에서 인간의 사회·심리적 측면을 고려하지 않고 있다.6) 그러나 앞으로의 과제는 경제적인 측면만을 고려하는 것이 아니라 사회·심리적인 측면도 함께 제시해 주어야 한다. 아울러 전인(全人)으로서의 원만한 인격과 참된 삶의 길잡이가 되는 중요한 요소가 됨을 깊이 인식하여야 한다.

---

4) 홍기형, "진로정보와 탐색적 경험," ≪중등학교 진로지도 담당교사 연수교재≫(서울: 서울특별시 교육연구원, 1979). pp.105-138.
5) 황응연·윤회준, ≪현대생활지도론≫(서울: 교육출판사, 1983). p.166.
6) 이정근, ≪진로지도와 진로상담≫(서울: 중앙적성연구소, 1978). p.80.

(2) 進路情報의 目的

밀러(C. H. Miller)는 정보활동의 목적을 ① 학생에게 직면한 환경을 이해하고 그에 적응하는 것을 돕기 위함이고, ② 학생들이 앞날의 직업이나 장래를 탐색하는 데 필요한 보다 넓고 많은 정보를 마련하는 일이며, ③ 장차 특정한 계획과 직업계획에 필요한 정보를 얻고 해석하게 하는 것이라고 설명하고 있다.[7]

종합적으로 중등학교 수준의 정보활동은 다음과 같이 요약할 수가 있다.

　1) 직업에 관계되는 넓은 분야의 이해를 돕는 것
　2) 학생들이 몇 개의 선정된 직업이나 교육시설을 중점적으로 연구할 수 있는 수단을 발전시키는 것
　3) 충분한 자기연구(self-study)를 토대로 해서 직업계획과 교육계획에 대하여 알도록 하는 것
　4) 충분한 자기연구를 통해서 잠정적이지만 교육적 계획을 세우도록 하는 것
　5) 학교를 중퇴하거나 떠난 학생들, 예를 들면 취직하거나 진학하거나 가정을 갖는 사람들이 당면한 욕구를 충족시켜 줄 수 있는 특정한 기술을 제공하는 것 등이다.[8]

앞에서도 누누이 지적하였지만, 현대 산업사회는 과학기술 문명의 발달로 직업의 세계가 다양화·전문화되었고 학문 분야에도 많은 변화와 발전을 거듭하여 반도체 산업·유전공학·환경공학·생명공학 등 새로운 영역의 발전가능한 분야가 계속적으로 쏟아져 나오고 있다.

---

7) C. H. Miller, *Guidance Service: An Introduction*(New York: Harper and Row Publisher, 1965). p.30.
8) 황응연·윤희준, ≪전게서≫, pp.168-169.

일찍이 토플러(Alvin Toffler)가 말하는 「제3의 물결」시대, 즉 산업
사회가 이미 도래하였다고 예언하였지만 이제는 사회예보가인 네이스
빗(John Naisbitt)이 말하는 바와 같이 「정보화 시대」가 도래하였다고
그의 저서 《제4의 물결》에서 제시하고 있는바 산업사회는 범람하고
있는 정보의 홍수 속에 살고 있다고 한다. 따라서 개인이나 국가는 이
러한 정보 영역 속에서 자기발전이나 국가발전, 또는 생존을 위한 삶을
현명하게 적응해 나가기 위해서는 교육적인 면에서나 직업세계의 면에
서나 적응생활, 즉 대인관계의 적응 면에서 과거의 단순했던 농본사회
에서 가지고 있었던 가치관이나 사고방식 또는 사회에 대응해 나가기
위해서 적응했던 것과는 판이하게 다른 복잡한 사회구조와 생활환경을
맞이하게 되었다.

그러므로 이와 같은 복잡다단한 환경 속에서 자신을 계발하고 성공
적인 삶을 개척해 나가기 위해서는 다양한 정보의 탐색·수집이 필요
한 것이며 정보를 이용하여 미래의 자기성장과 향상발전에 기여할 수
있도록 준비태세를 갖추어야 한다.

이와 같은 진로정보의 필요성을 충족시키기 위해서는 다음과 같은
범위의 정보에 익숙하여야 한다.

(3) 進路情報의 範圍

진로정보는 여러 가지 방법으로 분류될 수 있지만 편의상 노리스
(Norris), 해치(Hatch), 잉글키스(Engelkes), 윈본(Winborn)이 제시한
분류에 따라서 교육정보(educational information), 직업정보(occupati-
onal information), 개인·사회적 정보(personal-social information)의
세 가지 영역으로 구분하여 기술하고자 한다.

가. 敎育情報

"교육정보란 이수해야 할 교육과정·특별과정·입학요건과 상황, 그리고 학생생활의 문제들을 포함하여 현재와 미래에 있을 수 있는 교육 또는 훈련기회에 관한 여러 가지 형태에 타당하고도 유용한 자료들을 말한다."9)고 정의한다. 여기서 말하는 교육정보는 단순히 상급학교 진학을 위한 자료와 정보만을 뜻하는 게 아니고 학교교육을 통한 교육활동 모두를 직업세계와 폭넓게 관련시킨 내용을 말한다.

「현재의 기회」는 지금 학생이 다니는 학교의 모든 자료들과 개인이 현재 또는 미래에 이용할 수 있는 것들과 관련이 된다. 이와 같은 기회에 관한 「타당하고도 유용한 자료」는 이 같은 자료의 성질·범위·가치, 학생의 현재 또는 미래 생활을 위한 가능한 의미와 동료·학교 교직원·학교 시설 등에 관한 정보 등을 포함한다.

「미래에 있을 수 있는 기회」에 관한 정보는 직업기술학교, 도제(徒弟)와 현직훈련 기회, 군대 내에서의 교육기회, 연장 및 성인 학급, 대학 등에 관한 자료들을 포함한다. 교육과정의 내용과 성격, 학생들이 안내하는 생활 활동에 관한 정보, 중등학교 성적뿐 아니라 적성에 따른 입학요건 등이 강조되어야 한다. 성공적인 학생생활의 생활유형과 학생 각자가 미래의 교육과 훈련에 직면하는 일상생활의 문제에 관한 사실적인 정보 또한 포함되어야 한다. 이러한 관심은 재정적인 곤란이나 학업습관 문제 또는 교육받는 가치에 대한 문제도 포함되게 된다.

미래의 형식적 학습경험에 대하여 생각하는 학생들은 그들이 만나게 될 기회와 책임, 어려움에 대하여 충분한 정보를 가지게 될 때까지는 적합한 선택을 할 수가 없다.

학생들에게 일반적으로 제시해 주어야 할 구체적인 교육정보는 다

---

9) Willa Norris, et. al., *op. cit.*, p.26.

음과 같다.10)

1) 각급학교의 교육과정 및 교과활동에 관한 자료

2) 교과와 직업, 교과와 홍미, 교과와 적성 등의 관계에 대한 정보

3) 상급학교(인문계·실업계 고등학교, 전문대·대학(원))의 안내를 위한 자료

4) 상급학교 출신들의 직업선택 및 사회진출에 대한 자료

5) 진학에 수반되는 경제적인 조건을 제시하는 자료

6) 상급학교의 교육내용 및 교육시설 등을 탐색할 수 있는 기회의 제공

7) 진학에 따른 병역문제 및 기타 중요한 자료

8) 일하면서 공부하는 것을 계획하고 있는 학생을 위한 야간학교, 통신교육제도, 대학입학 자격검정, 각종 전문기술학교(산업체 부설학교, 속기·타이핑·미용·영양사 등 기능 습득을 위한 사회교육 제도)에 대한 정보

9) 학교교육의 본질과 개인 발전에 대한 건전한 태도와 방향 설정을 위한 자료

10) 기타 여러 가지 교육자료 등이다.

〈교육정보의 단계〉

각급학교별 교육정보의 내용을 간략히 소개하면11) 다음과 같다.

(1) 초등학교에서의 교육정보

① 학교시간 ② 놀이 활동 ③ 안전예방 ④ 부모의 학교방문에 대한 규칙 ⑤ 건강정보 ⑥ 바람직한 학교생활 습관 ⑦ 작문과 독해력 증진을 위한 활동과 셈하기 경험

---

10) 이정근, 《전게서》, pp.81-82.
11) Willa Norris, et. al., *op. cit.*, pp.188-190.

(2) 중학교에서의 교육정보

① 학교생활 계획 제시

② 가능한 교과 및 주제와 교사의 성명(姓名) 소개

③ 클럽이나 기타 교과활동에 준하는 활동 및 회원자격 습득의 방법

④ 학교 내에서 가능한 사회적 활동

⑤ 도서관 시설과 규정 익히기

⑥ 생활지도 활동의 성질과 목적 이해

⑦ 학교시설·교통규칙 및 기타 규칙이나 필수조건

(3) 고등학교에서의 교육정보

① 광범위한 교육과정, 즉 대학입시, 직업 및 교양과정에 관한 사실

② 교육과정 한 분야별 전문화에 익숙해야 한다. 즉, 직업 영역
의 한 분야인 농업·가정·실업 또는 산업체 등

③ 특별과정과 직업 또는 기타 생활계획에 관한 교육과정과의 관계

④ 미래의 교육 및 훈련에 필요한 기관의 일반적 필수조건

⑤ 특별훈련 기회의 가능성. 예를 들면, 타이핑 과정, 분배교육 등

⑥ 좋은 학습습관의 개발

⑦ 미래의 교육과 훈련에 필요한 재정보조의 가능성

이상에서 대개 초·중·고등학교에서 필요한 교육에 관한 정보를
예시하였는데 이러한 정보는 카운슬러나 담임교사 또는 진로교사들과
의 상담면접을 통해서 이루어질 수 있다. 그리고 정보자료실이나 게
시판, 학교신문·학교방송 등의 매체를 통해서도 가능하다.

나. 職業情報

현재나 미래에 가능한 기회에 관한 타당한 정보를 얻도록 청소년들을
돕기 위해 특별하게 준비된 상당한 양의 유용한 자료는 직업정보 영역
에 있다. 생활지도가 초기의 발달에 있어서 성격상 직업지도를 해 왔기

때문에 직업정보 영역은 아주 오래된 정보활동이라 할 수 있다.

직업정보(occupational information)란 직무와 취업에 필요한 자격요건, 작업조건·보수·승진, 현재 또는 앞으로의 수용과 증원계획 그리고 더 필요한 정보의 원천 등을 포함하는 직위·직무·직업에 관한 타당하고 유용한 정보자료를 말한다. 직업정보는 노동력에 관한 것, 직업구조와 집단, 취업경향, 노동의 규정, 직업의 분류와 직종, 직업에 필요한 요건, 준비과정, 직업정보 자료, 취업을 맡고 있는 고용기관 등에 관한 자세한 내용을 소개하여 이해하고 적응하도록 하는 데 있다.12)

〈직업정보의 단계〉

(1) 초등학교 단계에서 필요한 직업정보

① 일의 모든 영역에 대한 전반적인 태도를 발전시킨다. 교사는 각기 다른 직업수행에 관한 행동이나 언어적 편견으로 제시하지 않도록 조심하여야 한다. 예를 들면 쓰레기를 치는 사람의 중요성이나 지역사회의 건강을 위해 일하는 의사와 마찬가지로 나타내 주어야 한다.

② 부모의 직업이행에서부터 지역사회 협조자들에 이르기까지 광범하고 다양한 직업인에 대하여 아동들에게 인식시켜야 한다.

③ 아동들에게 직업에 대하여 무수한 질문에 대답할 수 있도록 돕는다.

④ 임금이나 봉급의 형태로서 보상이 일하기 위한 이유 때문이라고 가정이나 지역사회의 영향을 지적할 수 있기에 일의 보상이 다양함을 제시한다.

(2) 초등학교 상급학년

① 수많은 생계유지의 방법과 취업할 수 있는 직업의 다양성을 인식시킨다.

② 직업인(workers)의 상호의존성을 이해시킨다.

---

12) *Ibid.*, p.25.

③ 개인의 소질뿐 아니라 일정한 능력은 대부분의 직무에 성공적인 수행을 하도록 주어지고 있다.

④ 직업선택에 있어서 중요하게 생각되는 정보 영역, 즉 일의 성질·훈련·작업조건 등과 같은 영역을 이해시킨다.

⑤ 직업선택과 직무수행에 야기되는 일반적인 문제를 이해시킨다.

⑥ 장래의 직업선택에 있어서 세심한 연구의 필요성을 이해시킨다.

(3) 중학교 수준

중학교 단계에서의 직업정보는 학생들에게 특수하고도 직접적인 직업계획을 세우는 것보다는 미래와 일반적인 계획을 세우는 데 도움을 주는 정보를 제공하는 데 있다.

① 광범위한 일의 분야에 대하여 배운다.

② 이러한 일의 분야와 교과과정 선택과의 관련성을 알도록 한다.

③ 특별한 직무수행에 관한 정보를 얻는다.

④ 직업세계에 관한 정확하고도 최신의 정보를 얻는 수단을 이해한다.

⑤ 직업계획의 중요성과 범위를 이해한다.

⑥ 직업의 세계가 결코 정지상태에 있지 않고 항상 변하고 있음을 이해한다.

(4) 고등학교 수준

이 단계에서는 아래 학년에서 강조해 온 정보 영역을 어떻게 제안했느냐에 좌우된다. 따라서 고등학교가 진로준비의 단계로서 이행해야 할 중요한 정보는 다음과 같다.

① 끊임없는 직업의 세계에 대한 탐색과 특수한 직업 분야의 연구를 위한 수단을 이용한다.

② 학생들이 졸업하거나 중퇴할 때 시험적인 직업계획을 발전시키도록 돕는다.

③ 가까운 장래에 취업하게 된다면, 현재 또는 가능한 직업의 기회에 접근할 수 있는 지식을 갖도록 한다.[13]

다. 個人·社會的 情報

개인·사회적 정보(personal-social information)란 개인과 인간관계에 작용하는 인간적·물리적 환경의 기회와 영향에 관한 타당하고 유용한 자료이다. 그것은 학생 자신이 자신을 잘 이해하고 타인과의 관계를 발전시키는 것을 돕는 인간에 관한 정보이다.14)

개인·사회적 정보의 종류는15) ① 신체발달에 관한 정보, ② 기본적 욕구 및 행동에 관한 정보, ③ 개인 정서에 관한 정보, ④ 인성 및 정신위생에 관한 정보, ⑤ 사회관계에 관한 정보, ⑥ 남녀의 역할 및 성(性)에 관한 정보로 나누어 분류하고 있다.

초·중·고등학교 학생들의 정보활동 내용을 종합하여 소개하면 다음과 같다.16)

① 자기이해와 사기통찰의 성취
② 이성 및 동성과의 성숙된 관계 달성
③ 성(性) 역할의 이해
④ 건전한 인성의 발달
⑤ 개인의 행동과 특성의 이해
⑥ 개인차의 사실과 파악 방법의 이해
⑦ 남의 행동과 필요의 이해
⑧ 가정의 조건, 가족관계 및 부모의 기대에 대한 적응·수용 및 이해
⑨ 데이트, 이성관계와 결혼, 책임에 관한 지식
⑩ 신체적·정신적 발달

---

13) *Ibid.*, pp.137-140.
14) *Ibid.*, p.27.
15) 황응연 외, ≪전게서≫, pp.225-228.
16) Willa Norris, et. al,, *op. cit.*

⑪ 외모, 예의와 에티켓

⑫ 사교술, 금전에 관한 계획과 여가선용 활동 등이다.

〈개인·사회적 정보의 목적과 단계〉

개인·사회적 정보는 사회적 정보라고도 한다. 이 정보는 개인과 상호 간의 관계에 관한 정보이며 직업 및 교육양상과도 관련이 있으며 매우 중복되어 있다. 학교에 입학하는 수단과 방법을 분류하는 데 있어서나 직업기회의 배치라든가 직위획득 또는 승진하는 데 있어서 이 정보는 타인과의 교류와 청결, 예의·예속의 특성을 개발시키는 중요성을 강화하는 데 이용된다.

사회적 정보의 목적은 개인으로 하여금 그들 자신과 타인을 수용하고 상호 간의 관계에 관한 문제를 이해하고, 개인적으로 경험을 선택하며 효과적인 자아정체감(自我正體感)을 증진시키는 데 있다. 사회적 정보가 초등학교에서부터 중·고등학교에 이르기까지 학생들의 전인적 발달에 중요한 역할을 한다고 주장하는 학자들, 즉 헤르(Herr)와 크래머(Crammer), 랭포드(langford), 랜드(Rand), 올슨(Ohlson), 그리고 셰르처(Shertzer)와 스톤(Stone)에 의해서 강조되어 왔다.

〈초등학교 수준에서의 사회적 정보〉

모든 교육수준에서 뿐 아니라 초등학교에서의 생활지도는 개인으로 하여금 만족한 적응과 적합한 선택을 하도록 돕는 데 관심을 두고 있다. 유치원과 초등학교 1학년 때는 생활지도 프로그램의 기능 중의 하나는 아동이 새롭고 다른 환경에 적응할 수 있도록 돕는 데 있다. 가정에서의 생활은 쉽고 아동은 가족식구에게만 적응하려고 한다. 그러나 학급에서(교실), 아동은 큰 집단의 일원이 되고 똑같은 연령과 일반적인 신체적·정신적 발달이 같은 집단으로 구성된다. 반면에 후기에는 이 단계에서 공통적인 흥미와 욕구를 갖게 된다. 직업적·교육적 선택이 비교적 중요하지 않지만 정보활동의 사회적 양상은 특히 뛰어나고 있다. 피터스(Peters), 셰르처(Shertzer)와 밴 후스(Van Hoose)는 초등학교에 있어서 개인적·사회적 지도는 다음과 같은 영역에서 학생들을 도와주어야 한다고 권장한다. 즉, ① 자아이해의 성취, ② 복잡한 상호관계의 생활을 다룰 수 있도록 배우고, ③ 특별한 개인적·정서적 관여를 심화시킨다.

해비거스트(Havighurst)의 발달과업은 아동기의 특징이 주로 자아와 상호관계 형성에 있으며 성차(性差)의 인식, 순결, 생리적 안정, 사회적·신체적 현실의 개념형성, 부모형제와의 관계형성, 기타 다른 사람들과의 적응을 배우게 된다. 또한 옳고 그름을 분별하고 양심이 발달된다.

〈중등학교의 단계〉

사춘기는 일반적으로 12세 정도에 시작하는데 신체적·사회적·개인적·영역에서 적용에 관한 문제를 야기한다. 이 시기에 주목할 만한 변화는 남녀 똑같이 신체변화와 개인의 용모에 관심을 갖게 된다.

아동이 성장함에 따라 신체적·정신적·정서적 영역에 더욱 뚜렷한 변화가 일어난다. 학생들은 자신의 이해와 발전, 개선에 더 많은 기술적인 정보를 배우도록 준비되어 있다. 해비거스트의 청년기 발달과업에 의하면, ① 남·여 간의 새롭고 보다 성숙한 관계를 이룩하는 것을 배운다. ② 사회적 역할로서 남·여의 성 역할이 무엇인가를 학습한다. ③ 부모나 다른 성인과의 정서적 독립을 이룩한다. ④ 정서적 독립을 이룩한다. ⑤ 경제적 독립을 이룬다. ⑥ 직업의 선택과 그 준비에 몰두한다. ⑦ 결혼과 가정생활의 준비를 한다. ⑧ 적절한 과학적 지식에 맞추어 가치관과 윤리체계를 습득한다. ⑨ 사회적으로 책임 있는 행동을 하며 이를 실천하는 습관을 기른다. ⑩ 자기 체격을 인정하고 신체를 효과적으로 구사하는 것을 인식한다.

이와 같은 과정의 정보에 대해 익숙하기를 기대하고 있다.17)

2. 進路情報 센터의 必要

인간은 누구를 막론하고 사회생활을 통한 직업적 혹은 직분적 존재로서 일정한 직업생활을 영위하게 마련이다. 이러한 직업생활은 생계의 유지수단은 물론 직업을 통하여 자기의 잠재력을 개발하여 실천하고 만족한 삶을 누릴 수 있으며 자아실현의 단계로 이끌 수 있도록 되어야 한다. 직업은 본래 천한 것이 아니라 전통적 사고방식의 부산물이었고 이것은 바로 자기실현이며 일생 동안 직업생활을 통하여 보람과 사명의식을 느끼고 행복한 삶을 영위하는 도구가 되어야 한다. 그런데 여태까지는 직업을 단순히 농·공·상이나 수산·광업·임업 등 주로 기능직으로서 육체적 노동만을 생각해 왔고, 상인·천인들만의 전유물로 생각한 나머지 천시해 온 것 같다. 그러나 자본주의 경제체제하에서 더욱이 민주주의 산업국가에서는 이와 같은 개인의 편견으로 인한 직업의 인식은 이미 사라졌고 또한 점점 쇠퇴되어가고 만민이 평등하게 기회균등과 아울러 능력대로 직업의 귀천이 없이 적재적소에 부합된 교육 작용으로서 개인이 가지고 있는 능력이나 흥미, 적성과 인성에 알맞은 직업적성 교육은 민주주의 교육목표와도 일치하는 것이다. 인력자원의 효율적인 개발과 개발된 인력의 적재적소의 배치는 인력관리의 기본이며 이는 진로지도라는 유목적적인 행위가 선행되어야 가능한 것이다. 이런 의미에서 진로지도가 학교교육에서 절실하게 필요한 것은 제아무리 높이 평가하여도 지나치지 않는다고 믿는다. 따라서 진로지도에 필요한 자료와 진로지도 프로그램을 제시하여 효율적으로 이용하도록 일선 학교에 강조하고자 한다.

직업교육은 신체적이고 정신적인 모든 영역을 포함하는 교육이며

---

17) *Ibid.*, pp.238-239.

생계유지를 위한 활동을 직업이라 칭할 때 누구나 직업수행을 통하여 행복한 삶을 누릴 수 있도록 사전지도를 철저히 해야 하는 데 필요한 진로자료 센터는 필수적이라고 본다.

진로교육의 요청에 부응하기 위한 방편으로서 진로정보 센터에 관한 관심과 필요성이 점차로 요구되고 있다. 생활지도나 진로와 관련된 자료실을 갖는다는 일은 학생들이 사용할 수 있도록 수집되어야 하고 적절히 배열되어야 한다. 그러나 정보 센터가 학생들의 직업발달의 필요나 학부형, 교사 또는 지역사회 요구에 충족되어야 한다면 이러한 필요는 무엇이며 그들을 충족시키기에 무엇을 해야 하며 이러한 문제를 최선의 방법으로 어떻게 성취시킬 수 있을 것인가를 결정하는 일이 필요하다.

진로정보 센터는 일정한 시설이 필요하며 이러한 시설은 학교나 지역사회에서 마련되어야 한다. 그래서 진로의 계획이나 준비, 배정 또는 교육 및 직업 정보를 제공할 수 있는 시설과 장소와 자료가 필요하게 된다.

현대사회는 정보사회라고 한다. 더욱이 고도의 산업사회의 발전은 과학의 급격한 발달로 인하여 모든 분야에서 공업화·기계화·기업화·자동화 시대로 접어들어 학문의 세계가 복잡해져 가고 있다. 거기에 따라 직업의 세계도 다양해지고 그 수에 있어서도 수천에서 수만의 직종으로 분화되고 새로운 직업의 양상이 나타나게 되어 자라나는 청소년은 물론 기성인들도 그 직업의 다양한 범람 속에 갈피를 잡지 못하고 새롭게 적응하려면 직업 세계를 인식해야 하고 직업의 성질이나 작업조건을 이해하며 교육의 정도나 특별한 훈련이 필요하게 되었다. 또한 직업수행에 필요한 보수나 직업에 대한 전망이나 승진관계, 직업수행에 관련된 참고문헌이나 정보자료 등이 더욱 필요하게 되어 이를 위해 현명한 선택과 적응방식도 아울러 배우지 않고는 적응하기 어려운 처지에 놓이게 되었다.

진로정보 센터는 학습의 특수한 형태이며 정보의 중심지이며 이러한 혁신적 개념은 1960년대 이후 개방교육에서 관심을 기울인 결과에 기인된다. 시설 면에서 학습 센터는 주어진 주제 영역에 학생이 용이하게 이용하고 교사가 자료에 접근하기 쉽도록 해 주어야 한다. 진로교육은 학생들에게 광범위한 지식과 이해 및 기술을 습득할 수 있도록 그 필요를 담당하고 있다. 학습 센터란 학습할 장소를 제공해 줄 뿐 아니라 개별학습 과정을 강화하는 방법으로 제공되고 있다. 개별화 교수(individualized instruction)는 진로자료 센터에서 사용되는 가장 귀중한 기술방법 중의 하나이다.

스캔론(R. G. Scanlon)과 브라운(M. V. Brown)[18]은 개별화 교수 방법을 발전시키기 위한 다섯 가지 지침을 제시하고 있다. 즉, ① 학생에게 개별화 학습비율로 교수내용을 마스터하도록 그 활동을 고안한다. ② 학습과정에 적극 참여하도록 한다. ③ 자기지도(self-directed)와 자기 전수활동으로 조장한다. ④ 직업수련에 정통하도록 학생의 향상에 대한 평가를 하며, ⑤ 개인의 요구와 태도에 기초를 둔 교수재료와 기술을 제공한다.

위와 같은 필요를 충족시키기 위해서 학교는 진로발달 프로그램이 어떻게 기능을 발휘하고 있는가를 결정하여야 한다. 존스(Jones)와 그의 동료들[19]은 청소년의 진로발달과 생활지도의 필요를 결정짓는 모델을 제시하고 있다.

첫 번째 모델은 생활지도 프로그램의 철학과 목표와 대상 집단을 분류하고 효과적인 프로그램을 평가한다. 두 번째 모델은 위와 같은 목표에 충당되도록 적합한 자원·자재 또는 활동을 택하고 목적에 우선권을 준다. 이러한 평가과정에 비추어 볼 때 진로정보 센터는 진로

---

18) R. G. Scanlon and M. V. Brown, *Individualized Instruction: A Systems Approach*(New York: Harcourt Brace, Jcranovich, 1971).

19) G. B. Jones, J. M. Wolff, C. W. Dayton, and C. B. Helliwell, *The Logics of Planning Career Guidance Counseling, Placement, and Follow-up Programs*, Presented at National Conference on Career Guidance, Counseling, and Placement, St Louis Missouri, 1974.

지도 프로그램에 필요한 구성요소로서 등장하게 되었다.

디텐하퍼(Dittenhafer)와 루이스(Lewis)[20] 등은 진로자료 센터의 목표를 학생과 교직원, 부모와 기타 관계자에게 진로정보를 제공하는 데 있다고 언급하고 있다. 정보는 현재 적용되고 정확하고 쉽게 이해할 수 있어야 한다. 이와 같은 책임을 부담하기 위해서 센터에서는 내담자(來談者)의 정보필요를 결정하고 요구에 알맞도록 자료를 제공해 주어야 한다.

이러한 목적들을 정보 센터 운영에 있어서 필수적인 요소로서 분류하고 있다. 그 내용을 보면 다음과 같다.

1) 정확하고도 관련된 진로정보를 수집하고 평가하며 보급한다.

2) 진로정보를 배열하고 평가하며 사용하는 데 있어서 내담자에게 도움을 준다.

3) 상담활동을 통하여 학생들에게 관련성 있는 진로정보를 가지고 자각하도록 도와준다.

4) 교직원에게 통힙된 정보를 학생들의 진로발달에 지원할 수 있도록 교수활동을 통하여 도와주어야 한다.

5) 교육과 일의 관세를 보다 잘 이해하는 데 도움을 주도록 지역사회의 자원을 이용하여야 한다.

이와 같은 목적은 앞에서 언급한 세 집단, 즉 학생과 부모, 교사 및 지역사회를 모두 포함하는 것이다. 진로교육 과정에서는 정보보급의 중요성과 진로자료 센터를 우선적으로 준비하여 진로발달의 요구에 알맞게 마련되어야 한다.

---

20) C. A. Dittenhafer and J. P. Lewis, *Guidelines for Establishing Career Resource Centers*(Harrisburg, Penn.: Pennsylvania Department of Education, 1973.)

(1) 進路情報 資料 센터의 機能

진로정보 센터는 하루아침에 이루어지는 것이 아니다. 왜냐 하면 수
행되어야 할 센터의 프로그램의 모든 요소가 조건에 따라 달리 변하기
때문이다. 시간과 경험이 전망을 변경시킬 경우가 있기 때문에 당연하
다고 본다. 진로정보 센터는 다음 9가지의 기능으로 요약된다.[21]

(1) 진로정보와 자료의 수집·분석 및 보관
농촌이나 중소도시 또는 대도시 나아가서는 전국가적인 상황에
관련된 직업 및 교육정보는 진로계획에 필수적인 요소이다. 센터의
중요한 기능은 가능한 모든 정보와 자료를 수집하고 평가하며 이
를 적절히 보관하는 데 있다.

(2) 진로정보 및 자료의 보충과 보급
필요한 정보를 이용하는 사람들에게 연결시켜 주는 요구에는 효
율적인 보충과 보급을 위한 기술개발이 요청된다.

(3) 상담 및 개인평가
자료 센터는 생활지도 프로그램의 부속물, 즉 개인·집단 및 또래
상담의 핵심으로서 고려해야 한다. 진로계획에서의 상담은 자아와 직
업, 진로결정 및 관련된 개인·사회적 문제에 관한 정보의 해설방향
으로 인도되어야 한다. 평가는 상담에서 가장 통합된 핵심부분이다.

(4) 정치활동(定置活動)
교육자들은 학교에서의 배치기능의 필요를 인식하여야 한다. 정
치활동은 학생들에게 시간제나 전일제 취업을 도와주고 교육구조
범위 내에서 학생들의 동정을 촉진시키는 업무를 포함하고 있다.

(5) 산학협동
진로자료 센터는 산학협동(産學協同) 조정관이나 장학관을 수용

---

21) John Meerbach. *The Career Resource Center*(New York: Human Science
Press, 1978). pp.31-33.

하기에 적합한 합리적 장소이다. 상담이나 정치활동과의 근접은 이러한 인사들에게 이상적인 위치를 제공해 주고 있다.

(6) 교육과정 개발

진로와 관련된 교육과정을 발전시키는 데 센터의 역할은 적절히 제시되고 있어야 한다.

(7) 교원의 자원

센터는 교사가 학생들을 위한 자원으로 가치 있게 고려되어야 한다.

(8) 지역사회 자원의 협조

진로정보의 근원은 자원인사와 현장경험이다. 센터에서는 이와 같은 가치 있는 교수보조물의 목록을 작성할 수 있는 합리적인 장소를 제공하고 있어야 한다.

(9) 지역사회의 자원인사

센터에서는 학생들의 진로발달에 도움을 줄 수 있는 지식을 찾고 있는 부모들과 진로나 또는 직업을 바꾸려고 하는 사람들을 포함하여 지역사회의 성인에 이르기까지 유용(有用)해야 한다.

이미 언급한바 진료자료 센터의 중요성에 따라서 이 센터는 여러 가지 환경에 필요한 것이다. 따라서 이와 같은 기능은 말할 필요도 없이 학생들의 발달단계에 따라 결정되며 시설의 방향에 따라서 적합하게 사용되어야 한다.

(2) 各級學校 進路資料 센터의 役割

가. 초등학교

초등학교에서의 진로정보 센터의 활동은 아동들에게 직업의 세계를 소개하는 데 초점을 둔다.

초등학교 프로그램은 학생들의 자아의 인식과 환경 및 지역사회가 그들 생활에 영향을 끼칠 수 있는 방법을 제시하고 있다. 특별히 강조하는 바는 기본적인 신체적·지적·사회적 기술에 따라 올바른 일의 습관을 발전시키는 데 있다. 스미스(Smith)에 의하면,22) 초등학교 교사는 아동이 직업에 대한 왜곡됨을 제거하도록 학생의 직업발달을 도와주며, 아동으로 하여금 흥미와 능력, 가치의 중요성을 설명하고 분류하고 이해하도록 지도하며 효율적인 의사결정의 기술을 습득하도록 도와주어야 한다.

스탐(Stamm)과 니스맨(Nissman)23)은 정보와 직업적인 경험을 준비하는 일은 초등학교 아동의 타고난 창조력과 호기심에 실제적으로 반응하는 것이라고 진술하고 있다. 전형적인 초등학교 프로그램은 진로와 관련된 학습경험을 제공하기 위해서 교육과정의 범위 안이나 밖에서 다양한 기회를 주어야 한다. 정보는 학생들이 학습과정에 연계되도록 이용되어야 한다.24) 실험적인 학급활동에서는 학생들이 정보를 찾아서 이용할 수 있도록 요청되어야 한다. 따라서 초등학교 수준에서 진로자료 센터 또는 학습의 센터는 조직화된 경험중심의 활동에 기초를 둘 필요가 있다.

글래서(Glasser)는 초등학교 학습 센터에 관하여 논의하면서 이러한 기구에서는 자아실현을 위한 풍토를 조성해야 하며 자기의존·독립성·자아인식 및 자기수용을 이루도록 도와주어야 한다고 지적하고 있다.25) 학습센터는 또한 학생의 선택에 따라 개별연구를 중심으로 고안

22) E. D. Smith, "Vocational Aspects of Elementary School Guidance Programs," *Objectives and Activities: The Vocational Guidance Quarterly*, 1970. 4. 18. pp.273-279.

23) M. L. Stamm and B. Nissman, *New Dimensions in Elementary Guidance*(New York: Richard Rosen Press, 1971). p.191.

24) Douglas S. Arbucle, "Occupational Information in the Elementary School," *The Vocational Guidance Quarterly*, 1964. 2. 12, pp.77-84.

25) J. F. Glasser, *The Elementary School Learning Center for Independent*

된 교수 프로그램을 제공해야 된다. 다양한 교수기술과 관련시켜 사용되는 여러 가지 매체자료들은 전체 학습과정의 통합적인 부분으로 이루어진다. 이러한 관계로 인하여 아동은 발견자가 되고 문제해결자가 되며 야기되는 학습의 기회를 강화하게 된다.

초등학교 학습 센터에서는 진로인식에 관한 지식을 전달할 이상적인 방편을 제공한다. 동시에 아동의 진로발달에 공헌될 수 있는 실험적인 기술을 이용하고 있다.

초등학교에도 카운슬러가 배치되어 있어 학생이나 학부형, 교사들을 위한 상담의 책임을 가지고 있으며 자료실을 이용하여 진로인식에 필요한 자료를 선택하며 이용하도록 봉사하고 있다.

나. 중학교

중학교 과정은 진로탐색 단계이다. 켈러(Keller)는 중학교 수준에서의 진로발달에 관한 활동은 다음과 같은 내용에 책임을 져야 한다고 말하고 있다.[26] ① 학생들로 하여금 내적 또는 외부적 환경을 평가하기 위한 필요한 인지적인 도구를 배우는 데 도움을 준다. 이러한 도구는 목표와 진로계획 및 진로선택을 확립하기 위하여 직업정보를 분석하고 종합하는 개념적인 지도를 포함한다. ② 현존하고 있는 직업 내지는 진로를 지원하는 실험적인 기회를 제공한다. ③ 학생들에게 미래의 정체성 목표를 위한 역할 모델을 깨우쳐 준다. ④ 학생들에게 장기적 목표뿐 아니라 단기적 목표에 도달할 수 있도록 진로에

Study, (West Nyack, New york: Parker Publishing Co., 1971).

26) L. J. Keller, *Career Development: An Integrated Curriculum Approach K-12*, In K. Goldhammer and R. Taylor (Eds.), *Career Education: Perspective and Promise*(Columbus, Ohio: Charles E. Merrill Publishing Co., 1972). p.19.

대한 청사진을 계획하는 데 도움을 준다.

켈러는 진로교육을 추진하기 위하여 재구성된 교육과정의 영역을 지원하고 있으며 직업군(career cluster)의 개념을 탐색활동에 집중하도록 사용되어야 하며 진로지도는 학습경험을 조정하고 개별화하는 데 이용되어야 한다고 제시하고 있다. 진로탐색 과정은 진로자료 센터·컴퓨터·시뮬레이션(simulation)·직업실험실 기타 대중매체 지향 활동의 이용으로 도움을 받게 된다.

중학교 자료 센터의 기능은 근본적으로 초등학교 수준의 방법과 같다. 정보와 생활지도 활동, 교육과정 발달, 교사자원, 지역사회의 활용 등은 이 활동의 핵심을 이룬다. 다만 초등학교와 중학교 자료 센터의 중요한 차이는 생활지도 활동과 심사숙고하는 진로계획의 시작에 강조점을 두고 있는 것이다. 좀 더 세분화된 정보를 제공해 주며 학습경험을 통하여 역할모델, 가치관의 분류, 개인의 평가, 진로정보의 접근 등 광범위한 기회를 주도록 한다.

다. 고등학교

학생들이 일에 대한 절박한 사실감에 접근함에 따라 고등학교에서는 진로발달의 필요가 중요한 변화를 받게 된다. 이 단계에서는 젊은 학생들은 가치관이나 태도, 신념 및 의사결정 기술을 증명할 수 있는 기회를 필요로 하고 있다. 여기에 생활지도 프로그램은 학생들에게 진로계획이나 성인세계에 투입하도록 보다 조직적인 지원을 보급하지 않으면 안 된다.

가이던스 프로그램을 개발시키기 위하여 수년 전부터 신중한 시도를 해왔다. 그중에 하나는 월즈(Garry R. Walz)의 지도하에 개발한 생활진로 발달제도(Life Career Development System; LCDS)인데 미시간 주에 있는 인간발달 서비스 기구에서 가능하게 구할 수 있다. 이 제도는 젊은 학생으로 하여금 생활의 책임을 돕고 현명한 계획과 의사결정으로 그들의 자질을 향상시킴으로써 자신의 생활 진로 발달을 높일 수 있도록 9가지 교수기준으로 구성되어 있다. 또 다른 중요한 프로젝트는 생활지도 운영(operation guidance)인데 1971년 이래 오하이오 주 콜럼부스 시 직업교육 연구소에서 개발하였다. 이 프로그램은 생활지도 활동을 위한 논리적 계획과 운영의 학생발달을 지향해 이루어진 것이다. 또 진행 중에 있는 진로계획 지원체계(Career Planning Support System)란 연구가 있다.

고등학교 학생들에 대한 교육적 관심은 더한층 조직적인 생활지도 프로그램의 필요에 공헌을 하고 있다. 학생들에게 적합한 일을 발견할 수 있도록 하고 효과적인 취업배치 작업은 카운슬러 이상의 능력 있는 전문가의 책임과 도움에 의하여 이루어져야 한다.

3. 進路情報源(Career Resource Center)

진로에 관한 정보수집 활동은 너무나 방대하여 수집하는 과정에 어려움이 많다. 그리고 조직적으로 구분되어 있어야 하나 자료가 흔하지 않아서 전부 소개하기는 힘들다. 따라서 손쉽게 구하고 이해할 수 있는 방법으로 총괄하여 제시하고자 한다. 미국의 경우는 참고자료를 수집하기가 용이하고 연구 자료가 많을 뿐 아니라 구하기도 용이하다. 그러나 우리나라의 경우는 발전도상에 있으므로 계속적으로 자료개발에 박차를 가할 것이다. 다만 여기서는 진로정보 원천을 세 분야로 나누어 소개하고자 한다.

(1) 敎育情報에 관한 資料

교육정보 자료는 학교교육이나 교육기관에 가서 얻을 수 있으나 다음과 같은 자료에서 정보를 얻을 수 있다.
 ① 문교부에서 발간한 각종 간행물 및 기타 정부간행물
 ② 각급 학교의 교육계획서, 학교 및 학급경영안
 ③ 각 대학에서 발간한 안내서, 학교요람 및 교육과정 안내
 ④ 각 학교에서 발간한 교우지 및 학보
 ⑤ 대학(교) 및 전문기관(연구소)에서 발간한 연구지나 논문집
 ⑥ 기업체나 기관에서 대외선전용으로 제작한 간행물
 ⑦ 기타 사회의 정기간행물 및 신문·잡지·TV 매체
 ⑧ 한국교육개발원에서 발간하는 교육에 관한 연구물
그밖에 교육에 관련된 서적, 예를 들면 대백과사전과 같은 사전류, 해외유학 정보 안내서, 위인전, 교육전문지, 교양도서류 등을 들 수 있다.

(2) 職業情報에 관한 資料

직업정보만을 위한 자료는 별로 없는 형편이고 개괄적으로 각 직장 또는 무수한 기업체에서 얻을 수 있는 정보는 다양하기 때문에 일일이 예시하지는 않고 다만 일반적으로 흔히 쓰일 수 있는 자료처를 제공하겠다.
 ① 각종 전문단체나 기업단체와 거기서 발간한 간행물
 ② 정부기관에서 공표한 자료
 ③ 각 기업체와 거기서 출간한 팸플릿
 ④ 직업에 관계되는 단행본 및 연감류(직업사전 포함)

⑤ 지역사회 조사물 및 연구보고

⑥ 기타 생활지도를 위해 특별히 준비된 사례 및 연구 보고

⑦ 과학기술 정보 센터

기타 직업훈련연구소 간행물, 각 기업체 연수원, 전국 직업훈련소 (정부·지방·법인체), 새마을 연수원 등 연구기관이나 사설강습소, 청소년연맹, 청소년단체, 한국표준 직업분류 등의 사회교육 기관에서 얻을 수 있는 연구자료 등도 포함시킬 수 있다.

(3) 個人·社會的 情報에 관한 資料

이 정보는 주로 한 개인이 사회생활을 해 나가는 동안에 부딪치는 적응문제, 즉 개인적·인성적·사회적 적응을 돕는 데 필요한 정보를 말한다. 경우에 따라 교육정보와 직업정보가 서로 중복되는 사례가 있기 때문에 분류하기 힘이 든다. 그러나 일상생활에 필요한 기초적인 정보를 제공하면 다음과 같다.

① 학생의 건강 및 신체 발달 기록

② 발달심리 및 인성심리에 관한 서적(일반심리학의 발달 및 인성에 관계되는 부분)

③ 정신위생에 관계된 서적

④ 성교육에 관계된 도서

⑤ 청소년 발달에 관한 연구물

⑥ 위인들의 전기 및 자서전 등[27]

그밖에 개인 및 집단상담, 오리엔테이션의 기회, 홈룸 활동, 과외활동과 서클 활동, 지역사회 자원인사의 활용, 현장견학, 성취동기를 불

---

27) 황응연, ≪전게서≫, pp.229-231.

러일으킬 수 있는 관계된 서적 등은 인간생활의 적응활동에 필요한 길잡이가 되는 것이다.

개인사회적 정보의 종류는 다음과 같다.

① 신체발달에 관한 정보
② 동기·욕구 및 행동에 관한 정보
③ 개인정서에 관한 정보
④ 인성 및 정신위생에 관한 정보
⑤ 사회관계에 관한 정보
⑥ 남녀의 역할 및 성에 관한 정보

수많은 진로정보를 수집해서 그것을 체계적인 방법으로 분류·보관하는 일은 힘들고도 방대한 작업이다. 또한 필요한 정보자료를 손쉽게 각 공공기관이나 기업체·산업체·학교·병원·공장·군사기관·신문사·잡지사·직업훈련소, 대중매체인 TV나 라디오, VTR(비디오), 각 중요한 연구소, 직업종사자들로부터 기증을 받을 수 있는 홍보책자들이 있으나 전국적으로 흩어져 있는 여러 고용기관의 협조를 완벽하게 받기는 어렵다. 따라서 진로정보 센터에 구비해 놓을 수 있는 자료들을 구입하여야 한다. 그러자면 여기에 쓰이는 비용이 상당하게 요구된다. 따라서 한꺼번에 필요한 모든 진로정보 자료를 사들여 보관하고 수집할 수 없기 때문에 연간 계획을 세워 일정한 정보자료를 구입하여 보관하도록 한다. 보관된 자료는 각 영역별로 분류하여 비치하고 전시해 놓고 학생들의 요구나 필요에 따라 편리하게 정보자료를 열람할 수 있도록 시설환경도 갖추어야 한다. 그러므로 진로정보원을 효율적으로 운영하기 위한 조직과 운영의 묘를 살려야 한다.

4. 進路情報源의 組織

진로정보제공을 위해서는 상담실 조직과 마찬가지로 일정한 조직과
시설이 필요하다. 건물 안에 자료 센터는 학생회(Student Body) 근처
가까운 거리에 두어야 좋다. <그림 6-1>에 표시한28) 바와 같이 적어
도 정보자료실은 구비되어야 하며 여기에 여러 가지 학생들이 필요한
자료들을 비치하고 자유롭게 열람하고 이용될 수 있는 편리한 장소를
마련해야 된다. 자료실 안에는 그림에 제시한 바와 같이 최소한의 장소
내에 앞에서 언급된 각종의 정보자료와 표준화검사 실시를 위한 문제
지와 시설, 책상·파일박스·게시판·책선반 등 시설물을 정리하여
비치하고 학생들이 원할 때에 언제든지 이용할 수 있도록 개방되어야
하며 학생들이 정보를 손쉽게 얻을 수 있게 편리한 서비스를 해야 한
다. 진로정보 센터에는 물론 진로상담 교사가 학교의 크기에 따라
1~2명 또는 대규모 학교인 경우는 그 이상의 전문가를 두고 학생의
요구에 충족되도록 홍보활동을 통하여 적극 활용하도록 한다. <그림
6-2>는 참고적으로 미국의 샌디에이고 메디슨 고등학교의 진로 센터
를 표본으로 자료실을 소개하였다. 학교 사정에 따라 이러한 진로정
보 상담실을 마련하고 그 내용물을 충실하게 구비하여 이용하도록 하
는 것이 큰 사명이며 마땅히 그렇게 준비를 해야 될 것이다.

---

28) Willa Norris, Raymond N. Hatch, James Engelkes, and Bob Winborn,
op. cit., pp.344-345.

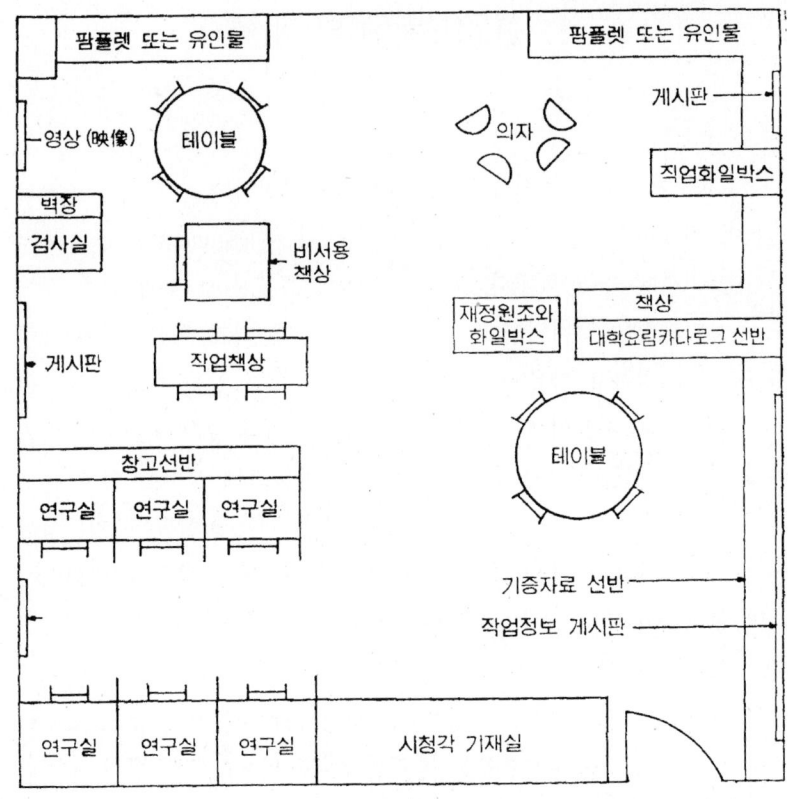

<그림 6-1> 자료실 평면도

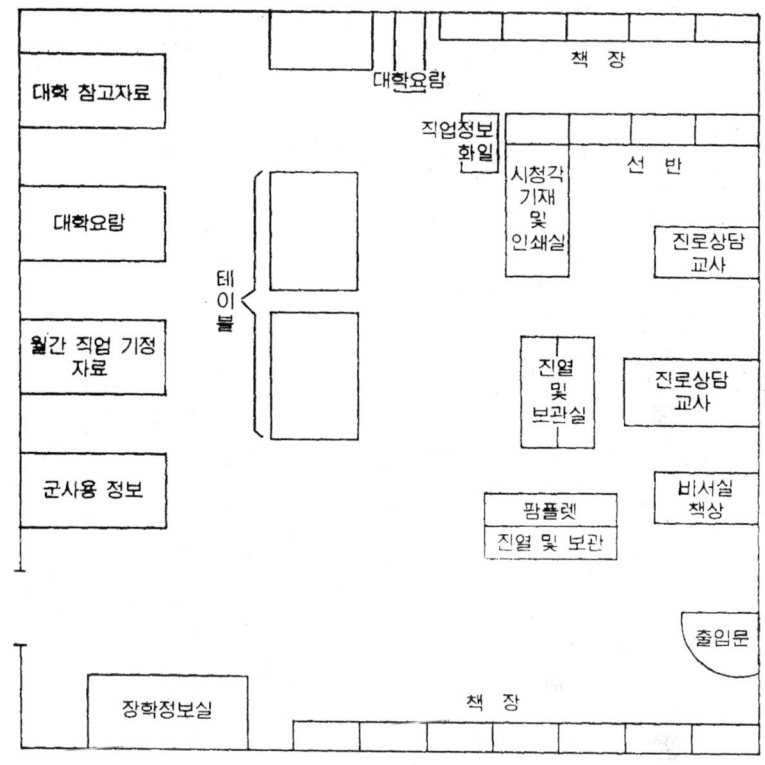

<그림 6-2> 샌디에이고 메디슨 고등학교 진로 센터

　자료를 선택할 때에는 정확하고 대표적인 것이어야 하며 사용자의
흥미에 알맞도록 준비되어야 하며 눈에 잘 뜨이는 곳에 잘 배열되어
있어서 쉽게 정보자료를 찾을 수 있도록 조직적으로 정비되어야 한
다. 그리고 자료는 적시에 알맞은 최신정보를 입수하여 오래 보존하
면서 이용되도록 잘 보관하여야 한다. 그리고 정보활동의 이용에 관
한 홍보활동을 강화시켜야 한다.

　우리나라의 경우에도 이와 비슷한 방법을 도입하여 정보 센터의 기
능을 더욱 활성화하도록 교육행정 및 학교경영자, 카운슬러·교사 등
전문가들의 활동이 요구되는 것이다.

참고자료로서 현재 교육연구원에 진로정보 상담실을 설치해 놓고 학생들에게 진로정보제공과 상담활동을 실시하고 있는 경기도 교육연구원의 진로정보 활동상황을 예로 들어 보면 다음과 같다.29)

가. 설치목적(진로정보 센터)

① 중·고등학교의 진학 및 취업 지도
② 교도활동의 상담 및 지원
③ 청소년의 건전한 가치관 형성지도

나. 기능

① 각종 심리검사 및 제반 조사활동
② 진학(고교 및 대학 선택)지도에 관한 정보제공
③ 취업정보에 관한 자료의 수집 제공
④ 개인 및 집단의 상담지도
⑤ 생활지도 실천사례 보급
⑥ 진로지도 우수사례 보급(중학교, 인문·실업고교)
⑦ 진로지도 프로그램 개발
⑧ 진로지도 담당자 연수
⑨ 진로정보 안내

---

29) 경기도 교육연구원, '82 진로정보 상담실 요람, 팜플렛 참조.

다. 사업내용

(1) 진학지도
① 자기학습 지도계획 수립 안내
② 성적관리 준칙 안내
③ 중요 대학 입시요강 안내(전·후기)
④ 각종 대학 장학금 안내
⑤ 과목별 출제예상 안내
⑥ 예·체능 진로안내
⑦ 학력고사 직전 학습방법 안내
⑧ 모의 학력고사 자료안내
⑨ Study Plan 작성 지도
⑩ 학력 종합평가(도내) 안내
⑪ 진학 뉴스

(2) 직업지도
① 취업정보 교환
② 추수지도(追隨指導) 자료안내
③ 직장 예절자료 안내
④ 진로지도 사례 보급

(3) 각종 표준화검사
① 지능검사
② 성격검사
③ 적성검사
④ 기타 표준화검사

(4) 생활지도

① 교도부 상담실 운영자료 안내
② 신입생 오리엔테이션 자료안내
③ 안전지도 자료안내
④ 생활지도 자료보급
⑤ 생활지도 사례연구 지도
⑥ 교도교사 연수

(5) 훈련 프로그램

① 성취동기 육성자료 안내
② 심성계발 프로그램
③ 학습력 증진 프로그램 등

그밖에 이 연구원 내에 비치 자료는 다음과 같다.

(1) 진학지도 자료

① 각종 심리검사 자료
② 도내 학력평가 보고서
③ 경기도내 고등학교 졸업자 진로상황
④ 학력고사 성적분포 및 문제분석 자료
⑤ 대학 진학지도 자료
⑥ 전국 대학 전형요강

(2) 생활지도 자료

① 생활지도 관계문헌
② 학습부진아 지도자료

(3) 직업정보 자료
① 경기도내 기업체 명단 및 생산품 일람
② 직업훈련에 관한 자료
③ 각종 면허자격 규정 및 검정시험 규칙
④ 기타

위와 같은 정보 센터는 각급학교 나름대로 카운슬러와 학교행정가와의 긴밀한 협의와 협조 끝에 풍부한 내용의 자료를 수집 또는 구입하여 학생들로 하여금 원하면 어느 때이고 편리하고 간편하게 이용될 수 있도록 시설과 자료 등을 겸비하여 비치하여야 한다. 그리고 비치하는 데 그치는 것이 아니고 활성화시켜 누구나 사용할 수 있도록 홍보활동도 필요하겠고 친절하게 안내하며 상담에 응하도록 제도적 장치를 마련해야 한다.

위와 같이 정보실을 교육연구원에만 설치할 것이 아니라 전국적으로 각급학교, 즉 초등학교·중학교·고등학교(실업고 포함), 나아가서는 대학기관에도 의무적으로 설치할 필요가 있다. 설치에 목적이 있는 것이 아니라 다양하게 준비되어 있는 자료실은 개인의 요구에 알맞게 적극적으로 이용되어야 한다.

자라나는 학생들은 아직도 미분화 상태이므로 효율적인 지도가 아쉽다. 다만 정보제공에만 그치는 것이 아니라 경험과 세상의 만상에 눈이 어두운 때이므로 접촉하여 인식시켜 주어 스스로 자기결정과 자기적응의 기회를 터득하도록 하는 데 의의가 있다.

이러한 진로정보의 역할은 올바른 진로관을 형성시키는 데에도 큰 도움을 주며 전인적 인간상을 추구하는 길이 되는 것이다. 청소년의 진로선택은 일생의 방향을 결정하는 중대사이다. 즉, 청소년 시절에 진로선택이 이루어졌을 때에만 자기의 존재와 사회적 위치를 확인하면서 자기실현의 경지에 도달할 수 있다.

올바른 진로관을 확립시키기 위해서 학생들의 개인적 능력·흥미·적성·인성에 알맞은 정보자료를 보급해 주어야 한다. 경험과 실습을 통하여 자기 자신을 깨달아 현명한 선택과 적응을 위해서 이 자료제공의 역할은 크게 기여하는 바가 있으며 진작부터 서둘러야 했을 것이다.

5. 進路情報 資料의 效果

어떠한 일을 하든 간에 치밀한 사전계획 없이는 기대하는 소기의 성과를 얻을 수가 없다. 인생을 살아가는 데에도 마찬가지이다.

진료교육의 효과를 기대하려면 개인의 가치관의 확립을 위한 진로관을 뚜렷이 세워야 한다. 이 진로관은 선천적으로 타고나는 것이 아니라 후천적인 환경의 영향과 올바른 교육에 좌우되고 있다. 그 교육이 바로 경험을 통한 인식·탐색·준비의 과정을 거쳐 가치관을 형성하기 위한 준비교육인데 이는 진로교육에 있어서도 중요한 과제이다. 어느 것이나 중요하지 않은 것이 없겠으나 개인의 진로관 형성은 더욱 중요하다고 해도 지나치지 않을 것이다. 그러므로 진로관 형성에 필요한 교육이 이루어지기 위해서 뒷받침을 해 주어야 할 것이다. 이런 의미에서 진로자료 센터의 역할은 중요한 것이며, 이를 충분히 활용할 수 있도록 행·재정적 지원이 필요한 것이다.

직업을 선택하는 것은 생활의식을 선택하는 것과 같다고 로오(Roe)[30]는 직업선택의 중요성에 관해서 언급한 일이 있다. 직업이 우리의 인생행로를 좌우한다는 말이다. 우리가 선택하는 직업은 개인의 가치관과 연관이 되어 있으며 직업이 개인의 가치관과 일치하지 않을 때는 개인은 갈

---

30) A. Roe, *The Psychology of Occupations*(New York: John Wiley, 1956).

등을 경험하게 되고 개인적 불신은 물론, 직장·사회·국가의 손실이 되는 것이다. 그러므로 가치관은 직업의 결정과 일치되어야 한다.

슈와츠웰러(Schwarzweller)[31]가 주장하는 것과 같이 직업가치관은 사회화의 과정을 통해서 학습되고, 사회·문화적 요인에 의해서 결실되며 청소년기까지 심하게 변하지 않으며 부모나 교사 혹은 중요한 성인에 의해서 영향을 받고 어느 정도는 유지하는 것을 알 수 있다. 동시에 사회적 지위·성·연령에 의해서 다른 가치관이 발달되는 것을 알 수 있다. 청소년기에서 대학 사이의 가치관의 발달과 이러한 가치관이 진로지도에 미치는 관계에 관한 정보를 제공하는 것이 필요하다. 따라서 진로관과 가치관이 영합된 상태를 이루기 위한 정보제공 활동은 제1차적인 의무이며 자기발견 기회의 바로미터가 되는 것이다.

학교교육은 학생들에게 인생을 배우고 학문과 실제생활에 필요한 기본적인 지식과 기능과 태도를 도와줄 수 있어야 한다. 교실에서의 교수-학습 경험과 생활을 통한 체험으로서의 가치관 학습의 기회를 제공해야 하며 배운 지식과 기술을 토대로 하여 응용할 수 있는 실천력 있는 능력자를 길러내야 한다. 그리고 다양한 일의 세계로 학생을 안내하고 스스로 진로를 결정할 수 있도록 직업교육 과정이 구성되어야 하는 데 뒷받침되는 위와 같은 여러 가지 방법을 동원시켜 자각에 의한 자진선택의 길이 개인의 만족과 행복을 연결시키는 통로가 될 것이다.

---

31) H. L. Schwarzweller, "Values and Occupational Choices," *Rural Sociology*, 1959. 24, pp.246-256.

6. 進路情報의　傳達方法

　진로지도는 학교교육의 모든 국면에 걸쳐 관련되는 동시에 전교직원의 협조가 필요하며, 특히 진로지도 교사(career teacher)가 진로교과목을 전담하여 체계적으로 시간에 지도하는 것이 바람직한 일이다. 이러한 진로지도는 먼저 진로계획이 수립되어야 한다.

　진로계획은 개인의 성향, 특수능력, 독특한 열망 등을 기초로 시작되어야 하는 순전히 개인적인 과업이다.[32]

　학교교육은 학생들이 장차 학교를 졸업하고 뛰어들어야 할 직업사회에 만족스럽게 일할 수 있는 능력을 지니게 하고, 자기 자신이 종사해야 할 알맞은 일을 발견하고 적응해 가도록 교육시켜야 한다.[33] 그렇기 때문에 학교교육에서 학생들이 진로선택을 위한 진로지도 프로그램이 준비되어야 한다.

　진로지도는 이미 앞에서 언급한 바와 같이 1980년 7월 30일 교육혁명 이후 학교교육의 정상화를 통해 전인교육을 강화하게 되고, 평생교육을 지향함에 따라 학생진로의 필요성이 더욱 절실하게 되었으며, 새로 개정되는 교육과정에는 진로교육을 삽입하여 교과목으로 가르치도록 하는 데 이르렀다. 우선적으로 초등학교에서 6시간, 중학교에서 7시간, 고등학교에서 10시간 모두 23시간을 할애하여 직업교육의 과정으로 진로교육을 시작하게 되었다. 이러한 시간배당은 점차적으로 확대될 전망이다.

　진로교육은 1970년 이후 미국에서 시작된 교육으로 넓은 의미의 직

---

32) 문교부, ≪상게서≫, pp.27-31.
33) 김충기, "직업교육을 위한 대책 및 개발방안," ≪청소년≫(중앙청소년
　　지도육성회간, 1981년, 가을), pp.24-26.

업교육이며 진로개발 교육이라 칭할 수 있는데, 진로지도와 취업지도가 포함된다. 또한, 학생의 성장발달 단계에 따라 직업의 세계를 인식시켜 주고, 직업군을 소개하며, 초등학교에서부터 중·고등 및 대학교육에 이르기까지 단계적으로 진로인식·진로탐색·진로준비의 과정을 설정 하여 교과목 시간에 직업교육을 실시하는 것이다.

그러면 직업교육 추진을 위한 진로지도를 어떻게 할 것인가, 그 내 용을 소개하면 다음과 같다.34)

1) 인쇄매체를 통하여 학생들에게 진로정보를 제공하는 일이다. 직업 정보를 수록한 인쇄물로서 직업사전이나 직업의 안내를 위한 각종 인 쇄물(포스터·선전광고 등)을 통하여 직업의 관계를 소개하는 일이다.

2) 기타 매체를 이용하는 방법으로서 각종 시청각 매체를 통하여 직 업정보를 제공하고 필요한 직업적 행동을 길러 줄 수 있다. 즉, 게시판 이나 전시(회), 교육용이나 상업용 텔레비전·VTR·슬라이드·준시 진·영화·마이크로필름을 통하여 직업에 대한 인식을 하도록 직업의 종류와 내용을 소개하는 일이다.

3) 강연회·토론회, 생업의 날 또는 수업활동과 각종 직업에 대한 인식이나 태도형성이 진로에 대한 내용을 강조한다.

4) 면담을 통하거나 상담을 통하여 학생들이 궁금해 하는 직업의 구 체적인 내용과 미지의 세계에 대한 탐색활동을 전문가인 카운슬러나 진로담당 교사와의 대화를 통하여 이해한다. 따라서 개인이 지니고 있 는 잠재 가능성과 흥미와 능력을 객관적으로 평가할 수 있는 개인정보 자료를 토대로 하여 학생들이 알고자 하는 정보를 교환하고 적합한 내 용의 참고자료를 제시해 줌으로써 궁금증을 풀어 줄 수 있다. 이 상담 에서는 내담자로 하여금 선택이나 의사결정에 포함되는 요인들을 이해 할 수 있도록 도와주는 데 초점을 둔다.

---

34) 이정근, ≪진로지도와 진로상담≫(서울: 중앙작성연구소, 1980). pp.97-103.

5) 흉내 내기에 의한 방법으로 게임이나 역할극 등의 탐색활동을 통하여 다양한 직업에 대한 간접 경험을 제공하여 직업에 대한 인식을 새롭게 하며, 자기의 능력이나 흥미나 적성에 부합되는 것인가를 깨닫게 해 주는 역할이 작용된다.

6) 견학은 학교현장에서 이루어질 수 없는 직업교육에 대한 내용을 실제로 보여주기 위하여 공장이나 회사, 기업체 등 산업기관을 돌아보면서 필요한 직업정보나 교육정보를 얻게 한다. 이러한 과정을 통하여 개인의 취향, 필요에 알맞은 분야를 이해시키고 경험을 풍부하게 가지도록 한다. 따라서 학생들은 직업의 다양성과 중요성을 인식하고 이에 대응할 적용방법을 찾도록 유도한다.

7) 학교교육 과정을 통한 전달방법: 유치원부터 고등학교 과정에 이르기까지 진로교육을 발달단계에 알맞게 단계별로 직업의 세계를 지도하여 이해하도록 한다. 즉, ① 직업의 성질, ② 작업조건, ③ 직업에 필요한 교육 정도, ④ 보수, ⑤ 장래에 대한 전망, ⑥ 승진 관계, ⑦ 특정 직업의 준비를 위한 참고자료를 찾아보기 위한 인쇄된 정보자료 등을 접할 수 있게 진로교육 시간에 이와 같은 내용을 체계 있게 지도한다. 직업의 세계는 ① 전문직・기술직, ② 사무관리직, ③ 행정관리직, ④ 판매직, ⑤ 농・임・어・축산업, ⑥ 생산직・노동직, ⑦ 서비스직, ⑧ 교통・체신직 등으로 나누는데, 이와 같은 직업군을 발달단계에 알맞게 소개하고 지도한다. 1957년의 통계에 의하면, 2, 300여 종이던 직업이 현재에는 1만 여 종에 달하고 있는데, 이러한 직업을 같은 종류로 묶어 9가지로 나누어 지도하면 된다[35](지도 내용은 문교부 장학자료 34집 참조). 이러한 직업의 종류는 분류방법에 따라 다소 차이가 있다.

8) 현장실습: 이 방법은 학생들로 하여금 진로시간에 배운 직업군 중에서 흥미와 적성에 알맞은 직종을 택하여 직접 직업현장에 나가

---

35) 정원식・박성수, ≪카운슬링의 원리≫(서울: 교학도서주식회사, 1978). pp.7-20.

일해 봄으로써 일에 대한 구체적인 정보를 획득할 수 있다. 실제적인 일에 경험을 쌓도록 특별한 계획과 절차를 마련하여 실습목적에 차질이 없도록 치밀한 연구와 배려가 필요하다.

이상과 같이 진로교육은 진로지도를 바탕으로 하여 직업교육을 실시하면 문제의 실마리를 풀어나갈 수 있다. 이처럼 진로지도나 직업지도에 있어서 반드시 감안되어야 할 점은 새 직업이 한낱 정태적(靜態的)인 것이 아니라, 동태적이고 변천해 가는 성격임을 인식하여야 할 것이다. 그러므로 특수적이고 경직적인 능력개발이 강화되어야 한다. 이러한 사명을 능률적·효율적으로 달성하기 위해서는 장기적인 인력수급에 대한 분석 또는 상담 및 각종 표준화검사, 즉 적성 및 흥미, 직업적성 검사 등의 활용 및 강화 등으로 체계화하고 검사결과에 대한 이용이 시급한 과제이다. 이런 강화책과 더불어 행정지원의 강화가 뒤따르게 해야 하며, 직업교육 실천을 위한 진로교육 교사이 시급한 양성과 현재 키운슬러들에게 현직교육 및 연수교육을 통하여 진로지도 교육을 위한 재교육과 생애교육의 필요대책을 강화시켜, 전문가를 양성 각급학교에 보급하여 지도하는 것이 바람직한 과제이다.

위와 같은 진로교육 방법을 토대로 하여 구체적인 방법을 제시하면 네 가지로 요약할 수가 있다. 즉, ① 정보활동, ② 집단 활동, ③ 상담지도, ④ 현장학습이다.

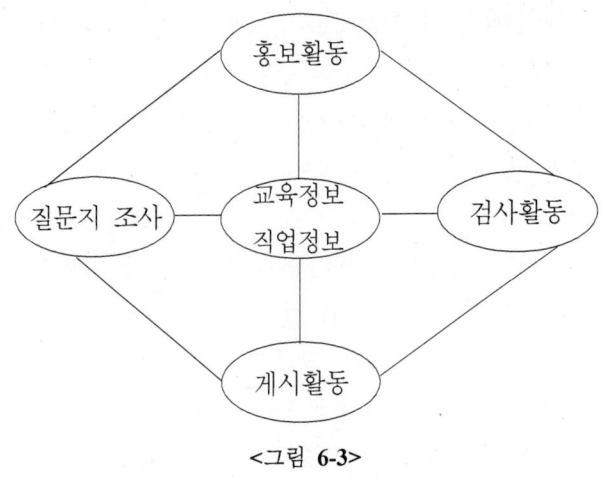

<그림 6-3>

진로교육의 방법은 교과활동과 특별활동을 중심으로 나누며, 이 활동은 계획적이고 조직적인 치밀한 과정 위에서 이루어져야 한다.

정보활동은 <그림 6-3>에서 표시한 바와 같이 교육정보·직업정보를 중심으로 개인·집단적 홍보활동을 할 수 있으며, 진로정보에 관한 질문지 조사를 갖가지로 실시하여 진로에 관한 제반사항을 파악토록 한다. 개인의 능력이나 적성·지능·인성·직업적성을 알아보기 위한 표준화검사를 실시하여 개인 이해자료로 쓸 수 있다. 또한 게시판을 이용하여 학생들이 잘 볼 수 있는 장소에 새롭게 고안된 내용을 게시함으로써 언제나 자신의 진로에 대한 관심과 이해를 갖도록 유도한다.

교사가 진로지도를 실시하고자 했을 때 현재 우리 실정으로 가장 손쉽게 많은 학생을 대상으로 행할 수 있는 방법은 집단 활동이다. 아직은 단계적으로 실시할 수 있는 프로그램이 마련되어 있지 않으나 야영훈련을 고안할 수도 있고 직업에 대한 역할들을 극화하여 진로의식을 고취시킬 수도 있다.

산업계에서는 직업훈련용 도구를 쓰는 프로그램이 개발되어 있으나 학교에는 보급되어 있지 않다. 우리 주변에 있는 각종 연장·생산품·원자재들을 통해 직업과의 연관을 맺어 가는 프로그램이 가능할 것이다. 학급활동으로도 가능할 것이나, 여러 가지 직업정보나 지식을 발표하거나, 직업의식에 관해 토론하는 방법도 좋은 집단 활동의 하나가 될 수 있다.

우리는 그동안 학생들의 고민과 문제들에 대해 상담·지도하여 온 많은 경험을 가지고 있다. 진로지도에서도 개인이든 집단이든, 학생들을 만나 이야기하는 일은 지도교사가 행할 수 있는 마땅한 방법이다. 사실 진로지도의 경우에는 대부분 면담활동이 되겠으나, 경우에 따라서는 상담의 성격을 띤 지도가 가능하며, 전문적 상담을 통하여 문제를 해결할 수 있다.

직업지도에 있어 가장 실질적이고 직접적인 학습은 실습과 견학에서 이룩된다. 학교 내의 모든 실험실·실습실에서 이루어지는 내용은 직업과 손쉽게 연결지이질 수 있다. 또 학교 내에서의 학습활동을 보완하고, 생동감 있게 경험시킬 수 있는 방법은 현지견학이다. 다만, 현지견학은 미리 계획된 것이어야 하고 학습활동과 구체적으로 연결짓는 것이라야 효과적이다.

이상 몇 가지 방법을 구체적으로 제시했으나, 지도자의 창안에 따라서 다양하게 구안(具案)될 수 있다고 본다.

그밖에 학생들의 직업적성을 발견하여 개인의 직업에 대한 적합성을 판단해 내어야 한다. 그 내용으로는 ① 개인의 능력 요인, 즉 지능이나 노력을 조사하여 직업과 상관되는 요소를 찾을 것이며, ② 인성적 자질, 즉 개인의 인성특성과 직업적 적응과의 상관도를 조사할 것이며, ③ 직업적 흥미를 검사하고, ④ 신체적 조건과 직업적응과의 관계, ⑤ 가정 환경적 요인으로 가정의 뒷받침이나 이해·협조 등 관심도의 차이에 따라 직업적성을 발견하는 일도 진로지도상 시급히 마련되어야 할 방법임에 틀림없다.[36)]

7. 進路指導의 結果

진로교육은 진로개발 교육 또는 생애교육과 같은 개념으로 혼동하여 사용되고 있는 미래의 직업적성 교육으로 새롭게 대두된 교육으로서 진학지도·직업지도·진로지도를 포함하는 넓은 의미의 직업교육이다. 직업교육을 천시해 왔던 우리나라는 이제 새로운 차원에서 선진국이 겪었던 단계를 맞이하게 된 셈이다.

문교부 당국에서도 진로교육의 중요성과 필요성을 인식하고, 장차 각급 학교에서 직업교육을 강화하여 지도하라고 문교장학방침이나 실제 교육활동에 투입되도록 강력히 요구하고 있다. 이처럼 범국가적 차원에까지 이른 진로교육은 마땅히 초등학교에서부터 시작하여 중·고등학교에 진로교과로 지도의 필요를 느끼게 되었다. 따라서 진로교육은 우리 한국 교육에 정착의 기틀을 가져오게 된 것은 반가운 일이요, 마땅히 이루어져야 된다. 또한 학생들의 장래를 올바르게 선택케 하는 진로지도는 학교의 정상적인 교육과 아울러 병행되어야 할 학교교육의 핵심이 되는 분야라고 볼 수 있다.

앞에서 열거한 여러 가지 진로지도에 대한 내용이나 방법을 토대로 하여 인력의 낭비 없는 교육의 실천이 바로 진로교육의 지향할 목표요, 과제인 것이다. 학생들의 진로에 관한 배려는 학교교육의 기본적 속성이므로 졸업반 학생들에게만 국한되는 진학·진로 교육이 되어서는 안 된다. 오로지 교육의 전 과정을 통하여 전인교육의 차원에서 투입되어야 한다.

진로교육은 학교의 정상적인 교육활동을 통하여 이루어져야 하며,

---

36) 황응연, "직업의식과 진로지도", ≪청소년≫(서울: 중앙청소년지도육성회, 1981년 가을), pp.32-33.

학생 개개인의 능력·적성·흥미 등이 정확히 파악되고 신장되도록 진로교사의 역할이 크게 기대된다. 이러한 활동이 잘 이루어지려면 조직적이고 계획적인 추진력과 장래의 진로선택·계획에 따르는 학습지도와 진로상담이 철저히 이루어져야 하고, 교육과정 전 영역을 통한 계발적 경험을 거치는 동안 건전한 직업관·노동관이 형성되어 각자의 개성에 알맞은 진로선택 능력이 갖추어지도록 유도되었을 때 성공적이라고 본다.

앞으로의 진로교육은 우리 실정에 알맞은 진로지도의 실행으로 우리 교육이 지향해야 할 과제이며 모두 관심을 가지고 적극적인 자세로 지원해야 한다. 결론적으로 진로지도를 요약하여 그림으로 표기하면 다음과 같다.

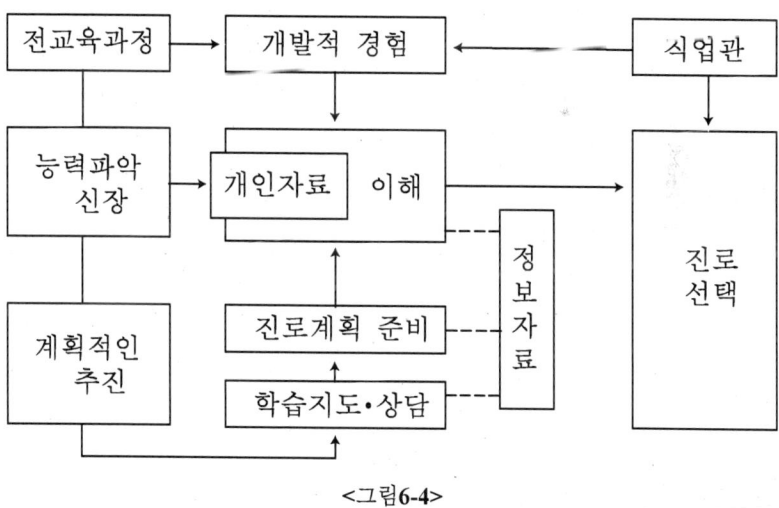

<그림6-4>

진로교육은 전 교육과정을 통하여 개인의 능력을 파악하고 신장하며 계획적인 추진을 통한 학습지도나 진로상담을 통하여 진로계획을 준비한다. 계발적 직업인식·직업탐색·직업적 경험을 통하여 자기의

능력·적성·흥미를 파악하도록 하며, 건전한 직업관을 형성하도록
한다. 이런 과정 속에는 알맞은 직업정보 자료나 진학지도 자료의 개
발과 보급이 시급한 과제이다. 따라서 진로선택은 위와 같은 여러 가
지 여건이 갖추어진 상태에서 진로교사나 상담교사가 계획성 있는 시
간을 마련하여 실제 수업과 함께 지도하는 일이라 보겠다.

진로지도란 산업사회의 발전으로 직업이 전문화되고 복잡해짐에 따
라 이에 적합한 교육을 실시하도록 새롭게 구안된 개념이다. 우리나
라의 교육발전과 전인교육을 위한 한 방법으로서 진로지도는 시급히
학교교육 현장에서 적극적으로 전개되어야 한다.

효율적인 진로지도는 개인적으로 생애목표에 정확하게 도달함으로
써 국가적으로 낭비 없는 인력의 개발을 도모하고, 가정적으로 만족
한 삶과 행복한 인생을 추구해 나갈 수 있는 계기를 갖게 되면 사회
적으로 안정이 구축될 것이다.

이를 요약하면 다음과 같다.

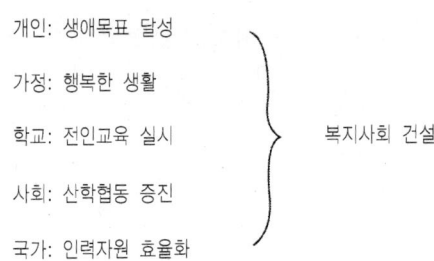

개인: 생애목표 달성

가정: 행복한 생활

학교: 전인교육 실시   복지사회 건설

사회: 산학협동 증진

국가: 인력자원 효율화

이것이 바로 학교교육이 지향하는 전인교육이 될 것이며, 복지사회
의 건설에 기반이 될 것이다.

앞으로 진로지도의 활성화 방안으로 추진되어야 할 내용은 아래와
같다.

1) 전문적 교육을 담당할 진로교육 교사를 사범대학이나 교육대학

원과 같은 교사교육 기관에서 양성해야 된다. 그러기 위해서는 직업교육학과를 설치함이 필요하고, 여기에서 졸업한 인재가 일반학교에 배치, 교과목으로 지도할 수 있는 여건과 기회를 제도적으로 마련해야 한다.

2) 직업의 세계에 관한 구체적이고도 체계적인 자료를 개발하여 일선 학교에 배포하고 지도에 철저를 기해야 한다.

3) 학교기관에 직업탐색·준비활동을 위한 시설, 즉 직업보도를 갖추어 직업소개에 만전을 기하여 진로교육을 위한 자료 및 시설을 갖추어야 한다.

4) 학부모들에게 진로지도에 대한 교육적 관심을 불러일으키는 계도활동이 어머니 교실 등을 통하여 실시되어야 한다.

5) 문교부 부서에 진로교육과를 설치하고 전문적으로 진로교육 프로그램 개발과 실천방법을 독려하고 실천할 수 있도록 진로교육 장학담당과을 두어 진로상담·신로지도 교육에 행정적·재정적 지원을 해야 한다.

6) 진로교육 자문기구를 두어 전인교육 표방을 위해 진로교육 개발, 프로그램 작성·실천에 적극적인 방법을 지원할 의사결정 기구 등을 마련하여 계속 지도하고 편달할 수 있는 기구를 설치하여 진로교육을 활성화시켜야 한다.

끝으로 진로지도 내용의 조직화, 학교 진로방향에 알맞은 학교운영 계획의 수립, 진로탐색의 진로교육 과정화, 행정지원의 강화, 사회적 계몽활동의 전개 등 진로교육의 생활화를 추진하도록 노력하는 일이다.

8. 進路情報 資料의 例示*

(1) 우리나라의 進路情報 資料

가. 敎育情報資料의 實例

교육정보 자료의 실례로서는 진학에 관한 정보자료, 진로지도에 관한 정보자료, 학업성취나 학업부적응, 학습방법에 관한 자료를 포함한다. 여기서는 대표적인 것들 몇 가지만 예로 들겠다.

(1) 진학에 관한 자료
한국교육개발원, ≪대학안내자료≫, 서울: 한국교육개발원, 1982.
중앙교육진흥연구소, ≪대입 수험생활≫, 월간지.
대학입시사, ≪대학입시≫, 월간지.
진학사, ≪진학≫, 월간지.
대학입시사, ≪나는 전공학과를 말한다≫, 서울: 대학입시사.

(2) 진로지도에 관한 정보자료(단행본)
한국교육개발원, ≪진로교육 자료≫, 서울: 한국교육개발원. 1982.
김충기, ≪진로교육의 본질≫, 서울: 평민사, 1983.
한국교육개발원, ≪진로교육에 관한 문헌분석 연구≫, 서울: 한국
    교육개발원, 1985.
한국교육개발원, ≪학생의 진로결정 과정 분석≫, 서울: 한국교육

---

* 여기에 소개되는 실제 자료는 하나의 예로서 교사나 카운슬러, 학부모 또는 학생들이 읽어야 할 참고자료이며 순서는 무순임, 그리고 자료는 한국에서 출판된 내용의 것임.
  정보자료를 구할 수 있고 열람할 수 있는 곳은 각 도서관이나 서울 시내 「교보문고」 등 서점에서 구할 수 있을 것이다.

개발원, 1984.

한국교육개발원, ≪국민학교 교육과정 및 교과서에 반영된 진로교
    육 내용분석 연구≫, 서울: 한국교육개발원, 1984.

한국교육개발원, ≪국민학교 아동, 교사, 학부모의 진로의식에 관한
    기초조사 연구≫, 서울: 한국교육개발원, 1982.

홍기형·이승우, ≪진로지도≫, 서울: 교육출판사, 1978.

주세환, ≪진학·진로지도의 기술≫, 서울: 현대교육총서출판사, 1964.

이정근, ≪진로지도와 진로상담≫, 서울: 중앙적성연구소, 1978.

문교부, "진로지도," ≪장학자료≫ 34집, 서울: 문교부, 1981.

방진주, ≪진로발달의 원조≫, 전남: 전남 카운슬러 협회, 1983.

길형석 역, ≪진로개발교육≫, 서울: 교육출판사, 1983.

이승우, ≪자녀교육을 위한 적성개발≫, 서울: 익선문화사, 1973.

황응연·이정근, ≪중등학교 진로지도 프로그램의 개발에 관한 연
    구≫, 서울: 이화여자대학교, 1981.

서울특별시교육연구원, ≪진로지도자료≫ 진로지도 슬라이드, 서울:
    서울특별시 교육연구원, 1982.

유네스코한국위원회, ≪인문계 고등학생의 진로지도≫, 1984.

한국교육개발원, ≪학습과 일의 세계≫, 서울: 한국교육개발원, 1983.

한국교육개발원, ≪교육개발≫ 17호, 서울: 한국교육개발원, 1984.

김충기, ≪생애교육의 기초≫, 서울: 교학연구사, 1984.

진장춘, ≪진로선택백과≫, 서울: 한길사, 1984.

교단사, ≪진로지도론≫ 통권 12호, 교단사, 1967.

한국교육개발원, ≪한국중등학생의 진로의식 발달에 관한 연구≫,
    서울: 한국교육개발원, 1984.

나. 직업세계에 관한 정보자료(단행본)

미국 노동청, ≪미국직업분류사전≫, 서울: 노동부, 1980.

서울특별시교육연구원, ≪직업의 세계≫, 서울: 서울특별시교육연구

원, 1978.

이무근, ≪실업−기술교육론≫, 서울: 배영사, 1982.

서울특별시교육연구원, ≪인간성장을 돕는 직업지도≫, 서울: 서울
　　특별시교육연구원, 1979.

리쿠르트사, ≪리쿠르트 채용연감≫, 1985.

인력개발연구소, ≪직업사전≫, 서울: 인력개발연구소, 1964.

≪직장인≫, 월간지.

한국교육학회, ≪실업·기술교육의 제 문제≫, 서울: 능력개발사,
　　1976.

아리오사, ≪채용 리포트≫, 서울: 아리오사, 1985∼1986.

노동부, ≪직업의 세계≫−사무직·판매직·서비스직−, 서울: 노동
　　부 국립중앙직업안정소, 1984.

노동부, ≪직업의 세계≫−전문직, 서울: 노동부 국립중앙직업안정
　　소, 1983.

이상옥 외, ≪고교생 진로안내 백과≫, 진학과 취업의 문, 서울: 집
　　현전, 1981.

한국직업교육학회, ≪직업교육연구≫ 1∼4집, 서울: 한국직업교육
　　학회.

이시종, ≪직업훈련≫, 서울: 삼영사, 1978.

직업훈련연구소, ≪직업교육을 위한 모형개발에 관한 연구≫, 서울:
　　직업훈련연구소, 1982.

서울특별시교육연구원, ≪진로지도슬라이드(Ⅱ)≫ −직업교육−, 서
　　울: 서울특별시교육연구원, 1984.

한국여성개발원, ≪여성 사회참여 훈련≫, 1985.

≪정경연구≫, 월간지.

한국직업훈련관리공단에서 발간하는 연구물·자료.

≪취직≫, 월간지.

다. 개인·사회적 정보에 관한 정보자료의 예시(단행본)

이 분야에 관한 정보자료는 처세술·대인관계·도덕·종교·이성·
이데올로기·여가선용·가치관 등 다양하므로 종류가 많아 역시 몇
가지만 참고로 제시하겠다.

> 김동사 역, ≪카네기 인생론≫, 서울: 내외신서, 1983.
> 차근호 옮김, ≪지혜롭게 사는 인생≫, 서울: 백만 인의 영어사,
>　　1985.
> 이시형, ≪배짱으로 삽시다≫, 서울: 집현전, 1978.
> 서울특별시교육연구원, ≪극기교육≫, 서울: 서울특별시교육연구원,
>　　1985.
> 황국산 옮김, ≪현대인의 자기극복 비결≫, 서울: 좋은 글, 1983.
> 서울특별시교육연구원, ≪성교육자료≫, 서울: 서울특별시교육연구
>　　원, 1983.
> 서울특별시교육연구원, ≪學生事案의 예방과 지도≫(정신건강), 서
>　　울: 서울특별시교육연구원, 1984.
> 서울특별시교육연구원, ≪人性敎育資料≫, 서울: 서울특별시교육연
>　　구원, 1984.
> 안병욱, ≪처음을 위하여 마지막을 위하여≫, 서울: 자유문학사. 1983.

(2) 美國의 進路情報 現況

미국의 경우에는 진로정보에 관한 자료가 많이 연구되고 보급되어
있기 때문에 진로지도에 매우 편리함을 느끼고 있다. 물론 생활지도
활동에도 필요한 정보이기도 하며 현재 많이 이용되고 있다. 그러나
우리나라의 경우에는 이제 시작의 단계에 있으므로 선진국의 그것을

참고로 하여 필요하면 모방하기도 해서 우리의 것을 만들 필요가 있다. 그래서 참고적으로 미국에서 널리 알려진 각종 정보자료를 소개하여 인식을 새롭게 하고자 한다. 출판지와 출판사 등을 제시하였으므로 필요하면 주문해서 구할 수 있도록 편의를 제공하고 있다.

가. 교육정보에 관한 것

① 베론의 미국대학 프로필(*Barron's Profiles of American College*) Ⅰ, Ⅱ권, Barrons Educational Series, Inc. 113 Crossways Park Drive, Woodbury, New York 11797. 1권의 내용. "대학소개"-초급대학·지역사회대학·공업전문대학·4년제 대학.

② 대학전공안내(*Guide to College Majors*) Chronicle Guidance Publications, Inc. Moravia, New York (1976-77). 카운슬러용 대학전공안내 책자로서 1권에 $1.50.

③ 러브조이 대학안내(*Lovejoy's College Guide*) Simon and Schuster, Inc. 630 Fifth Avenue New York, New York 10020. 3, 600개 대학 이상의 내용을 소개하는 완전한 참고서.

④ 미국무역대학요람(*American Trade Schools Directory*) Croner Publications, Inc. Queens Village, New York 11428 Cost: $18.00.

⑤ 러브조이 직업 및 직업학교 안내(*Lovejoy's Career and Vocational School Guide*) Simon and Schuster, Inc. 630 Fifth Avenue New York, New York 10020 Cost: $ 7. 95.

⑥ 대학입학시험위원회 가이드(학생 및 부형을 위한 재정지원)(*The Official College Entrance Examination Board Guide to Financial Aid for Students and Parents*) Elizabeth W. Suchar and Phyllis Harris Simon and Schuster, Inc. One west 39th Street New York, New York 10018. 이 책은 대학생을 위한 실제적인 재정지원 정보를 제공해 준다.

⑦ 학생보조교본(*Student Aid Manual*) Chronicle Guidance Publications, Inc. Moravia, New York (1977) This guide is periodically updated. Cost: $7.50.

⑧ 베론의 2년제 대학안내(*Barron's Guide to the Two-Year Colleges*) Barron's Educational Series 113 Crossways Park Drive Woodbury, New York 11875.

⑨ 대학에 진학하지 않는다면(*If you're Not Going to College*) Science Research Associates 259 East Erie Street Chicago, Illinois 60611.

⑩ 고교졸업 후 무엇을 할 것인가(*What to Do After High School*) Charles G. Spiegler and William B. Reiner Science Research Associates 259 East Erie Street Chicago, Illinois 60611.

⑪ 대학안내요람(*College View-Decks*) Chronicle Guidance Publications Moravia, New York 13113.

나. 직업정보 자료에 관한 것

① 직업전망사전(*Occupational outlook Handbook*) U. S. Department of Labor, Bureau of Labor Statistics U. S. Government Printing Office Washington, D. C. 20402. 30개 기업체 내 800개 이상 직업정보를 제시하고 있다. 일의 형태, 교육조건, 승진관계, 봉급수준, 직업전망 및 각 직업에 대한 부수적 정보자료를 제공해 주고 있다.

② 직업전망 계간지(*Occupational outlook Quarterly*) Superintendent of Documents U. S. Government Printing Office Washington, D. C. 20402. Cost: $1.50 / year. 미국 정부 인쇄소 발행으로 1년에 4권 정도 계간으로 발행되는 직업전망 잡지임.

③ 직업분류사전(*Dictionary of Occupational Titles*) fourth edition U. S. Department of Labor Superintendent of Documents U. S. Government Printing Office Washington D. C. 20402. 직업사전으로 2만 정도의 직업종류를 설명해 주고 있다.

④ 비네 버즈 생활지도 키트(*B'nai B'rith Guidance Kit, Chronicle 3-in-1 Guidance Service, SRA Guidance Service*) Cost: approximately $60.00 / year.

⑤ 직업지도 계간지(*The Vocational Guidance Quarterly*) one subscription($10.00). A section of this publication keeps up to date the *NVGA Bibliography of Current Occupational Literature.*

⑥ 묶지 않은 직업 파일 Occupational file of unbound materials. 파일 박스에 직업소개에 관한 팸플릿을 비치한 자료.

⑦ VIEW(지방, 州, 국가) Local, state, regional, or national VIEW.

⑧ 진로 및 직업지도 백과사전(*Encyclopedia of Careers and Vocational Guidance*) J. G. Ferguson Publishing Company Six N. Michigan Avenue Chicago, Illinois 60602. 1권에는 진로계획, 2권에는 진로와 직업으로서 650개 직업에 대한 내용소개.

⑨ 직업전망(*Occupational View-Deck*) Chronicle Guidance Publications Moravia, New York 13118.

⑩ 어떠한 일도 할 수 있다: 여성을 위한 직업 및 대학(*I Can Be Anything: Careers and Colleges for Young Women*) College Entrance Examination Board 888 Seventh Avenue New York, N. Y. 10019(1975).

⑪ 진로발달에 대한 의사결정(*Decision Making for Career Development*) Science Research Associates, Inc. 259 East Erie Street Chicago, Illinois 60611.

⑫ 콘사이스 직업 핸드북(*Concise Handbook of Occupations*) J. G. Ferguson Publishing Company Six N. Michigan Avenue Chicago, Illinois 60602(1974).

⑬ 직업탐색 키트(*Job Finding Kit*) Vocational Curriculum Management Center Commission for Vocational Education Building 17, Airdustrial Park Olympia, Washington 98504.

⑭ 에보니 성공도서관(*The Ebony Success Library*) Southwestern Publishing Company 5101 Madison Road Cincinnati, Ohio 45227 (1973).

⑮ 직업에서의 첫 번째 일(*Your First Work on the Job*) Guidance Associates 757 Third Avenue New York, New York 10017.

⑯ 직업을 구하는 방법(*How to Get a Job*) Collier Macmillan Publishers 8701 Wilshire Boulevard Beverly Hills, California 90211(1974).

다. 개인·사회적 정보자료에 관한 것

① 가치명료화의 기초(*An Introduction to Values Clarification*) Educational Relations Department J. C. Penney Co., Inc. 1301 Avenue of the Americas New York, New York 10019.

② 진로선택: 평생의 과정(*Career Choice: A Lifelong Process*) Guidance Associates, 757 Third Avenue New York 10017.

③ 경쟁의 극복(*Coping With Competition*) Guidance Associates 757 Third Avenue New York, New York 10017(1974).

④ 직업탐색: 어디서 시작(*Job Hunting: Where to Begin*) Guidance Associates 757 Third Avenue New York, New York 10017.

⑤ 생활직업 게임(*Life Career Game*) Bobbs-Merrill Co., Inc. 4300 W. Second Street Indianapolis, Indiana 44268.

⑥ 가치판단: 오늘의 결정(*Making Value Judgments: Decisions for Today*) Charles E. Merrill Publishing Company, 1300 Alum Creek Drive Columbus, Ohio 43216(1972).

⑦ 이력서 워크 북(*Résumé Workbook*) 4th Edition Carroll Press Publishers Princeton, Rhode Island 02920(1970).

⑧ 가치 명료화: 교사와 학생을 위한 실제전략 핸드북(*Values Clarification: A Handbook of Practical Strategies for Teacher and*

Students) Pennant Educational Materials, 8265 Commercial La Mesa, California 92041.

⑨ 내가 누군가 말하기를 두려워하는가(*Why Am I Afraid to Tell You who I Am?*) Argus Communications 7440 Natchez Avenue Niles, Illinois 60648.

제7장 各級學校에서의 進路指導

산업사회의 급속한 성장과 전문화·다양화로 인하여 여러 분야에서는 서로 다른 특성을 지닌 적합한 능력 있는 사람을 요구하고 있다. 따라서 유능한 인재를 단계적으로 양성하고 국가발전에 기여토록 해야 한다는 교육의 명제가 뒤따르게 된다.

요즈음 학교에서 진로지도 교육이 강조되고 있는데 그 개념정립과 한계성에도 논의점이 많은 것 같다. 그러므로 개개인이 적성·능력·흥미와 인성에 따라 그들의 행복을 추구하여 보람 있는 생활을 유지할 수 있는 진로교육 프로그램의 개발이 전제되어야 한다.

진로지도는 진로교육의 하위개념으로서 진학지도와 직업지도를 포함한다. 그런데 여태까지는 일선 교사나 일반 사회의 학부형들까지도 진로지도를 단순히 대학에 입학하는 진학지도만을 그 교육의 전부인양 생각해 온 그릇된 관념이 지배해 왔고 또한 그 개념조차도 잘 모르고 무조건 상급학교에 진학만 하면 모든 것이 임무가 끝난 것으로만 착각해 왔다. 이것이 정면으로 시정되어야 교육의 정상화를 기할 수 있다.

그러나 진로지도란 그와 같은 단편적인 면만이 진로지도임을 인식하고 있는 관념을 깨끗하게 청산해 버려야 한다. 진로지도란 단순히 고등학교나 대학에서나 필요한 것으로 여기던 생각이 최근에 와서 점차 비중을 크게 두는 방향으로 바뀌고 있다. 지금에 와서는 초등학교에서부터 장래의 직업생활에 필요한 기초적인 태도함양을 위한 교육

또는 방안이 마련되어야 하겠다는 새로운 인식이 싹트고 있다.1) 이
제는 진로지도란 개념은 이미 초등학교에서나 중·고등학교, 나아가
서는 대학에 이르기까지 진로지도에 대한 관심이 상당히 높아졌고 이
에 대한 조직적이고 깊은 연구가 계속 진행되고 있으며 관심 있는 학
자들도 많이 쏟아져 나오고 있다.

여태까지 우리나라의 교육계에서는 단순히 교과지도만을 지도해 오
는 관습에 젖어 새롭게 사회적 요청에 부응하는 개혁에는 소홀히 하
고 전통적인 습관에만 젖은 것이 지배적이었고 교과교육만 마치면 교
육이 끝난 것으로만 생각하는 경향이 주요관심사였다. 그러나 생활지
도와 진로교육이 교과교육과 아울러 쌍벽을 이루는 중요한 교육활동
임을 인식하게 되었다. 더욱이 1980년대 초반부터 진로교육의 필요성
을 주장하는 직업교육 전문가 내지는 전문학자들이 이미 서구 여러
나라에서 발전하고 있는 진로교육의 이념을 도입하기 시작하여 이제
는 우리도 정착의 단계로 접어들어 가고 있다.

필자를 비롯하여 이정근(李定根)2), 이무근(李茂根)3), 길형석(吉亨
奭)4) 교수들이 그동안 진로교육의 개념정립·필요성·방법·프로그
램 등의 문제를 중심으로 연구개발에 노력을 하고 있으며, 한국교육
개발원 직업기술교육 연구팀의 장석민 실장을5) 중심으로 하여 진로
교육 문헌조사, 초등학교의 진로교육 등 실제적인 실험연구를 계속

---

1) 이정근, ≪진로지도와 진로상담≫(서울: 중앙적성연구소, 1978). p.107.
2) 이정근·황응연, ≪중등학교 진로지도 프로그램 개발에 관한 연구≫(서
　울: 한국교육개발원, 1981).
3) 이무근, 「일의 세계와 진로지도」, 진로지도 개선을 위한 워크숍 보고
　서, 한국카운슬러협회, 1984.
4) 길형석 역, ≪진로개발교육≫(서울: 교육출판사, 1982).
5) 장석민 외, ≪진로교육에 관한 문헌분석 연구≫(서울: 한국교육개발원,
　1985).
　* 진로교육에 관련된 문헌은 참고문헌에 소개할 것이므로 참고하기
　　바람.

추진하여 전국의 초등학교 교육에 도입하여 지도할 수 있는 자료들을 제작하고 있는 실정이다. 이에 따라 전국 각 대학원·교육대학원 석사 학위 논문을 통해서도 진로의식·진로탐색·진로지도 등에 관련된 수 많은 논문들이 쏟아져 나오고 있음은 그만큼 진로에 대한 인식과 요청 이 사회적으로 시급함을 대변해 주고 있다는 것을 증명하는 것이다.*

지금까지의 진로지도 현황을 살펴보면 문제점이 많은 것을 지적하 지 않을 수 없다.

일선 학교에서는 학생의 적응문제·학업문제·진학·문제행동 등에 는 상당한 관심을 가지고 지도하는 데 많은 노력을 기울여 왔다. 그 러나 학생의 장래와 밀접한 관계가 있는 진로지도는 제대로 실시되지 못하고 있었는데 그 이유의 중요한 몇 가지를 들면 다음과 같이 제시 할 수 있다.

1) 진로지도의 복잡성과 난이성, 그리고 이해부족
2) 진로지도와 상담에 필요한 지식의 부족
3) 카운슬러에 대한 비현실적인 기대
4) 카운슬러의 활동에 대한 제약과 행·재정적인 지원의 미흡
5) 대학진학 후에 진로를 선택해도 무방하다는 태도
6) 진로상담을 경시하는 태도
7) 진로상담에 대한 이론적 연구와 실천에 필요한 자료부족

위와 같은 요인으로 말미암아 진로지도는 그 목적과 필요성에 비추 어 볼 때 너무 등한시해 왔고 모르고 있는 교사나 상담교사, 심지어 학교행정가들까지도 방심해 온 것은 사실이다. 뿐만 아니라 학부형들 도 인식이 부족하다.

그러나 진로교육은 앞 장에서도 강조해 온 바와 같이 학생 개개인 이 지니고 있는 가능성을 탐색·발견하고 이를 충분히 계발시켜 학생 이 장차 원하는 직업을 선정할 수 있게 해 주고, 의미 있고 행복한 삶을 준비하게 하는 학교교육의 핵심이라 할 수 있다.6) 진로교육의

충실화는 개개인이 직업에 대해서 사명감과 애착심을 갖고 급변하는 사회에 능동적으로 적응해 갈 수 있는 힘을 길러주고, 국가에 필요한 인력이 적재적소에 배치될 수 있게 해줌으로써 인력의 효율적인 활용이라는 점에서도 국가·사회 발전에 크게 기여하는 결과를 가져오게 된다.

사람은 누구나 자신의 자질과 적성, 그리고 능력을 바탕으로 나름대로의 인생을 설계하여 생의 방향을 결정 지워주는 직업을 선정한다. 이 직업을 통해 가족의 생계를 유지하고 생활의 기쁨과 보람을 찾으며 나아가 자기의 존재와 사회의 위치를 확인하면서 사회의 일익을 분담하는 것이기 때문에 직업의 선정이야말로 한평생에 있어 가장 중요한 결단이라 할 수 있다.7)

우리나라가 진로교육의 중요성을 절감하고 이를 새로이 공포된 교육과정의 기본철학으로 설정하였다는 점은 때가 늦은 감은 있으나 개인 자신과 나아가서는 국가의 장래를 위해 천만 다행스런 일이 아닐 수 없다. 진로교육은 경제·사회의 맥락 속에서 자신의 진로를 개척할 수 있는 진취적이고 능력 있는 인간을 기르는 데 그 기본목표를 둔다(앞의 1장 참조). 개인이 자신에게 적합한 진로를 찾고 준비할 수 있도록 하는 노력은 가정·학교·사회의 공동책임이며 사회화의 초기부터 계속적으로 이루어져야 하는 것이지만, 초·중·고등 학교시절은 졸업 후 사회성원으로서의 역할수행을 위한 기초 작업이 철저하게 이루어져야 하는 단계이다.

이러한 진로지도의 중요성에 입각하여 각 단계별 학교에서 추진되어야 할 과제와 방법을 제시함으로써 목적하고 있는 바를 실천에 옮길 수 있을 것으로 믿고 다음과 같이 진로지도 방법을 소개하고자 한다.

---

6) 한국교육개발원, ≪진로교육자료≫, 1982. p.3.
7) ≪상게서≫, p.3.

1. 初等學校에서의 進路指導

　진로교육의 효과가 팽창되는 영향과 개인의 진로발달에 관한 지식의 증가로 말미암아 초등학교에서의 진로지도 준비가 가속화되어 가고 있다. 이와 같은 추세에 반대하는 일부의 사람들은 초등학교 환경에서 진로지도를 실시하려는 생각에 대해서 너무 이르다고 믿고 있다. 그러나 진로지도의 실시를 옹호하는 전문학자나 식견이 있는 사람들은 성인행동의 근본이나 일이 일찍부터 이루어지기 때문에 유치원에서부터도 너무 늦다고 하며 가정과 사회에서 직업선택의 영향은 아동의 학교 이전의 경험에서부터 연장된다고 믿고 있다. 초등학교에서부터 진로지도가 필요하다고 주장하는 이유는 다음과 같다.

　1) 급격한 사회·경제적 변화에 따라 보는 수준의 교육에서 진로지도를 병행해야 할 필요성이 대두된 것이다. 여기서 말하는 변화란 산업과 산업공정상의 변화, 직업적인 변화, 기술이 없는 젊은이들을 위한 취업기회 감소, 급격히 확장되고 점차 복잡해 가는 일의 세계, 직업 요구조건의 변화 등을 말하며, 이러한 변화에 현명하게 대처해 나가기 위해서는 어렸을 때부터 자신의 진로를 위한 지도를 받을 필요가 있다는 것이다.

　2) 최근 인성(人性)과 아동발달 분야에서 밝혀진 연구결과들이 초등학교 아동에게도 진로지도가 필요하다는 사실을 입증해 주고 있다.8) 이러한 연구결과에 의하면 이미 초등학교 3~4학년이 되면 자신의 진로 및 일에 대해 지대한 관심을 나타내기 시작하며 이러한 관심은 학년이 올라갈수록 계속되어 6학년이 되면 반 이상이 잠정적으로 자신의 진로를 선택하게 된다고 한다. 즉, 일반적으로 아동이 자아

---

8) 이정근, ≪전게서≫, 재인용, p.115.

의식, 미래의 교육 및 직업적 대안에 관한 지식과 의사결정의 기초에 관한 발달이 초등학교에 있어서 중요하게 간주되어 왔다.

초등학교에서의 진로지도는 아동들에게 조숙한 빠른 선택을 강요하는 것은 아니다. 오히려 진로지도는 가능한 선택의 인식, 예견할 수 있는 방법과 계획, 그리고 개인 특성의 관련성에 초점을 두고 있다. 수많은 학생들은 그들이 선택할 수 있는 기회와 그렇게 행할 수 있는 능력을 가지고 있다는 것을 알 필요가 있다. 이러한 학생들은 또한 자신을 알고 자신이 어떻게 변화되며 장래를 위해 탐색하고 준비할 수 있는 학교경험을 어떻게 이용할 수 있는가를 알 필요가 있는 것이다.

초등학교 진로지도에 있어서 가장 중요한 기초를 둔 요인 가운데에는 다음과 같은 강조점을 지적하고 있다. ① 사춘기나 성인기의 선택 행동 양식은 아동기에 발생하는 발달적 경험 유형에 영향을 받고 있다는 것을 인식하여야 한다. ② 초등학교에서 사용된 많은 자료나 교재들은 부정확하게 일의 세계나 미래교육을 묘사하고 있으며 가능한 교육적·직업적 가능성의 제한된 견해를 육성한다는 것을 입증하고 있다. ③ 개인의 장점을 알고 약점을 수정하는 방법, 가능한 탐색적 자원을 계획하고 이용, 일과 기타 지역사회 역할에서 학교교육과 그의 응용 간의 관계를 인식하는 데 있어서 미래의 성장에 적응하기 위해서 개인의 능력에 대한 느낌을 깨달아야 한다.9)

---

9) Edwin L. Herr and Stanley H. Crammer, *Career Guidance Through life Span*(Boston: Little, Brown and Company, 1979). p.140.

(1) 初等學校에서의 進路指導 目的

초등학교의 진로지도 목적은 학생들이 다음과 같은 내용을 수행함으로써 풍부한 생활경험을 제공하는 데 있다.10)

1) 개인의 장점·가치·흥미를 이해하는 일은 교육과 직업선택의 기초가 된다는 것을 인식한다.

2) 현재를 계획하고 성실하게 준비함으로써 미래의 목표를 이루는 데 가능하다는 것을 이해시킨다.

3) 교육 및 직업적 대안(alternatives)의 요건을 선택하고 충족시키기 위하여는 개인의 능력의 정도를 성취한다. 그리고 자신의 행동 및 생애에 책임을 져야 한다는 인식을 시켜준다.

4) 평생을 통한 계속교육으로서 개인의 자아, 개인의 선택, 요구와의 관계 속에서 변회가 주는 암시를 고려한다.

5) 문제해결과 개인의 의사결정 간에 유사성을 이해한다.

6) 다음에 교육 및 직업선택 계획에 필요한 공평하고 참신한 정보의 기초를 발전시킨다.

7) 학교 학습이 생활을 위한 탐색과 준비를 하기 위한 여러 가지 기회로 구성된다는 것을 이해한다.

8) 교과기술(즉, 읽고 쓰고 셈하기)과 다른 교과목, 그리고 이 교과목들이 미래의 교육과 일의 선택에 어떻게 이용되는가의 관계를 깨닫도록 한다.

9) 사람들은 타인과 아이디어를 가지고 사물과 더불어 일하는 직업을 분류할 줄 알도록 한다.

10) 직업과 진로(career), 생활양식 간에 관계를 고려한다.

11) 일을 다른 사람을 위해 봉사한다는 목적을 기술한다.

12) 효과적인 여가선용의 중요성을 고려한다.

---

10) *Ibid.*, p.144.

한국교육개발원에서 제정한 초등학교 진로지도의 목표는 다음과
같다.11)

1) 자신의 소질·흥미를 발견한다.
2) 지역사회의 각 산업체 및 여러 기관, 단체들이 하는 일에 대
한 이해를 통하여 모든 직업이 똑같이 소중함을 안다.
3) 직업의 중요성을 인식함으로써 장래 직업인으로서의 포부를
갖는다.

베일리(Bailey)와 스타드(Stadt)는 유치원에서부터 초등학교 6학년
까지를 두 단계로 구분하여 K－3학년까지를 인식단계, 4～6학년까지
를 적응단계로 나누어 부수적인 목적을 제시하고 있다.12)

인식단계(K－3학년)
① 자아의 인식
② 직업역할의 다른 유형 인식
③ 자신의 행동에 대한 개인의 책임 인식
④ 분류의 기본원리와 의사결정 기술의 인식
⑤ 협동적 사회행동의 학습
⑥ 타인의 존중과 그들이 행하는 일의 발달

적응단계(4~6학년)
① 자아와 관련된 개념발달
② 일의 세계와 관련된 개념발달
③ 개인의 인생을 계획하는 데 필요한 증가된 책임의 수행
④ 의사결정과 분류기술의 응용

---

11) 한국교육개발원, ≪진로교육 자료≫, 1982. p.14.
12) Larry J. Bailey and Ronald Stadt, *Career Education: New Approaches to Human Development*(Bloomington: McNight Publishing Co., 1973). pp.351-359.

⑤ 바람직한 사회관계의 발달

⑥ 일의 태도와 가치의 발달 등을 이루어야 한다고 주장한다.

이정근은 진로지도의 목적을 다음과 같이 규정하였다.13)

① 자아에 대한 이해

② 다양한 직업역할의 유형에 대한 인식 및 일의 세계와 관련된 개념의 발달

③ 자신의 행동 및 생애에 책임을 져야 한다는 인식

④ 의사결정 능력의 신장

⑤ 협동적인 사회행동의 학습

⑥ 일에 대한 태도와 가치관의 개발

이무근은 초등학교의 진로지도 목적을 초등학교 학생들이 모든 일에 대하여 건전한 태도를 가지며 어린이들이 일의 다양성을 인지하도록 하며 직업의 다양성과 특성에 관하여 상상하고, 의문을 갖도록 하고 일의 대가는 돈뿐만 아니라 여러 가지가 있다는 것을 이해하도록 하는 데 있다고 주장한다.14) 초등학교 4, 5, 6학년이 되면 학생들이 주변·지역·국가·세계를 대상으로 어떤 직업인이 있나를 알고 근로자들의 상호의존을 이해하고 특정 직업에 성공하기 위해서는 어떤 능력이나 성격이 특별히 요청되느냐를 안다. 그리고 직업을 선택하는 데에는 여러 가지 정보가 필요하다는 것을 인식하며, 직업을 선택하고 유지하는 데 야기되는 주된 문제들이 무엇인가를 안다. 끝으로 자신이 앞으로의 진로를 선택 결정하는 데에는 주의 깊은 계획과 연구가 필요하다는 것을 깨닫게 하는 데 있다.

---

13) 이정근, ≪전게서≫, pp.116-119.

14) 李茂根, "進路敎育의 意義와 進路指導의 必要性," ≪교육자료≫ 12월 호(서울: 韓國敎育出版, 1981). p.35.

위와 같이 여러 학자들의 진로지도에 관한 여러 가지의 목적을 종합해 볼 때 초등학교 아동들은 진로발달 단계로 보아 환상기에 놓여 있어 현실을 직시해 보는 안목이 없고 다만 자기 능력의 범위를 벗어난 이상(理想)의 세계에 맴돌고 있기 때문에 현실적인 지도에 어려움을 느낀다.

따라서 자기를 중심으로 하여 나는 누구인가? 나의 소질개발·흥미 등을 살펴보는 계기와 기회를 주어 보다 구체적으로 자신의 주제파악에 대한 인식을 할 수 있도록 구체적으로 지도되어야 한다. 그러므로 ① 자아의 발견—자신의 소질·흥미 발견, ② 일의 세계—직업의 종류와 내용, 직업과 교육에의 관련성을 인식시킨다. 즉, 사람과 일, 산업과 직업, 사회적 분업과 직업, 일과 직업수행을 위한 지식·기술 습득의 필요성을 제기한다. ③ 진로계획—장래의 희망·포부를 설정하고 장래 희망을 성취하기 위한 방법을 구상한다. ④ 일에 대한 태도 및 가치관의 형성, 즉 일의 소중함과 일의 보람을 느끼도록 지도하는 것을 목적으로 해야 한다고 지적하고 있다.

초등학교 교육은 교육법 93조에 제시한 바와 같이 "국민생활에 필요한 기초적인 초등 보통교육을 하는 것을 목적으로 하고 있는데" 이와 같은 목적을 달성하기 위하여 동법 94조 5항에 보면 "일상생활에 필요한 의식주와 직업 등에 대하여 기초적인 이해와 기능을 기르며 근로역행(勤勞力行)·자립생활의 능력을 기른다."고 규정하고 있다.15) 이와 같이 교육법에도 제시한 바와 같이 초등학교에서도 일반 교양교육뿐만 아니라 일상생활을 영위하기 위한 직업교육에도 관심을 가지고 지도되어야 한다는 규정이 뚜렷하게 명시되어 있음을 상기하여야 한다. 더욱이 새로 개정된 초등학교 교육과정에도 「진로지도 교육의 충실화」란 강조가 삽입되어 있는 것을 볼 때 초등학교 수준에서 마땅

---

15) 文敎部, ≪文敎法典≫(서울: 敎學社, 1984). p.19.

히 진로지도에 박차를 가해야 될 것이다.16)

요약하면 초등학교에서 진로지도의 자아와 관련된 목표는 ① 홍미
와 능력 및 기술의 측면에서 볼 때 자아의 인식, ② 자아, 예를 들면
의사결정이나 문제해결을 위한 책임을 수행하기 위하여 필요한 모든
과정에서의 기술, ③ 타인과 건전한 상호관계를 형성할 수 있는 능력의
이해 등이 포함된다. 또 다른 면에 있어서는 학생들로 하여금 일의 세
계를 깨우치도록 하는 데 관련된다. 여러 학자들(Thomson, 1969; Han-
son, 1969)은 일의 세계에 관한 지식에 관련된 주요 부수적 목표를 제
시하고 있다. 첫째 목표로는 일에 대한 건전한 태도와 사회에서 이행
되는 모든 일의 유형의 중요성에 대한 존경심을 발전시키는 데 있다.
둘째 목표는 여러 가지 직업에 대한 홍미를 유발시키는 데 있다. 초
등학교 수준에서는 학생들은 직업의 다양성을 탐색하고 직업 영역에
대한 지식을 확장시킬 필요가 있다. 셋째 목표로 진로지도 프로그램
은 학생들에게 변화하는 일의 세계를 인지하도록 도와주어야 한다.17)

(2) 初等學校에서의 進路指導 方法

초등학교 생활지도 프로그램을 위한 진로지도 활동을 계획하는 데
있어서 교사는 학습자로서의 초등학생의 성격에 대한 여러 가지 사실
들을 고려해야 한다.18)

---

16) 문교부, 《초등학교 교육과정》(서울: 대한교과서주식회사, 1984).
17) Robert E. Campbell, Gary R. Walz, Juliet V. Miller, and Sara F.
   Kriger, *Career Guidance: A Handbook of Method*(Columbus: Charles
   E. Merrill Publishing Co., 1973). p.18.
18) *Ibid.*, p.18.

1) 초등학생들에게 학습의 중요한 방법은 다른 사람들의 행동을 모방을 통하여 이루어진다(모방학습).

2) 아동에게 있어서 언어기술은 잘 발달되어 있지 않다. 그런고로 신체활동의 기회가 주어진다면 학습이 진전된다.

3) 초등학교 학생들은 즉각적인 지각 분야에 표현된 개념들에게만 이해할 수 있다.

4) 초등학교 학생들은 확고한 선택보다는 오히려 직업세계를 탐색할 기회가 필요하다.

아동들은 자신의 행동발달을 기초로 모델링(modeling) 역할을 사용한다. 그러므로 진로지도를 위한 중요한 교수기술은 그러한 행동 모델의 다양성을 사용해야 한다. 모델 역할의 다양성을 표현하는 것은 아동에게 수많은 직업역할이 있다는 아이디어를 교환하는 데 크게 도와준다. 전형적으로 아동의 모델 역할은 자기의 직접적인 환경, 예를 들면 부모에게서와 같은 사람들에 한정된다. 진로지도 활동은 외부적인 자기의 직접적인 환경으로부터 수많은 모델을 제공하도록 고안되어야 한다. 그리하여 그의 직업적인 지각을 넓히게 되는 것이다.

초등학교 진로지도의 주요 경향은 행동지향 방법을 이용하는 데 있다. 아동의 인지발달의 성격에 관한 최근의 조사연구에 의한 주요한 일반적 개념은 어린 아동들은 오로지 직접적인 지각 영역에서만 생각할 수 있다는 것이다. 아동들은 추상적인 생각을 할 수 없다. 또한 그들의 능력은 한 가지 경험에만 관련되어 제한되어 있다. 그러므로 아동이 경험하지 않은 정보를 끄집어낼 수 있도록 의존하는 학습경험을 고안한다는 것은 효과적이 못된다. 만일 아동들이 여러 가지 직업의 가능성을 이해한다면 그들은 특수한 직업적인 행동의 구체적인 예를 경험할 필요가 있게 된다.

초등학교 학생들은 자신의 이해와 직업세계를 펼칠 수 있는 탐색적인 경험이 필요하다. 전형적으로 이러한 학생들은 직업의 세계를 이해하지 못하고 직업적인 용어에 있어서도 주위환경을 지각하지 못하며 몇 개의 선택된 직업의 성격에 대한 피상적인 지식만을 갖게 된다. 그러므로 초등학교 진로지도 경험은 일의 세계에 대한 아동의 견해를 확대시키고 직업적인 용어에서 개인의 특성을 설명하도록 돕는 데 집중해야 한다.

따라서 요구되는 진로지도 방법의 암시는 다음과 같다.19)

1) 직업발달은 개인의 평생을 통하여 펼쳐지는 계속적인 과정이므로 이 과정을 촉진시키는 아동 초기의 진로지도 경험을 시작하는 것이 중요하다. 여러 학자들은 직업발달이 초기의 조정에 관계없이 생기지만 이 발달의 정확성은 초기의 지도중재에 영향을 받을 수 있다고 한다.

2) 여론의 일치를 가져오는 여러 가지 기본적 초등학교 진로지도는 개인에게 ① 가능한 직업역할에 관련하여 개인의 특성을 설명해 주고, ② 사회에 존재하는 다양한 직업의 가능성을 이해하며, ③ 모든 일의 유형을 감상하도록 발전시키며, ④ 변화하는 직업세계의 성질을 이해하도록 돕는 것을 포함한다.

3) 아동들은 직접적인 환경을 통하여 다른 사람들의 행동을 모방함으로써 새로운 행동을 배운다. 초등학교 수준의 중요한 진로지도 기술은 행동의 모델을 제공해 주는 성인들을 아동의 세계에로 가져오게 하는 데 있다.

4) 아동의 인지발달 단계는 아동들에게 추상적인 사고를 하지 못하며 또한 한 장면에서 다른 장면으로 일반화하지도 못한다. 그러므로 진로지도 방법은 학생들에게 직접 경험을 통하여 배우도록 계획되어야 한다.

5) 초등학교 아동들은 행동지향 학습경험에 대단히 동기화되어 있다. 때문에 언어지향 상담기술은 초등학교 수준에는 적합지 않

---

19) *Ibid.*, p.20.

다. 게임이나 드라마, 역할극 그리고 흉내 내기 등과 같은 방법은 더욱 동기를 불러일으키고 학습을 극대화하는 결과를 가져온다.

6) 초등학교 아동들은 직업세계에 좁은 식견을 가지고 있고 몇 가지 직업에만 피상적 견해를 가지고 있으며 다른 것들에는 전혀 아는 바 없고 높은 수준의 직업을 갈망한다. 이러한 사실은 학생들이 보다 정확하게 직업세계를 이해할 수 있도록 탐색적이고 경험을 넓힐 필요가 있다는 것을 제시해 주고 있는 것이다.

(3) 初等學校에서의 進路指導 技術

진로지도의 기술은 학급담임 교사나 상담교사들이 진로지도의 목표에서 제시한 내용들을 근거로 하여 각자 나름대로 창의성을 발휘하여 진로지도 계획을 세워 아동들을 지도하는 것이 바람직한 일이다. 그러나 다음과 같은 프로그램의 내용을 참조로 하여 아동의 발달수준에 알맞게 지도기술을 발휘하여야 한다.[20]

가. 교육과정에 注入

1) 진로단원(career unit)의 실시
2) 개인의 의사결정을 묘사하는 읽을 만한 참고도서나 문헌들을 제공해 준다.
3) 로버드 프로스트(Robert Frost) 시인이 쓴 ≪택하지 않은 길≫ (*The Road Not Taken*)과 같은 책을 읽고 학생들로 하여금 자신의 생활에서 의사결정과 비교하도록 한다.
4) 선택한 주제에 관한 생활지도 필름들을 보여준다(우리나라의

---

[20] Edwin L. Herr and Stanley H. Crammer, *op. cit.*, pp.156-159.

경우 서울특별시교육연구원에서 연구팀이 공동 제작한 진로지도 슬라이드(I)는 좋은 본보기가 됨).

5) 홍미나 또는 가치들이 다르게 묘사된 인물에 기본을 둔 단편소설(short stories)을 분석한다.

6) 특정한 교과(subject matter)(예를 들면 산수·과학·국어 등)의 능력에 요구되는 직업군(career clusters)을 선정하고 그와 관련된 직업을 확인한다.

7) 학생들에게 예를 들면 교통수단과 같은 변화의 장면을 연구하도록 시킨다. 또한 영향을 미치는 변화와 직업을 묘사하는 사진들을 모으도록 하며 주제와 관련된 직업들을 게시판에 진열하도록 한다.

8) 보고할 때 학생이 직업인인 체하며 서로 다른 직업들을 구두상으로 말한다.

9) "나는 어떠한 사람인가" "내가 바라고자 하는 종류의 사람"이 무엇인가 또는 학생들이 과거에서 변화를 해 온 바를 어떻게 느끼고 있는가를 공책에 쓰도록 한다.

10) 자서전을 쓰게 하고 학생들의 생활이 가정이나 학교 또는 동료에 의해 영향을 받는 최소한 세 가지 방법을 말하도록 한다.

11) 일의 세계로부터 얻은 용어를 사용하여 풍자문을 쓰게 한다.

12) 일의 세계를 이용하여 가로 세로 낱말 맞추기를 실시한다.

13) 일의 세계로부터의 낱말을 분류하기 위하여 신문의 구직란을 이용하도록 한다.

14) 학생들에게 질문을 작성하도록 하고 직업과 교육적 대안(代案)에 기초를 둔 「퀴즈쇼」를 학급에서 참가하도록 한다.

15) 특정한 직업에 대해 구직광고를 작성하도록 한다.

16) 도구나 재료, 유니폼 또는 이들의 사진을 가져오게 하여 이 자료를 사용하는 대상이나 노동자들에 대해서 창작적인 작문학습을 위한 기초로 이용한다.

17) 학생들에게 잘못 이루어진 일의 세계에 여러 가지 국면에

대하여 짤막한 만화 쪽지를 만들어 보게 한다.

18) 작가나 음악가, 예술가 등과 같은 직업이 자기표현의 수단
으로서 틀림없이 지니고 있는 사람들의 사진을 모으게 한다. 그리
고 다른 직업들도 자기표현의 수단이라는 방법에 대하여 학급토의
를 전개한다. 사진은 게시판에 이용할 수 있다.

19) 자유시간에 무엇을 하며 어느 숙제를 먼저 해야 하며, 점심
을 어디서 먹어야 하는가 등과 같은 의사결정 활동에 매일 참여하
도록 한다.

20) 학급 파티나 견학(field trip)에 대한 계획을 세우고 이루어
져야 할 타협을 분류해 보며 모험이나 발생될 결과들에 대해 분류
해 본다.

21) 서로 다른 직업군에 관한 흥미 센터를 만들거나 또는 자신
의 특성을 평가할 수 있는 방법을 구상한다.

22) 직업인과의 대화, 공부하는 기술, 자기이해와 관련된 주제들
을 취급하고 있는 테이프나 카세트, 축음기, 레코드 장비, 이어폰
을 포함하는 청취 장소를 준비하여 듣게 한다.

나. 집단 활동을 통한 기술

1) 직업이나 진로를 주제로 하여 "해 보자", 또는 "나의 일은
무엇인가"를 역할 놀이로 해 본다.

2) 1~3학년 아동들을 위하여 사진에 대한 문제를 중심으로 역
할 놀이를 한다. 게시판(전시판)에 자기이해와 직업적 차이에 관계
되는 여러 가지 문제들과 또는 상황을 묘사하는 사진들을 붙여 본
다. 그리고 아동들에게 사진에 대한 설명을 역할 놀이로 해 본다.

3) 학생들에게 잡지나 여러 가지 문제에 대안적인 해결을 고려
해 보도록 불러일으키는 다른 자료에서 가능한 미완성된 이야기에
대하여 토론을 전개한다.

4) 의사결정에 중요한 책임을 지우도록 하는 단계나 조건을 묘

사할 수 있는 포스터를 구안(構案)하도록 한다.

5) 학생들에게 꼭두각시(puppet) 행동을 해 봄으로써 문제해결 장면을 증명해 보도록 한다.

6) 예를 들면, 학급을 「녹색」반과 「진홍색」 집단으로 나눈다. 그리고 학생들에게 한 가지 색깔의 차이를 보여주고 행동을 분석하며 대인관계 기술이나 또는 일의 적응상태를 관련시켜 설명한다.

7) 학생들에게 자아개념·가치관·선택결정, 그리고 기타 관련된 주제를 다룰 수 있는 창조적인 드라마 촌극(寸劇)을 계획하도록 한다.

8) 학생들에게 흥미와 능력 그리고 이것들이 중요하게 여겨지는 직업성취 등의 항목들을 분류해 보도록 한다.

9) 학생들에게 사진(슬프고 행복한 장면 등의)을 보고 느낌을 분류해 보고 이 느낌을 그들이 이와 같은 느낌을 경험했던 과거의 장면과 관련짓도록 한다.

10) 학생들에게 그들이 행하는 다른 역할을 분류해 보고 칠판에 항목을 적어보며 왜 이러한 역할이 이루어졌고 또한 왜 중요하였는가에 대하여 토의한다.

11) 학생들에게 느끼고 있는 사물이 유일하고 가치가 있으며 존경을 받을 만하게 하도록 일기를 계속해 쓰도록 한다.

12) 학생들에게 교육과 책임이 다른 수준에서의 진로 영역에서 직업유형을 설명하는 진로 피라미드를 구성하도록 한다.

13) 학생들에게 각 직업군에 있는 직업인(worker)에 대한 간단한 직무의 윤곽(profile)을 작성하도록 한다.

14) 여러 지역사회의 직업인들(즉, 경찰관·트럭 운전사·판매인·교사·건설공 등)을 설명하는 사진들을 주고 학생들에게 각 직업에 대한 직무 타이틀을 주어 포함돼 있는 작업 활동과 그들이 해결해야 할 문제를 토의한다.

15) 학교를 건설하고 유지하며 관리하는 열 가지 다른 직업인들을 묘사해 보도록 한다.

16) 20~50가지의 직업 리스트를 주고 학생들에게 각 직업이

직면해야 할 지역사회의 필요와 기능에 대한 예를 들어본다.

17) 일반적인 직업(10~15가지 종류)의 리스트를 주고 학생들에게 ① 대개 밖에서 일하는 직업, ② 실내에서 일하는 직업, ③ 실내와 실외에서 일하는 직업들을 구분하여 묘사하도록 한다.

18) 일하고 있는 사람의 사진을 보여주고 학생들에게 물품생산이나 봉사직의 차이를 분별하도록 한다.

19) 학생들에게 도구를 찍은 사진을 보여주고 이 도구가 이용되는 방법을 연결시켜 본다.

20) 학생들에게 각 직업군에서 일반적으로 사용되는 도구를 분류해 본다.

21) TV를 보는 동안 학생들이 발견한 직업유형의 예를 들어본다.

22) 여가시간 활동(즉, 야구·미술·사진·돌 모으기 등)의 리스트를 주고 각 학생으로 하여금 여가시간 활동에서 흥미를 자아낼 수 있는 한 가지 직업을 분류해 보도록 한다.

23) 역할 놀이 상황에서 학생들은 짝을 지어 구직 지원자를 면담하는 고용주의 역할을 해 본다. 면접자는 왜 인간이 직업을 원하는지 알기를 원한다.

다. 지역사회의 관여를 통한 지도

1) 지역사회의 직업조사(지역사회에 어떤 직업이 있는가 알아본다).

2) 교과목(subject matter)이 어떻게 일의 문제를 해결하는 데 응용되어 작업 활동을 촉진시키는 데 필요한가를 알 수 있는 기회를 학생들에게 허용하는 장면에 현장견학을 시킨다.

3) 자원인사(resource person)를 초청하여 인간의 특성이 어떻게 매일 일하고 있는 기능에 공헌하며 현재 그들이 하고 있는 일과 관련하여 그들의 직업적인 역사를 토의하도록 한다.

4) 지역의 성인교육반의 책임자를 초빙하여 학생들과 프로그램을 토의하고 왜 성인들이 그 코스를 택해야 하는가를 설명한다.

5) 여러 가지 직업에서 직업인들의 역할을 관찰하기 위하여 자원인사와 견학계획에 관한 리스트를 개발하고 조직한다.

6) 지역사회의 공장을 방문하고 전체 생산 공정의 과정을 관찰시키며 관찰한 내용에 대하여 서로 토의를 전개하고 호기심을 학급에서 발표한다.

7) 직업인들과 면담할 기회를 주어 학생들에게 직업인들이 현재 고용되어 있는 직업에 들어갈 때 결정 과정에서 진로탐색에 응용한 방법을 설명하도록 한다.

8) 일과 여가활동에서 얻어진 개인의 만족감을 발견하기 위하여 부모나 친척과 대담한다.

9) 스포츠 기재 상점을 방문하도록 하여 여가활동을 위해 사용되는 스포츠 기재에 대한 수요를 그 주인과 토의한다.

위와 같은 진로지도 기술에 대한 실례는 전적으로 진로지도를 담당한 교사나 학급담임 교사의 노력으로 학생들이 자신과 직업세계에 관련된 정보를 이해할 수 있는 기회를 많이 갖게 됨으로써 진로인식의 범위가 확대되고 자신을 좀 더 이해할 수 있는 계기를 주게 되는 것이다. 그러므로 취사선택하여 충분한 진로인식의 기회를 제공하도록 노력하여야 한다. 그리하여 아동들은 자기 자신의 소질·능력, 직업의 인식, 일의 고마움, 보람, 일에 임하는 태도, 가능성에 대한 깊은 이해를 촉구할 수 있게 된다.

요약하면, 지금까지 필자는 아동들의 진로발달을 촉진하기 위하여 초등학교 진로지도의 노력으로 사용될 수 있는 이론과 실제를 제시하였다. 논제를 중요하게 다루어온 것은 초등학교의 중요성이 자아와 환경에 대한 태도의 형성, 아동의 기대를 설명하였고 계획적이고 의미 있는 방법을 소개하였으며 학생들이 진보적인 진로성숙도를 높이기 위해 노력해 왔다.

따라서 진로지도의 목적을 달성하기 위해서는 학급담임 교사와 협

동하여 초등학교 상담교사(우리나라에는 아직 없음)는 다음과 같은
사항을 염두에 둘 필요가 있다.

  1) 사용되어야 할 진로지도 기술을 어떻게 개별화하는가.

  2) 교사나 학부모, 학생이 진로발달의 지식과 진로지도 기술이 발
달을 촉진할 수 있는 방법을 어떻게 증진시키는가.

  3) 진로지도 활동을 어떻게 조정하는가.

  4) 특수 자료들은 어떻게 개발하며 얻을 수 있는가.

  5) 협동과 계획, 평가를 어떻게 실천해야 하는가.

(4) 進路指導 單元의 例示(단원의 내용구성)

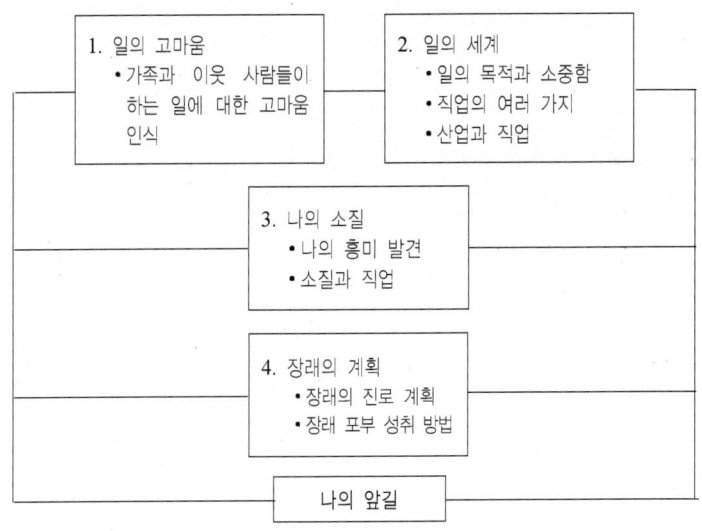

<그림 7-1>진로단원 내용구성

〈표 7-1〉 단원 전개계획 예시(초등학교 총 6시간)

시 간	주요내용	활동형태	교수-학습자료	관련교과	
1	1. 일의 고마움			바른생활	바른생활
	1) 사람들이 하는 일과 필요한 물건 생산	문 답 토 의	(교 1·1) (교 1·2)	1-1-6 10	2-1-11 12
	2) 가족과 이웃 사람들이 하는 일	강 의		1-2-9 13	2-2-7 8
	3) 일하는 사람들에 대한 고마움			2-1-6 7 8	9 11 2
2	2. 일의 세계			사 회	사 회
	1) 일의 여러 가지	문 답	(교 2·1)	3-1-1	4-2-2
	2) 기업의 뜻	토 의	(교 2·2)	3	사회
	3) 직업을 갖는 목적	강 의	(교 2·3)	4	5-1-2
	4) 직업 간의 협동관계		(교 2·4)	5	3
	5) 산업과 직업		(학 2·1)	3-2-3	도 덕
	6) 산업의 뜻과 종류			사 회	5-1-7
	7) 직업의 다양화			4-1-1	
	8) 분업화와 개인의 직무수행			2 3	
1	3. 나의 소질				
	1) 서로 다른 재주	문 답	(교 3·1)	도 덕	
	2) 소질을 계발시킨 인물	토 의	(교 3·2)	5학년*	
	3) 소질과 직업	강 의	(학 3·1)	도 덕	
	4) 소질과 장래의 희망			3-1-1	
2	4. 장래의 계획				
	1) 존경하는 인물	문 답	(학 4·1)	도 덕	
	2) 장래 계획의 필요성	토 의		6-1-1	
	3) 장래 계획의 유의점	강 의		2	
	4) 장래 계획의 수립			6-2-1	
	5) 장래의 포부를 달성하기 위해 해야 할 일				

<주> 1) 교수-학습 자료란의(교 1·1)(교 2·1) 등은 「교사용 자료」를, (학 1·1) 등은 「학생용 자료」를 표시함, 앞의 숫자는 주제의 번호를, 뒤의 숫자는 활용되는 순서를 의미함.

2) 해당 학년 및 교과란의 맨 앞의 숫자는 학년을, 가운데 숫자는 학기를, 맨 끝의 숫자는 단원을 나타냄. 예) 3-1-1은 3학년 1학기 교과서의 1단원을 표시함.

* 5학년 교과서 내용 중 이 주제와 꼭 부합되는 단원은 없으나 도덕과에서 다루는 것이 가장 효과적일 것으로 생각됨.

2. 中學校에 있어서 進路指導*

중학교에서는 진로지도 내용이 초등학교에서 강조하는 일의 세계의 인식이나 가치 및 태도를 함양하는 것보다 좀 더 구체적으로 다루어지며 그 범위 역시 확대된다. 이 단계에서는 자아개념의 발달과 의사결정 능력의 증진을 기하고 직업정보 및 탐색적인 경험을 제공해 주며 자신의 진로계획을 세워 보도록 도와준다.[21]

직업발달은 계속적인 과정이므로 이 발달과정에서 도울 수 있도록 전 학년을 통하여 계속적인 진로지도 경험을 제공하는 일은 중요하다. 이와 같은 이론적 근거(rationale)는 중학교 학생들에게 가장 적합한 직업지도 활동과 목표의 성질에 관하여 최근에 관심을 고조시켜 왔다.

그러나 이와 같은 중학교 프로그램에 놓여 있는 이론적 근거를 명백히 이해하려면 중학교 학생들의 성격을 검토하는 일이 필요하다.

오딜(O'Dell)은 중학교 교육의 목표를 다음과 같이 세 가지로 제시하고 있다.[22]

1) 기본기술과 지식의 계속적인 발달·순화 및 강화와 이러한 기본기술과 지식을 가르치는 방법은 일의 세계에도 적용되어야 한다.

2) 후속적인 교육경험과 비판적 교육 그리고 직업의 의사결정을 위해서는 학생들에게 적합한 준비가 필요하다.

3) 초등학교의 교육환경에서 중학교 교육환경에로 점진적인 변화가 필요하다.

---

* 한국교육개발원, 《진로교육 자료》, 1982. pp.18-19 참조.
21) 이정근, 《전게서》, p.121.
22) F. L. O'Dell, *Where the Challenge is Met: A Handbook for Guidance in Seven, Eight, and Nine*(Columbus Ohio: Dept. of Education, Division of Guidance and Testing, 1968). p.2.

중학교의 중요기능은 학생들로 하여금 미래계획과 목표확립에 강조점을 둔 다양한 학습 영역을 탐색하도록 돕는 데 있다. 또한 중학교 학생들의 성격을 이해하는 일은 진로지도 경험을 계획하는 데 중요하다.

중학교는 초등학교에서 받은 교육의 기초 위에 중등보통 교육을 하는 것을 목적23)으로 하며 중학교 교육에서 교육법 제101조 2항에 제시한 바와 같이 사회에서 필요한 직업에 관한 지식과 기술, 근로를 존중하는 정신과 행동 또는 개성에 맞는 장래의 진로를 결정하는 능력을 기른다24)고 하였다.

이와 같이 교육법에 명시한 바에 따라 중학교에서는 직업에 관한 지식과 진로결정 능력을 키워주어야 한다. 따라서 학생들의 직업적 성숙 정도 및 발달단계의 특징을 고려하여 학생의 자아개념, 일에 대한 경험과 태도, 진로계획을 위한 준비도, 의사결정 능력 정도를 고려하여 진로지도 활동을 선택·조직해야 한다.

(1) 中學校에서의 進路指導 目的

한국교육개발원에서 제시한 진로지도 목적은 다음과 같다.25)

1) 자신의 적성과 능력을 이해한다.

2) 직업의 사회적 역할을 이해함으로써 개인은 직업을 통해 사회에 공헌할 수 있음을 인식한다.

3) 다양한 직업에 관한 지식을 갖고 자신의 진로를 잠정적으로 계획한다.

---

23) ≪文敎法典≫, 교육법 제100조.
24) ≪상게서≫, 교육법 제101조 2항 참조.
25) 한국교육개발원, ≪전게서≫, p.14.

진로지도의 일반적 목적은 중학교 교육목적과 일치한다. 중학교는 학생들이 현실적으로 직업의 여러 가지 유형의 성질과 특성 간의 관계를 탐색하기 시작하는 때이다. 또한 직업적 목표를 계획하고 실천하는 데 포함되는 과정을 배우고 자신의 미래를 위하여 잠정적인 계획을 발전시키는 때이기도 하다. 버텀스(Bottoms)와 클리어(Cleere)는 다음과 같이 진로지도의 목적을 제시하고 있다.[26]

(1) 자아개념 및 타인과의 관계형성의 구체화

여기서는 학생 자신의 능력과 흥미, 인간발달과 개인차의 이해를 들고 있다.

(2) 일의 세계에 대한 이해

다면적인 직업세계의 특징, 직업세계의 구조, 변화하는 직업의 요구조건과 필요한 기술 간의 관계, 고용경향, 고용자의 기대, 학교활동과 진로발달 간의 관계, 일의 요구조건의 현실 등의 관계를 이해할 수 있도록 한다.

(3) 교육과 훈련의 중시

직업정보 자료와 가능한 훈련 프로그램의 이용, 취업조건에 대한 개념, 공부하는 방법과 검사실시 등

(4) 경제교육에 대한 이해

생산·분배·소비에 대한 기본 개념, 일반경제 구조, 인간이 일을 하는 이유, 일의 사회적 의미, 금전관리의 원리 등을 이해할 수 있도록 한다.

(5) 고용기술의 함양

교육의 가치와 구직기술의 합리적 방향제시

(6) 의사결정 과정의 신장

의사결정 과정의 구성요소, 교육정보 및 직업정보 자료의 인식과 이용방법, 직업계획에 필요한 가능한 자료의 선택과 진로발달

---

26) Robert E. Campbell, et al., *op. cit.*, pp.24-25.

과정의 이해를 도모한다.

헤르(Herr)는 중학교의 진로지도 목적으로서 중학교 학생들은 다음과 같은 내용을 배워야 한다고 강조한다.27)

1) 자신의 현실적인 이해에 도달해야 한다.

2) 자신과 교육적 및 직업적 정보의 다양한 자료를 이용하는 데 필요한 적합한 기술을 발전시켜야 한다.

3) 고등학교 내지 그 이상의 수준에서 가능한 교육선택과 이러한 성격과 목적, 후기 중등교육 또는 학생들이 당면한 진로선택에 대한 이해를 돈독히 해야 한다.

4) 학생들이 택해야 할 주요 직업에 비추어 직업군(career clusters)과 입학에 필요한 교육의 형태와 분량, 직업과 관련되는 내용과 도구, 환경, 생산, 봉사, 개인의 흥미와 가치를 만족시켜 줄 만한 직업의 가능성, 요구되는 생활양식을 준비해 줄 수 있는 직업의 가능성 등과의 관계를 분별하도록 해야 한다.

5) 조직 속의 생활과 연출되는 여러 가지 역할을 고려해야 한다.

6) 효과적으로 일을 관리하는 방법과 여가시간을 분류해야 한다.

7) 개인이 되고자 바라는 바와 같이 개인적 책임을 수행하는 행동적 암시를 고려해야 한다.

8) 개인적으로 적합한 광범위한 직업 분야(career areas)와 교육적인 열망수준을 분류해야 한다.

9) 정확한 정보와 잠정적인 진로목적과 정확한 자기평가에 기초를 둔 학생들의 고등학교 프로그램을 계획해야 한다.

10) 의사결정을 실행하기 위한 계획을 세워야 한다.

---

27) E. L. Herr, *Introduction, Career Education in the Elementary School*(Lewisburg, Pennsylvania: Central Susquehanna Intermediate Unit, Career Development Field Guide Project, 1976).

중학교의 경우에는 진로발달 단계로 보아 탐색의 단계에 속한다. 초등학교에서 자신의 흥미, 소질의 개발, 자신을 이해하는 과정을 거쳐 확실하게 나의 존재를 인식하는 인식의 단계를 거쳐 자신을 확인하고 일의 보람, 소중함, 직업의 중요성을 깨닫게 한 이후 직업의 탐색단계에 들어가야 한다. 따라서 중학교 수준에서도 계속적으로 학생 자신의 능력·적성을 이해하도록 하고 직업의 분류, 직업생활을 위한 준비로서의 교육을 실시해야 한다. 그리고 장래의 잠정적인 직업계획을 수립해야 한다. 즉, 진로계획(career planning)을 세워야 한다.

(2) 職業群의 理解

직업군(career clusters)은 occupational clusters라고도 하며 일의 성질상 비슷한 종류의 직업을 묶어 놓은 것이다. 중학교에서는 다양한 직업의 세계와 직업군을 이해하도록 지도해야 한다.

직업분류사전에서는 학생들이 알아야 한 직업의 내용을 ① 전문적·기술적 직업, ② 관리직, ③ 사무직, ④ 판매직, ⑤ 농림·축산업·어업관계 직업, ⑥ 서비스직, ⑦ 기능직, 생산 공정에 종사하는 직업, 노동, ⑧ 교통 및 체신 관계 직업, ⑨ 기타 직업 등으로 분류하고 있다.28) 이들 직업군의 내용과 특징을 살펴보면 다음과 같다.

가. 專門的·技術的 職業

이 직업군에는 전문적 지식 또는 기술을 필요로 하는 직업들이 포함된다. 보통 대학 정도의 교육을 받아야 이 직업군에 종사할 수 있

---

28) 金忠起, ≪生活指導教育≫(서울: 學文社, 1984). pp.359-362 재인용.

다. 이 직업군에는 국가고시에 의한 면허나 일정한 자격이 없이는 취업할 수 없는 직업이 많다.

이 직업군에는 자연과학자 및 관련 기술공, 건축기술자·공학기술자 및 관련 기술공, 항공기 및 선박 고급 승무원, 생명과학자 및 관련 기술공, 의사·치과의사·수의사 및 관련 종사자, 통계학자·수학자·경제학자·회계사·법무종사자·교사(원)·대학교수·종교관계 종사자·저작자·언론인·조각가·화가·사진사 및 관련 창작 예술가, 작곡가 및 연예인, 체육인, 기타 분류되지 않은 전문기술인 등이 속한다.

나. 管理職 및 行政關係 從事者

이 직업군은 주로 사업·판매·작업 등의 일을 직접 하는 것이 아니라, 부하직원의 업무를 지휘·관장하는 직업을 말한다. 여기에는 판공서의 국장·부장·서장·청장·관장 또는 영업소장, 역장 등이 관리직에 속한다. 그리고 기업체·은행, 공·사 단체의 중역, 공장장·병원장·지점장·부장·지배인·기관장·사무장 등이 속한다. 주로 입법공무원, 정부의 관리직이나 관리자들을 포함하고 있다.

다. 事務職

사무직은 관리직에 종사하는 사람의 감독 또는 지시하에 인사문서·현금출납·물품출납·도서정리·계산 등의 사무를 담당하는 것을 주요 업무로 하고 있다. 여기에는 사무원 감독자·정부행정 공무원·속기사·타자원·경리원·출납원·계산기 조작원·운수 및 통신사업감독자·교통안내원·우편물취급 사무원·전화 및 전신기 조작원, 기타 달리 분류되지 않은 사무 및 관련직 종사자가 이에 속한다.

라. 販賣職

일반적으로 판매직은 백화점·도매상·소매상·상점 등에서 물건을 판매하는 점원들을 말한다. 즉, 도·소매 관리자와 자영자, 판매감독자 및 구매원, 기술 판매원·판매외무원·보험·부동산·증권과 기업 서비스 판매원 및 경매인 등이 이 부류에 속한다.

마. 서비스職

이 직업군은 다른 사람을 위해서 노동을 제공하고 봉사해서 그 대가를 받는 직종을 의미한다. 여기에는 주로 요식 숙박업 관리자 또는 자영자, 가사 및 관련 서비스 감독자, 조리사·웨이터·바텐더 및 관련 종사자, 건물 관리원·청소원·세탁공·이발사·미용사·보안업무 종사자, 그밖에 분류되지 않은 서비스 종사자 등이 이에 속한다.

바. 農業·畜産業·林業·水産業 및 수렵업 종사자

이 직업군에는 농장 관리자 및 감독자, 농업경영자, 농업 및 축산 종사자, 임업 종사자, 어부·수렵인 및 관련 종사자들의 직업을 말한다.

사. 기능직·생산 공정에 종사하는 職業

이 직업군에는 원료가공 및 조립, 각종 완성품·반제품의 제조, 수리작업·제품제조·장치, 기계 운전 및 조작, 각종 건설·토목 공사, 전신 전화기의 조립 등의 직업에 종사하는 사람들이다. 그밖에 용접·판금·주물 등의 기능공·단순노무자 들이 이에 속한다.

아. 交通·遞信關係 職業

이 직업군에는 선박·항공기·기차·자동차 등의 교통기관을 운전 혹은 조정하여 사람과 물건을 수송하는 직종과 유선의 전화 및 무선 통신 등에 관한 기술사무 직종이 이에 속한다.

자. 기타 직업

신규 구직자나 적절히 분류할 수 없는 직업 종사자나 직종을 보고 하지 않은 종사자 등으로 구분하고 있다.

이상에서 언급한 9개 분류 직업을 중심으로 학생들에게 각 직업에 대한 내용, 직업의 성질, 작업조건, 학력 및 훈련관계, 보수·승진의 기회, 작업수행에 대한 전망, 기타 이러한 직업정보를 알아보기 위한 참고도서나 논문, 공지사항을 제시하여 이해하는 데 도움을 주도록 적극적인 지도가 요청된다.

미국의 진로교육 연구자들에 의한 직업군은 우리나라의 경우와는 달리 15개 군으로 나누고 있는데, 그 내용을 소개하면 다음과 같다.29)

직업군을 소개하면, ① 농업경영과 자연자원직, ② 기업과 사무직, ③ 통신과 방송직, ④ 소비와 가정교육직, ⑤ 건설직, ⑥ 환경통제직, ⑦ 예술과 인문과학직, ⑧ 건강교육직, ⑨ 후생와 오락직, ⑩ 제조직, ⑪ 해양학계직, ⑫ 시장론과 분배직, ⑬ 개인봉사직, ⑭ 공공행정직, ⑮ 교통기관직 등이다.

위와 같은 직업군은 직업탐색 과정에서 절대적인 요소로서 중학생

---

29) Kenneth B. Hoyt, Rupert Evans, Edward F. Mackin and Garth L. Mangum, *Career Education: What It is and How to Do It*(Salt Lake City: Olympus Publishing Co., 1974). pp.32-33; 金忠起, ≪生涯敎育≫ (서울: 世光公社, 1981). pp.67-68.

들은 마땅히 직업의 세계를 정확히 이해하고 자기가 좋아하고 적성에 알맞은 것이 무엇인가를 잠정적으로 선택하도록 유도한다.

(3) 各 敎科와 관련된 職業의 理解

다음에는 각 교과와 관련된 직업에는 어떠한 것이 있는가를 알아보도록 한다. 따라서 학생들은 직업의 세계가 다양함을 느끼게 될 것이고 그만큼 시야가 넓어지게 된다.[30]

중학교의 진로단계를 발달심리학적인 입장에서 진로탐색(career exploration)의 시기로 보아 학생들이 탐색해야 할 일은[31] 다음과 같다.

1) 중요한 직업 분야를 탐색하여 자신의 흥미와 능력을 발휘하도록 한다.
2) 직업의 분류와 직업군에 익숙하도록 한다.
3) 자기의 의사결정에 관련된 요소를 인식하도록 개발시킨다.
4) 의미 있는 의사결정의 경험과 기회를 갖도록 한다.
5) 잠정적으로 직업계획을 발전시키고 선택할 수 있는 경험내용을 제공해 주어야 한다.

중학교에 있어서 진로를 계획할 때에는 기본적으로 해결할 지도방향이 뚜렷해야 한다. 그것은 학생들의 장래를 잘 도와주기 위한 계획, 바르게 가도록 도와주는 계획, 방황하지 않고 진로탐색 과정을 통하여 자신을 정확히 알고, 교육 및 직업 정보, 개인·사회적 정보 등의 정보활동을 통하여 사전에 정보에 접하여 이해가 충분히 이루어진 상태 속에서 진로결정에 들어갈 수 있는 준비계획이 필요한 것이다. 그

---

30) 金忠起, ≪進路敎育의 本質≫(서울: 平民社, 1984).
31) 金忠起, ≪生涯敎育≫(서울: 世光公社, 1983). p.66 재인용.

리고 일관성 있는 계획을 계속적으로 수행하도록 진로탐색 과정을 체계 있게 실천하는 것이다.

(4) 進路指導 單元의 內容構成

다음에 제시한 도표는 진로탐색 과정으로서 중학교 학생들이 특정한 진로 시간을 마련하여 전적으로 수업진행 과정 속에 수행되어야 할 내용을 모두 7시간 범위 내에서 청소년기의 특징, 직업의 의의와 직업관, 직업의 종류, 직업선정과 그 기준, 진로계획, 직업윤리 등의 단원을 통하여 이해하도록 작성된 것이다.32)

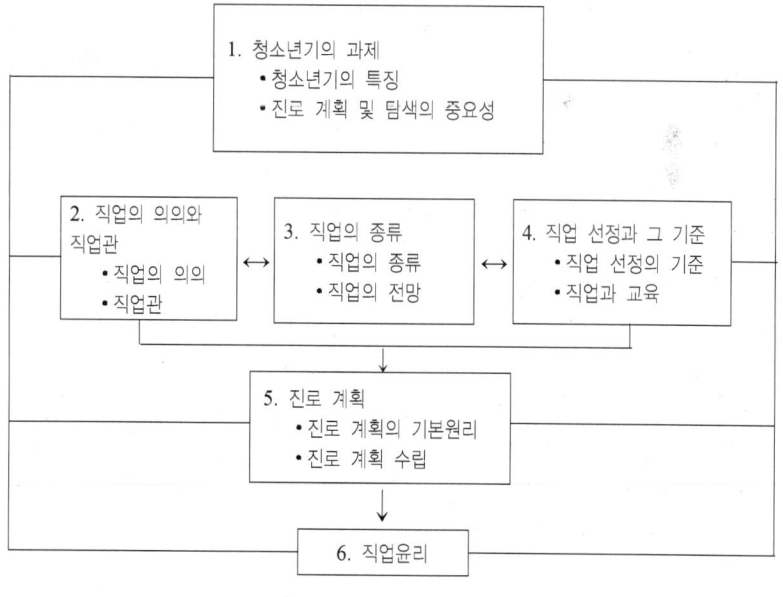

<그림 7-2> 진로단원 내용구성

---

32) 한국교육개발원, ≪전게서≫, p.40.

(5) 單元展開 計劃의 例示

위에서 제시된 내용을 중심으로 각 학급에서 전개되어야 할 진로지
도 내용을 참고적으로 제시하였다. 효과를 거둘 수 있도록 학급교사
나 진로담당 교사들은 각 시간별로 내용을 「학습지도안」에 세부적으
로 활동사항을 전개한다.

〈표 7-2〉 진로단원 예시[33]

시 간	주요내용	활동형태	교수-학습자료	관련교과	
1	1. 청소년기의 과제			사회 3(하)	
	1) 청소년기의 특징	문답	(교 1·1)	V-1-①	
	2) 청소년기의 과제	토의	(학 1·1)		
	3) 진로탐색 및 계획의 중요성	강의	(참 1·1)		
1	2. 직업의 의의와 직업관			사회 3(하)	가정 3
	1) 직업의 의미	문답	(교 2·1)	V-1-Ⅷ	Ⅳ-2-(2)
	2) 직업의 의의	토의	(학 2·1)	도덕 3(상)	
	3) 직업관의 중요성	강의	(학 2·2)	ㅣ-4	
	4) 건전한 직업관		(참 2·1)	가정 1	
			(참 2·2)	ㅣ-3(2)	
1	3. 직업의 종류			기술 1(상)	가정 1
	1) 직업의 종류	문답	(교 3·1)	ㅣ-1-(1)	ㅣ-3-(1)
	2) 직업의 전망	강의	(교 3·2)	(2)	사회3(하)
			(학 3·1)	4-(1)	Ⅲ-7
			(참 3·1)		V-ㅣ-2
1	4. 직업선정과 그 기준			사회 3(하)	ㅣ-4
	1) 직업선정의 중요성	문답	(교 4·1)	V-1-Ⅷ	가정 1
	2) 직업선정의 기준	강의	(교 4·2)	-①	ㅣ-3-(2)
	3) 직업과 교육			도덕3(상)	가정 3
					Ⅳ-2-(2)
2	5. 진로계획			도덕*	
	1) 진로계획의 기본원리	문답	(학 5·1)	3학년	
	2) 진로계획을 위한 준비	토의	(학 5·2)		
	3) 직업과 학교선정	강의	(학 5·3)		
	4) 진로계획 수립				

시 간	주요내용	활동형태	교수-학습자료	관련교과	
1	6. 직업윤리 　1) 직업윤리의 의미 　2) 직업인의 자세	문답 토의 강의	(교 6·1) (학 6·1)	도덕1(상)　사회3(하) ㅣ-4　　　 Ⅴ-1-◌ 도덕2(상)　가정 1 ㅣ-4　　　 ㅣ-3-(2)	

<주> ① 교수-학습 자료란의 (교 1·1)(교 2·1) 등은 「교사용 자료」를, (참 1·1) 등은 「교사용
　　참고자료」를, (학 1·1) 등은 「학생용 자료」를 표시함. 앞의 숫자는 주제의 번호, 뒤의 숫
　　자는 사용 순서임.
　　② 관련 교과란의 맨 앞의 숫자는 대단원을, 가운데 숫자는 중단원을, 맨 끝의 숫자는
　　소단원을 표시함.
　　* 현행 교과서 내용 중 이 주제와 밀접하게 관련되는 내용은 없으나 3학년 도덕에서
　　다루어지는 것이 가장 효과적일 것임.

　　다음은 중학교에서 실시되어야 할 진로지도 계획을 월별·학년별로
구분하여 연중계획을 세워본 것을 참조로 하여 각급학교에서 실시하
도록 권장한다.[34]

〈표 7-3〉 중학교 진로지도 계획

(　　　)시간수

월＼학년	제1학년	제2학년	제3학년
3	○중학생이 되어서 ○우리들의 장래(2) ○기초학력의 이해(1)	○진로희망(1)	○진로계획 수립(1) ○진로안내
4	○자기이해 자료 확보 성격검 　사·지능검사·적성검사 ○학습방법을 생각한다.	○적성의 이해(1) 적성검사	○진로조사와 선택(2) ○상급학교 구상 ○취업구상
6	○자기 자료를 통해 능력 성 　격을 안다.(1)	○직업의 종류 ○직업의 조건	○취업세계
7		○적성의 발견 ○적성 발견의 결과 집단상 　담	○개별상담(1) ○시간제 일의 필요와 　효과

33) ≪상게서≫, pp.40-41.
34) 洪基亨·李承雨, ≪進路指導≫(서울: 敎育出版社, 1978). p.143.

월＼학년	제1학년	제2학년	제3학년
8	○향토 직업 조사(1)	○부모의 일을 도와준다.	○응모절차(2) ○응모수속 ○시험 보는 법
9	○학습과 진로(2) ○장래계획 ○학습계획 ○학습의 습관	○진학한다는 것(4) ○상급학교의 종류 ○진학의 의의	○의사결정 상담 ○직업군의 이해
10	○여러 가지 직업(2) ○일의 세계 ○일하는 분의 노고	○선배의 체험	○노력의 평가(1) ○직업군의 역할
11	○일의 고마움	○능률적 학습(1) ○신체측정·체력측정	○선배의 시간(2) ○상급학교·취업학생
12	○겨울철에 하는 일	○생애발표(1)	○생애주간 설정(3) ○자기발표 ○견학 ○자원인사 강연
1	○진로상담(2) ○상담관계	○가족의견	○진학의 결정
2	○상담의 형성	○진로결정에 대하여(4) ○진로상담	○졸업을 앞두고(1)

(6) 中學校에서의 進路指導 方法

중학교에서는 교사의 지도방법에 상당한 영향을 받는 시기이다. 학교생활의 경험 중에 교사의 역할, 즉 교사가 무엇을 강조하느냐에 따라 진로결정에 많은 영향을 끼치기 때문에 교사의 역할이 중요하다. 그리고 세상을 보는 눈도 많이 달라지고 자신의 능력·흥미·학교 성적·직업의 전망 등의 요소도 더욱 관심 있게 여기는 때이다. 또한 동료집단의 역할도 크게 작용된다. 그러나 아직 확고한 신념이 서 있지 않은 단계이므로 매우 유동적이다.

버텀스(Bottoms)와 클리어(Cleere)가 제시하는 바와 같이 중학교에
서 이용될 수 있는 지도방법은 추상적인 것에서부터 구체적인 것으로
사용되어야 한다. 앞의 그림에서 제시한 것과 같이 교과와 관련된 직
업의 세계를 이해시키기 위해 학교전용 또는 학급의 게시판에다가 크
게 확대하여 그려놓아 모양 있게 채색도 가미하여 교과를 통해 장차
이루어질 수 있는 직업의 세계에 관한 그림을 붙여 놓고 학생들로 하
여금 관심을 끌게 한다. 그러면 큰 효과가 있을 수 있다. 그리고 언
어적 상징(예, 인쇄자료)·레코드·라디오·줄 사진·영화·TV·전
시·견학·시범·극화경험·시뮬레이션(흥내 내기), 직접적·실제적
경험을 갖게 하여 직업의 세계를 구체적으로 탐색하도록 기회를 많이
제공하여 준다.35) 그렇게 함으로써 학생들은 구체적이고 직접적인 경
험활동을 배우게 된다.

또 다른 효과저인 방법은 학생들에게 느낌과 태도를 표현하고 탐색
하도록 기회를 허용한다. 사춘기의 학생들은 불확실성의 시대이며 불
안정한 시기이다. 이런 이유 때문에 오딜(O'Dell)은 상담이 중학교 진
로지도 프로그램에 있어서 대단히 중요한 요소이며 모든 학생들에게
가능하도록 해야 한다. 드류스(Drews)는 직업정보를 의사 교환하는
일이 정보에 대한 감정의 표현과 반응을 허용해야 한다고 한다.36)

(7) 中學校에서의 進路指導 技術

중학교에 있어서 진로지도 기술은 여러 가지 방법으로 또는 수많은

---

35) Robert E. Campbell, et. al., *op. cit.*, p.26.
36) *Ibid.*, p.26.

목표에 관련 지워 성취할 수 있다. 교사들은 그들의 주요교과들을 보다 진로지향으로 유도함으로써 진로지도 목표를 달성할 수가 있다. 교사와 상담교사들은 특정한 진로 프로그램의 계획과 실천의 노력으로 협력할 수 있다. 또한 상담교사는 단독으로 여러 가지 진로지도 목표를 성취할 수 있다. 탐색적인 목적으로 학생들을 지역사회에 뛰어들게 하는 활동은 도움이 될 수 있다. 다음과 같은 진로지도 기술이나 활동은 현재의 요구를 충족시키는 적합한 방법이 될 것이다.37)

가. 교육과정에 注入(curriculum infusion)

1) 인구통계를 이용하여 학생들에게 1950년대 한국의 노동시장의 구성과 현재의 동태를 비교하고 대조해 본다.
학생들에게 육체노동직에 고용되어 있는 노동자의 비율과 정신노동자 또는 생산직·봉사직 등에 종사하고 있는 노동자의 비율을 비교하며 생각해 본다. 그리고 왜 노동자의 비율이 다르게 나타나는가에 대하여 토의를 전개한다.

2) 학급을 소집단으로 나누고 학생들에게 생산직 또는 봉사직에 속하는 직업들을 열거하는 데 경쟁을 시킨다.

3) 소비경제나 또는 유사한 논제의 단원을 주고, 학생들로 하여금 어떤 직업이 자기에게 의미가 있는가를 두 페이지가 되는 종이에 정의를 내리도록 한다. 후생복지·봉급·휴가·직무전환·생활양식·감독·독립적 행동 등과 같은 분야를 고려하도록 한다.

4) 행동(즉, 취미·스포츠·애완용·클럽 등)의 리스트를 주고 학생들에게 상호관계의 기술과 그렇지 않은 것과의 차이를 말하도록 한다.

5) 유명한 사람의 전기(傳記)를 읽은 후 학생들에게 그 인간이 진로목표를 수행하는 데 이루었던 모험을 분류하도록 한다. 그리고 토의한다.

---

37) Edwin L. Herr and stanley H. Crammer, *op. cit.*, pp.181-183.

6) 학생들로 하여금 타협을 포함했던 과거에 이루어진 결정을 설명하는 데 관한 논제를 쓰도록 한다.

7) 학생들에게 좋은 학습습관을 가르치고 이것들을 좋은 일의 습관과 연결시키도록 한다.

8) 학생들이 매일의 일의 과제로서 학교와 지역사회 인사들을 따르는 「학생의 날」을 발전시킨다. 학생들로 하여금 그들이 여러 가지 직업과 책임에 대하여 배운 것을 학급에서 보고하도록 한다.

9) 학생들에게 기술의 변화를 통하여 이루어진 가상적인 개인의 직무(일)의 수행을 진술하도록 한다. 그리고 학생들은 집단으로 구성하여 인간이 현존하는 기술과 지식에 대하여 무엇을 이용하게 될 것인가를 결정하도록 한다.

10) 직업의 세계에 관한 기술의 효과에 대하여 집단토의를 전개한 후 학생들에게 최소한 20년 전에 있었던 직업의 6가지를 분류해 보도록 하고 그리고 현재 다른 직업과 결합된 것과 또는 없어진 직업이 무엇인가를 확인하도록 한다.

11) 학교에서 가르친 교과 영역에 관련된 여러 가지 직업에 이용된 도구나 자료들의 다양성을 설명하면서 게시판에 전시하도록 한다.

12) 여러 가지 직업군(career cluster)을 설명하는 필름 시리즈를 계획한다. 이러한 활동은 점심시간을 이용하면 가능하다.

13) 감독자와 직원 사이의 불편한 관계를 주고 학생들로 하여금 이러한 불편한 관계를 개선시킬 수 있는 방법을 제시할 수 있는 역할극을 해 보도록 한다.

14) 우리 사회의 공업기술에 관한 효과에 대하여 학급 토의를 시킨 후 학생들에게 앞으로 다가올 10년 이내에 새로운 직업이 생겨날 수 있는 두 가지 영역(예, 해양과학·우주탐험·생태학 등)을 지적하도록 한다.

15) 직업과 관련된 직업인들의 공헌점을 설명하는 각 주제에 관하여 포스터를 만들어 전시한다.

16) 학생들에게 주제 영역과 관련된 잘 팔리는 기술을 묘사하는

전시판을 준비하도록 한다.

17) 가능한 한 여러 가지 잘 팔리는 기술을 분류하기 위하여 지방 신문의 직업 광고란을 철저히 보도록 한다. 그리고 학생들에게 학교에서 가르친 특정한 주제 영역과 일치되는 기술을 비교하도록 한다.

18) 좋아하는 직업을 부여하여 성공적인 직업수행에 필요한 의사소통 기술의 예를 역할극 현장에서 증명하도록 한다.

19) 실업과(實業科) 시간에 직업군 탐색계획을 세운다.

20) 특별교과 진로흥미 집단을 조직한다.

21) 교육과정에 여러 가지 직업을 설명하는 게시판을 만들게 한다(즉, 4년제 대학·대학원·전문학교·초급대학·무역학교·현직 훈련·도제 프로그램 등).

22) 소비자 생산품을 선택한다. 그리고 상품을 생산하는 데 필요한 여러 가지 직업의 상호의존적 관계를 보여줌으로써 원천적인 원자재를 추적해 보도록 한다.

나. 의사결정과 진로정보의 입수

1) 의사결정 과정에 참여하고 있는 상담자와 학생 간의 면담을 가상으로 삽입하여 테이프에 녹음한다. 그리고 학생들로 하여금 이 녹음테이프를 듣고 진행 과정이 어떠했는가 그들의 견해를 토의하도록 한다.

2) 가상된 의사결정 게임의 다양성을 이용하고 그들이 나타낸 단계를 비교해 본다(예를 들면 평생직업 게임·소비자 역할·경제 체계 등).

3) 학생이 미래에 직면할 결정의 과정을 주어 학생들로 하여금 각 대안과 장점·단점을 열거하고 잠정적으로 결정하도록 한다. 그리고 미래의 교육 및 직업 가능성에 비추어 보아 일어날 가능성의 결과를 고려해 본다.

4) 학생들에게 그들이 이루어야 할 미래에 관하여 중요한 결정을 열거하도록 한다.

① 2년 이내에 이루어야 할 일(예를 들면, 고등학교 과정 선택)

② 5년 이내에 이루어야 할 일(예를 들면, 무역학교·대학진학·직업선택)

③ 10년 이내에 이루어야 할 일(예를 들면, 어디에 살고, 어디에서 일하고, 결혼선택 등)

그리고 학생들에게 최소한 가능할 수 있는 각 결정에서 세 가지 대안을 생각한 다음 각 선택결정이 의미하고 있는 암시는 무엇인가 토의한다.

5) 개인이 명백하게 부적합한 직업선택이 이루어졌다는 가설적 상황을 주고 학생들로 하여금 왜 그 직업이 문제의 인물로서 부적합하였는가를 분석하도록 한다.

6) 좋아하는 직업을 잠정적으로 명시하도록 주어진 상태에서 학생에게 직업에 들어갈 준비를 위해 이루어져야 할 단계를 단계적인 계열로서 나열해 보도록 한다.

7) 9가지 직업군의 일람표를 제시하고 학생들에게 각 직업군 내에서 학생들이 원하거나 또는 원하지 않는 직업을 열거하여 그 이유를 제시하도록 한다.

8) 좋아하는 직업군을 주어진 상태에서 학생들에게 그 직업군 안에서 4가지 직업을 고르도록 한다. 그리고 그 직업에 대한 정보를 수집하도록 한다. 학생들이 선택한 4가지 직업에 따라 그 범위를 말하도록 하며 좋아하는 직업의 순서를 제시한다.

9) 개인 또는 집단상담을 통하여 학생들에게 직업탐색의 이용을 위한 개인적 범위의 방향을 개발하도록 한다.

10) 20여 개의 직업일람표를 주고 학생들에게 "매우 관련 있음, 관련 있음, 관련 없음"이란 범위를 이용하여 자료와 대상, 사물의 관련성에 비추어 각 직업을 분류하도록 한다.

11) 학생들이 그들의 직면한 문제에 공헌할 수 있는 「문제함」을 이용한다. 그리고 소집단에서 문제를 해결하고 가능한 해결점을 탐색한다.

12) 「애 보기」, 「잔디 깎기」, 「신문배달」 등과 같이 시간제 일에

대하여 중학교 학생들에게 개방된 그러한 직업에 관련된 직업상담소(job clinics)를 이용해 보도록 한다.

13) 학생들이 여러 가지 직업에 필요한 교육적 필수조건의 정확한 유형을 선택할 수 있도록 「짝 맞추기 게임」을 한다.

14) 학생에게 프로그램 선택·필수과정·선택과정을 포함하여 고등학교에서 추진되어야 할 교과과정의 잠정적인 개요를 발달시키도록 한다.

15) 학생들에게 사회화기술과 상호관계가 상당히 결정적인 직업 10가지를 제시하고 이것들이 비교적 중요하지 않은 직업 10가지를 열거한다(예를 들면, 사회화 기술이 필요한 직업은 판매인·교사 등, 사회화 기술이 필요치 않은 직업은 과학자·화학자·연구자 등).

16) 학생들과 모의 직업면담을 수행하기 위하여 학교에 기업체 인사를 초빙하고 그들과 함께 그 결과를 토의한다.

17) 학생들로 하여금 타협의 필요성을 포함하는 의사결정 환경을 역할극으로 해 본다.

18) 의사결정 과정의 여러 가지 양상을 설명하는 포스터를 만들도록 한다.

19) 학생들에게 의사결정 과정에 관련된 용어에 관한 단어 책을 갖도록 한다.

20) 학생들에게 그들이 선택한 직업군 안에서 다섯 가지 직업에 대한 기본적인 진입단계 기술을 분류해 보도록 한다(진로정보의 이용이나 견학, 직업 분야에 종사하는 근로자와의 대담 등). 그리고 학생들에게 자신이 현재 이용할 수 있고 습득에 필요한 부수적인 훈련기술을 분류해 본다.

다. 지역사회의 관계

1) 학생들이 선택한 진로에 대하여 자원인사의 이야기를 들은 후 학생들로 하여금 개인이 전에 생각지 못했던 진로 영역에 관하

여 새로운 아이디어를 최소한 네 가지를 나열해 보도록 한다.

2) 과학적인 기술발달의 결과로서 과거 10년간 직무를 수행해 온 근로자와의 대화를 녹음하도록 한다. 그리고 대화가 암시하는 계획에 대한 견해를 토의한다.

3) 특정한 직업군의 대표적인 환경을 견학한 후 학생들에게 근로자가 사용하고 있는 것을 관찰한 도구나 자료들을 열거해 보도록 한다.

4) 학생들의 일반적인 흥미 분야에서 일하고 있는 사람과 면담한 후(직업 또는 직업군), 학생들은 집단토의에서 이 사람의 직업이 어떻게 통합적인 전체 생활양식이 되었는가를 묘사하도록 한다.

5) 학생들에게 병원·보육원·고아원 등과 같은 기관에서 자발적인 지역사회 봉사에 참여하도록 한다. 그리고 학급에서 타인을 돕는 자신의 경험에 대하여 토의하고 그들과 관련된 가능성 있는 직업을 탐색하도록 한다.

6) 지역사회에서 가능한 직업에 대하여 학생들과 이야기할 수 있는 직업안내 카운슬러를 초청한다.

7) 특정한 직업군에서 개인이 경험하고 훈련 받은 사람을 관찰할 기회를 주고 학생에게 그들이 일의 역할을 수행함으로써 두 개인 간의 가능성을 최소한 다섯 단계로 비교하도록 한다.

3. 高等學校에서의 進路指導

고등학교는 인문고등학교와 실업고등학교로 구분된다. 그러므로 인문고등학교는 일반적으로 대학교 진학을 목표로 하는 진학지도가 대부분이다. 그러나 경우에 따라서 인문고등학교에 진학반과 직업반을 두어 졸업 후에 직접 취업의 길로 나갈 수 있는 길도 열어 놓고 있다. 실업계 고등학교는 완성교육으로 졸업 후에 취업을 목표로 운영되는 교육기관이다. 하지만 실업계 고등학교라고 하여 모두가 직업을 택하기 위해 있는 것은 아니다. 원하면 얼마든지 대학에도 진학할 수 있다.

이렇게 볼 때 고등학교 기관은 진학과 취업 등으로 나아갈 길이 정해져 있다고 보겠다. 어느 계통이건 간에 자신의 노력 여하에 따라 진학 또는 취직을 할 수 있게 된다. 그것은 개인의 능력·적성·흥미·인성·경제적 여건·직업적 열망·학부모의 기대와 영향, 담임교사의 의견, 교과담임 교사의 영향 등 여러 요인을 고려해서 자신의 진로를 선택하고 그 진로를 개척해 나갈 수 있는 진로탐색과 아울러 취업의 준비를 해야 한다.

일반적으로 고등학교 학생들이 졸업 후에 직면하게 될 현실은 다음과 같이 구분된다. 즉, ① 전문기술을 익히기 위해 전문대학에 입학, ② 일반 4년제 대학에 입학, ③ 시간제 일에서 정규시간제 일로의 전환, ④ 최초로 취업, ⑤ 직업훈련, ⑥ 재수(再修), ⑦ 군에 입대, ⑧ 결혼·가업계승(家業繼承), ⑨ 상업·자유업, ⑩ 무직·실업자 등으로 직면하게 된다.38)

이렇게 장래에 전개될 여러 가지 복잡한 과제들이 학생들에게 커다란 고민과 불안, 갈팡질팡하는 마음을 지니게 되어 진로에 대한 관심이 그 어느 시기보다 크게 작용하고 있다.

고등학교 학생의 진로의식에 관한 한 조사연구에 의하면,39) 조사대상자의 약 90%가 진로에 대하여 고민하고 있으며(3학년의 경우, 88.2%) 고민의 구체적인 내용은 실력이 모자라 선택하고 싶은 직업을 선택할 수 있을까 걱정(59.6%), 취직 길은 어떻게 뚫어야 할지 고민(15.8%), 그리고 상의할 만한 사람이 없어서(13.1%) 등의 순으로 나

---

38) 이정근, ≪전게서≫, pp.127-128.
39) 孫忠基·孫炳魯·李星珍, "高等學校 學生의 進路意識," ≪行動科學研究≫
(서울: 行動科學研究所, 1982).

타났다. 또 고교생들이 부딪치고 있는 가장 큰 고민거리는 공부문제 (37.2%)와 진로문제(35.8%)이며 1학년과 2학년의 경우는 공부문제(약 50%)가, 3학년의 경우는 진로문제(59.1%)가 각각 두드러지게 나타났다.

고등학생들은 직업정보 제공에 대한 학교의 노력이 부족한 것으로 평가(매우 부족 28.5%, 부족한 편 41.8%)하고 있다. 또한 "진로지도 는 중학교부터 실시해야 한다."가 49.7%, 고등학교 때부터가 34.6%, 그리고 초등학교 때부터가 12% 등으로 대체로 중등학교 시기부터 실 시될 필요가 있다고 반응을 보이고 있다.

진로선택에 있어서 협의자가 없거나 "그저 그렇다."라고 응답한 학 생이 약 68%로 진로상담 기회가 크게 부족한 것으로 밝혀지고 있으며 상담 대상자는 부모나 친척이 66.0%, 친구나 선배 26.5% 등이고 교사 는 3.7%로 진로상담 대상자로서의 응답률이 극히 낮게 반응을 보였다.

고등학교에서의 전공계열(문과·이과)의 결정순거는 적성과 능력 (49.4%), 장래 취업의 가능성(31.9%)이 가장 중요한 요인으로 나타났 으며, 고교생들이 대학진학의 경우 희망 전공학과로 가장 높은 비율 을 보인 학과는 경영학과·전자공학과·국어국문과·사학과 등이며 우리나라의 전공학과 330여 개* 학과 중 약 250개 학과에 대해서 전 공하겠다는 반응이 전혀 없다. 또 자신이 희망하는 직업을 갖기 위해 서는 87.2%의 학생들이 대학 이상의 교육을 받아야 한다고 반응함으 로써 높은 교육포부 수준을 보였다. 한편 조사대상자의 약 3분의 1은 우리나라 대학의 전공학과를 30개도 안 되는 것으로 파악하고 있어 고등학교에서의 대학에 대한 정보제공, 전공학과에 대한 오리엔테이 션이 상당히 부족한 것으로 밝혀졌다.

조사대상 고교생 중 10%에 이르는 학생은 직업 20개를 기술하지 못했으며 직업군과 직업을 구분하지 못하는 학생이 많았다.

일반적으로 좋아하는 직업은 교사·의사·교수·공무원 등이며 싫 어하는 직업은 연예인·농군·운전사 등이다. 응답자 중 68.6%는 장래 직업계획이 없으며, 계획이 없는 이유는 "어떻게 할지 몰라서"(47.9%), "선택할 기회가 충분하므로"(17.8%) 등으로 나타나 직업지도나 진로지 도상의 문제점을 제기하고 있어 앞으로 진로지도를 강화할 필요가 있 음을 시사하고 있다.

이러한 연구는 일반화시킬 수 없는 절대적인 의식이라고 단정할 수 없으나 일반적인 고등학교 학생들의 진로의식 상태를 짐작할 수 있으 므로 여기에 대한 진로지도의 대책은 매우 시급한 과제로 취급하지 않을 수 없다. 따라서 문제의 해결과 올바른 교육의 모습을 정착시키 는 대안으로서 중등교육의 단계부터 학생들 자신들로 하여금 자기 나 름의 진로관을 형성하고 준비할 수 있도록 해 주는 진로지도 교육의 확립·개발·실천은 매우 시급한 일이다.

고등학교의 진로지도가 오늘날처럼 절실히 요구된 때도 없었다. 사회 변화의 속도가 느리고, 직업구조가 단순하며, 생활양태 자체가 그리 복잡 하지 않았던 과거에는 가정에서 부모가 자녀를 위한 자연스러운 사회화 과정에서 명실상부한 진로지도를 했으며, 학교에서도 특별한 계획이나 교육과정, 전문적 지식이 없이도 그 나름대로의 진로지도가 가능했었다.

그러나 현대사회에서는 진로지도를 현실의 요구에 부응하기 위해 체계화하지 않을 수 없게 되었다. 그 이유는 ① 고도산업 사회에서의 직업구조가 전문화됨에 따라 고도의 지식과 기능을 요구하게 되어 진 로선택이 어렵게 되었으며, ② 직업의 분화와 새로운 직업의 탄생, 직 업시장의 급속한 변동으로 인한 직업세계의 다양화는 직업선택을 더 욱 어렵게 하고 있으며, ③ 급속한 사회변화는 일에 대한 가치관과 태도의 정착을 어렵게 하여 혼란을 빚어 직업세계에의 적응을 어렵게 하고 있다.40) 뿐만 아니라 고등교육 기관의 대중화 추세와 고학력사

＊ 1982년 현재로서, 전국의 대학에 설치되어 있는 전공학과 수는 335개 로 되어 있다.

40) 유네스코한국위원회, 일반계 고등학생의 진로지도, 진로지도 개선을 위

회로 옮아가고 있으며 학력팽창의 문제가 더욱 심해 가고 있다.

이에 따라 고등학교에서의 진학지도의 문제도 어려움을 겪고 있어 눈치와 배짱이 설치는 난맥상을 가져오게 된 것은 더욱 진로지도의 필요성과 지도대책이 요청되고 있는 것이다.

고등학교 학생은 발달심리학적으로 보아 생애에 대한 고민을 가지고 있는 시기이다. 진로교육의 단계로 보면 진로준비(career preparation)의 시기로 진학지도와 직업지도로 나눈다.

우리나라를 포함한 많은 나라에서는 아직도 전통적인 인문주의(人文主義)에 바탕을 둔 교육관이 교육체제를 지배하고 있으며 특히 대학진학을 앞둔 고등학교 교육에 커다란 영향을 미치고 있다. 즉, 대다수의 학생이 진학할 수 없는 형편이면서도 고등학교 교육은 대학진학을 위한 수단 내지 예비과정으로 인식·운영되고 있다. 이것은 개인의 인력낭비를 조장히는 데민 기여할 뿐이나.

따라서 대학에 진학하지 못하는 많은 학생들은 그들의 장래에 대한 아무런 대책이나 적절한 보장 없이 사회로 배출되고 만다. 이러한 현상은 일반계 고등학교에서 더욱 두드러져 사회문제화 되고 있으며 청소년 문제의 원인이 되기도 한다. 이러한 상황은 교육의 기회균등이란 민주이념과도 상치되는 것으로서 계속 방치되면 사회의 불평등을 조장하는 역기능으로 작용할 가능성도 있다.

(1) 高等學校에서의 進路指導 目的

고등학교에서는 위에서 제시한 문제점을 해결하기 위한 방안으로 고등학교 학생이 독립된 인간으로서 생활에 참여하기 위한 계획·준

한 워크숍 보고서-, 1984. 6. 14~16 P.V.

비·진로방향 정립에 중점을 둔 진로지도를 실시하여야 한다.

따라서 진로지도의 목적을 다음과 같이 제시할 수 있다.[41]

  1) 진로목적을 보다 구체적으로 수립할 필요성을 인식하도록 한다.
  2) 자신의 진로목적을 성취하기 위한 보다 구체적인 계획을 세우도록 한다.
  3) 의사결정 능력과 문제해결 능력을 더욱 신장하고 이러한 능력을 진로계획 수립에 활용하도록 한다.
  4) 일을 하는 데 있어서의 집단행동의 역동성에 대한 이해를 높이도록 한다.
  5) 졸업 후에 자기가 처할 환경에 대비하도록 한다. 취업할 학생들에게는 적절한 직업훈련을 받을 수 있도록 조치한다.

교육법 제105조 3항에 의하면, 고등학교 교육의 목적 가운데 "……개성에 맞는 장래의 진로를 결정케 하며, 일반적 교육을 높이고 전문적 기술을 기른다."고 규정하고 있다.

한국교육개발원에서 제시한 고등학교의 진로지도 목표는 다음과 같다.[42]

  1) 자신의 적성 및 여러 가지 여건을 고려하여 구체적인 진로계획을 수립한다.
  2) 진학 또는 직업에 필요한 정보를 넓게 수집·분석하여 자신에게 적합한 직업 및 학교를 선정하고 이를 위해 준비한다.
  3) 건전한 직업관 및 직업윤리를 형성한다.

물리적·사회적인 환경뿐만 아니라 경제사회의 복잡성으로 말미암아

---

41) 이정근, ≪전게서≫, p.129.
42) 한국교육개발원, ≪전게서≫, p.14.

졸업을 앞둔 고등학교 학생은 다방면의 기로에 서 있다. 직업시장이나 교육제도는 기회나 선택에 있어 복잡한 통로를 제공해 주고 있다. 한편 개인은 다양한 홍미·선호(選好)·능력·가치 등을 소유하고 있다. 따라서 고등학교 수준의 기본적인 진로지도의 목적은 다음과 같다.43)

1) 학생들에게 졸업 후, 즉 진학이나 직업훈련, 취업기회 등에 대하여 개방된 여러 가지 선택을 할 수 있도록 알려주는 정보를 제공해 주어야 한다.

2) 학생들에게 고용기회·학교요람 등에 관한 정부의 간행물과 학교기관이 이들을 어느 곳에서 찾을 수 있는지를 알려주는 예와 같이 학생 자신에 관한 그러한 정보를 제시하고 사용할 수 있도록 훈련을 시킨다.

3) 학생들에게 교육정보 또는 직업정보를 설명하고 평가할 수 있노록 훈련을 시킨다.

4) 각 개인으로 하여금 자신의 홍미·요구·능력 및 가치를 깨닫도록 도와준다. 특히 이와 같은 요인들이 자기의 미래생활에 관련되도록 도와주어야 한다.

그리고 학생들에게 의사결정 능력과 의사결정할 수 있는 기회를 제공하도록 가르쳐야 한다.

헤르(Herr)는 고등학교의 진로지도 목적을 다음과 같이 제시하고 있다.44)

1) 학생들의 성취감·가치·성취권·교육적 열망·직업선호와의 관계를 보여주도록 한다.

2) 직업선호에 필요한 기술에서 현재의 개인적 능력을 분석하고

---

43) Robert E. Campbell, et. al., *op. cit.*, pp.31-32.
44) Herr and Crammer, *op. cit.*

이러한 기술이 어디에 필요한지 강화시키기 위한 계획을 발전시킨다.

3) 진로계획과 그의 결과를 위한 책임을 수행한다.

4) 산학협동 교육(cooperative education)이나 현직훈련(on the job training)을 통하여 적합한 과정을 택함으로써 직업투입 단계에 자격을 갖추도록 준비한다.

5) 바람직한 프로그램의 유형과 기관에 요구되는 과정을 이수하여 탈중등교육(脫中等敎育)을 위해 자격을 갖도록 준비한다(즉, 지역사회대학·전문대학·4년제 대학 등).

6) 소비자로서 생활에 관련된 지식과 기술을 발전시킨다.

7) 효과적인 여가선용을 위해 적합한 기술을 개발한다.

8) 학생들을 교과과정이나 시간제 일, 또는 특별활동에 성취하도록 관련 지움으로써 체계적으로 사실적인 직업흥미 검사를 실시하도록 한다.

9) 만일 흥미 있는 선택이 이루어지지 않으면 바람직한 교육 및 직업 목표를 성취하는 대안적 방안을 분류하도록 한다.

10) 진로목표를 수행하기 위한 특수목적을 개발한다.

(2) 進路指導 單元의 內容

다음에 제시한 도표는 진로준비 과정으로서 고등학교 학생들이 진로시간에 진행되어야 할 종합적인 내용을 요약하여 모두 10시간에 걸쳐 실시하도록 하나의 시안(時案)을 제시한 것이다.

여기에 제시된 내용을 각 단원별로 나누어 1차시~10차시까지 구체적 내용을 소개하면 <표 7-4>와 같다.[45]

---

45) 한국교육개발원, ≪전게서≫, p.66.

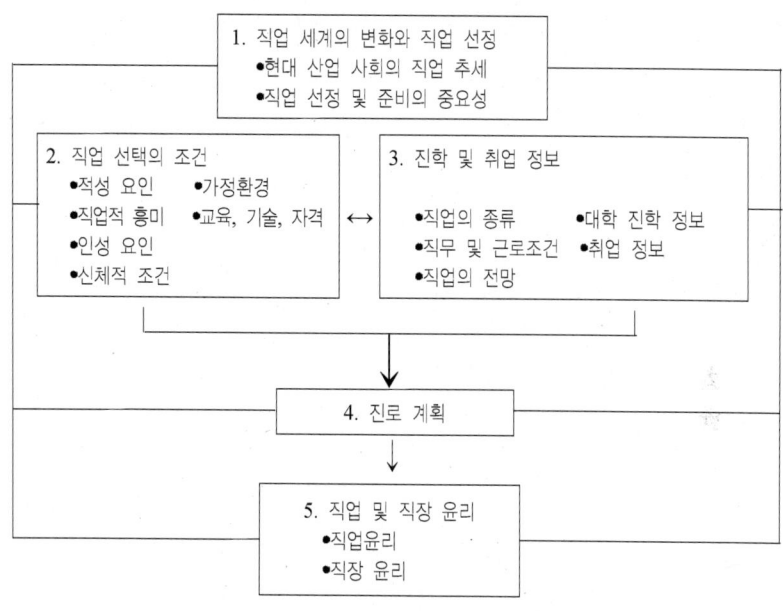

<그림 7-3> 진로단원 내용

〈표 7-4〉 진로단원 예시

시 간	주 요 내 용	활동형태	교수 – 학습자료	관련교과
1	1. 직업세계의 변화와 직업선정 1) 직업의 중요성 2) 현대 산업사회의 직업추세 3) 직업선정 및 직업준비의 중요성	문 답 강 의	(교 1·1) (교 1·2)	국민윤리 Ⅳ-3-(2) 기 술 단원 1-2 단원 6-4
2	2. 직업선정의 조건 1) 적성 요인 2) 직업적 흥미 3) 인성 요인 4) 신체적 조건 5) 가정환경 6) 교육·기술·자격	문 답 강 의	(교 2·1) (교 2·2) (교 2·3) (교 2·4)	기 술 단원 6-4 사회·문화 Ⅴ-3-(1)

시 간	주 요 내 용	활동형태	교수 - 학습자료	관련교과
3	3. 진학 및 취업 정보			
	1) 직업의 종류	문 답	(교 3·1)	기 술
	2) 직종별 직무 및 근로 조건	강 의	(교 3·2)	단원 1-2
	3) 우리나라의 직업전망		(교 3·3)	3
	4) 대학의 종류와 특성		(교 3·4·1)	단원 6-4
	5) 직종과 전공학과		(교 3·4·2)	
	6) 취업가능 직업의 종류와 특성		(교 3·5)	
	7) 취업자를 위한 교육제도		(교 3·6)	
			(학 3·1)	
			(학 3·2)	
3	4. 진로계획			
	1) 인생계획의 필요성	문 답	(교 4·1)	국민윤리*
	2) 나의 인생계획	토 론	(학 4·1)	
	3) 진로계획의 기본원리	강 의	(학 4·2)	
	4) 자신에 대한 이해		(학 4·3)	
	5) 진로계획		(학 4·4)	
1	5. 직업 및 직장 윤리			
	1) 직업윤리	문 답		국민윤리
	2) 직장윤리			Ⅳ-3-(2)

<주> ① 교수-학습 자료란의 (교 1·1), (교 1·2) 등은「교사용 자료」를, (학 1·1), (학 1·
2) 등은「학생용 자료」를 표시함.
앞의 숫자는 주제의 번호, 뒤의 숫자는 활용되는 순서를 의미함.
② 관련 교과란의 맨 앞의 숫자는 대단원을, 가운데 숫자는 중단원을, 맨 끝의 숫자는
소단원을 표시함.
* 현행 교과서 내용 중 이 주제와 밀접하게 관련되는 내용은 없으나 국민윤리 교과에
서 다루는 것이 가장 효과적일 것으로 생각됨.

위와 같은 내용은 하나의 예시에 불과한 것이며, 10시간 정도로 진
로지도가 끝나는 것은 아니다. 그러므로 진로담당 교사나 학급교사는
위에 제시한 내용을 참고로 하여 창의적인 수업계획을 수립하고 풍부
한 내용의 지도 프로그램을 작성해야 한다.

(3) 進路指導의 位置

진로지도의 역할 또는 위치로 말하면, 진로지도의 결과 인력관리의 효율화를 기하고 적합한 인력배치를 도모할 수 있으며 인력관리의 역할을 분담할 수 있다. 따라서 진로지도의 대상을 종류별로 분류하여 실시의 주안점을 제시하고 진로지도의 단계를 종합적으로 도식화한 것을 정리해 보면 다음과 같다.[46]

가. 인력관리의 단계

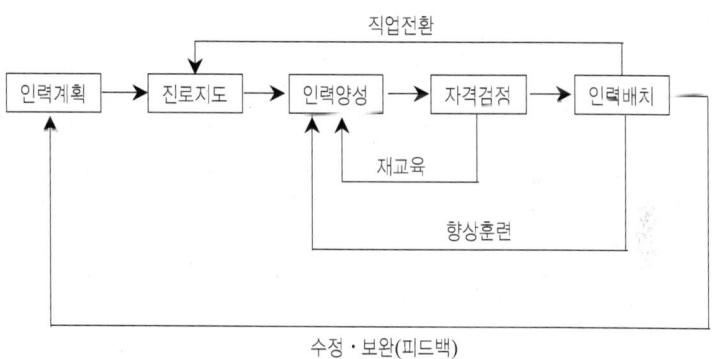

인력배치는 인력계획을 세워 진로지도를 통하여 인력양성·자격검정을 통한 교육으로 적합한 인력을 배치하는 데 주안점을 둔다. 따라서 진로지도는 인력계획과 인력배치 사이에 중간적 위치에서 역할을 담당하고 있으므로 인력의 적재적소 배치에 크게 기여하게 된다.

---

[46] 유네스코한국위원회, ≪전게서≫, pp.49-50.

나. 인력관리의 역할분담

단계	인력계획	진로지도	인력양성	자격검정	인력배치
1982년 이전	●과학기술처	문교부	문교부 노동부 과학기술처	문교부 노동부 과학기술처	노동부
1982년 이후	●경제기획원 ●과학기술처 ●한국직업훈련 관리공단	문교부 한국직업훈련 관리공단	문교부 과학기술처 한국직업훈련 관리공단	한국직업훈련 관리공단	노동부 한국직업훈련 관리공단

위의 표는 1982년 이전과 이후의 인력양성 기관의 변화를 보여주
고 있다. 즉, 인력계획은 경제기획원·과학기술처·한국직업훈련관리
공단이 담당하고 있으며 진로지도는 마땅히 문교부나 한국직업훈련공
단이 책임지고 지도되어야 할 사항이다.

다. 진로지도의 대상

진로지도의 대상은 전체 학생을 포함하며 실시의 주안점은 개인의
인생을 행복하고 만족하게 삶의 질을 개선하는 데 있다. 진학지도는
고등학교나 대학을 진학하는 데 주안점을 두고 졸업 후에 적재적소에
직업을 선택할 수 있도록 진로계획을 세워 지도한다. 취업지도는 고
등학교 수준에서 완성교육을 통해 직업교육을 실시한 후 적합한 직업
에 들어갈 수 있도록 기술·기능에 치중하여 지도되어야 한다. 그러
나 이들에게 야간대학이나 개방대학, 방송통신대학 등에 진학할 수
있는 길을 안내해 주는 일도 필요하다.

종 류	주요 대상	실시의 주안점
진로계획	전체 학생	개인의 인생
진학지도	진 학 자	대학졸업 후의 취업고려
취업지도	비진학자	취업 후의 계속교육 강화

라. 진로지도의 단계

고등학교의 진로지도는 진로계획과 준비단계로 나눌 수 있다. 이 과정은 초등학교의 진로인식 단계를 거쳐 중학교의 진로탐색 단계를 맞이한다. 이 단계를 지나 고등학교에 이르면 인문고등학교는 계속하여 탐색의 과정을 거쳐 적합한 대학 전공학과와 대학의 진학을 목표로 준비단계가 연속된다. 그 이후 졸업을 하게 되면 취업, 즉 직업선택에 들어가게 된다. 그러나 농업·공업·상업·수산·축산 고등학교는 직업의 준비단계로서 완성 교육에 이른다. 실업계 고등학교는 대학진학을 목표로 하는 교육기관이 아니라 직업지도를 통하여 고등학교만 졸업하고 곧바로 취업에 임할 수 있도록 준비하는 단계이므로 대학진학이 목표가 아니다. 그렇지만 졸업 후 취업을 하여 생계유지 수단의 목적을 실현하지만 원하면 언제든지 학업을 계속할 수 있는 야간제 대학이나 개방대학, 방송통신대학 등의 대학교육 기관으로 진학할 수도 있다. 그러므로 실업계 고등학교에 들어갔다고 낙심하거나 실망할 필요는 없다. 누구나 노력 여하에 따라 기회는 얼마든지 주어지므로 기회를 최대한으로 활용하려는 의지와 노력이 가장 중요한 기본이 된다.

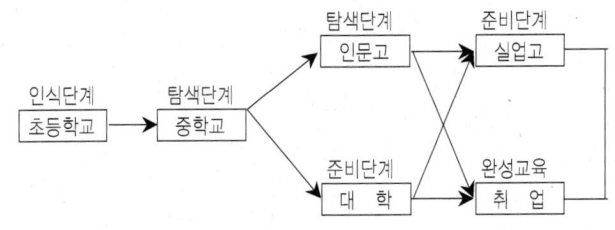

(4) 高等學校에서의 進路指導 方法

진로지도의 방법은 진학지도와 취업지도로 나누어진다.

가. 진학지도의 방법

진학지도라 하면 우선 대학입학을 위한 지도라는 생각을 하게 된다. 우리나라와 같이 교육열이 극심하고 고등학생이면 누구나 대학에 진학하려고 하는 상황에서는 진학지도는 바로 대학입시 지도란 말과 같이 통용된다. 따라서 진학지도의 성패는 대학입학률, 특히 명문대학에의 합격률에 의해 판단되고 있는 실정이다.

그러나 올바른 의미의 진학지도는 매우 중요한 교육활동의 하나이며 높은 수준의 능력과 기술을 필요로 하는 것이다.

진학지도의 가장 기본적인 접근은 학생의 입장에서 사고하는 자세라고 하겠다. 이 사고의 초점은 학생의 내면세계와 직업세계 및 환경의 세 가지 요소에 알맞게 조화를 이루어야 한다.

학생의 내면세계를 구성하고 있는 요인은 주관적 요인과 객관적 요인으로 구분된다. 주관적 요인에는 인생관·가치관·욕구·태도·자아개념·이상 등이 포함되며, 객관적 요인에는 지능·적성·흥미·성격·성취동기·학업성취·신체적 조건 등으로 나눈다. 이러한 요인들을 중심으로 학생과 개인과의 상담, 부모와의 상담, 교사와의 상담 및 직접 관찰을 통해 철저하게 파악되어야 한다.47)

다음으로 직업의 세계를 탐색하는 일이다. 즉, 직업의 종류·직업군 등의 정보를 수집·검토하는 일이다. 직업세계에 관한 정보는 직업군(職業群)의 이해와 근무조건, 학력·보수·승진관계, 장래에 대한 전망 등에 관한 직무분석이고 또한 직업을 수행해 나가는 데 필요한 최소한의 교육수준이다. 즉, 교육수준의 단계에 따라 중등교육·전문대학·대학·대학원·특수교육·독학(獨學)·개방대학(開放大學) 등의 다양한 교육수준의 습득에 따라 직업 영역의 선택에 차이를 나타낸다. 따라서 전문직·기술직같이 전문화된 직업을 획득하기 위해서는 적어도 전문대학 이상의 고등교육을 받아야 이에 적합한 직업을 택할 수 있다. 그러나 현재와 같이 (1986년 이후) 고등교육을 받은 인력이 직업수요와의 수요·공급이 일치하지 못하고 고급인력의 공급이 쏟아져 나오고 있는 현실에서는 직업의 수요가 미치지 못하기 때문에 제아무리 교육수준이 높다 할지라도 원하는 대로 선택의 방향이 미치지 못하고 있다. 그래서 일부 교양교육을 주장하는 학자들은 진로지도를 아무리 정성껏 지도한다 해도 소용이 없게 된다는 비판을 내리는 사람도 있다.

그렇다고 진로지도 필요성이나 실시방법이 불필요하다는 논쟁은 있을 수 없다. 어디까지나 진로지도는 적재적소에 배치하는 것이 목적이며 이론적인 체계도 없이 마구잡이로 적성이나 능력, 흥미나 인성에 맞지 않는 방향이라도 무조건 취업에 임한다면 개인적으로 볼 때 직업생활 적응에 문제를 일으켜 부적응과 불만족 등으로 불행을 초래하며 결국 불만이 사회적 불안 요인으로 승화되기 쉽다. 뿐만 아니라 인력의 낭비이며 국가적 차원에서 볼 때 막대한 국가인력의 낭비라고 본다. 따라서 진학지도에 있어서도 위와 같은 학생의 내면세계의 이

---

47) 안창일, "진학지도의 기술," ≪일반계 고등학생의 진로지도≫(서울: 유네스코한국위원회. 1981). pp.127-132.

해와 조건을 기본 토대로 삼고 직업세계의 탐색이 중요한 역할을 하게 되는 것이다. 마지막으로 환경 요인을 고려해야 한다. 개인에게 영향을 주는 환경 변인은 부모의 기대, 가정의 경제적 조건, 개인의 성장사(成長史), 교사나 교우(交友)의 영향, 생활의 근거지 등이 있다. 직업세계에 영향을 주는 환경 요인으로는 직업의 변천, 기계공학의 발달, 직업의 수요, 국가 및 세계의 경제사정, 작업환경 조건, 보수·승진 또는 발전의 기회에 대한 전망, 사회적 인식 등이 있다.48)

이와 같은 일련의 진로지도 과정을 요약하며 도식화하면 <그림 7-4>와 같다.

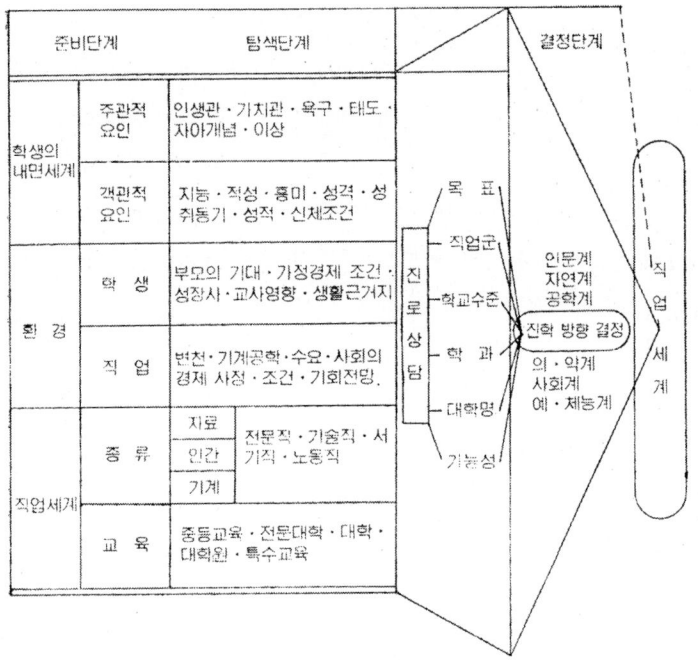

<그림 7-4> 진학지도의 과정

---

48) ≪상게서≫, pp.132-133.

일반적으로 고등학생을 위한 진로지도를 계획할 때에는 이 연령층에 관련된 두 가지 요인을 고려해야 한다.49) ① 발달적 성숙 요인, 즉 이 수준의 학생들이 무엇을 할 수 있으며 이들이 얼마나 사고(思考)할 수 있고 그들을 위해 특별히 계획된 방법을 통해 그들이 배운 것을 극대화할 수 있는 어떤 기술을 가지고 있는가 등에 관한 것을 의미한다. ② 필요·압력 요인, 즉 이 연령의 개인들이 수행해야 할 과업적 측면에서의 필요와 그들에게 외부의 준거로부터 주어지는 압력을 의미한다.

발달적·성숙적인 요인으로 볼 때, 고등학교 학생은 적합한 언어와 개념적 기술을 가지고 있기 때문에 다양한 방법을 통해서 학습을 시킬 수 있다. 이 방법은 계획하고 응용하는 데 잠재력의 한계를 극소화함으로써 진로지도 계획을 하는 데 장점이 된다. 그래서 구체적이든 추상적 방법이든 어떤 것에도 구애받지 않고 이 연령층에 적용가능하다.

필요·압력 요인에 있어서 이 연령의 학생들은 풍부한 교육 및 직업 정보를 수집·평가하여 미래의 진로방향을 결정해야 할 필요에 직면하고 있기 때문에 진로지도 방법이 이러한 과업을 촉진시킬 수 있도록 계획되어야 한다. 진로지도 방법은 학생들에게 진로계획에 필요한 정보를 수집하고 수집된 정보를 자신의 필요에 비추어 평가하고 적절히 활용함으로써 장래에 대한 현명한 결정을 내릴 수 있도록 해줄 수 있는 방법이 활용되어야 한다.

이 수준에 도달한 학생들은 ① 고등학교를 중퇴하거나, ② 대학교육을 계속할 계획을 하거나, ③ 대학보다는 다른 후기 고등학교 훈련을 받을 계획을 하거나, ④ 취업하는 학생들이 있게 될 것이다. 그러므로 이 시기의 방법은 학생들이 자아를 탐색하고 자신의 진로방향의 결정과 관련하여 자신의 필요·능력·흥미·가치관을 인식하도록 유도해 줄 수 있는 진로지도 방법이 계획되어야 한다. 또한 진로지도 방법이 외부로

---

49) Robert E. Campbell, *op. cit.*, p.33.

부터 다양한 외적 압력이 학생들을 취급하는 데 도움이 되도록 계획되어야 한다. 이러한 방법은 개인 스스로 압력의 정서적 측면, 예를 들면 좌절감·무력감·불안 같은 것을 현명하게 다룰 수 있게 해 주고 또 한 편으로는 외부의 압력을 제거할 수 있는 것이어야 한다. 이런 점에서 볼 때 정치(定置; placement)에 중점을 두는 진로지도 방법은 일자리를 찾는 데 대한 좌절감을 제거시킬 수 있으며 학생들에게 인터뷰 기술, 윗사람에게 적응하는 법, 동료관계 등과 같은 고용기술을 습득시킬 수 있다.

나. 취업지도 방법

취업지도 또는 직업지도는 고등학교를 졸업한 후에 직업을 선택하고자 하는 학생들에게 필요한 것이다. 일반적으로 실업계 고등학교 학생들에게 적합한 방법이다. 그러나 인문계 고등학교를 졸업하였다 할지라도 모두 대학에 진학하는 것이 아니고 대학진학에 필요한 인원은 한정되어 있으므로 모두 진학에만 뜻을 둘 수는 없는 것이다. 대개 고등학교 졸업자 중 3분의 2 정도는 대학수준 이하의 전문대학 아니면 전문대학에도 못 들어가는 학생들이 해당 연령층에 상당히 많이 있다. 그러면 그들을 모두 방치해 둘 수는 없는 것이다. 그렇다면 이들은 적어도 직업교육을 받아야 마땅하다. 그런데 우리나라 교육이 인문고등학교에서 취업반 또는 직업반을 별도로 구분하여 지도하고 있는 학교가 그리 많지 않다. 있다고 해도 별로 성과가 없는 것이 일반적인 경향이다. 따라서 직업지도도 적절히 이루어져야 바람직하다.

취업지도는 직업탐색 단계로부터 시작하여 직업준비의 과정을 거쳐 취업을 하는데도 필요하게 된다.

<그림 7-5>에서는 취업지도의 과정을 도식화하였다.[50]

---

50) 이정근, "취업지도의 기술," 《일반계 고등학생의 진로지도》(서울: 유네

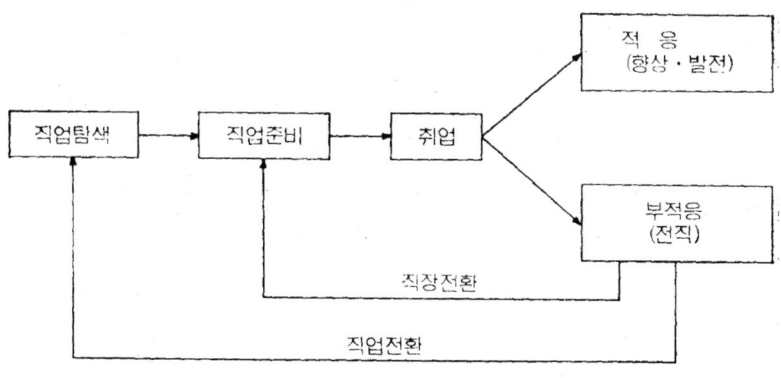

<그림 7-5> 취업지도의 과정

위 그림에서 제시한 바와 같이 취업지도는 먼저 직업탐색 → 직업준
비 → 취업의 단계로 들어간다. 만일 취업 시 적응하게 되면 계속하여
향상·발전할 수 있고, 부적응상태에 도달한다면 직장전환을 위한 선
직으로 직업 준비를 다시 해야 할 것이며, 직업을 전환하려면 직업탐
색에서부터 다시 출발하여야 한다.

이와 같이 취업지도를 철저히 하려면 취업정보에 밝아야 한다. 취
업지도를 실시하기 위해서는 많은 취업정보가 필요하다. 이것을 직업
정보라고 한다.

취업정보는 직업정보라고도 하며 앞장에서 언급한 바 있다. 그러나
여기서 이해를 돕기 위하여 언급하겠다. 취업이란 산업구조에서 나타나
는 각종 생산 활동에 참여하는 것을 뜻한다. 취업정보는 취업하고자 하
는 직업과 그 직업에 적응하기 위해 필요한 모든 지식과 이해에 관련된
정보를 말하며, 즉 노동시장의 현황, 직무에 필요한 자격요건, 취업 및
근로조건, 직무의 내용, 장래의 전망 등에 관한 일련의 내용들이다.

단계별·대상별 취업정보의 종류는 다음 <표 7-5>와 같다.51)

스코한국위원회, 1984). pp.145-146.
51) 김병숙, "취업정보와 취업지도," 유인물, 한국카운슬러협회, 1985. 8. 발

〈표 7-5〉 단계별·대상별 취업정보의 종류

단계 대상	취업 전	취업 시	취업 후
개 인	1. 성별 및 적정연령 2. 학력 3. 적성 4. 성격 및 태도 5. 신체조건 6. 직업훈련 7. 자격 및 면허 8. 자기 평가	1. 올바른 정보선택 방법 2. 직업윤리 3. 구비서류 4. 건강 5. 보너스·상여금 6. 적절한 기술	1. 적응관계 2. 전문지식 3. 자아실현 4. 직업윤리 5. 보너스 6. 생활의 보람과 긍지 7. 일의 보람
대상업체	1. 직업의 유래 2. 관련 및 유사한 직업 3. 취업가능 직업명 4. 직무의 내용 5. 작업환경 6. 장비 및 공구	1. 취업 경로 2. 임금 3. 승진 4. 전직 5. 관련업체명(소재지·근로 자수·생산품·기숙사· 장학금·통근 버스·사 보·노조) 6. 취업규칙	1. 추가 이수하여야 할 교육 2. 책임의 한계 3. 사내훈련 4. 극기 훈련
사 회	1. 직업의 지역적 분포 2. 생산품의 분류 3. 사업체 유형 4. 전문지식 공급처 5. 지역적 특성	1. 노조현황 2. 관련단체 3. 취업알선처	1. 경기변동 2. 직업관의 변화 3. 가치관의 변화 4. 직업윤리
국 가	1. 인력수급 계획 2. 산업분류 3. 직업분류 4. 노동시장(고용구조· 변화·전망) 5. 자격검정 제도 6. 교과과정(고교·대학)	1. 취업알선 기관 2. 관련법규 참조	1. 특별한 교육과정(산 업체 특별학급·산업 체 부설학교·방송통 신고교·대학·개방 대학) 2. 전문교육 기관

표문에서 발췌, p.3.

다. 취업정보 제공원

취업정보는 계획적이며 조직적으로 수집되어야 하므로 취업정보 제
공원을 살펴보아야 한다. 취업정보의 종류는 다양하며 사회의 발전에
따라 점점 증가되는 추세에 있다. 이러한 정보는 개인의 진로목표를
달성하기 위해서는 편중되지 않은 풍부한 수집과 이용하기 쉽도록 합
리적으로 정비해야 한다. 우리나라에서 취업정보를 구할 수 있는 기
관을 나타낸 것은 <표 7-6>이다.

〈표 7-6〉 취업정보 제공처

제공 처	제공 자료 명	제공 방법	정 보 내 용
경제기획원	한국표준산업분류	인쇄물	우리나라 전 산업에 대한 분류
	한국표준직업분류	인쇄물	우리나라 전 직업에 대한 분류
	광공업 센서스	인쇄물	우리나라 선 산업에 대한 현황 및 추세
노 동 부	매월 노동통계 조사 보고서	인쇄물	우리나라 전 산업에 대한 노동시간 현황 및 평균 근로시간, 임금 제시
		전 화	취업정보 문의를 위한 전화를 가설하여 전국의 직업안정망 설치
	구인 전용전화 "1919"	게시판	각 지방 사무소에 구인업체 명단을 게시하고 상담하여 구직표를 작성
	구인업체 명단	상담활동	
국립 중앙 직업안정소	광역 직업정보	인쇄물	주 1회 발행하여 전국의 구인 소식을 전달
한 국 직업훈련 관리공단	국가자격검정 시행	공 고	기술사 및 기능사 자격시험에 대한 기준, 자격취득 방법
직업훈련연 구소	직무분석	인쇄물	직종에 대한 광범위한 내용 소재
대한상공회 의 소	취업촉진 자료	인쇄물	직종에 대한 구체적인 취업정보 제공
	사업체 명단	인쇄물	관련사업에 대한 사업체 명단 수록
관련 조합 및 단체	조합원 명단 연감	인쇄물	관련사업의 조합원에 대한 명단

제공 처	제공 자료 명	제공 방법	정 보 내 용
		인쇄물	1년에 1회 해당 산업의 동향·추세 등을 분석하여 현황 제시
	각종 전문잡지 및 신문	인쇄물	관련 산업에 대한 연구·자료 분석 새로운 전문지식 소개, 나아가야 할 방향 설정
노동조합	산별노동조합명	인쇄물	노동조합 현황 및 조합원으로서의 혜택
한국 방송 공사	구인 안내	방 송	매일 아침 라디오 서울(05 : 30-10 : 00) 790 사이클에서 방송
문화방송	구인 안내	방 송	생방송으로 매주 금요일 18 : 00-1 8 : 30분 방송
서울신문	구인 안내	인쇄물	목요일이나 금요일 주 1회 기재
경향신문 (지방판)	구인 안내	인쇄물	화요일이나 또는 목요일 주 2회 기재
일간스포츠	구인 안내	인쇄물	주 2회이며 일정치 않음.
중앙일보	구인 안내	인쇄물	주 3회이며 일정치 않음.
선데이서울	구인 안내	인쇄물	매주에 기재
주간경향	구인 안내	인쇄물	매주에 기재
공공직업안 내소	구인 안내	상 담	각 시·도에 설치 운영하며 전문기술 직종을 포함한 전 직종 알선
사업체	광고 회사소개서	방송 인쇄물	사업체에 관한 일반적인 사항 사업체에 관한 일반적인 사항
리쿠르트사	리쿠르트	서 점	취업·입사 정보

라. 취업정보 수집방법

현대사회는 정보범람의 시대로서 필요하거나 하지 않거나 관계없이 다양한 정보가 우리 생활에 파고들고 있다. 한 보고에 의하면 어린이의 직업관 형성에는 가장 큰 영향을 미치는 매체가 TV를 위시한 매스컴이라 보고했다. 이러한 잡다한 정보 가운데 건전한 진로의식의 발달을 촉진시키고, 바람직한 직업관 형성에 도움이 되는 취업정보를 선정하고 수집하는 것이 용이하지 않다. 진로의 목표를 달성하고 항상 새로우며 한 곳에 치우치지 않은 정보를 수집하는 것이 중요하다.

진로지도 계획은 각급학교별로 형편에 알맞게 조정하여 연중계획표를 작성해 놓고 월별로 적극적으로 실천하는 일이 중요하다.

<표 7-7>과 <표 7-8>은 고등학교에서 실시되어야 할 진로계획표를 참고적으로 제시한 것이다.

〈표 7-7〉 고등학교 진로지도 계획표[52]

「 」는 주제, ( )는 학년계획 학교행사

월 \ 학년	1 학 년	2 학 년	3 학 년
3	(신상조사, 가정조사) 「바람직한 홈룸」	(진로재조사) (개인자료의 수집정리)	「나의 진로」 「진로조사」 확인
4	(성격조사) (흥미검사) (지능검사)	(적성검사)	「효과적인 학습방법」 진로에 대한 정보제공
5	「바람직한 고교생활」	「고교생의 학습」	(면접지도) 「나의 취미와 특기」
6	「직업인의 자랑」 (과정별 선택지도)	「건강과 진로」	「직장의 선택」 보호자 면접
7	「건강과 진로」	(진로에 대한 정보제공)	(진로조사) 「학교생활과 사회생활」
8	(직업군 조사)	(직업군 조사)	선배와의 좌담회 하기실습의 체험과 반성
9	(과정별 조정) (진로조사)	「고교생과 인생」(1)	「행복이란 무엇이냐?」 (진로조사 집계)
10	(개인면접 지도)	「고교생과 인생」(2)	「이상과 현실」
11	「생활반성과 진로」 「과정별 확정」	「고교생과 사회」 (보호자 면접)	(개인면접에 의한 진로지도)
12	「보호자와 면접」	「우리들의 장래」 「장래희망」 (개인면접)	(진로결정) 보호자 면접 (생애주간 설치)

---

52) 房鎭宙, ≪進路發達의 援助≫(全南: 全南카운슬러協會, 1983). p.258 再引用.

월 \ 학년	1 학 년	2 학 년	3 학 년
1	「개성과 진로」	「자기의 고(苦)」 「장래에 대해」	「계획의 수행」
2	「고 2년의 PLAN」	「2학년 과정을 마치면서」	「졸업 후의 생활계획 졸업자 실태조사」

〈표 7-8〉 월별 진로계획의 예53)

월 \ 학년	1 학 년	2 학 년	3 학 년	졸 업 생	관계있는 학교행사	진로지도 주임
3	orientation 환경조사 진로희망조사 지능검사 신체검사	신체검사 진로희망조사 흥미검사	환경조사 진로희망조사 신체검사 진로지도표 기 입 학부모회의	미취학자 알 선	시업식 입학식 orientation 학부모 소 집 신체검사	연차 계획 발표 진로지도위구성 학부모회 계획 표준화 검사 실 시 준 비 커리큘럼 구성참가
4	질문지조사 진로상담 학부모홍보 (보호자)	질문지조사 진로상담 학부모홍보 (보호자)	질문지 조사 적성검사 직업정보제공	동 상	교외수업 (여행·소 풍·공장견 학)	검사 통계 작성 진로 실정 조사 직장 견학 지도
5	체력측정 면 접	체력측정 향성검사	체력측정 진로상담	동 상	가정연락	누락자검사 상 담
6	면 접	직장견학	직업정보제공 졸업생과 좌 담회명사강연	재학생과 의 좌담회	자문위원회	실습의뢰서방송 배치표작명
7	면 접	진로상담	현장견학 실습지 희망조사	졸업생과 직원과의 좌담회	하기행사	산업조사·실습 지도 주의사항· 실습생배치
8	직장실습 직장견학	직장실습 직장견학	직장실습 직장견학	추수지도	하기행사	기업체순서 채용가능성타진 실습 상태 평가

---

53) ≪上揭書≫, pp.255-257.

월 \ 학년	1 학 년	2 학 년	3 학 년	졸 업 생	관계있는 학교행사	진로지도 주임
9	실습반성	실습반성	실습반성 직업정보제공 취직알선 진로상담	추수지도	교외교수	실습결과 처리반성 감사장발송 취직 대상 연구 구인개척 알선상담
10	면 접	진로상담	취직알선 진로상담 직업정보제공	추수지도	추계행사	구인개척 알선상담 취직의뢰서발송 사회 적성 지도 (이력서)
11	면 접	진로상담	동 상	추수지도	가정연락	상담 구인 개발 알선 실습의뢰 배치표작성
12	면 접 직장실습 직장견학	진로상담 직장실습 직징건학	동 상 직장실습 생애주간운영	추수지도	학부모 소 집 연말행사	구인개척 알선상담 실습생배치 실습 순회 지도
1	실습반성 면 접	실습반성 진로상담	진로상담 취직알선 실습반성 직업정보제공	추수지도	동계행사	감사장발송 기업체순시 실습 지도 반성 상담 구인 개척 알선
2	면 접 신년도과정 과목선택지도	진로상담 신년도과정 과목선택지도		추수지도	졸업식 종업식	구인 개척 알선 취직 실태 통계작성 미결장처리연구 신년도계획결정

(5) 專攻學科 選定에 관한 指導

고등학교 학생들에게 대학의 전공 분야를 선정하기 위한 진학지도는 우선적으로 ① 자신의 적성에 대한 이해, ② 직업 분야에 대한 이해, ③ 대학의 전공학과 분야에 대한 이해가 필요하다. 이와 같은 이해를 돕기 위해서는 고등학교 1학년 때부터 준비하는 것이 필요하다.

전공 선택은 장차 한 개인의 장래를 좌우하는 중대한 결정 요인으로서 자신은 물론 학부모·교사·상담교사 등과 충분히 의논하여 신중히 결정해야 한다.[54]

요즈음 흔하게 볼 수 있는 현상으로 학력고사 점수에만 너무 의존하여 자기의 적성이나 능력, 홍미·인성·가치관·학업성적·신체적 조건·경제적 여건·학습배경 등을 고려하지 않고 눈치작전과 배짱지원으로 선택한 전공 분야나 대학선정으로 결국에 가서는 전공학과에 불만을 갖게 되는 현상이 두드러지게 늘어나고 있다. 이러한 현상은 개인의 불만과 학업에의 부적응, 나아가서는 사회적 불안 요인, 개인의 인력낭비, 국가적으로는 국력의 손실을 가져올 우려마저 있다. 그러므로 위와 같은 여러 조건을 참작하여 전공 분야 선택에 임해야 한다.

다음으로 중요한 것은 직업세계에 대한 이해이다. 앞에서도 언급한 바 있지만 전공 분야를 선택하는 것은 앞으로 자기가 종사할 직업을 결정하는 데 중요하게 영향을 미친다. 따라서 원하는 직업에 대한 충분한 이해를 바탕으로 전공 분야를 선정하는 것이 바람직하다. 직업세계에 대한 충분한 이해를 갖기 위해서는 충분한 직업정보를 계속적으로 수집·분석·탐색할 필요가 있다.

---

54) 한국교육개발원, ≪대학안내 자료≫(서울: 한국교육개발원, 1982). pp.9-11.

가. 진학지도상의 유의사항

인문계 고등학교의 주요 목표는 교육법 104조에 명시한 바와 같이 "중학교에서 받은 교육의 기초 위에 고등보통 교육과 전문교육을 하는 것을 목적으로 한다."고 한다. 이에 따라 전문교육을 받으려면 대학진학을 우선으로 한다. 그리하여 각 고등학교에서는 진학지도를 위한 교육방법이 전개되고 있다. 그런데 진학지도가 올바로 이루어져야 하는 데 문제점이 많다. 따라서 그 문제점을 제기하면 다음 <그림 7-6>과 같다.[55]

<그림 7-6>에 의하면 ① 제도개혁, ② 제도적 취약점, ③ 상담활동 강화, ④ 진로지도 실시 애로점, ⑤ 의식개혁, ⑥ 가치관 및 태도 등의 문제점을 분석하여 해결점을 보완하여야 할 것이다.

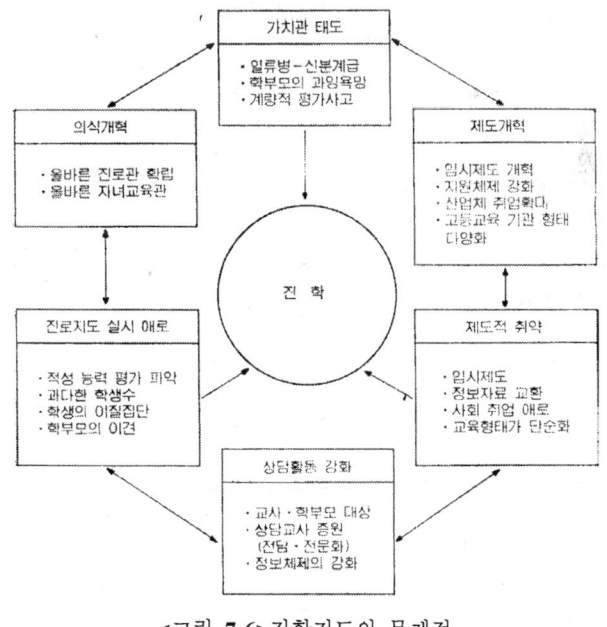

<그림 7-6> 진학지도의 문제점

나. 진로지도의 지침

다음에 제시하는 내용은 1984년 유네스코한국위원회 주최로 「진로 지도 개선을 위한 워크숍 보고서」에서 발표된 전문가·장학사·교도 주임들이 중지를 모아 인문계 고등학교의 진로지도 지침을 마련해 본 것이다.56)

(1) 진로계획 수립을 위한 지도지침

1) 인문계 고등학교에서의 진로지도는 한 학생이 자신의 미래 생애를 체계적으로 계획하고, 전략적으로 변화시켜 나가도록 도와 주는 생애개발의 과정으로 전개되어야 할 것이다.

2) 인문계 고등학교에서의 생애개발을 위한 진로지도의 핵심은 이다음 자신이 종사하게 될 전문직업 분야에 대한 구체적 선택과 결정에 두어야 할 것이다.

3) 인문계 고등학교에서의 생애개발을 위한 진로지도는 위에서 선택 결정한 전문직업 분야의 요건에 따라 ① 각종 고등교육 기관 및 직업훈련 교육기관으로의 진학지도와, ② 전문직업으로의 취업 지도로 대별하여 전개되어야 할 것이다.

4) 인문계 고등학교에서의 생애개발을 위한 진로지도를 효율적 으로 실행하기 위해서는 학생 자신의 자기이해와 교사 및 학부모 의 학생에 대한 이해가 먼저 촉성되어야 할 것이다.

5) 인문계 고등학교에서의 생애개발을 위한 진로지도 과정에서 자기이해를 돕기 위한 방략들은 교사·학부모·전문가들의 협력하 에 독창성 있게 계속하여 개발되어야 할 것이다.

6) 자기이해에 관한 자료개발과 실천에 선도적인 각 인문계 고등 학교나 관련 연구기관 및 개개 교수나 학자들은 개발된 자료의 확산 보급에 인색하지 말고 나누어 갖도록 노력하여야 할 것이다.

---

56) ≪상게서≫, pp.52-56.

7) 인문계 고등학교의 모든 교사들은 생애개발을 위한 진로지도에 대한 기술적 방략들을 각각 충분히 익히고, 교수-학습 과정에서 적절히 상황에 따라 실시할 수 있도록 하여야 할 것이다.

(2) 진학지도의 지침

1) 학생의 입장에서 사고할 것
  ○ 내면세계: 주관적 요소·객관적 요소
  ○ 직업세계: 직업의 종류, 최저교육 기준
  ○ 환경
    ① 개인에 영향 주는 환경 요인(부모의 기대, 가정의 경제사정, 생활근거지, 교사·교우의 영향)
    ② 직업에 영향 주는 환경 요인(직업의 변천, 기계공학의 발달, 직업의 수요, 국가 및 세계 경제사정, 작업환경, 보수정도, 승진기회, 사회적 인식)

2) 진학지도의 계획
  ○ 준비단계-지능·적성·흥미·기질·학업능력 등을 파악, 교사는 정보제공자로서의 역할수행
  ○ 탐색단계-생의 목표·직업목표를 달성할 수 있는 분야 탐색, 이와 관련된 전공학문 분야 열거, 교사는 상담자의 역할수행, 그 전공이 있는 목록작성(자신의 능력과 비추어 가능한)
  ○ 결정단계-능력·흥미·외적조건 등을 고려한 진학방향 결정, 전공 분야를 먼저 결정한 후, 대학을 선택, 교사는 객관적 관찰자 또는 평가자의 역할수행

3) 진학방향 결정 시 참고할 객관적 자료
  ○ 적성: 인문·자연·실업
  ○ 흥미: 사람·물건·자료
  ○ 기질: 안정성·변화성
  ○ 신체조건: 결격사유

　　ㅇ 작업조건: 실내·실외
　　ㅇ 능력: 지능·학업성적·경제사정

(3) 일반계 고등학교에서의 취업지도 지침

　1) 각 학교에서는 취업지도 담당교사를 지정하여 취업지도 업무를 관장토록 한다.

　2) 학교장은 취업지도 교사가 취업지도 활동을 원활히 수행할 수 있도록 시설·수업부담·출장·예산상의 편의를 제공한다.

　3) 취업지도 교사는 학교장·교도교사·직업반 담당교사 등과 협의하여 취업지도 계획을 수립한다.

　4) 취업지도 교사는 교내의 비진학자를 확인하여 그들의 신상명세서를 작성·비치한다.

　5) 취업지도 교사는 인문고 졸업자가 취업할 수 있는 직업의 종류와 그 직무내용 등을 조사·분석·정리·유인하여 비치한다.

　6) 취업지도 교사는 해당지역 사회에 있는 각종 직업안정 기관의 실태를 조사하고 그들과의 유대를 돈독히 한다.

　7) 취업지도 교사는 비진학자가 취업에 필요한 지식과 기술을 습득할 수 있는 훈련기관을 조사·기록·비치하고, 이 기관에 종사하는 사람과의 인간관계를 맺는다.

　8) 취업지도 교사는 지역사회 또는 인근지역에 있는 기업체 중 인문고생이 취업 가능한 회사를 선정하여 그 명단을 작성 비치하고 수시로 방문(연락)하여 취업정보를 수집한다.

　9) 수집된 취업정보는 모든 교직원과 학생이 즉시 알 수 있도록 전달·게시한다.

　10) 취업지도 교사는 비진학자를 대상으로 집단상담 또는 개인상담을 수시로 실시한다.

　11) 상담결과는 반드시 상담일지에 기록·보관하고 가급적이면 개인별 상담기록부(누가기록)를 작성·비치한다.

　12) 취업대상자에게는 취업 전에 이력서 작성법·면접방법·직

장예절·근무태도 등에 대한 교육을 수시로 실시한다.

13) 취업자의 첫 출근 시에는 가급적 취업지도 교사가 동반하여 기업주에 당부·인계한다.

14) 취업 후 3개월이 경과하면 취업자의 근무상황 및 적응상태를 조사하고 애로사항을 타개해 준다.

15) 취업 후 6개월이 경과하면 기업주에 감사편지를 보내 유대를 돈독히 한다.

(4) 효율적 진로지도를 위한 지원사항

1) 정부차원(문교부)
   ○ 진로지도 전담교사 양성·배치, 장학관 배치
   ○ 다양한 프로그램 개발·보급
   ○ 6학급 이상 교도주임 배치
   ○ 매스컴을 통한 진로지도 홍보활동 강화
   ○ 재징지원

2) 각 시도 교육위원회
   ○ 진로지도에 관한 장학력 강화(장학관 배치 등)
   ○ 지역특성에 맞는 진로지도 프로그램 개발 및 보급
   ○ 교원의 직전교육 및 현직교육 시 진로지도 교육 강화
   ○ 상담기법 개발을 위한 연수강화

3) 학교 자체
   ○ 현장연구 및 지도·성공 사례 발표
   ○ 진로지도에 관한 시간 확보 및 실시
   ○ 학생의 능력 및 적성을 파악 지도
   ○ 상담실 설치
   ○ 진로정보 자료비치 활동 의무화

4) 사회(지역사회·산업사회)
   ○ 고용·임금 구조의 개선
   ○ 자격증 소지자에 대한 우대보장

ㅇ 산학협동 체제 구축
ㅇ 건전한 직업관 확립을 위한 분위기 조성
ㅇ 각종 자원인사 활용
5) 가정(학부모)
ㅇ 진로지도 협의회 실시
ㅇ 올바른 직업 및 자녀교육관 형성
ㅇ 의도적인 대화의 기회 확대

(6) 高等學校에서의 進路指導 技術[57]

가. 교육과정에 注入

1) 직업에 관한 참고문헌을 읽은 후 학생들로 하여금 친구나 가정생활, 주거지의 위치선택 등과 같이 개인생활의 주요한 영향을 끼친 영역에 따라 이루어진 진로결정이 어떻게 이루어지는가를 묘사하도록 한다.

2) 학생들로 하여금 시험적인 직업이나 대학지원서를 작성하고 이력서를 쓰도록 하며 성공적으로 직업에 대한 역할극을 실시하고 대학입시를 위한 면접을 실시한다.

3) 학생들로 하여금 수요와 공급이 변화하는 노동시장에 관련된다는 개념을 토의하고 적합한 연구와 과제작성에 종사하도록 한다.

4) 각기 주요 교과 영역에서 과학기술이 그 주제 영역에 관련된 직업에 어떻게 영향을 끼치는가에 대하여 짤막한 단원을 전개한다 (예를 들면, 직업교육 프로그램의 분야로서 사무직 수행을 위한 과학기술의 암시하는 바는 무엇인가를 알도록 한다).

5) 학생들로 하여금 과학기술이 수많은 직업을 증가시키는 데

---

57) Herr and Crammer, *op. cit.*, pp.206-208.

기여하는 방법을 필기숙제에 전개하도록 하고 이러한 사실이 특정한 산업현장에서 근로자들 사이에 상호의존의 필요성을 연상시키도록 한다(즉, 강철공장·우주산업 등).

6) 학생들로 하여금 미래의 교육 및 직업 목표를 달성해야 할 특수한 단계를 쓰도록 한다. 그 단계는 연대순으로 나열되어야 한다.

7) 학생들로 하여금 그들이 지니고 있는 여러 가지 기술을 기록하는 개요(resume)를 준비하도록 한다.

8) 유명한 개인의 진로유형이 서술된 참고서를 읽고난 후 학생들로 하여금 그 인간의 생활, 여러 가지 직업역할, 그리고 각기 특정한 역할에 선도적인 다양한 준비단계에서의 결정 요점을 분류하도록 한다. 학생들에게 진로유형의 문제과제를 묘사하는 필기숙제를 준비하는 데 이 정보를 이용하도록 한다.

9) 「산업주의」(industrialism)에 관한 공부를 한 다음 학생은 대량생산 기술을 선도하고 결과를 가져오는 요인들에 대해서 간단한 수필을 쓸 수 있게 힌다.

10) 어떠한 교과든지 시작할 때에 교사는 각기 학생이 자신의 교육 및 직업 목표와 그 과정과의 관계에서 간단한 숙제를 쓸 수 있도록 돕는다. 학생들은 또한 그 과정에 관련된 개인적 목표, 즉 그들이 개발하고자 하는 기술과 지식 또는 태도에 관한 항목을 조직할 수 있게 된다.

나. 집단지도 과정을 통한 지도

1) 학생들에게 요구되는 인생역할과 적응기술을 분석하고 분담하는 인생계획 워크숍을 발전시킨다.

2) 진로와 관련된 문제(대학이나 전문대학의 선택, 두 개 이상의 직업 비교, 재정적인 지원의 필요 등)를 주고 학생들에게 정확한 정보자료를 알아내도록 한다.

3) 중학교 3학년 교육계획을 주고 고등학교 학생들로 하여금 그

계획과 자아의 변화하는 개념과 일치하도록 한정한다.

4) 주의 깊은 계획에 기초를 둔 사람과 조금 또는 전혀 계획을 세우지 않은 사람이 진로결정하는 예를 설명하는 사례연구 보고를 발표하게 한다. 그리고 학생들로 하여금 엉성하게 계획을 세운 사람의 사례를 분류해 보고 어떠한 단계로 계획이 수립되었는가를 분류한다.

5) 각 개인이 미래에 원하는 목표를 학생에게 달성해야 할 특수한 단계를 제시하는 장기 진로계획을 세우도록 한다.

6) 고등학교에 입학할 때부터 학생들에게 잠정적인 장기 직업계획을 개발하도록 한다. 이러한 계획은 계속하여 문서철에 기록되고 보관되어야 한다. 위와 같은 계획은 정기적으로 검토되어야 하고 개인상담 시기에 평가되어야 한다.

7) 각기 학생은 고등학교 졸업 후 자신이 교육 및 직업의 가능한 대안들을 열거하면서 다음 단계로 접근할 계획을 세우도록 발전시킨다.

8) 학생들로 하여금 직업에 들어가 진급하는 데 필요한 교육의 연한과 유형, 이러한 직업들의 내용·도구·환경·결과·사회에의 가치관, 바람직한 생활양식의 유형을 준비하는 가능성, 개인의 흥미와 능력 및 가치에 대한 학생들의 관계 등에 비추어 그들이 선택한 직업군을 이루는 중요 직업을 분별하도록 한다. 그리고 집단 상담에서 토의한다.

9) 1980년대에서부터 1990년에 이르기까지 노동력 추세에 관한 정보를 주고 학생들로 하여금 이러한 추세가 자신의 진로선택에 영향을 줄 것인지에 방법을 토의하도록 한다.

10) 5, 10, 18, 21, 35, 50, 65세 연령집단의 사람들이 성취해야 할 결정의 종류에 대하여 토의한다.

11) 의사결정에 있어서 과거의 경험을 들춰내어 학생들로 하여금 이루어진 의사결정이 어떻게 외부적 요인(가정·친구·지역 환경)에 영향을 받았는가를 토의하도록 한다.

12) 표현된 생활양식 목표와 관련하여 학생들이 생각하고 있는 진로대안의 각 요소에 상대적인 장·단점을 열거하도록 한다.

13) 적합한 자료들을 이용하여 개인 학생이 저마다 선택하는 직업 영역에 필요한 투입수준 기술의 항목을 발전시키도록 한다.

14) 학생들로 하여금 자기표현의 수단으로서 일(work)을 묘사하는 책을 읽도록 한다. 그리고 이것이 선택에 무엇을 의미하고 있는가를 토의한다.

15) 학생들에게 미래의 교육 및 직업 목표에 관련된 중요한 기술이나 능력을 분류하도록 한다.

16) 학생들에게 고등학교 졸업 이후 장래의 교육적 수단 10가지를 열거하도록 한다(예를 들면, 대학·무역학교·도제훈련·현직훈련·군 입대·독서 등). 그리고 각기 장단점을 토의한다.

17) 학생들에게 자기가 선택한 직업 영역을 주고 학생들로 하여금 직업에 들어가 승진하는 데 필요한 교육경험을 순서대로 나열하도록 한다.

다. 지역사회의 관계

1) 학생들 자신의 진로유형을 검토하기 위해서 외부의 자원인사를 초빙하고 자원인사들이 종사하고 있는 계획과 그들이 이용한 정보와 이용하지 않은 정보의 계획을 강조한다.

2) 학생들이 직업기술을 시험해 보기 위한 직업경험을 제공하기 위하여 정치활동(placement service)을 수립한다.

3) 직업안정소로부터 자원인사들이 고용경향·실업률, 기타 관련된 요인에 관한 문제를 토의하도록 한다.

4) 과학기술이나 또는 자동화가 어떻게 개인에게 영향을 미치는가에 대한 토론을 진개한 후 지역산업체를 견학하도록 한다.

5) 지방의 직업기회에 관한 정보를 학생들에게 알려주도록 계획된 프로그램을 수립하기 위하여 직업안내소와 협력한다.

6) 진로의 성공에 필요한 자질에 관하여 관리자나 감독관 위치에 있는 고용주와 면담할 기회를 주고 학생들로 하여금 직업의 성공을 위한 직무태도와 관련된 짤막한 소견을 쓰도록 한다.

7) 자기가 선택한 직업군과 관련된 직무환경에서 근로자들을 관찰하고 면담할 수 있는 기회를 제공한 후에 학생으로 하여금 관찰한 직업과 관련되어 있는 자료나 도구, 과정 등을 열거하도록 한다.

8) 학생들에게 자기가 선택한 직업의 「직무분석」(job analysis)을 하도록 한다.

9) 학생들에게 자기가 선택한 직업군에 관련된 직업에서 시간제 일(part time work)의 경험에 참여하도록 한다.

10) 지역사회 기관·기업체·산업체 등과 이들의 기능을 서술한 항목을 주고 학생들로 하여금 하나를 선택하고 1주일간 일하면서 시간엄수·정규출근·감독자의 지시하에 과업을 수행할 수 있는 능력 등을 발휘하도록 한다. 성공은 직무감독자가 판단할 것이다.

제8장 初等學校 進路敎育課程(案)

1. 發達的 目標

발달적 목표란 인간이 이 세상에 태어나서 일생을 살아가는 동안에 신체적·지적·정서적·사회적으로 거쳐야 할 과정을 심리학적인 측면에서 고려해 본 목표를 의미한다. 따라서 인간의 발달은 단순히 양적인 증대의 과정일 뿐만 아니라 질적인 변화의 과정을 말한다. 우리들은 인생을 몇 단계로 구분할 수 있는데 이것을 발달단계로 표시할 수 있다. 이 발달의 단계 구분은 학자에 따라 다소 차이가 있는데 그 것은 무엇보다도 발달단계 구분의 기준이 사람에 따라서 틀린다는 점과 또 하나는 발달이 단계적으로 구분된다 할지라도 한 단계에서 다음 단계로 서서히 나타나기 때문에 이 두 단계의 사이에 명확한 경계선을 긋기가 곤란하다.

사회적 적응에 있어서 개인으로 하여금 건전한 성장을 하도록 계획적인 방안을 하고, 어린이로 하여금 사회적 인격을 형성하기 위해서는 새로운 행동을 학습하여 당면한 여러 가지 문제를 해결할 수 있는 능력을 길러주는 것이 필요하다. 이러한 문제를 잘 해결함으로써 그 시기에 잘 적응할 수 있고, 또 해결을 못하면 적응이 어려울 뿐만 아니라 그 다음 단계의 발달에 지장을 초래하게 되므로 인간은 각 발달단계에 알맞은 과업을 필수적으로 학습하고 성취하여야 할 것이다.

해비거스트(R. T. Havighurst)는 발달과업을 개인의 생애 중 어떤 일정한 시기나 혹은 그 가까이에서 나타나는 과업으로서 그 과업을 훌륭히 성취하면 행복을 누릴 수가 있고 후일에 겪게 될 다른 과업도 잘 이루어 나아가게 된다고 하였다.

진로교육을 전개하려면 무엇보다도 아동의 발달과업을 이해하여야 하기 때문에 해비거스트의 발달과업 중 초등학교에 해당되는 부분만을 소개하겠다.1)

　　1) 보통 경기에 필요한 신체적 기능을 습득한다.
　　2) 성장하는 유기체로서 자기에 대한 건전한 태도를 형성한다.
　　3) 같은 나이의 동무와 사귀기를 배운다.
　　4) 성(性)의 적절한 사회적 역할을 배운다.
　　5) 읽기·쓰기·셈하기의 기본적 기술을 학습한다.
　　6) 일상생활에 필요한 개념을 발달시킨다.
　　7) 양심·도덕적 가치척도가 발달된다.
　　8) 인격적 독립의 성취를 학습한다.
　　9) 사회적 집단과 사회제도에 대한 태도가 발달된다.

피아제(Piaget)는 초등학교 과정의 아동들은 구체적 조작기로서 구분하여 동작으로 생각했던 문제를 머리로 생각할 수 있는 논리적 사고가 발달되고 있다2)고 보며, 에릭슨(E. Erikson)은 각 인성의 특성은 최적한 발달을 위한 결정적 시기가 있으며, 그 시기를 전후하여 각 단계의 발달요소는 존재하고, 계속 성장하고 있다는 것을 중요시하고 있다. 특히 초등학교 시절은 어른을 본떠서 근면하게 일하고 생산하며 일을 배우고 연마하는 데 열중하며 근면성이 생기는데 일에

---

1) R. T. Havighurst, *Human Development and Education*(N. Y.: Longmans, Green & Co., 1953). p.107.
2) 김제한, ≪현대 교육심리학≫(서울: 학문사, 1983). p.107.

실패하거나 열중하지 못하면 자기의 부적당성을 느껴 절망하게 된다 (근면성 대 열등감; industry vs, inferiority)고 한다. 따라서 이 시기에는 부모의 모범이나 모델이 가장 중요한 역할로 부각된다고 본다.

콜버그(Kohlberg)의 도덕발달 이론에 의하면 인간이 행동을 판단하는 영량의 발달이 금지나 처벌에 의해 결정된다기보다는 판단이 이루어지는 도덕규준의 발달에 따라 결정된다고 보았다. 아동기에 있어서 도덕발달의 특징은 복종과 처벌, 즉 남의 칭찬을 듣고 착한 어린이가 되기 위해 도덕성이 발달하며 그 후 권위자가 정한 규칙에 따른다고 한다.

이처럼 여러 심리학자들의 발달이론의 특징을 종합해 보면 지적·정서적·사회적·신체적으로 매우 불완전하고 성숙하는 단계에 놓여 있어 이들에게 필요한 역할을 불어넣어 주는 것이 필요할 것이다.

사회학적인 측면에서 볼 때 개인의 능력이나 욕구는 본능저 요소로 간주되며 이러한 본능을 그대로 발전시키는 것보다는 아동의 역할에 따르는 능력에 초점을 두어야 할 것이다. 너무나 성인 중심의 요구를 불어넣어 주는 것이 아니라 아동의 세계에서 아동의 환경에 알맞은 역할을 기초로 하여 역할기능에 합치되는 목표를 세워 교육을 시켜야 제 기능을 발휘할 수 있을 것이다.

인간의 생활이 개인적으로나 사회적으로나 만족스럽게 성공하기 위해서는 지능·감정·의지의 내부적 조화와 다른 사람의 의지와의 사이에서 갖는 외부적 조화의 두 가지 조화를 가져야 한다.

전인적 성장을 위한 방법으로서의 교육은 우리나라 문교부 장학방침에도 예시한바 전인교육을 충실하게 지도하기 위한 배경에는 어디까지나 발달단계를 근거로 이루어져야 하며 나아가서는 건전한 가치관의 확립이 이룬 터전 위에서 실시되어야 한다.

(1) 初·中·高等學校 進路敎育課程

각급학교 진로교육 과정은 다음과 같이 요구할 수 있다.3) 각급학교에서 취급되어야 할 학습의 영역을 분류해 본다면 네 가지로 나누어 볼 수 있다.

영 역	초등학교	중학교	고등학교
Ⅰ. 자아의 발견	○자신의 소질·흥미 발견	○자신의 능력·적성에 대한 이해	○자신의 직업·적성·주위여건·역할에 대한 자각
Ⅱ. 일의 세계 　1. 직업의 종류와 내용	○사람과 일 ○산업과 직업 ○사회적 분업과 직업	○산업 및 직업 분류 ○현대사회와 직업	○직업구조의 변화 ○직업별 직무 및 전망
2. 직업과 교육	○일과 직업수행을 위한 지식·기술 습득의 필요성	○직업생활을 위한 준비로서의 교육	○직업별로 요구되는 교육의 정도 및 내용
Ⅲ. 진로계획 　1. 선택계획 　2. 준비계획	○장래의 희망·포부 설정 ○장래 희망을 성취하기 위한 방법 구상	○장래의 잠정적인 직업계획 수립 ○진학 및 직업 준비 계획	○구체적인 진로계획과 선택 ○진학 및 직업 준비·계획
Ⅳ. 일에 대한 태도·가치관	○일의 소중함 ○일의 보람	○직업의 의의·필요성 ○바람직한 직업선정의 조건	○건전한 직업관 ○직업 및 직장 윤리

(2) 初等學校 敎育課程

초등학교 교육목표는 교육과정에 예시한 바와 같이 민주주의를 토착화하고 복지사회를 건설하고 정의사회를 구현하며, 교육을 혁신하고 문화를 창달하는 일을 국정목표로 삼는 제5공화국의 국정지표로서 이에 교육은 위와 같은 내용을 토대로 하고 뒷받침하는 교육방법을

---

3) 한국교육개발원, ≪진로교육 자료≫, 1982.

활용하여야 한다. 따라서 학교교육은 올바른 정신과 튼튼한 몸을 단련하는 건강한 사람, 취향이 고상하고 아름다움을 추구하는 심미적인 사람, 지식과 기술을 익혀 문제를 합리적으로 해결하는 능력 있는 사람, 인간을 존중하며 규범에 따라 행동하는 도덕적인 사람, 자신과 공동체의 일을 스스로 결정하여 실천하는 자주적인 사람으로 자라게 도와주어 전인적 발달이 이루어지도록 해야 한다.4)

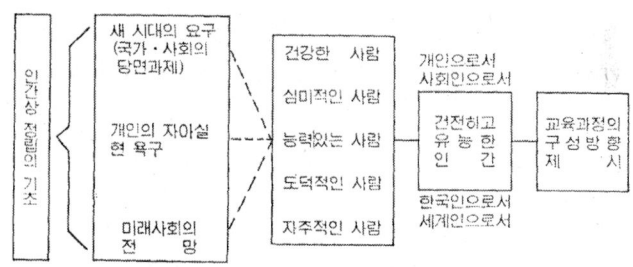

<그림 8-1> 교육을 통해 길러야 할 인간상4)

새로이 개편된 교육과정(문교부 고시 제442호 1981. 12. 31)의 중요방침은 앞에서 제시한 기본입장을 바탕으로 국민정신교육의 체계화, 전인교육의 강화, 진로교육의 충실화로 압축할 수 있다.

가. 국민정신교육의 체계화

국민정신교육은 학교교육 전반을 통하여 국가체제의 정당성에 관한 신념을 가지게 하며 국가와 민족을 위해서 봉사하는 태도를 갖추도록 하기 위한 교육이다. 국민정신교육의 효율화를 위해서는 다음과 같은 점을 고려하고 있다.

_____

4) 문교부, ≪초등학교 새 교육과정 개요≫, 1982. p.6.

1) 대한민국 체제에 관한 이념교육을 근간으로 하여 민족공동체 의식, 국민경제 의식, 민주적 생활태도를 가르치는 데 관련된 지식·이론·가치를 교육내용의 근간으로 삼아 이를 체계화하여 관련교과 교육에 반영토록 한다.

2) 국민정신교육은 학교교육 전반을 이념교육의 입장에서 보고 교과의 프로그램만이 아닌 특별활동에서도 이들 요소를 활용하여 내용을 구성토록 한다.

3) 유치원에서부터 시작하여 상위급별 교육기관에서 일관되게 국민정신 교육이 이루어지도록 학년수준에 맞게 체계화하여 해당 영역 또는 교과에 반영한다.

4) 전체 수업시간이 교육과정에 비해 상당히 줄어듦에도 불구하고 국민정신교육과 직접적으로 관련된 교과는 가급적 현행의 시간 수를 그대로 유지한다.

나. 전인교육의 강화

전인교육은 자율적으로 사고하고, 국가·사회적 맥락 속에서 책임 있게 행동하며, 자아를 실현하는 데 필요한 지(知)·덕(德)·체(體) 또는 지(知)·정(情)·의(意)의 제반 요소를 겸비한 조화로운 인간을 기르는 데 목적이 있다. 이와 같은 목적에 따라 전인교육의 강화를 위하여 다음과 같은 점을 고려하고 있다.

1) 수업시간과 교과내용의 양(量)을 줄이고, 수준을 하향조정하여 쉽게 함으로써 학습부담을 줄이고 여가활동의 시간을 늘인다.

2) 초기에는 교과 간의 통합을, 그리고 학년이 점차 올라감에 따라 점차로 교과목을 분화하여 학습이 심화·확대되도록 한다.

3) 특히 고등학교의 경우, 인문계·실업계 공통과목을 설정하여 이수하게 함으로써 자아실현에 기여할 수 있는 일반교육을 강화하였다.

4) 주지교과와 도덕, 예·체능(藝體能) 및 실업(實業)·가정 등에 대한 교과의 균형 있는 시간안배를 기하려고 하였다.

다. 진로교육의 충실화

진로교육은 앞에서 기술한 바와 같이 급격하게 변천되는 산업사회에 올바르게 적응하기 위하고 사회에서 자기의 진로를 스스로 개척할 수 있는 능력을 기르는 데 목적이 있다. 따라서 진로교육은 직업의 준비에 국한하는 좁은 의미의 직업교육과는 다른 넓은 의미의 직업준비 교육이며, 흥미·적성·능력·인성에 알맞은 교육을 실시하여 적재적소에 배치될 수 있는 직업적성 교육이며 나아가서는 전인교육의 실시와도 상통하는 진로개발 교육으로서 현대사회에서 요구되는 바람직한 교육이다. 구체적으로 보면 다음과 같다.

1) 변화와 발전을 특징으로 하고 있는 현대사회에서 성공적으로 대처하기 위하여 변화의 주체로서 현재를 이해하고 미래를 창조할 수 있는 의지와 태도를 길러 줄 필요가 있다.

2) 직업의 분화(分化)를 특징으로 하고 있는 현대사회에서 직업사회의 가치, 직업의 존귀함에 대한 의식을 길러주고 미래사회에서 담당할 수 있는 역할을 발견·탐구하도록 개개인에 맞는 소질과 능력을 계발시켜 줄 필요가 있다.

3) 과학기술 문명을 특징으로 하는 현대사회의 발전추세와 우리나라의 경제적 특성에 비추어 고도의 지식정보, 산업화하는 국가경제와 진로에 대한 의식을 심어주며 이에 대비할 수 있는 지력(知力)과 기술을 가지게 할 필요가 있다.

(3) 프로그램 計劃의 根據

프로그램의 계획은 프로그램의 목적이나 또는 결과에 대한 일반적인 기술을 말한다. 학생들을 위한 프로그램의 목표나 행동적 기대는 그들의 특성이나 목적에 따라 다르다. 프로그램의 목표는 학생들이 이루어야 될 과정이 아니고 성취해야 될 결과에 집중되어야 한다.

진로지도의 결과로서 학생들이 이룩해야 할 필수적인 과제는 다음과 같다.

1) 흥미나 능력, 가치·역할 및 자아개념과 같은 자아특성을 분별할 수 있는 어휘(vocabulary)를 발전시킨다.

2) 능력이나 흥미, 가치·태도 등과 같은 개인 특성의 유일한 유형을 이해시킨다.

3) 적극적인 자아개념을 이룩하도록 한다(즉, 자존심, 개인의 가치, 또는 개인의 독특성 등).

4) 지역적으로나 전국적으로 가능한 직업의 다양성이나 복잡성 또는 직업의 기회와의 사이에 관계를 이해하도록 한다.

5) 교육의 기회와 직업 또는 진로의 요구조건과의 관계를 이해하도록 한다.

6) 다양한 직업의 역할수행이나 준비에 관련된 기본특성이나 자격을 결정하도록 한다.

7) 진로발달에 따르는 「생활양식」(life style)의 개념과 이의 관계를 이해한다.

8) 탐색할 수 있는 자료의 범위를 효과적으로 사용할 줄 아는 방법을 세운다.

9) 탐색자료를 실천하는 데 필요한 효과적인 의사결정의 전략이나 기술을 개발시킨다.5)

이와 같은 프로그램 목표는 어디까지나 학생중심으로 이루어져야
한다.

(4) 進路敎育 目標

초등학교에 있어서 성취되어야 할 근본적 목표와 영역을 소개하면
다음과 같다.

(1) 일반목표

1) 자신의 적성·흥미·인성·능력 등을 정확히 이해한다.

2) 경제·사회 구조의 측면에서 직업의 세계를 이해한다.

3) 자신 있게 적합한 진로계획을 수립하고, 진학 또는 취업에 필요
한 지식·기능을 습득한다.

4) 일과 직업에 대한 건전한 가치관 및 태도를 형성한다.

(2) 초등학교에 관련된 목표6)

1) 자신의 소질·흥미를 발견한다.

2) 지역사회의 각 산업체 및 여러 기관·단체들이 하는 일에 대한
이해를 통하여 모든 직업이 똑같이 소중함을 안다.

3) 직업의 중요성을 인식함으로써 장래 직업인으로서의 포부를 갖
는다.

(3) 진로교육 영역

1) 자아의 발견: 자신의 소질·흥미 발견

2) 일의 세계

　　① 직업의 종류와 내용

---

5) Edwin L. Herr and Standly H. Crammer, *Career Guidance Through Life Span*(Boston: Little, Brown and Company, 1979). p.122.

6) 한국교육개발원, ≪진로교육 자료≫(서울: 한국교육개발원, 1982). p.14.

　　　㉮ 사람과 일
　　　㉯ 산업과 직업
　　　㉰ 사회적 분업과 직업
　　② 직업과 교육: 일과 직업수행을 위한 지식·기술 습득의 필요
　3) 진로계획
　　① 선택계획
　　　㉮ 장래의 포부·희망 결정
　　　㉯ 장래 희망을 성취하기 위한 방법 구상
　4) 일에 대한 태도 및 가치관
　　① 일의 소중함
　　② 일의 보람
　　③ 일의 가치관

(5) 進路敎育에 대한 學習者의 結果

　앞에서 진로교육의 과제에 대하여 상세한 내용을 기술한 바와 같이 진로교육에 대한 특별한 학습자의 결과는 하나의 교육단계에서 다른 단계로 옮아감에 따라 강조여하에 따라 다르게 나타난다. 진로교육 추진에 대한 효과를 평가하기 위하여 광범위한 기초를 구축하기 위해서는 다음과 같은 발달적 목표가 필수적으로 작용된다.[7]

　학생들이 학교를 졸업하게 되면
　1) 급격히 변화하는 사회에 적응하기 위하여 요구되는 기본적인 아카데믹한 기술에 자신감을 갖게 된다.
　2) 좋은 일의 습관을 가지게 된다.

---

7) 김충기, ≪진로교육의 본질≫(서울: 평민사, 1983). pp.37-38 재인용.

3) 학생들에게 개인적으로 일할 욕망을 길러주는 의미 있는 일의 가치관을 선택할 능력을 마땅히 선택하게 된다.

4) 진로결정의 기술과 직업을 구하는 기술 또는 직업에 임하는 기술을 구비하게 된다.

5) 직업사회에 학생들이 취업할 수 있는 수준에서 직업적인 개인의 기술을 구비하고 성공할 정도에 이른다.

6) 학생들 자신과 교육 내지는 직업의 기회에 관한 광범위하고도 가능한 정보자료에 기초를 둔 진로결정을 할 수 있게 된다.

7) 한때 형식교육 제도를 떠났을지라도 계속교육 또는 순환교육(recurrent education)을 위해서도 가능한 수단을 일깨워 준다.

8) 후속교육(further education)을 통하여 실속 있는 직업에 배치되고 직업을 통하여 현재 진로교육과 일치하는 데 성공을 거두도록 한다.

9) 전체적으로 개인의 가치구조 속에서 일의 가치와 연계성을 유지하는 데 원만하게 실천함으로써 바람직한 생활양식을 선택할 수 있게 된다.8)

2. 授業目標

초등학교 수준에서부터 진로교육을 원활하게 추진하기 위해서는 뚜렷한 수업목표가 있어야 한다. 이제 진로교육의 필요성과 현장학습에의 도입은 아무리 강조해도 지나치지 않을 것이다. 고도의 산업발전

8) Kenneth B. Hoyt, *An Introduction to Career Education: A Policy Paper of the U. S. Office of Education*, DHEW Publication No. (OE) 75-00504, 1975. pp.10-11.

추세에 따라 직업의 다양화·전문화·고도화로 향상 발전됨에 따라 이에 적응할 수 있는 새로운 방법이 강구되는 이때 적재적소에 알맞은 직업지도 교육은 일생을 만족하고 행복스럽게 보낼 수 있는 여건을 만들어 주기 위해 필요한 방법이며 누구나 주어진 여건·환경 속에서 만족스럽게 적응할 수 있는 교육이 무엇보다도 요구되고 있다. 이러한 요구에 부응하는 교육이 이루어지려면 학습현장에 알맞게 종합적인 교육과정이 이루어져야 한다.

이와 같이 장기적인 교육과정의 목표도 개인의 능력 또는 태도의 발달에 영향을 끼쳐야 하며 교육과정의 구성자들은 어떠한 행동이 개인의 미래의 목표에 적합하게 개발이 될 수 있는가를 결정지을 수 있는 책임을 가지고 있어야 한다. 따라서 교육과정을 개발하는 사람은 관련된 이론이나 지식에 관심을 두어야 하며 목표를 분류하고 그 목표를 명백히 활동적으로 구성해야 한다.

베일리와 스타드(Bailey and Stadt)는 진로교육을 위한 모델을 개념화하기 위해서 일차적인 자료의 원천을 진로발달과 직업교육의 기초를 구성하는 데 있다고 보고 있다.

그로브맨(Grobman)은 교육과정의 목적이나 목표를 구성하도록 기본가정을 분류하는 데 중요성을 강조하고 있다.9) 즉, 학습이론이나 교육철학을 분류하기 위한 프로젝트가 실패함에 따라 프로젝트의 효과가 점점 회박해지는 결과를 가져오게 된다. 몇 가지 특이한 예외는 있지만 학생들이 받아들여야 할 학습심리를 분류할 수 있는 몇 가지 발달적인 프로젝트가 있다. 전인교육 발달에 기본을 둔 교육철학이나 가치판단이 교육과정에 기본을 두어야 하며 위의 척도에 벗어나서는 안 된다.

베일리와 스타드는 그의 저서에서 조심스럽게 교육에 대한 방향을

---

9) H. Grobman, *Developmental Curriculum Projects*: *Decision Points and Processes*(Itasca, Illinois: Peacock, 1970). pp.104-105.

분류하고 있으며 그의 신조와 전문적 가치판단을 진술하는 데 심사숙고해 왔다. 다음에서 제기되는 진로발달의 성격에 관한 신조를 반영시켜 주는 진로발달 이론의 연구문헌에서 종합된 가정을 예시하고자 한다.

1) 진로발달이란 개인의 전반적인 성장과 학습의 유형의 한 모습이다.

2) 진로발달이란 장기적인 진화의 과정이며 유아기에 시작하여 성인에 이르기까지 연장된다.

3) 진로발달이란 개인으로 하여금 상당한 시간적 공간을 통해 이루어진 진로와 관련된 결정의 복합적인 연계성의 총화이다.

4) 개인이 적합한 직업적인 목적에 도달하기 위해 노력하는 것은 자아개념(self concept)을 수행하도록 시도되는 것으로 해석할 수 있다.

5) 진로발달은 주로 문화적으로 발달기간이나 또는 생활 장면으로 야기된 과정을 통하여 진행된다.

6) 각 발달적 생활단계는 점점 복잡해 가는 발달과업과 영합하고 생활환경 적응에 대처하고 있다.

7) 생활단계를 통한 발달은 지도될 수 있다. 발달과업과 대처하기 위하여 필요한 동기 유발이나 지식·기술·태도 등은 육성되거나 발전시킬 수 있다.

8) 발달과업을 정통한 정도와 직업결정의 질(quality)은 개인이 쌓아온 경험과 자료의 유형, 총화 및 타당성의 기능으로 기인된다.

여기에서 설명하고 있는 교육과정 모델은 진로교육을 추진하는 방법에서 주로 학교중심 모형(school-based model)을 중심으로 논하고자 한다. 한편, 이 모델은 고용인 중심 모형이나, 가정―지역사회 중심 모형, 또는 지방―주거 중심 모형을 전개하는 데 중요한 시사점을 가지고 있다. 시도하고자 하는 바는 유치원에서부터 고등학교까지 통합되고 발달적 구조를 위한 토대를 제공하기 위함이다.

아래에 제시되는 단계는 바람직한 진로발달의 결과 또는 효과를 인식하고 설명하는 데 기초를 둔 교육과정 구조를 검토한 것이다. 근본적으로 네 가지 단계로 교육과정 양상으로 구별 지으며, 이것은 교육수준에서 볼 때 일반적으로 초등학교 초기, 초등학교 후기, 중학교·고등학교 순으로 분류된다.

① 인식단계(awareness stage): 유치원~3학년
② 적응단계(accomodation stage): 4~6 학년
③ 안내단계(orientation stage): 중학교 과정(7~8학년)
④ 탐색 및 준비 단계(exploration and preparation stage): 고등학교 과정(9~12 학년)

이와 같이 발달단계로 분류하기도 하지만 미국의 교육성(U. S. O. E.) 진로교육 모형에 의하면 ① 진로인식 단계(career awareness; 유치원에서부터 초등학교 6학년 과정을 포함), ② 진로탐색 단계(career exploration; 중학교 초기부터 고등학교 1학년까지의 교육과정), ③ 진로준비단계(career preparation: 이 단계는 주로 11~12학년, 즉 고등학교 2~3학년 과정), ④ 진로 전문화 단계(career specialization)로 고등학교 졸업 이후 대학 졸업까지의 전문교육 과정을 의미하고 있다.

이러한 단계들은 교육과정 활동과 경험을 순서적으로 전개하는 내용을 제공하고 있다. 각 단계별로 다음과 같이 여섯 가지 행동 영역으로 분류된다. 이것은 진로발달의 「2차적 과정」으로 지칭할 수 있다.

① 자아의 개념
② 직업적·교육적 및 경제적 개념과 기술
③ 기능 감각(sense of agency)
④ 정보처리 과정 기술
⑤ 상호관계
⑥ 일의 태도와 가치

이와 같이 여섯 가지 행동 영역과 네 가지 발달단계와의 관계는 <표 8-1>에서 상세하게 설명하고자 한다.

<표 8-1> 진로교육을 위한 발달적 커리큘럼 모델

진로발달 행동의 영역	인식단계 K-3 A	적응단계 4-6 B	인내단계 7-8 C	탐색 및 준비단계 D
1. 자아개념	A1	B1	C1	D1
2. 직업적·교육적 및 경제 개념 및 기술	A_2	B_2	C_2	D_2
3. 기능 감각	A_3	B_3	C_3	D_3
4. 정보처리 과정 기술	A_4	B_4	C_4	D_4
5. 상호관계	A_5	B_5	C_5	D_5
6. 일의 태도 및 가치	A_6	B_6	C_6	D_6

초등학교에서 다루어져야 할 수업의 목표는 주로 인식단계와 적용단계만을 대상으로 삼아야 하므로 이 두 단계만을 중심으로 언급하고자 한다.

(1) 認識段階(K-3학년)

유치원에서부터 초등학교 3학년까지의 학교교육 기간은 아동이 최초로 형식적인 학습 환경을 만나게 되는 시기이다. 아동이 학교에 들어가면 귀납적인 과정의 학습으로 인식할 수 있는 형태를 발휘하게 된다. 즉, 목적물을 조작(manipulation)·관찰 및 사용 등으로 노출시키는 것은 아동이 위와 같은 활동을 일반화하는 데 기초를 두어 친숙하게 된다. 예를 들면, 환경 속에서 평범한 경험을 통하여 아동은 「의류」「음식」 또는 「동물」 등과 같은 사물을 배우게 된다. 5~6세 연령에 이르게 되면 아동의 행동은 다소 자기중심적이고 주로 특별한 경험이나 활동이 결정된다. 6~8세 경에는 연역적인 행동에서 귀납적인 행동으로 옮아가기 시작한다.10) 지각으로 터득한 도구나 사물과 사물 사이의 관계를 구체적으로 인식하던 상태에서 집단을 형성하고 추상적이며 상징적 행동으로 옮아간다. 그리고 나서 아동은 새로운 목적물을 적당하게 취급하고 새로운 방법으로 대상물에 친숙해지기 위해 이미 형성된 일반화 과정을 사용하기 시작한다. 포마크와 모린 (Formark and Morine)에 의하면, 개념형성 및 인지발달의 성숙은 일반적으로 사물의 종류나 또는 개념형성과 같은 방법으로 외부적인 환경의 양상을 조직함으로써 이루어진다.11) 아동의 세계에서 수많은 대상물을 취급하기 위해서는 어떠한 방법으로든지 대상물을 표현하여야 한다. 이와 같은 표현은 언제나 집단이나 분류하는 형태를 포함하고 있는 것이다.

위와 같은 내용을 토대로 하여 비네크(Vinacke)는 초등학교 초기에서 인식되어야 할 기본적인 교육과정의 고려점이 두 가지가 있음을 제시하고 있다. 첫째로 아동은 개념들의 요소를 나타내고자 하고 있다. 구체적인 대상의 소유를 얻고자 하는 지식과 상호 간의 관계로부터 아동은 간결하고 견실하며 완전한 개념을 발전시킨다. 둘째로, 아동은 다양한 환경에서 일반화하고 상징화하며 똑같은 개념을 응용할 줄 아는 방법을 배우기 때문에 이와 같은 기술들을 효율적이고 조화있게 생산성 있게 배양하는 데에는 실천과 생활지도가 필요하다.12)

---

10) W. E. Vinacke, Concept Formation in Children of School Ages, In A. R. Binter and S. H. Frey(eds.), *The Psychology of the Elementary School Child*(Chicago: Rand McNally, 1972). pp.135-145.

11) R. Formanek and G. Morine, Categorizing Young Children: Two Views, In A. R. Binter and S. H. Frey (eds.), *The Psychology of the Elementary School Child*(Chicago: Rand McNally, 1972). pp.146-158.

12) W. E. Vinacke, *op. cit.*, pp.135-145.

이와 같이 인식단계에서 진로교육의 기능은 아동에게 보다 효과적인 진로발달의 개념과 행동의 선례(先例)인 요소들을 깨닫도록 도와주는 것이며 새로운 현상을 분류하고 내면화할 수 있는 기술을 개발시켜 주는 데 있다.

다음은 진로교육을 위한 발달적 커리큘럼 모델을 중심으로 목표 및 근거, 수업목표를 제시하고자 한다. 아래에 표시한 A1~B6은 진로발달 행동 영역을 단계별로 표시한 것이다.

〈목표 및 근거〉

A1. 자아의 인식

아동 초기에 개인은 평생 동안 계속되는 개념형성의 과정이 시작된다. 처음에는 아동은 신체적 외형과 능력에 관련된(자아인식 또는 지각) 감각적 이상을 얻게 된다.[13] 점차적으로 질서 정연된 일반화 과정을 거쳐 마침내 단순한 자아개념으로 지각을 조직하기 시작한다. 즉, 활동과 상호관계를 통하여 얻어진 인상은 정신적 영상을 구성하는 데 결합된다. 보다 정확하고 종합적인 자아개념을 위한 기초가 되는 자아지각의 총체를 발전시키려면 타인과 다른 자아인식(self-awareness)과 자아를 구별하는 데 강조를 해야 한다.

A2. 직업역할의 다른 유형인식

어린이는 사람들이 여러 다른 형태의 일의 활동을 이행하고 있음을 알고 있다. 그러나 일(work)들 간의 차이를 개념화할 줄 모른다.[14], [15] 예를 들면 아동은 부모가 집안에서 행하고 있는 일과 집 밖에서

---

13) D. E. Super, *Career Development: Self-Concept Theory*(New York: College Entrance Examination Board, 1963).

14) S. Goodson, Children Talk about Work, *Personnel and Guidance Journal*, 1970. 49, pp.131-136.

15) B. Zimmerman and L. J. Bailey, Childrens Conceptions about work and Play, *Career Development for Children Project*, February 1971. p.8.

직업에 종사하고 있는 일, 취미나 자원봉사 활동으로 이루어지는 일을 분간하지 못한다. 이 목표는 부분적으로 아동이 그러한 차이를 구별하기 위하여 기술을 개발하는 데 돕도록 고안된 A₄와 매우 관련이 있다.

A₃. 자신의 행동에 대한 개인의 책임인식

이 목표는 아동이 자기의 유일성을 깨닫기 시작하는 A1항목과 관련이 되고 있다. 또한 아동이 자기나 타인이 수행하는 역할유형을 더욱 인식하게 되는 A₂와도 관련이 있다. 이러한 지각들은 아동의 이해를 위한 기초로 제공된다. 즉, 아동은 자기 활동에 책임을 느끼고 대안을 선택함으로써 조정할 수 있게 된다. 통제감각에 대한 아동의 발달은 진로계획을 위한 책임수용에 필수적 요소로 간주된다.

A₄. 분류의 기초와 의사결정 기술의 발달

이 목표는 두 가지 유형의 기본 행동발달을 내포하고 있다. 첫째는 분류능력이며, 둘째는 의사결정의 실천이다. 첫 번째 행동유형에 관해서 개념형성의 성격에 관한 조사연구에 따르면 분류능력이란 아동의 인지발달과 밀접한 관련이 있음을 시사하고 있다.

포마넥과 모린 등은 사회과학에서 「집단」이나 「역할」 또는 「찬성」과 같은 발전적 개념은 인간행동에서 유사성과 차이점을 분류하는 기술을 요구하고 있다고 결론을 내리고 있다. 따라서 아동의 분류하는 능력은 현대 초등학교 교육과정을 보다 많이 이해하는 데 그의 능력과 관련이 있음을 의미한다. 직업군의 이해에 대한 암시는 자명하다. 대부분의 아동들은 의사결정을 하나의 과정으로서 개념화하지 못하지만 행동의 대안과정과 대안행동, 표현상의 대안방식을 선택하는 데 있어서 그와 같은 방법을 적용할 줄 안다. 아동초기에서부터 성인기에 이르기까지 현명한 결정을 하는 데 필요한 기술이나 동기는 개인을 성숙화하는 데 필수적인 요소이다.16)

---

16) G. E. Hill and E. B. Luckey, *Guidance for Children in Elementary Schools*(New York: Appleton-Century-Crofts, 1969). p.14.

A₅. 협동적인 사회행동의 학습

앞서 언급한 목표와 같이 효과적인 일의 관계를 필요로 하는 것은 일생을 통해서 계속되는 아동의 기본적 행동이다. 해비거스트가 지적한 바와 같이 9~10세 때의 아동은 사회적으로 50세와 같은 행동을 보여주는 것은 명백하다.

행동수정의 기술이 있음에도 불구하고 해비거스트의 관찰은 사회성 관계에 있어서 생활과 요구에 적용할 수 있는 기본요소를 구성할 수 있다고 한다.

A₆. 타인의 존경심 개발과 하고자 하는 일

아마도 개인은 어린 시절에 대한 개념은 높지만 평소에는 그렇지 않다. 어린이들이 일하고 노는 경향은 잘 알려져 있다. 케박(G. R. Kaback)은 "어린이가 어릴수록 실제적인 일의 수행에 더 많은 흥미를 갖게 된다. 대부분의 어린이들은 자연적으로 배우로 태어난다. 그들은 목수나 운동가가 되기 위해 느끼는 대로 이해하기 위히어 원하는 대로 행동한다."17) 문제는 초등학교 초기부터 일에 대한 태도를 가르쳐야 한다는 것이 아니다. 학생들은 사실 일의 태도를 지니고 있다. 일반적으로 이와 같은 태도는 찬양할 만하다. 오히려 어떻게 적극적인 태도를 보존하여 더한층 현실적인 태도와 이해를 갖기 위한 기본으로 삼는 것이 문제다.18)

〈수업목표〉

1. 자아에 대한 일반화를 형성하기 시작한다.

　1.1 정서·행동·개인정보·신체적 생김새 등 개인이 기술할 수 있는 방법을 요약한다.

---

17) G. R. Kaback, Occupational in Formation for Groups of Elementary School Children, *Vocational Guidance Quarterly*, 1966. 14. pp.163-168.

18) E. L. Herr, *Decision Making and Vocational Development*(Boston: Houghton Mifflin Co., 1970).

1.2 개인의 특성과 속성의 예를 준비한다.

1.3 자신의 유일성을 인식한다.

1.4 자아와 타인들의 차이를 구별한다.

2. 흥미가 어떻게 진전되는가를 이해한다.

　2.1 「흥미」가 무엇인가를 설명한다.

　2.2 사람들이 어떻게 활동하는 데 흥미를 갖게 되는가를 기술한다.

　2.3 자신의 흥미에 대한 목록(포괄적 의미에서)을 발전시킨다.

3. 인간 활동의 다른 유형을 검토한다.

　3.1 「일」이 무엇인가를 광범위하고 일반적 정의를 명확하게 말한다.

　3.2 「여가」란 무엇을 의미하는가를 설명한다.

　3.3 일과 여가에 대한 공통성을 인식케 한다.

4. 일과 여가활동의 유형을 분류한다.

　4.1 「직업」이란 용어를 정의한다.

　4.2 직업과 다른 일의 활동유형과 어떻게 다른가를 설명한다.

　4.3 직업과 가정의 일, 자발적인 일, 그리고 여가활동 사이의 차이점을 구별한다.

　4.4 다른 유형의 일과 여가활동을 여러 가족구성원과 관련을 시킨다.

　4.5 직업인식을 얻기 위하여 학교나 이웃에서 일하고 있는 여러 직업인과 대화해 보고 관찰한다.

5. 흥미와 직업, 여가활동 사이의 관계를 검토한다.

　5.1 직업역할이 다양한데 어떻게 흥미가 만족될 수 있는가를 이해한다.

　5.2 개인이 흥미가 있는 직업에서 일할 만한 이유를 설명한다.

　5.3 여가 속에서 어떻게 흥미가 나타나는지를 이해한다.

6. 「직업인」과의 정체감(identity)을 채택한다.

　6.1 자기가 정규적으로 행하는 여러 가지 일의 형태를 기록한다.

　6.2 학생의 역할이 고용되어 있는 직업인의 역할과 어떻게 유사성이 있는가를 기술한다.

6.3 학교에서 하고 있는 일이 어떻게 미래에 자기에게 끼칠 수 있는가를 설명한다.

7. 어떻게 개인의 욕구가 일에 부합되는가를 이해한다.

7.1 일이 어떻게 매 개인마다 개인적인 의미로 갖게 되는지를 기술한다.

7.2 일이 어떻게 자아의 존엄성과 가치를 높이는가를 평가한다.

8. 집단체제의 특성을 이해한다.

8.1 「집단」의 의미를 정의한다.

8.2 집단이 어떻게 정보를 조직화하는 데 쓰일 것인가를 이해한다.

8.3 목표나 대상 등이 여러 가지 다른 방법으로 분류될 수 있다는 것을 이해한다.

9. 상품이나 서비스, 소비자 및 생산자들의 개념을 이해한다.

9.1 「소비자」란 용어가 의미하는 바를 정의한다.

9.2 누구나가 소비자임을 이해한다.

9.3 상품과 서비스와의 차이를 분별한다.

9.4 「생산자」란 용어가 의미하는 바를 정의한다.

9.5 상품을 생산하고 또 서비스를 하는 사람들의 실례를 제공한다.

10. 상품과 생산자가 어떻게 상호관련이 있는가를 이해한다.

10.1 상호 의존성의 원리를 이해하기 위하여 자신의 가족단위를 검토한다.

10.2 상호 의존성이 어떻게 전문화되는가를 설명한다.

10.3 상품과 서비스 직업인이 어떻게 상호 의존을 하는가를 설명하기 위하여 예를 든다.

10.4 상품 및 서비스 생산에서 왜 직업인의 협동이 필요한가를 인식시킨다.

10.5 협동적 일의 관계를 공헌시키는 개인적인 일의 습관과 태도를 기술한다.

11. 상품과 봉사활동이 가족과 같은 유형의 노력이 포함되고 있음

을 이해한다.

11.1 상품과 서비스 생산자의 폭넓은 방향에서 직무군(job family)
의 여러 형태를 분류한다.

11.2 주어진 직업군에서 상품과 생산형태를 서술한다.

12. 직무군의 성격을 검토한다.

12.1 단위 가정에서 다른 직업의 광범한 범위를 인식한다.

12.2 직무군에서 파생되는 제각기 다른 단계를 이행한다.

12.3 「직무 단계」(job ladder)란 용어의 의미를 서술한다.

12.4 개인의 직업이 하나 이상의 직무군에서 발견될 수 있음을
인식한다.

13. 집단구성이 흥미와 직업에 관한 정보를 조직하는 데 도울 수
있음을 이해한다.

13.1 「흥미」에 대한 의미를 재검토한다.

13.2 개인의 특별한 흥미는 수많은 일반 영역으로 분류하게 됨을
이해한다.

13.3 흥미 영역에 따라 유용한 직업으로 분류됨을 인식한다.

14. 직업에 관한 정보는 동시에 하나의 집단 이상에 사용되는 데
조직할 수 있음을 이해한다.

14.1 흥미 영역에 포함하는 상품 및 봉사직업의 다양성을 조사한다.

14.2 상품 및 봉사직업에 대하여 한 가지 흥미 분야를 조사한다.

14.3 하나 이상의 집단제도가 얼마나 유용한가를 이해한다.

(2) 適應段階(4~6년)

인식단계에서는 아동은 지각적으로 지향하게 된다. 따라서 사물이
아동에게 어떻게 보이느냐에 비추어 판단을 하게 된다. 9세에서 11세

까지 기간에는 일정한 정신활동, 즉 이전의 생각을 의식할 수 있는 능력이 나타나기 시작한다.

알미(M. Almy)에 의하면 피아제의 구체적 조작기에 해당하는 중간 교육의 기간은 아동이 구체적인 자료에 근거하여 문제를 해결하고 설명할 수 있을 때를 지적 발달기라고 한다.[19] 연령이 증가함에 따라 발생하는 인지발달에 가장 중요한 특수한 변화를 비네크가 다음과 같이 요약하고 있다.

1) 단순한 개념에서부터 복잡한 개념으로 발전하게 된다.

2) 산만한 개념에서부터 분화된 개념으로 진전하게 된다. 이와 같이 자아개념은 일반화된 인식에서부터 잘 조직화된 역할·태도 및 특성 등과 같은 지식으로 변화된다.

3) 자아중심 개념에서부터 더한층 객관적 개념으로 발전한다.

4) 구체적 개념에서 추상적 개념으로 발달한다.

5) 변화무쌍한 개념에서 영속적인 개념으로 진보한다.

6) 모순 된 개념에서 일관된 개념으로 발전한다.

이와 같은 변화는 계속적이며 누적되어 초등학교 교육의 중간단계에 이르기까지 제한되지 않는다. 진로발달의 적응기에서 이와 같은 인지발달의 변화양상은 아동기 초기에 급격히 나타난다.

〈목표 및 근거〉

B1. 자아에 관련된 개념의 발달

이 시기에서는 아동은 이전에 오직 지각했던 것을 개념화하기 시작한다. "자아개념이란 의미를 획득한 자아지각이며 타인의 자아지각과 관련되어온 표상이다. 자아개념은 개인의 자화상이며 발생된 의미를 지닌 지각된 자아이다."[20] 실제적으로 이 단계에서 자아개념 발달은 학생들

---

[19] M. Almy, Wishful Thinking About Children's Thinking? *Teachers College Record* 1962. 62, pp.396-406.

에게 자아이해를 돕기 위한 형태로 나타난다. 터너(Turner)는 흥미를 가지고 있는 활동에 대하여 그 활동이 참여할 수 있는 능력이나 활동의 가치를 느낄수록 앞으로의 진로선택에 더 정확한 의지가 생성될 수 있다고 지적하고 있다.21) 성장과 발달을 구분하는 변화과정의 특색을 보다 충분하게 인식함으로써 아동은 기간 내에 일정한 시점에서 보다 나은 자기이해를 위한 발달이 시작된다. 존재의 개념이나 자기이해가 끊임없이 변화하고 있는 것, 즉 존재의 과정을 인식하게 된다.

B₂. 일의 세계에 관련된 개념발달

이 단계에서는 아동은 일의 활동과 단순한 일반화 개념으로부터 보다 세련된 개념으로 이동하게 된다. 수많은 직업 가운데에서 아동이 구별할 줄 알게 되면 장차 직업안내와 탐색을 위한 개념적 구조로서 제공되는 「인지적 도해」를 발전시키지 않으면 안 된다. 직업의 세계가 무엇이며 어떻게 전개할 것인가를 배워야 하며, 직업이 왜 존재하고 일이란 무엇이며 왜 사람들이 일의 여러 가지 활동유형을 추구해야 하는가를 강조하지 않으면 안 된다.

B₃. 개인의 시기를 계획하기 위한 증가된 책임을 수행한다

이전 단계에서 획득한 활동에 대하여 개인의 책임을 인식한다는 것은 독립심을 키워 주기 위한 것이며 자신이 의사결정을 하기 위한 권위를 주는 것이다. 안톨즈(M. B. Antholz)는 기능감각을 발달시키면 자기 환경의 일부를 숙달하고 있음을 언급한 바 있다.22)

아동의 기능감각을 펼치는 문화적 기대는 해비거스트에 의해 강조

20) D. E. Super, *Career Development*: *Self-Concept Theory*(New York: College Entrance Examination Board, 1963). p.18.
21) K. G. Turner, A Conceptual Model of the Functional Self: Career Development for Children Project, 1972.
22) M. B. Antholz, Conceptualization of a Model Career Development Program, K-12, Unpublished Research Paper, University of Minnesota, 1972. p.30.

된 것이다.

B₄. 의사결정과 분류기술의 응용

직업의 변화에 따라 요구되는 새로운 기술은 어떻게 변화에 대처하며 적응하고 획득해야 하는 일은 아동교육 초기에서부터 시작하여야 한다. 6학년 학생들은 중학교로 옮아가는 중요한 변화인 마지막 해를 맞이하게 된다. 그들은 점진적으로 직면한 세계를 보게 된다. 일어나고 있는 변화들은 의식행동에 보다 의미를 갖게 된다. 따라서 초등학교 후기의 아동들이 행동을 발전시키고 다양한 환경 속에서 직업완수를 위한 가능성을 제공해 줄 의사결정을 하는 데 중요하다.

B₅. 바람직한 사회적 관계의 개발

이 목표는 B1과 매우 가깝게 관련이 되어 있으며 「사회적 자아」 인식을 발전시키는 것과 관계가 있다. 자아이해란 타인으로부터 받은 자아의 인상 또는 반영에 따라 성장되며 강화된다. 역으로 말한다면 자아이해는 바람직한 사회관계 발전에 공헌하게 된다. 터너는 타인과 의사소통을 하고 협동하는 능력이란 개인이 스스로 이해하는 정도에 비례해서 촉진된다고 주장하고 있다.

B₆. 일의 태도와 가치개발

이전 단계에서는 아동은 일의 태도와 가치를 여러 가지 직업인 (worker)의 역할을 대신해 봄으로써 증명하게 된다. 아동이 점점 개념화할 수 있게 됨에 따라 선택의 기본은 더 합리적으로 된다. 안톨즈에 의하면 일의 가치가 내면화되지 않으면 개인은 자기 지향을 성취하기가 어렵다고 한다. 이것은 오히려 일의 훈련이나 적극적인 자아개념을 성취하기 위한 능력을 감소시키는 효과가 있게 된다.

〈수업목표〉

1. 자기평가와 자기이해에 사용되는 용어를 이해한다.

  1.1 흥미가 의미하는 바를 돌이켜 본다.

  1.2 적성과 능력이 의미하는 바를 안다.

  1.3 가치가 의미하는 바를 설명한다.

  1.4 흥미·능력·가치를 분별한다.

2. 일생 중 다른 환경에 따라 변화하는 흥미를 이해한다.

  2.1 성장과 학습, 새로운 경험의 결과로 변화되는 흥미의 예를 제시한다.

  2.2 점점 성숙해 감에 따라 굳어지는 흥미의 경향을 인식토록 한다.

3. 능력이 흥미로 어떻게 변질되는가를 분석한다.

  3.1 「능력」이란 용어가 의미하는 바를 설명한다.

  3.2 일반능력(주로 학업성취 능력)과 사회능력(음악·미술·손재주·리더십 등)과를 구별한다.

  3.3 흥미와 관련하여 능력의 역할을 진술한다.

4. 가치가 어떻게 흥미로 발전하는가를 분석한다.

  4.1 가치가 어떻게 개인의 활동에 대하여 중요성과 가치를 결정할 수 있는가를 이해한다.

  4.2 자신의 가치와 동료들의 가치로부터 여러 가지 활동에 대하여 분별한다.

  4.3 흥미와 관련하여 가치의 역할을 설명한다.

5. 성숙을 규정하는 끊임없는 변화과정의 인식을 전개한다.

  5.1 「성숙」의 수많은 방법을 기술한다.

  5.2 개인의 성숙과 발달의 공통성을 확인한다.

  5.3 자신의 성숙과 발달유형이 타인과 다른 것을 분별한다.

6. 자신의 흥미·능력 및 가치에 관한 지식을 반영하는 현재의 자아정체감(self-identity)을 공식화한다.

  6.1 흥미의 주요 영역을 요약한다.

  6.2 현재의 흥미와 과거의 흥미 특성을 비교한다.

  6.3 개인의 적성과 능력의 예를 제공한다.

6.4 개인의 자산과 한계를 인식한다.

6.5 활동의 목록을 제시하고 그 활동의 가치를 표현해 본다.

7. 자아정체성의 타당성을 판단한다.

7.1 개인은 여러 가지 정체감을 가지고 있다는 것을 인식한다.

7.2 "내가 나를 보는 것"은 "다른 사람이 나를 보는 것"과 다른 것이라는 가정을 이해한다.

7.3 다른 사람이 나를 어떻게 취급하고 있는가를 깨달아야 한다.

7.4 자신의 자아정체감과 타인의 정체감과 비교한다.

7.5 「사회적 자아」에 대한 지식이 보다 정확한 자아이해에 어떻게 공헌하는지를 설명한다.

8. 「사회적 자아」를 인식한다.

8.1 자기와 타인과의 관계 짓는 방법을 식별한다.

8.2 타인이 나를 보는 것과 같이 자아를 규정 지워 본다.

8.3 타인의 감정을 이해하기 위해서 자기의 능력을 확대시킨다.

8.4 보다 나은 자아이해가 집단 활동에서 타인과의 유대를 어떻게 잘 이끌 수 있는가를 설명한다.

9. 자기이해가 타인이해에 도움을 줄 수 있는 방법을 분석한다.

9.1 협동적 관계를 좌우하는 활동을 분류한다.

9.2 성공적으로 함께 일하고 놀 수 있는 사람과 능력에 대한 협동적 효과를 제시한다.

10. 인간의 기본적 욕구가 어떻게 문화발전의 결과를 가져오는가를 이해한다.

10.1 인간의 기본적 욕구, 즉 의·식·주에 대한 예를 든다.

10.2 문화가 어떻게 인간의 기본욕구를 발전시킬 수 있는가를 기술한다.

10.3 문화는 어떻게 개인의 필요한 욕구를 생성하며 문화를 계승하기 위한 조건을 설명한다.

11. 직업의 세계가 문화적 필요를 충족하기에 고안된 직업단위로

구성되어 있음을 이해한다.

11.1 여러 가지 직업의 단위가 왜 발전되어야 하는가를 설명한다.

11.2 직업 단위의 특수 유형이 특별한 문화적 제도를 충족시켜야
할 방법을 실례를 들어 설명한다.

11.3 산업화된 문화가 직업단위의 다양성을 가져와야 하는 이유
를 설명한다.

12. 세 가지 문화적 필요의 유형에 관련된 여러 가지 직업단위를
분류한다.

12.1 문화의 보급과 관계되는 직업단위를 분류한다.

12.2 문화의 관리 및 유지와 관련 있는 직업단위를 분류한다.

12.3 문화의 전달과 관계되는 직업단위를 분석한다.

13. 환경에 관하여 발생되는 일을 검토한다.

13.1 일이란 주어진 직업 분야에서 실시되는 육체적 및 정신적
활동임을 이해한다.

13.2 직업 분야에 여러 가지 직무가 어떻게 기업목표에 공헌되는
지를 설명한다.

14. 여러 가지 다양한 이유로 말미암아 직업에 종사하는 사람을 이
해한다.

14.1 인간이 여러 가지 사회적 · 경제적 · 심리적 욕구를 만족하기
위하여 일하는 것을 깨닫게 한다.

14.2 일이 어떻게 개인적 욕구와 사회적 필요를 모두 만족시킬
수 있는가를 설명한다.

15. 직업과 관련된 여가활동 범위에 참가토록 한다.

15.1 흥미를 표현할 기회를 주고 목표와 포부를 발전시킨다.

15.2 학교 안팎에서 일어나는 경험의 장 · 단점을 계획한다.

16. 질서정연한 발달에 대한 개인의 책임을 알게 한다.

16.1 현재에 미래가 이루어진다는 것을 이해한다.

16.2 개인의 행동이 바라는 직업에 대하여 영향을 줄 수 있는 방법을 나열한다.

16.3 개인의 미래를 계획하는 데 교육의 중요성과 연관을 시킨다.

16.4 다른 종류의 직업은 다양하고 준비교육의 유형을 요구하고 있음을 이해한다.

이상으로 발달적 커리큘럼 유형을 주로 인식단계(K-3)와 적응단계 (4-6)만을 중심으로 행동 영역을 소개하였다.

제9장 進路指導의 實際(Ⅰ)

－슬라이드敎育－

　현대사회의 특징은 고도의 산업경제 사회라고 말할 수 있으며, 1970년대에 걸친 한국의 산업화·공업화는 비약적인 것이었다. 교육이 우리나라의 국가발전 내지 사회발전에 어떤 비중과 영향을 주고 있는지는 누구나 다 아는 일이며 이미 잘 평가되고 있는 일이다.

　우리는 웅비의 80년대를 맞이하면서 사회가 요청하는 새로운 인간형 육성을 위하여 보다 적합한 교육의 내용과 방법을 마련해야 할 것이다.

　현대사회에서 학교교육이 지향해야 할 좌표는 만족스럽고 행복하며 가진바 능력을 다할 수 있는 유능한 생활인의 육성과 직업을 평생의 삶의 터전으로 삼고 흥미롭게 일하는 직업인의 양성이 목표가 되어야 하겠다.

　이런 관점에서 이미 때늦은 감이 있으나 학교교육의 전 과정에서 진로지도가 힘차게 전개되어져야 하리라 믿는다.

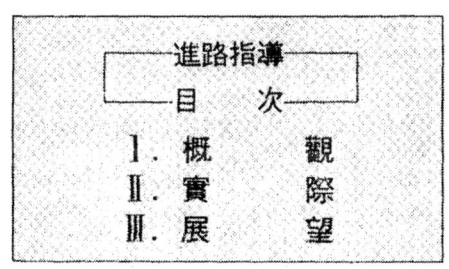

이 연구는 Ⅰ. 개관, Ⅱ. 실제, Ⅲ. 전망의 세 부분으로 구성되어 있다.

Ⅰ. 개관에서는 세계적으로 급속히 변천해 가고 있는 산업사회의 모습
   과 그에 대비하는 우리나라의 산업을 전망해 봄으로써 직업지도의
   필요성에 입각하여 학교의 진로지도 방향을 설정해 보고자 했다.

Ⅱ. 실제부분에서는 학교현장에서 진로지도를 실시하고자 했을 때
   ○계획수립을 어느 방향에 맞춰야 할 것이며,
   ○지도방법과 내용은 어떻게 해 나갈 것이며,
   ○진로지도의 대전제는 어느 쪽에 초점을 두어야 할 것인가 하는
   문제들을 돕는 입장에서 구성하여 선생님들의 응용과 활용이 가
   능하도록 애써 보았다.

Ⅲ. 전망에서는 내용을 집약하고 효과 면과 그를 뒷받침해야 할 요
   소들을 열거하여 제시하였다.

1. 槪 觀

개관은 「직업세계의 변화」, 「우리나라의 산업계의 내용은 진로지도의 필
요성」을 추출하는 측면에서 검토하였고, 이상의 내용은 「학교와 진로지도」
부분에 초점을 두어 지도방향을 이 부분에서 제시받도록 했음을 강조한다.

槪 觀
1. 必 要 性
2. 職業世界의 變化
3. 우리나라의 産業界
4. 學校와 進路指導

진로지도는 제2세 국민인 학생들의 정확한 진학·직업 지도를 위한 것으로 다음 4가지 문제를 해결하기 위한 교육의 방법이다.

첫째, 자아실현을 통해 사회공헌을 꾀하고 있으며

둘째, 전인교육과 생애교육을 지향하기 위함이며

셋째, 개인의 능력이 최대한으로 신장됨으로써 인력자원의 효율화를 기하기 위함이며

넷째, 가속화하는 직업세계에 대응할 수 있는 능력을 성장시킴에 있다.

또 현재 우리나라 학생들이 진학 위주의 진로를 선택하는 경향 때문에 오는 사회적 폐단도 진로지도가 본격적으로 이루어졌을 때 해결될 것이라고 본다.

```
┌─────────────────────────┐
│        必 要 性          │
│                         │
│ • 自我實現 · 社會貢獻     │
│ • 全人敎育에의 指向       │
│ • 人力資源의 效率化       │
│ • 變化하는 職業에의 對應   │
└─────────────────────────┘
```

현대사회가 고도의 산업사회로 발달함에 따라 직업세계도 매우 복잡하게 분화되고 전문화되어 가고 있다. 이것은 산업이 세분되면서 동시에 그 기술도 급진적으로 발전되어가고 있음을 뜻하는 것이다.

산업구조의 이런 추세는 결과적으로 국제경쟁력을 불러일으키게 되어, 높은 경지의 창의력과 생산가 절감의 양대 과제가 산업계에 던져지게 되었다.

```
┌─────────────────────────┐
│      職業世界의 變化       │
│                         │
│    産業構造의 高度化       │
│    産業技術發達의 加速化    │
│    國際競爭力强化          │
└─────────────────────────┘
```

앞에서 본 바와 같이 산업계의 이러한 현상은 우리나라에도 많은 영향을 주어 농경사회에서 산업사회로 옮겨가는 과정에서 다음과 같은 전문화 경향을 띠게 되었다.

첫째, 미숙련공을 신축성 있는 기능공으로 양성해야 했으며, 둘째 수동적 생산형태에서 기계적 생산체제로, 셋째 노동집약생산으로부터 기술과 자본을 집약하는 산업으로, 넷째 중화학공업을 수출산업으로 육성하기에 이르렀다. 이 분야에서의 수출주역은 철강·비철금속·석유화학 제품 등의 소재원료와, 기계·조선 시설재와, 전자공업 제품들이다.

```
┌─────────────────────────┐
│      우리나라의 産業界      │
│  ┌─────────┐            │
│  │ 産業의 樣相 \          │
│  ○未熟練工→技    能    工 │
│  ○手動的生産→機械的生産    │
│  ○勞動集約産業→技術資本集約産業│
│  ○重化學工業의 輸出振興    │
└─────────────────────────┘
```

따라서 국제경쟁력이 강화되어가고 있다는 견해에서 보면 이들 제품들이 두뇌산업으로 발돋움되었을 때 수출이 진전될 것이다.

1957년 통계에 의하면 2, 300여 종이던 직종이 현재 1만여 종에

달하고 있다.

한국 경제기획원에서 분류한 우리나라 직업군은 여덟 분야로 가름하였다.

```
┌─────────────────────────┐
│  職 業 群 \              │
│ 우리나라                  │
│ ①專門職·技術職  ⑤農·林·漁·畜産業 │
│ ②事務管理職   ⑥生産職·勞動職  │
│ ③行政管理職   ⑦서 비 스 職  │
│ ④販  賣  職   ⑧交通·遞信職  │
└─────────────────────────┘
```

미국의 직업군은(오레곤 주 노동부 편 직업분류사전) 9군으로 나누고 있다. 이를 우리나라 8군 분류와 비교하여 보면 수공업 부분과 가공처리직이 따로 설정되어 있음을 볼 수 있고 교통·체신직이 설정되어 있지 않음이 다른 점이다.

```
┌─────────────────────────┐
│  美 國                   │
│ ① 專門職 · 管理職 ⑥ 技能生産職 │
│ ② 事務職 · 販賣職 ⑦ 手 工 業 │
│ ③ 서 비 스 職  ⑧ 建 築 業 │
│ ④ 農·漁·林·畜産業 ⑨ 勞 務 職 │
│ ⑤ 加 工 處 理 職         │
└─────────────────────────┘
```

산업별 고용구조 추세를 도표를 통해 1976년부터 제6차 경제개발 5개년계획이 끝나는 1991년까지 전망해 보면, 전 산업의 노동수요는 계속 증가추세에 있게 된다. 이를 산업부분별로 구분해서 보면 제1차 산업인 농수산업 부분은 계속적으로 노동수요가 줄어드는 반면 제2차 산업은 급증하게 된다.

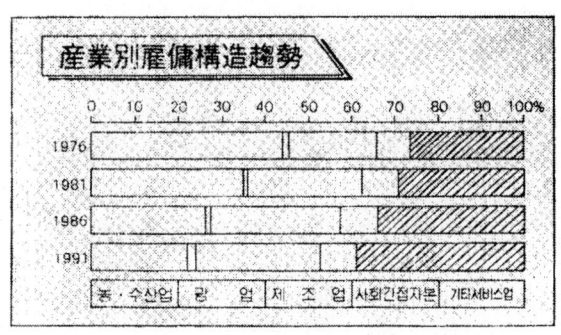

　제3차 산업인 사회간접 자본 및 기타 서비스업 부문도 서서히 증가하는 경향을 보인다. 이는 곧 장차 우리나라의 산업구조가 농·수산업 위주로부터 탈피하여 광·공업 위주의 구조로 변화하고, 더 나아가 우리 사회가 탈공업사회로 발전하게 됨을 의미하는 것이다. 산업별 고용구조 추세를 전망해 보면 전 산업의 총 노동수요는 1976년의 1,255.6만 명에서 5년간 격으로 300만 명 정도씩 증가하여 제6차 경제개발 5개년계획이 끝나게 될 1991년에는 2,036,9만 명이 될 것이다.

　어느 직종이든 직업을 택해 가는 길은 여러 형태가 있을 수 있다. 이를 국가 기술자격 제도의 기본체계에서 살펴보면 그림에 제시된 바와 같이 인간은 누구나 어떠한 교육의 형태를 받더라도 종국에 가서는 동등한 대우를 받을 수 있게 되어 있는데, 직업선택 유형의 차이가 가지는 개성적인 의미가 있다. 다시 말하면 대학교육을 거쳐 석사·박사가 되는 길이 있는가 하면, 전문학교 교육을 통하여 2급 기사·1급 기사·기술사 자격을 받아 사회의 일원으로서 일하는 경우도 있으며, 실업교육·직업훈련·현장경험의 과정을 통하여 기술사보·2급기능사·1급기능사에서 기능대학을 거쳐 기능장이 되는 자격유형도

있다. 이들은 모두 종국에 가서는 동등한 사회적 대우가 이루어지도
록 기본체계가 마련되어 있다.

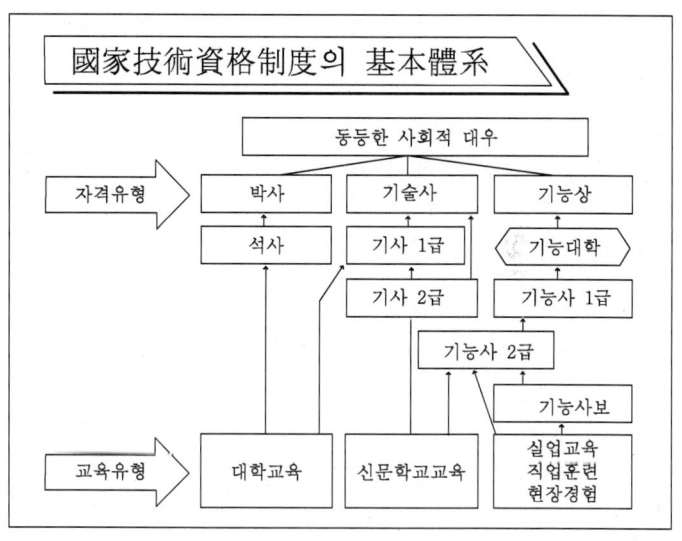

고용구조 추세나 국가기술자격 기본제도가 주는 의미는 이 슬라이
드의 중심내용이 될 학교 진로지도의 방향을 제시하는 자료가 된다.
학교교육 과정상에 진로발달 단계에 대한 학자의 이론을 연결하여 검
토하고 다시 이를 미국·프랑스·일본 등의 진로지도 경향에 비추어
보아 학교 진로지도의 개괄적인 내용을 세우고자 한다.

학교 진로지도의 핵심은 학생들 개개인의 꿈을 키우도록 모든 계획이 수립되고 추진되어야 할 것이며 이러한 진로지도 정신이 교사들의 지도관으로 내면화될 때 우리는 밝은 내일을 전망해 볼 수 있겠다.

학생들의 성장단계, 곧 학교교육 단계에 결부된 일반적인 진로발달단계를 도식화하면 아래와 같다. 즉, 진로인식의 발달은 초등학교 수준에서, 탐색과 이해는 중학교 수준에서, 진로결정과 설계 및 진학과 취업준비는 고등학교 수준에서 이루어지도록 지도하여 그 나름대로 적합한 진로에 정치(定置)가 가능하게 되어야 한다.

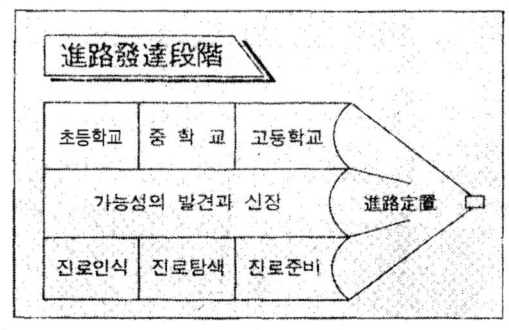

각 단계별로 이룩되어야 할 지도내용을 살펴보면 다음과 같다.

이 인식단계는 초등학교 교육 6년 과정에 해당하며 학생들로 하여금 생활주변에 관련된 ① 갖가지 일과, ② 그 일이 갖는 나와의 관계, ③ 그 일들이 사회적으로 맺어지는 관계를 알아보고, ④ 그로부터 직업인에 대한 감사하는 마음, 존경하는 마음을 갖도록 지도하는 과정이다.

중학교에서 이루어지는 진로탐색 단계는 ① 초등학교 진로인식 단계를 지속시키면서, ② 자아개념을 증진시키고, ③ 직업의 탐색적인 경험을 통해 환경과 욕구 간의 갈등을 조화하면서 진행되어야 한다.

다시 말하면, 교과지도나 특별활동상에서 직업지식과 정보를 제공받고 자신의 진로를 설계하도록 유도함으로써 진로에 대한 의사결정 능력을 신장하게 된다.

認識段階
- 여러 가지 일의 種類 알아보기
- 「일」과 「나」와의 關係 맞춰보기
- 일과 社會와의 관계 맺어보기
- 職業人에 대한 尊敬心 갖기

探索段階
- 自我槪念의 具體化
- 職業世界의 理解
- 自己環境과 欲求檢討
- 自律的인 進路計劃樹立
- 進路決定能力의 伸張

이제 고교생이 되면서 진로목적을 설정할 기회를 주고, 그로부터 고용수준에 도달할 수 있는 직업기술과 지식의 습득에 대한 계획을 구체적으로 수립하게 한다.

```
┌─────────────────────────────────────┐
│   ╭───────────╮                      │
│   │  準備段階  │                      │
│   ╰───────────╯                      │
│                                      │
│   ○進 路 目 的 의  設 定              │
│   ○具体的인  進路計劃樹立             │
│   ○進 學    就 業 訓 練 着 手         │
│   ○自我와   社會充足態度形成          │
│                                      │
└─────────────────────────────────────┘
```

다음은 직업을 수용할 수 있는 태도를 개발하고 협동적인 작업경험
에 직접 참가하여 청소년 직업집단의 일원으로 일할 수 있는 기회를
주어 자아실현의 꿈을 현실화시켜야 한다. 이때 자아실현은 사회충족
에 대한 건전한 직업태도 형성을 수반해야 함을 잊을 수가 없다.

```
┌─────────────────────────────────────┐
│   ╭───────────╮                      │
│   │ 專門化段階 │                      │
│   ╰───────────╯                      │
│                                      │
│   ○職 業 技 能 習 得                  │
│   ○職 業 倫 理 敎 育                  │
│   ○雇 傭 關 係 形 成                  │
│   ○社   內   訓   練                  │
│                                      │
└─────────────────────────────────────┘
```

진로전문화 단계는 고등학교 졸업 이후부터 대학졸업까지의 교양교
육에 아울러 직업적 기능습득과 지식을 전문화하고 이를 토대로 피고
용인으로서 의미 있는 관계를 형성하여 직업인이 되는 과정을 이른
다. 이때 직업인으로서의 기능소지도 중요하나 건전한 직업윤리 교육

도 학교교육 과정에서 크게 다루어져야겠다.

그 후에 그는 사내 직업훈련과 승진을 위한 재교육과정을 제공받아 전문기술을 유지 개선해 나가게 된다.

이러한 진로발달상의 과정이 실제적으로 진로지도에서 어떻게 수행되고 있는지 다음 몇 개 외국의 상황을 통해 살펴보기로 한다.

미국 오레곤 주에서 실시하고 있는 진로교육의 모형을 살펴보면 그림에 나타난 바와 같이 초등학교 과정에서는 진로인식 단계, 중학교 과정에서는 진로준비 단계, 대학에서는 진로전문화 단계로 설정하고 단계별 직업교육을 실시하고 있다.

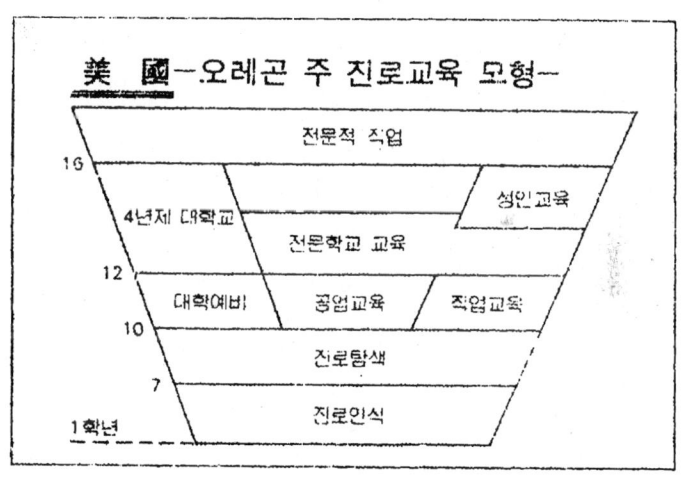

프랑스에서의 진로지도는 진로지도위원회가 설치되어 있는 것이 특색이다. 학생들의 능력을 관찰하여 최적한 방향으로 조력하고 최종적으로는 진로결정을 담당하고 있다.

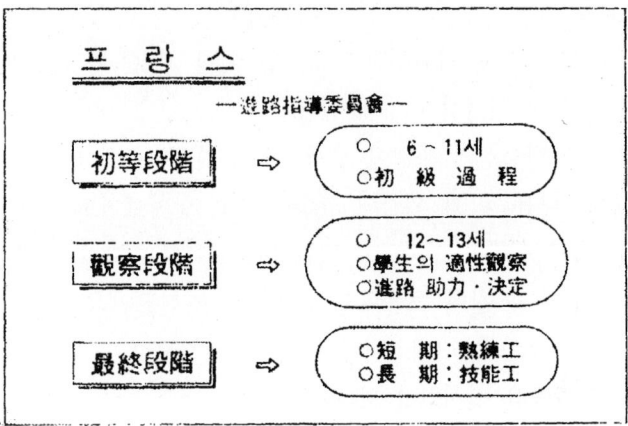

6~11세를 초급단계, 12~13세는 중급단계로서 적성·흥미 등을 관찰하는 기간으로 하고 있다. 최종단계는 3년과 5년의 장·단기로 나누어 각각 숙련공·기능공(기술사) 양성을 목표로 하고 있다.

일본에서도 진로지도실을 별도로 설치하고, 거기에 진로지도 주임을 두어 운영하고 있으며, 주당시수 가운데 연간 40시간을 이수하도록 하고 매 학년 누진지도를 가하고 있다.

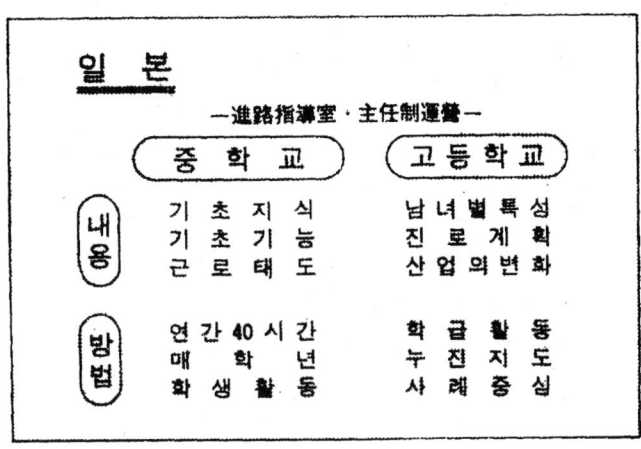

Ⅱ. 實 際

학교현장에서 진로지도를 실시하는 데는 계획수립의 문제, 방법선택의 문제, 내용선정의 문제, 이를 수행하기 위한 지도자의 역할 등의 문제를 논의하였다.

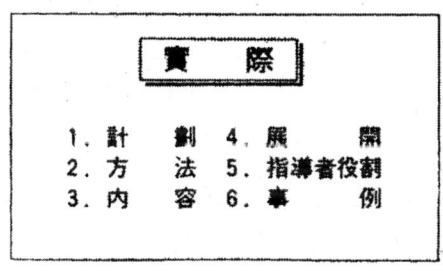

이상의 실제적 제 문제의 초점은 학생의 성장에 집약되어야 할 것인바, 그 성장에 관한 논급은 전개(4)에서 다루었으며 사례(6)를 통해 실무를 돕고자 영역별로 예를 제시했다.

(1) 計 劃

진로지도의 계획은 운영상의 효율화가 도모되도록 짜여져야 되겠다.

지도 영역과 방법을 단계별로 교육과정화하여 수립하고 그에 의한 지도를 통해 학생 개개인의 자아실현이 이룩됨으로써 어엿한 생산적 직업인이 되게 하려 함에 목적이 있다.

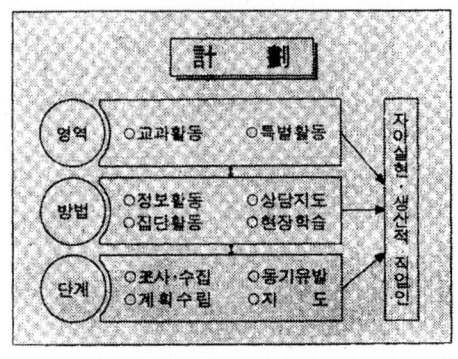

(2) 方 法

진로교육의 방법은 교과활동과 특별활동을 중심으로 정보활동이나 집단 활동, 상담지도나 현장학습 등과 관련지어진다.

이 활동은 계획적이고 조직적인 치밀한 과정 위에서 이루어져야 한다.

진로지도의 방법에는 여기 제시된 것 이외에도 각종 매체를 통한 독서활동·집회·흉내 내기(시뮬레이션)·면담·컴퓨터 이용 등이 있을 수 있다.

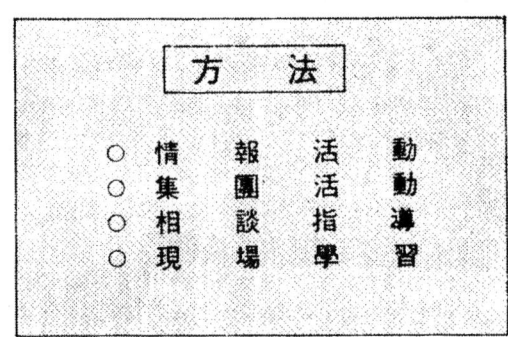

각종 정보활동에는 교육정보·직업정보를 중심으로 개인·집단적 홍보활동을 할 수 있으며, 진로정보에 관한 질문지 조사를 갖가지로 실시하여 진로에 관한 제반 사항을 파악토록 한다. 개인의 능력이나 적성·지능·인성·직업적성을 알아보기 위한 표준화검사를 실시하여 개인 이해자료로 쓸 수 있다. 또한 게시판을 이용하여 학생들이 잘 볼 수 있는 장소에 새롭게 고안된 내용을 게시함으로써 언제나 자신의 진로에 대한 관심과 이해를 갖도록 유도한다.

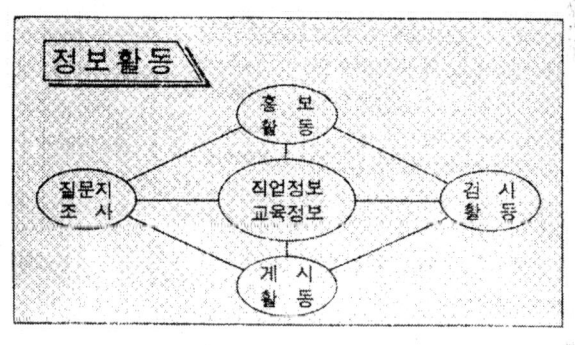

교사가 진로지도를 실시하고자 했을 때 현재 우리 실정으로 가장 손쉽게 많은 학생을 대상으로 행할 수 있는 방법은 집단 활동이다. 아직은 단계적으로 실시할 수 있는 프로그램이 마련되어 있지 않으나, 야영훈련을 고안할 수도 있고 직업에 대한 역할들을 극화하여 진로의식을 고취시킬 수도 있다.

산업계에서는 직업훈련용 도구를 쓰는 프로그램이 개발되어 있으나, 학교에는 보급되어 있지 않다. 우리 주변에 있는 각종 연장·생산품·원자재들을 통해 직업과의 연관을 맺어가는 프로그램이 가능할 것이다. 학급활동으로 가능할 것이나 여러 가지 직업정보나 지식을 발표하거나, 직업의식에 관해 토론하는 방법도 좋은 집단 활동의 하나가 될 수 있다.

우리는 그동안 학생들의 고민과 문제들에 대해 상담 지도하여 온 많은 경험을 가지고 있다.

진로지도에서도 개인이든, 집단이든 학생들을 만나 이야기하는 일은 지도교사가 행할 수 있는 마땅한 방법이다. 사실 진로지도의 경우에는 대부분 면담활동이 되겠으나 경우에 따라서는 상담의 성격을 띤 지도가 가능하다.

직업지도에 있어 가장 실질적이고 직접적인 학습은 실습과 견학에서 이룩된다.

학교 내의 모든 실습실·실험실에서 이루어지는 내용은 직업과 손쉽게 연결지어질 수 있다. 또 학교 내에서의 학습활동을 보완하고 생동감 있게 경험시킬 수 있는 방법은 현지견학이다. 다만 현지견학은 미리 계획된 것이어야 하고, 학습활동과 구체적으로 연결짓는 것이라야 효과적이다.

이상 몇 가지 방법을 진로지도로써 제시했으나 이들 방법은 다음에서 전개될 내용과 필연적으로 관련지어지는 것이므로 지도자의 창안에 따라서 다양하게 구안될 수 있다고 본다.

(3) 內 容

진로지도의 내용은 교육활동 전 과정에 확충해서 추출할 수 있으나 우선 교과와 관련된 지도와 특별활동과 관련된 지도가 중요 영역이다. 그러나 장차 진로지도는 학교교육 과정 내에 한 교육 영역으로 설정되어져야 되리라 믿는다.

```
┌─────────────────────────────┐
│  敎科關聯指導                   │
│                             │
│    ○職業의 倫理觀·價値觀          │
│    ○敎 科 와 關 聯 職 業          │
│    ○職 種 과 關 聯 敎 科          │
│    ○單 元 과 職 業              │
│    ○敎科別 實技·實務            │
└─────────────────────────────┘
```

교과관련 지도는 슬라이드 원문에서와 같이 다섯 가지를 제시하였다. 고안하기에 따라서는 여기 제시된 종류 이외에도 다양한 프로그램 개발이 가능하다.

```
┌─────────────────────────────┐
│  職業의 倫理觀                  │
│                             │
│  道德科  3學年                 │
│  ○單 元 名 : 職業人의 姿勢        │
│  ○指導內容 : 職業의 倫理觀        │
│  1.職業의 諸般意味 3.職業人의 使命  │
│  2.職業의 高貴性 4.職業과 國家     │
└─────────────────────────────┘
```

우리는 학생들에 대해 진로와 취업에 대한 지식기능의 습득을 돕는 것도 중요하지만, 교과관련 지도에 있어 제일 먼저 염두에 두어야 할 문제는 건전한 직업윤리관을 형성하도록 유도하여, 바람직한 가치관을 갖도록 지도하는 것이 우선 되어야겠다. 직업가치관에 대한 지도와 관련 있는 교과는 국어·사회·역사 등이 되겠으나 가장 긴밀한 관계는 도덕과가 될 것인바 여기서는 중 3의 단원 "직업인의 자세"에서 지도내용을 뽑아 보았다.

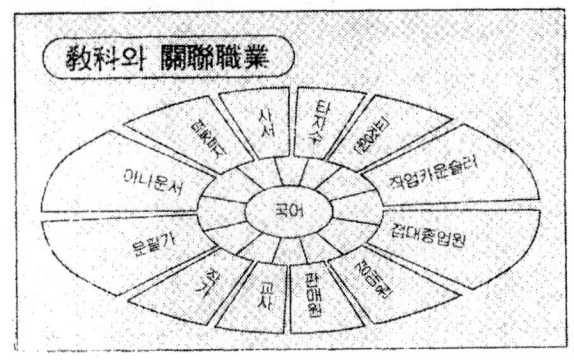

　국어과와 관련되는 직종에는 1차적으로 교사·교정원·작가·문필가·
편집자 등을 들 수 있고, 언어구사 능력이 우수해야 할 직종으로는 직업
카운슬러·아나운서·판매원·경매원 등을 들 수 있다. 언어의 네 가지 기
능면에서 다시 갈라보면 더 많은 직종이 국어와 관련을 갖게 될 것이다.

　지리과와 관련된 직종은 안쪽 원에 열거된 지리학자·여행안내원·기
상학자·지도제작자 등이 직결되고 바깥쪽 원에 열거된 농업·원예
가·육종가……등은 지리과에 대한 지식과 기능이 작용되는 직종을
보인 것이다. 따라서 한 직종은 여러 학과의 지식과 기능을 요구하게
됨을 알 수 있다(교과와 관련된 직업은 앞의 7장 중학교의 진로지도
편에 수록되어 있으니 참조 바람). 직종과 교과 간의 연계성을 이해시
키기 위해 직업이 각 교과와 어느 정도 관련이 있는가를 예를 들면 아
래 그림과 같다. 기자란 직업은 국어과·사회과·도덕과·역사과·외
국어과 등과 매우 관련이 깊다. 따라서 위와 같은 교과목을 잘 이해하
면 우수한 기자가 될 수 있는 잠재 능력을 갖게 되는 것이다. 또 한
가지 예로, 항해사는 수학·과학·지리·체육·외국어 등과 같은 교과
를 통하여 기술이나 지식을 습득할 수 있으며, 이러한 관련 제시는 학
생들로 하여금 학습활동을 자신의 진로선택에 관련지어, 새 학습자세
를 갖게 하는 계기가 될 것이다.

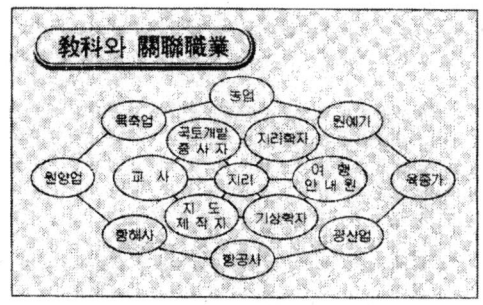

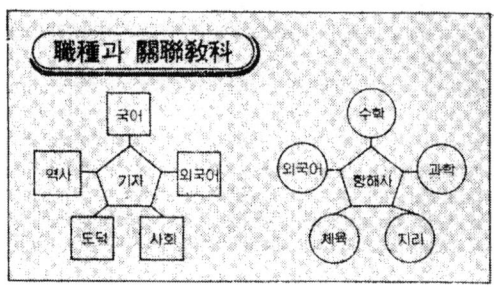

  교과 안에서 직업 관련을 짓는 지도는 모든 교과의 적절한 단원에
가능하다. 예를 들면 미술교과 시간에 도안이나 포스터를 그리면서
이 활동이 직업 활동과 관련성이 있음을 인식시키는 한편 특히 이런
방면에 흥미가 있고 특출한 기능을 가진 학생에 대하여는 직업적성
지도로 유도되어야 한다.

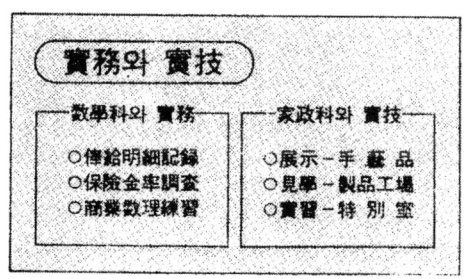

또 교과에 따라서는 실제적 직업관련 지도를 수업활동 안에서 전망할 수 있다. 예를 들면 수학수업 시간을 통하여 봉급명세 기록이나 보험금율 조사, 상업수리 연습 등을 실시함으로써 실무연습을 해 본다. 가정과 수업시간을 통하여 꽃꽂이·수예품을 만들어 전시하고, 제품공장을 견학하여 진로탐색에 대한 동기 유발을 시킨다. 가사실·재봉실·기술실 등 특별실 실습을 통하여 실기학습을 연마시킬 수도 있다.

특별활동은 교과활동에서 찾아볼 수 없는 학생의 흥미나 취미가 배양되며 또한 적성이 발견되고 능력도 발견될 수 있다. 첫째, 학급활동을 통하여 진로 노트 지도, 장래의 희망설계, 직업탐색 활동을 전개하며, 클럽 활동을 통하여 개인의 적성을 탐색하고 기능을 연마할 수 있는 기회를 갖게 되며 교우관계를 원만히 이루는 사회성도 길러질 수 있다. 행사활동에서는 진로주간·초청강연회·전시회 등 진로지도에 대한 실제적 체험을 계획할 수 있다.

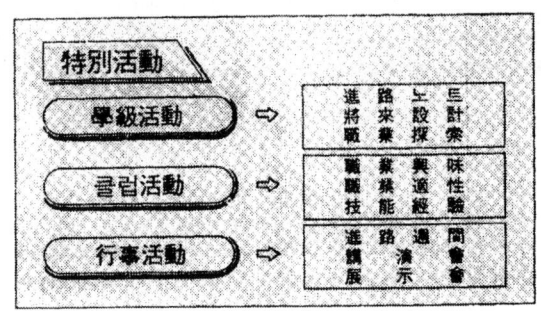

(4) 展開過程

앞에서도 언급이 되었으나 진로지도상의 가장 중요한 요체는 최적한 방향으로 학생 개인의 능력이 신장되도록 계속적으로 고안하고 유의해 나가는 데 있다. 진로성장은 슬라이드 원문에 제시한 과정을 밟아 직업이란 골(goal)에 도달하는 것이로되 이를 개체에 결부하여 도해하면서 좀 더 자세히 검토하기로 한다.

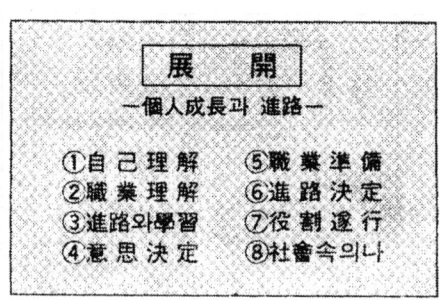

자기이해는, 나는 누구인가를 검토하는 입장이다.

개인성장에 있어 최적한 방향은 그의 정신적 특성·신체적 특성과 그의 가정적 환경에 입각하여 자기를 종합적으로 이해하는 데서 시작돼야 한다.

정신적인 면에서 지능은 어느 정도에 이르고 있는지, 적성이나 성격, 특기는 어떠한지, 자신을 돌아볼 필요가 있다. 신체적인 면에서 건강상태는 좋은가, 체력이나 체질, 체격은 양호한가. 또한 가정적으

로 경제적 조건, 부모가 거는 기대, 가정에서의 나의 역할 등 가정의 여러 환경이 나의 진로에 관계 짓는 상황을 객관적으로 인식하는 단계가 이해과정이 된다.

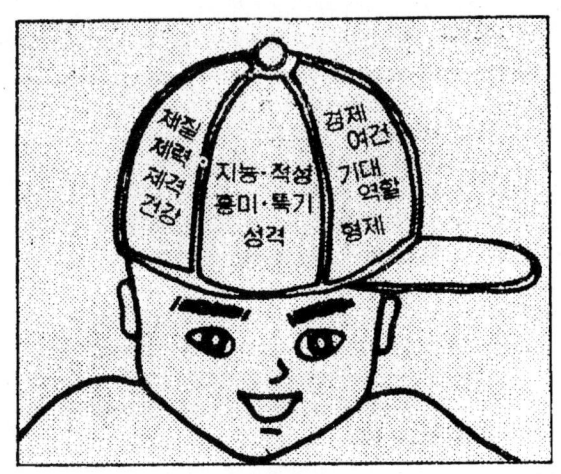

 직업선택이란 과제에서 보면 「자아」의 문제는 「일」, 곧 「직업」이 지니는 제반 여건과 연결되면서 진로발달이 시작되는 것이어서 자아인식 못지않게 직업인식은 중요한 것이다.

 직업의 세계를 이해하고 직업은 인간이 일생을 살아가는 생활의 수단이면서 동시에 자기실현의 과제로서 필요한 요소임을 인식하도록 지도한다. 진로의 선택은 급속도로 변천하는 수많은 직업 중에서 어느 한 직업을 자기와 결부하여 인식하면서 시작된다. 즉, ① 그 직업의 성질, ② 작업조건, ③ 요구하는 훈련 및 교육 정도, ④ 보수, ⑤ 승진 및 앞으로의 전망 등이 직업을 이해하는 데 수반되어야 할 요소들이다.

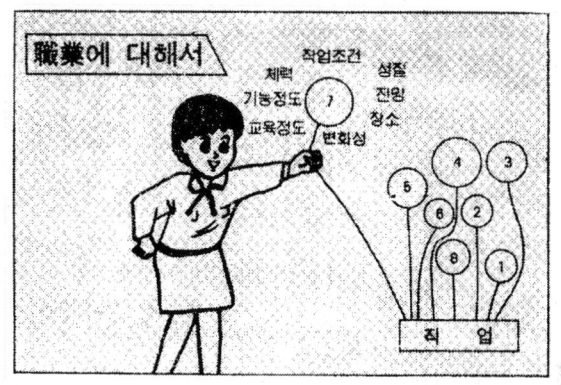

학생들은 자기 자신을 정확히 이해하고 직업에 대한 정보를 터득한 후에 교육과 훈련과의 관계를 자각하게 된다.

첫째, 자기 자신의 진로와 학습과의 상관관계를 이해하고, 둘째 학습방법과 진로성취와의 관계를 이해하며, 셋째 특별교육이나 훈련을 통한 직업역할 수행의 중요성을 이해한다. 따라서 학교생활은 뜻있고 생동적인 활동이 될 수 있어 면학기풍이 진작될 것이며 성실한 학교생활이 유지될 것이다.

"내게 맞는 직업은 무엇인가"라는 문제에 도달하여 스스로 계획하고 검토, 수정하는 과정을 거쳐 앞으로의 진로방향에 결정을 내릴 수 있을 단계에 이르게 해야 된다. 직업의 변화, 경제조직에 「나」를 결부하여 다시 진로탐색에 몰입하여, 부적합한 영역에 대해 수정하는 과정을 거쳐, 비로소 진로에 대한 의사결정을 내려가게 된다.

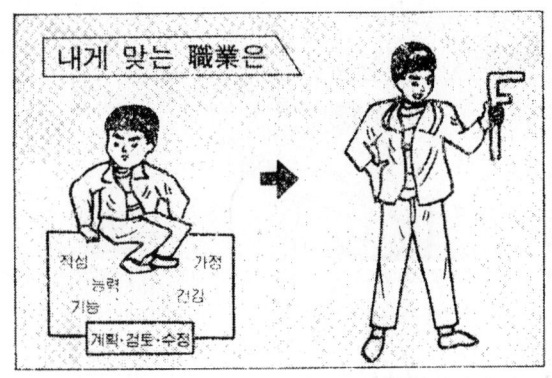

  직업에 대한 의사결정이 이룩된 후에 직업훈련에 착수하는 일이 남
는다. 실제로 작업현장에서 기술습득을 위해 체험을 갖도록 여건을
마련해 주어야 한다. 만일 내가 「기능공」이란 직업에 흥미가 있었다
면 기능공으로서의 직업의 성질·작업조건·자격요건·훈련·보수관
계 및 직업에 대한 전망 등에 실제적인 체험을 활발하게 경험하는 단
계이다.

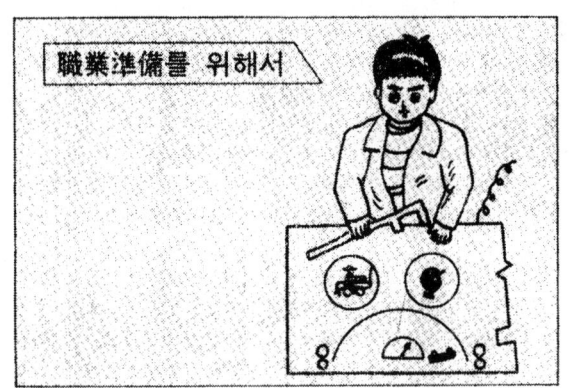

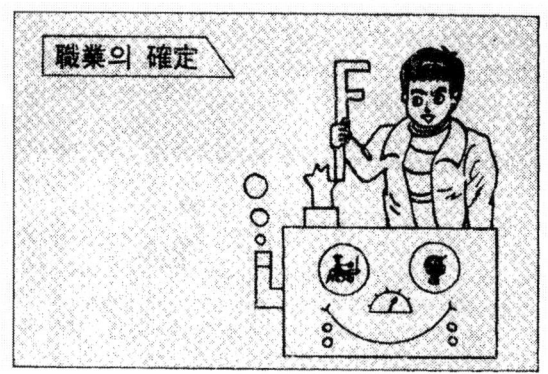

이 기능훈련 단계에서도 의사결정 단계와 마찬가지로 체험과정에서 검토와 수정이 수반된다.

이제 이 학생은 고용조건을 갖추고 직업인으로서의 역할수행이 가능하게 되었다.

마지막으로 자신이 좋아하는 직업을 선택하여 훈련을 받았고 또한 그 분야에 종사하게 됨으로써 만족한 삶을 누릴 수 있게 되었다면 자기 나름대로 성공한 것이다. 따라서 자기의 능력을 최대한으로 발휘하면서 직업에 대한 긍지와 자부심도 느끼게 될 것이고, 어떤 면에서는 사명감도 갖게 될 것이다.

성공이란 높은 지위와 권력, 또는 경제적인 부를 의미하기보다는 자기의 능력에 알맞은 일에 창의적으로 종사함으로써 행복한 삶을 누리는 데 있다고 할 것이다.

직업전선에서 일하면서 계속적으로 경험과 훈련을 거치는 동안 승진이 가능해지고 참다운 의미에서 생산적이고 창의적인 활동을 함으로써 「나」는 사회 속의 일원임에 도달하게 된다.

「사회 속의 나」라는 인식을 통해, 나와 직업은 매우 밀접한 관계를 가지고 있으며, 나의 역할이 사회에 어떠한 공헌을 하고 있는가에 대한 가치관을 갖도록 한다. 즉, 나는 직업인으로서, 가정·사회·국가를 위해 무엇을 해야 하며, 나아가 인류평화에 어떻게 공헌할 수 있는가를 재인식하도록 하여 자기존재의 귀중함을 깨닫도록 한다.

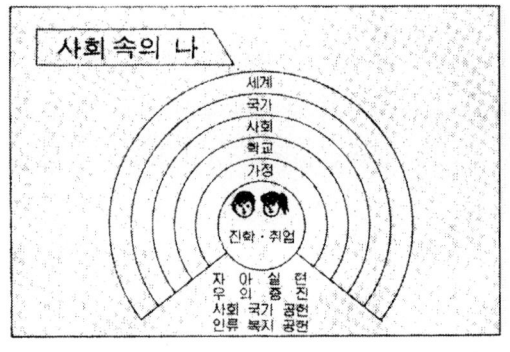

(5) 指導者의 役割

진로지도의 성공적 유도를 위해서는 지도자의 역할이 크게 기대된다.

교장은 학교행정의 책임자로서 진로교육의 중요성과 필요성을 이해하고 다음과 같은 사항을 효율적으로 실천하는 데 행정력을 발휘하여야 한다. 즉, 학교장은 진로교육상에 필요한 ① 시설과 기구·재원을 적극 지원하며, ② 교직원 연수에도 직접 참여해 보고, ③ 교육과정의 조정·평가를 가해 봄으로써, ④ 프로그램의 성공적 유도가 가능해진다. ⑤ 자원인사 협력체 구성 등을 통하여 진로교육이 원활히 이루어질 수 있도록 모든 지원을 아끼지 말아야 한다.

```
┌─────────────────────────────┐
│        指導者의 役割           │
│  ┌──────┐                    │
│  │ 校  長 │                    │
│  └──────┘                    │
│  ○施設·機構·財源의 支援         │
│  ○敎 師 硏 修 支 援            │
│  ○敎 育 過 程 의 調 整         │
│  ○資源人士協力體構成           │
└─────────────────────────────┘
```

진로지도상의 실질적 운영은 교도주임이 해야 하리라 본다. 따라서 사전준비와 지도상의 진행을 주관하게 된다. 지도상에 필요한 재원을 확보하는 일에서부터 계획수립에 이르기까지 모든 일을 조정해야 할 임무를 지니고 나아가서는 학생 추수활동은 물론 학부모와 사회에 대해서도 의사소통을 꾀하여 진로지도가 협동적으로 진행되도록 예의 주시할 임무를 가진다.

```
┌─────────────────────────────┐
│   ┌──────────┐              │
│   │  敎導主任  │              │
│   └──────────┘              │
│  ○檢 査·相 談·諮 問·調 整      │
│  ○情 報 活 動 의 通 路 開 設    │
│  ○指 導 計 劃 樹 立·推 進      │
│  ○學生活動促進·追隨指導        │
│  ○學生·父母·社會와의 意思疏通   │
└─────────────────────────────┘
```

학급학생을 맡아서 지도할 실무자인 교사(담임이 중심이 될 것임)
는 진로세계에 대하여 많은 정보를 수집·분석·관리하여 그에 대한
폭넓은 지식과 아울러 학생 개인에 대하여도 종합적으로 이해하고 있
어야 한다.

지도자세에서 강조하고자 하는 점은 투철한 신념으로 적극적 자세
를 취하여 진로지도에 대한 흥미를 부여함은 물론 진로의 신장에 가
치척도를 두어야 할 것이다. 구체적이고 체계적인 교육과정이 마련될
때까지 자료에 대해서는 관리·활용의 선을 초월하여, 교육 프로그램
을 작성, 실제지도에 사용하는 개발적 안목을 갖기를 바라는 마음 간
절하다.

```
┌─────────────────────────┐
│  ╭─────────╮            │
│  │ 教   師 │            │
│  ╰─────────╯            │
│  ○職 業 世 界 理 解        │
│  ○進路成長重點指導         │
│  ○프로그램作成·論議        │
│  ○資料의 蒐集·活用        │
└─────────────────────────┘
```

(6) 事 例

이제부터 학교현장에서 이미 실시하고 있거나 앞으로 실시될 수 있는
예들을 엮어 나가기로 한다. 이 예들은 진로지도 운영이나 내용, 방법들의
측면에서 갖가지로 고안, 개발될 수 있을 것을 전제하여 제시해 본다.

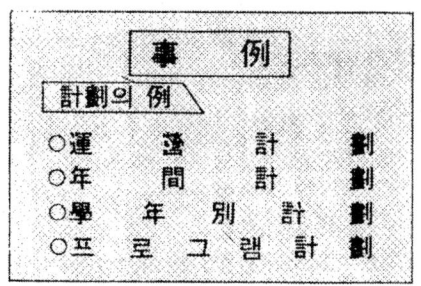

이 부분은 진로지도를 착수했을 때 그에 관한 자료나 지식이 빈곤한 우리들이 어디서부터 진로지도의 맥을 가름할 것이냐는 문제에 부딪치게 될 것이므로 정보수집과 분류와 정리, 자료화의 과정을 예시하여 본 것이다. 이 교사는 H·R시간의 의제를 우리들의 장래 직업정보 자료수집으로 제시하고, ① 은행·병원·슈퍼 등 직업현장으로부터 자료를 수집, ② 모아진 자료들을 영역별로 분류하기 위해, ③ 학생을 분단별로 나누어 한 사람이 가지고 있는 많은 자료 중 한 직종만을 소개하여 다른 사람이 가지고 있는 같은 자료는 그 학생에게로 모아지는 작업을 돌아가면서 전개, 한 직종에 여러 가지 자료를 집약할 수 있게 하였다. 이 작업의 과정을 다시 장소별로 분리해 보면 교실에서 은행·슈퍼·병원 등의 현장－교실작업－자료화의 과정을 거친 셈이 된다.

이상에서 얻어진 자료는 게시판에 대표적인 것만을 종류별로 옮겨봄으로써 환경정리를 시도하여 홍보를 도모하였다. 게시판 활용을 통한 진로지도는 자료에 따라 퍽 다양하고 심도 있게 펼쳐나갈 수 있겠다.

질문지 조사는 여기서 보인 4개 영역 이외에도 학생들의 의견을 들어 보고 그들의 관심을 파악하여 지도하는 자료가 될 수 있다.

```
┌─────────────────────────────────┐
│  質問紙調査의 例                  │
│  ┌──┐                            │
│  │進│  個人 : 能力 體力 特技 欲求  │
│  │路│                            │
│  │意│  家庭 : 環境 期待 役割 家業  │
│  │識│                            │
│  │鼓│  學校 : 學習興味 特別活動    │
│  │吹│                            │
│  └──┘  社會 : 일 職業 地域社會    │
└─────────────────────────────────┘
```

첫째, 학생들 자신의 일반적인 능력·한계·흥미·노동가치·신체적 특징·성격특성·위험을 감수할 수 있는 능력·약점 등을 질문지로 조사할 수 있다.

둘째, 가정과 관련된 문제

셋째, 학교와 관련된 문제

넷째, 사회와 관련된 문제로 이런 활동은 학생 개개인에게 진로의식을 고취할 뿐 아니라, 교사들에게는 학생이해의 좋은 자료가 될 것이다.

효율적인 진로지도를 추진하기 위해 노트를 작성하게 하는 것이 좋은 방법 중의 하나이다. 진로지도 노트를 만들어 1년 동안의 진로학습 진행과정을 매월 누가 기록해 나가도록 지도한다.

예를 들면, 자기이해 과정, 직업조사(수집), 성공한 인물이 누구인가 살펴보고, 독서를 통하여 성공담을 기록하여 여름과 겨울 방학 등 비교적 긴 휴가 동안 실천할, 자신의 진로를 위한 계획을 세워 이를 진행하도록 한다. 또한 부모의 기대, 형제의 진로에 대한 기대와 참고의견도 아울러 기록한다.

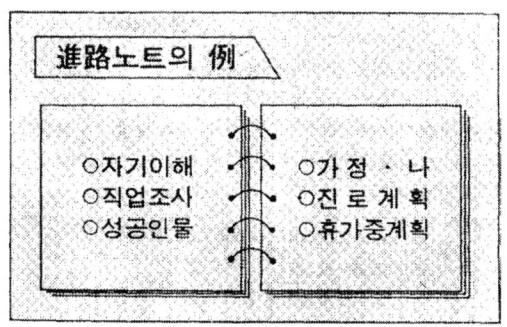

이 진로 노트법은 일종의 자기개발을 위한 작업 노트 역할을 하는 것
으로 마치 진로에 대한 거울 같은 기능이 되는 데 뜻이 있다 할 것이다.

행사지도의 예는 각종 학교행사의 내용을 진로로 전환하여 지도하
는 방법이다.

진로지도를 목표로 히는 각종 전시회, 지역 직업 인사를 초청하여
1일 교사에게서, 경험과 정보를 들려주어 직접 경험에 대한 새로운
인식을 심어 줄 수 있다.

행사지도에 있어 직업지도 효과를 가장 직접적으로 겨냥하는 것은
진로주간, 진로의 날 행사라고 본다.

이번에는 실제로 직업교육을 오랫동안 실시하고 있는 실업학교의
실습현장을 가 보기로 한다. 실업학교에 따라서는 많은 시설과 노련
한 지도교사를 통해 좋은 실습훈련이 전개되고 있다. 이들 실습경험
은 개개인의 기능을 연마하는 도장이 되어 실제로 학생들이 졸업 후
직업전선에 서게 되었을 때 업무를 수행함에 있어 그 기능을 발휘할
수 있는 산 교육이 된다. 학교 안에서의 직업훈련은 그 시설여건에
따라 내용이 퍽 다를 것이다.

3. 展 望

이상에서 열거한 지도상의 모든 과정을 도표화하면서 그 개요를 다시 한번 확인하고 학교현장에서 착수될 진로지도상의 기대효과와 그 제언을 제시하고자 한다.

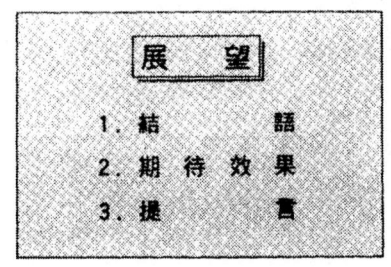

앞에서 열거한 여러 가지 진로지도에 관한 내용을 도표로 표시하면 다음과 같다.

진로지도는 먼저 학교의 정상적인 교육활동을 통하여 이루어져야 하며 학생 개개인의 능력·적성·흥미 등이 정확히 파악되고 신장되어야 한다. 이러한 활동이 잘 이루어지려면, 조직적이고 계획적인 추진력과 장래의 진로선택 계획에 따르는 학습지도와 진로상담이 철저히 이루어져야 하고, 교육과정 전 영역을 통한 개발적 경험을 거치는 동안 건전한 직업관·노동관이 형성되어 각자의 개성에 알맞은 장래의 진로선택 능력이 갖추어지도록 유도되었을 때 성공적이라고 본다.

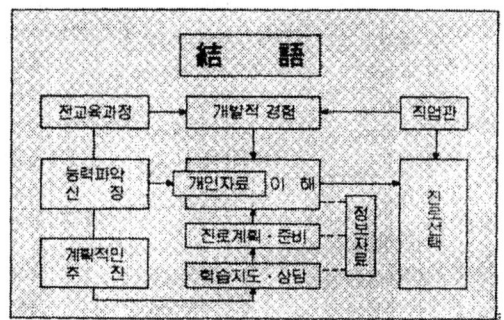

앞으로의 진로지도의 효과와 전망은 다음과 같다.

우리 실정에 알맞은 진로지도의 실행은 우리 교육이 지향해 나갈 문제이다.

효율적인 진로지도는 개인적으로 생애목표에 정확하게 도달함으로써 국가적으로 낭비 없는 인력의 개발을 도모하고, 가정적으로 만족한 삶과 행복한 인생을 추구해 나갈 수 있는 계기를 갖게 되면 사회적으로 안정이 구축될 것이다. 이것이 바로 학교교육이 지향하는 전인교육이 될 것이며 복지사회의 기반이 될 것이다.

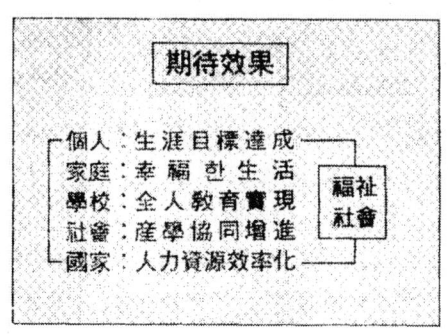

진로지도란 산업사회의 발전으로 직업이 전문화되고, 복잡해짐에 따라 이에 적합한 교육을 실시토록 새로이 구안된 개념이다. 우리나

라의 교육발전을 위해 진로지도는 시급히 학교교육 현장에서 적극적
으로 전개되어야 한다. 앞으로의 진로지도의 중요성과 필요성에 부응
하여 다음과 같은 방안이 추진되어야 할 것이다.

1) 전문적 교육을 담당할 진로교육 교사를 사범대학이나 교육대학
원과 같은 교사교육 기관에서 길러 일선 학교에 배치, 교과목으로서
지도할 수 있는 여건과 기회를 주어야 한다.

2) 직업의 세계에 관한 구체적 자료를 개발하여 일선 학교에 배포
하고 지도에 철저를 기해야 한다.

3) 학교기관에 직업탐색 준비활동을 위한 시설을 갖추어야 한다.

4) 학부모들의 진로지도에 대한 교육적 관심을 불러일으키는 계도
활동이 어머니교실 등을 통하여 실시되어야 한다.

5) 문교부 부서에 진로교육과를 설치하고 진로교육 프로그램 개발
과 실천방법을 독려할 수 있도록 진로교육 담당관을 두어 진로상담·
진로지도 교육에 행정적·재정적 지원을 해야 한다.

```
┌─────────────────────────────┐
│        ┌──────────┐         │
│        │ 提  言  │         │
│        └──────────┘         │
│  ○進路指導專擔敎師確保       │
│  ○指導資料開發과普及         │
│  ○進路指導施設·機構準備      │
│  ○進路指導에 대한 學父母啓導 │
│  ○進路指導專門機關設置       │
└─────────────────────────────┘
```

제10장 職業指導의 實際

1. 國語敎科를 통해 본 일의 世界

일의 세계는 직업의 세계라고도 한다. 앞에서 언급한 직업의 종류는 우리나라에 약 1만여 종에 달한다고 하지만 산업이 고도로 발전하여 감에 따라 더 늘어날 추세에 있다.

초등학교 수준에서는 직업의 세계를 자세하게 소개할 수는 없어 대략 학생들 주변에서 흔히 만날 수 있는 직업을 대상으로 주로 국어와 관련된 직업을 중심으로 대체로 교사·기자·편집인·소설가(작가)·목사·아나운서·판매인(salesman)·사서(司書)·매니저·탤런트·공무원·비서직·출판업·회사원 등을 중심으로 소개하고자 한다.

국어교과는 교육과정 목표에서도 기술한 것처럼 일상적인 사회생활·직업생활을 원활히 수행하는 데 필요할 뿐 아니라 사회와 국가의 기능과 목적과 과제를 이해하는 데 언어사용 능력은 필수적이므로 직업을 택할 수 있는 범위는 매우 다양하고 어느 곳에서든지 취업될 가능성이 많다. 따라서 인문과학 분야에는 국어과정의 소질과 소양이 충분히 갖추어져 있으면 진로의 방향은 얼마든지 선택의 범위가 넓다고 생각된다.

위에서 제시한 직업의 종류를 중심으로 직무내용·적성·학력과 훈련·보수와 작업 조건·장래의 전망 등의 내용으로 소개하겠다.

국어과와 관련된 직업을 그림으로 표시하면 <그림 10-1>과 같이

38여 종을 들 수 있는데 반드시 이러한 직업만을 택하게 된다는 일 정한 규정은 없다. 다만, 국어과에 소질이나 능력, 흥미가 있고 또한 적성에 알맞다고 판단이 되었을 때 가능한 직업이 그림에 표시한 바와 같은 직종이 쉽게 적응이 될 수 있는 것이나 개인의 포부나 희망이 다 를 때에는 적성이나 능력의 범위를 벗어나서 적용이 될 수가 있다.

진로지도를 담당하는 전문적인 교사가 별도로 시간을 정하여 중심 적으로 직업에 대한 인식을 강조하고 지도하면 더욱 효과가 클 것이 라고 기대할 수 있으나 현재 한편에서는 아직 진로담당 교사 또는 진 로교사(career education teacher)가 준비되어 있지 않은 상태이므로 교과를 담당하고 있는 교사가 특별한 관심을 가지고 진로교육을 추진 해야만 그 효과가 크게 나오리라고 생각한다.

초등학교 수준에서는 전문적 직업인을 육성하기 위한 준비단계가 아니고 단순히 인식단계에만 그치기 때문에 아동들의 주위환경에서 흔히 접하게 되는 직업을 대상으로 그 직업이 어떠한 역할과 기능이 있는가를 인식하고 장차 미래의 직업인이 될 때 보다 구체적이고 현 실적인 차원에서 가능한 내용을 택할 수 있도록 일의 세계에 대한 윤 곽을 인식시켜 주는 데 있다. 그리고 직종의 역할과 기능, 전망 등도 소개하는 것이 좋다.

초등학교 학생들의 직업선호도 조사에 관한 연구1)에 의하면 초등학교 학생들이 생각해 낼 수 있는 직업의 종류는 불과 20여 종을 넘지 못하며 자기가 원하는 직업 또는 좋아하는 직업을 선택해 보라고 한 결과 가장 가깝게 접촉을 많이 하고 있는 초등학교 교사를 압도적으로 많이 택하고 있는 것을 볼 때, 교사의 역할이 얼마나 중요한가를 깨달을 수 있다.

대개 남자의 경우, 장래 희망하는 직업을 조사해 본 결과 의사·군 인·교사·경찰관·운동선수·회사원·과학자……순으로   사회인들이

---

1) 이광식, "초등학교 학생들의 진로지도를 위한 직업선호도 조사에 관한 연 구," 건국대학교 대학원 석사학위 논문, 1981.

의식하고 있는 직업의 가치관과는 다소 차이를 가져오고 있는데 이것은 가정환경·매스컴의 영향 등이 크게 작용되고 있음을 알아야 한다.

여자의 경우는 장차 교사가 되겠다는 희망이 압도적으로 많고 간호원·의사·여군·사무원·은행원…… 등으로 비교적 여성이 할 수 있는 직업 영역을 택하고 있다.

따라서 초등학교에서의 진로지도는 교사의 역할에 크게 좌우되고 있음을 상기할 때 교사의 자질이나 가치관 및 태도가 건전하고 의욕적이며 영향력 있게 지도를 철저히 할 필요가 있다. 왜냐하면 아동의 진로관 형성에 큰 영향을 주고 있기 때문이다.

그러면 위와 같은 교사의 지도력이 학생들의 의식구조나 진로의 방향에 크게 영향을 미치고 있다는 것을 염두에 두고 국어교과에 관련된 직업군(occupational cluster)을 나열하고 그중 15종만을 선택하여 구체적인 직업내용을 소개하겠다.

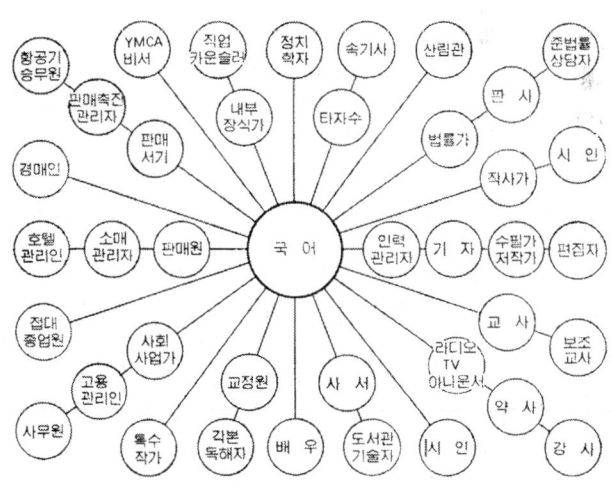

<그림 10-1> 국어교과와 관련된 직업[2]

위의 <그림 10-1>은 주로 국어교과목에 관련된 직업의 종류를 발

췌하였다. 따라서 이 정보자료는 설명이 요약되고 종류도 제한되어 있기 때문에 각급학교에서는 이 자료를 참고하여 학교실정에 맞게 보충 지도하여야 한다. 국어와 관련된 직업은 위에 표시한 것이 전부가 아니고 일부이므로 더 많은 직업이 있다는 것을 명심하고 다음에 예시한 직종의 소개과정을 참조하여 진로담당 교사의 창의적인 응용력을 발휘하도록 한다.2)

가. 교사직

교사는 학교별 단계에 따라 유치원·초등학교·중학교·고등학교에서 아동을 대상으로 구분되며 주어진 교육과정의 내용을 중심으로 학습활동을 전개하여 지적인 면, 정의적인 면, 운동기능(심체적)적인 면을 체계 있게 지도하는 전문적 소양을 갖춘 사람이다.

(1) 직무내용

학생들을 직접 교육·지도하는 일로서 생활지도, 개인의 교육평가, 학급관리를 담당하며 기타 학급의 사무를 처리하고 개인의 인격함양과 자질향상에 힘쓰며 항상 새로운 지식을 습득하는 연구에 계속적인 노력을 기울여야 한다.

교사들은 항상 학생들의 사회적 발달과 건강, 상호관계, 학부형과의 의견교환 등 상담활동을 통하여 문제를 해결하고 예방하는 활동을 전개한다.

(2) 적성

어린 아동과 지내기를 즐거워하여야 하며, 주로 가르치고 개인의 생활지도, 연구 및 연수 활동에 흥미를 느끼고 있어야 한다. 학교 내

---

2) 길형석 역, 《진로개발교육》(서울: 교육출판사, 1981). p.95.

에서 특히 교실에서 학습지도 활동이 주축을 이루고 있으며 학생들과 대화를 나누고 생활하는 데 권태감이 없어야 한다. 그리고 유창한 언어표현에 특별한 재능이 요구된다.

(3) 학력과 훈련

문교부장관이 발행해 주는 교원자격증을 가진 자로서 국·공·사립 등의 학교에서 학생들을 가르치는 업무를 담당하고 있다. 교사는 별정직으로서 다른 공무원보다 법적으로 우대되고 있는 국가공무원의 자격을 가지고 있어야 한다.

교사가 되기 위한 조건은 우선 정규 교육대학이나 사범대학, 또는 교육대학원, 일반 대학에서 교직과정 이수 후에 교육실습을 마친 자로서 대학과정을 마치면 초등학교 또는 중등학교 2급 정교사 자격증을 취득할 수가 있다. 실업교육 계통의 교사는 교직과정을 이수하지 않아도 준교사 자격증을 신청하면 얼마든지 얻을 수 있다.

(4) 보수와 작업조건

교육대학 졸업자 초임은 21호봉에 240,000만 원 정도이며 연 4회 상여금과 연 2회의 정근수당을 받는다. 사범대학 졸업자는 16호봉에 267,000원과 교육대학 졸업자와 마찬가지로 연 4회 상여금과 연 2회 정근수당을 받는다.

일부 사립학교를 제외하고는 깨끗한 환경이 못 되며 거의 하루 종일 서서 가르쳐야 하는 입장에 있다. 그러나 연 2회 여름 및 겨울방학이 있어, 약 3개월 가량은 휴가가 보장되어 여유 있는 생활을 즐길 수가 있다. 다만, 항상 교재연구 등 자기연수를 게을리 해서는 안 된다.

(5) 전망

교사는 비교적 안정된 직업으로 취업의 전망은 꾸준하여 점차적으

로 처우가 좋아질 것이다. 더욱이 교사의 질을 강조하고 교육의 중요
성이 고조되어 가고 있으므로 교육자의 대우문제는 경제발전에 비례
해서 국가에서 상당한 관심을 두고 있다.

나. 기자

(1) 직무내용

기자는 신문·방송·통신·잡지 기자가 있고 업무내용도 각기 달라
서 일반적인 신문기자에 관한 자료는 소속된 부서에서 취재(정치·경
제·사회·문화·교육·사진)하기 위해 각 부처나 기관에 출입하며
수집된 자료는 원고지에 기록하여(외근기자) 제출하면 기사내용을 선
별하여(내근기자) 빠른 시간 내에 국민에게 소식을 전하는 일을 한다.
이들은 국민을 계몽·격려·독려하고 정책수립에 국민의 의사를 대변
하고 제시하는 역할을 한다.

(2) 적성

사물을 정확히 판단하고 민첩해야 하며 정보를 수집하고 이를 요령
있게 정리하여 기록할 수 있는 능력이 요구된다. 대인관계나 인간관
계 등 원만한 인격을 구비하고 인내심과 탐구심이 있어야 하며, 문제
에 대처할 때 쉽게 적응하고 해결할 수 있는 적응력이 있어야 한다.

(3) 학력과 훈련

일반적으로 학력은 국가에서 인정하는 대학졸업 이상이라야 하며
자격은 반드시 국어과 전공이 아니라도 어느 분야이건 상관이 없고
다만 기사취재와 기사작성 등 작문능력이 요구된다. 1개월간 문화공
보부에서 특별교육을 받으며 신문사별로 연수활동, 한국언론인연수원
연수를 받으며 입사 후 6개월 정도 견습과정을 통해 경험을 쌓은 후

에 전공 영역별로 정부기관·관공서·기업체·산업기관 등 각 부처에 배치된다.

(4) 보수와 작업조건

기자 초임이 7호봉에 320,000원 정도이며, 연 1호봉씩 승급되며 최고 23호봉이 있고 1호봉의 보수 차이는 약 20,000원이며 7~17호봉은 기자, 18~23호봉은 차장 대우, 23호봉 이상은 부장의 대우를 받는다. 보수는 상황에 따라 다양하게 변경될 수 있다.

작업조건은 신문사의 필요에 따라 외근·내근 등으로 나누어 기사 취재 활동을 전개하고 수립된 자료를 정리하여 부장에게 보고함으로써 일을 마치게 된다. 사정에 따라 일정한 8시간의 일과를 마치면 끝나는 것이 아니라 하루의 일과가 끝날 때까지 늦게 근무해야 하는 경우도 많다. 외국어에 능통하면 해외파견 근무도 할 수 있고 승진의 기회도 빠르며 창의성·활동성·신속성·공정성이 특히 요구된다.

(5) 전망

공개경쟁 시험을 통하여 선발되므로 치열한 경쟁을 거쳐야 한다. 대개 연 2회 정도(봄과 가을) 응시절차를 거쳐 선택되므로 우수한 인재가 모여든다. 활동이 자유롭고 다양성 있는 언어구사의 재능이 필요하므로 개인의 능력에 따라 얼마든지 보람 있게 일을 수행할 수 있다. 타 직종에 비해 활동이 자유롭고 소신 있게 자기의 역량을 발휘할 수가 있고 다른 직업에 진출해서라도 기량을 펼 수 있는 보람된 업무가 많다.

다.　편집인(출판업)

(1) 직무내용

전문서적·교과서·월간잡지·단행본·소설 등의 책자를 만들어내는 일을 주로 담당하고 있다. 책을 출판하기 위해서는 원고의 수집·검토·편집에 필요한 여러 가지 작업이 요구된다. 즉, 원고를 교정·사식(寫植) 도안을 하며 문선·조판·인쇄제본·재단 등의 일을 통하여 여러 가지 책을 만들어내는 것이다.

(2) 적성

정확성과 정교한 내용을 주요내용으로 하는 직종이기 때문에 인내력과 침착성이 필요하며 창의력도 요구된다. 끈기 있는 지구력이 필요하고 성실한 책임의식을 동반하며 시간관념이 강한 의지를 가져야 한다.

(3) 학력과 훈련

문화협회에서 실시하는 출판연수과정을 거치거나 작업현장에서 상급 기술자의 지도로 기술을 익힐 수 있으며 자격은 따로 없으나 편집과정을 연수하면 도움이 된다. 주로 수습과정을 거치고 경험을 많이 쌓고 오랜 작업과정을 거쳐야 숙달될 수 있다. 학력은 그렇게 고학력은 요구되지 않으나, 고졸이나 대학교 학력수준의 교육을 받아야 일을 순조롭게 처리해 나갈 수 있다.

(4) 보수와 작업조건

기업이나 회사의 규모에 따라 보수체제가 일정하지 않다. 일반적으로 초임 입사 견습공의 경우 10~15만 원, 중급 기술자(3년 경과)는 15~25만 원, 상급 기술자(5년 경과)는 30~70만 원의 보수를 받으며, 개인의 능력과 근속년수에 따라 차이가 있다.

작업조건은 주로 실내에서 작업하며, 먼지의 장애로 호흡기를 상할 우려가 있으므로 각별히 위생관리에 신경을 써야 한다. 기계운영 관리에 대한 안전에 주의가 요망되며, 협소한 실내에서 많은 업무량 등으로 규칙적인 근무시간이 잘 지켜지지 못하는 경우도 있다.

(5) 전망

현재 기술자의 부족현상으로 취업의 전망은 밝은 편이다. 직무의 전망은 별로 변화가 없기 때문에 침체를 면하지 못하나 출판물의 창작이라는 보람을 맛볼 수 있다. 사회경제의 변화에 매우 민감하기 때문에 사회가 안정되고 경제적 여건이 풍요로워야 경제유통 과정이 원활하게 되므로 출판의 활성화는 경제형편에 매우 민감하다. 더욱이 정보화 시대를 맞이한 현대사회에서 출판사업은 계속 증가 일로에 있다.

라. 소설가(문학가)

(1) 직무내용

소설·시 또는 수필·전기 등과 같은 단편 내지 장편을 만들어 내는 작업이 주종을 이룬다. 경우에 따라 신문이나 잡지에 원고를 기고하여 인간에게 마음의 양식과 행복의 비전을 창작해 내는 작품의 생산 활동이 전부이다. 작품을 통하여 희로애락을 즐기게 하며 교훈이나 사상을 심어주고 계몽시키는 역할을 담당한다. 언제나 새로운 내용의 창작활동이 동반되므로 소재를 찾아내는 어려움을 극복해야 하며 창의성·추리력·탐구력 등 언어표현 능력이 우수해야 한다.

(2) 적성

지적 능력이 선천적으로 타고나야 하며 언어구사력이 뛰어나야 한다. 사고력과 탐구력, 창조력이 남달리 우수해야 하고 사물을 관찰·비판·분석·종합할 수 있는 추리력과 상상력이 풍부해야 한다. 주관이 뚜렷하고 가치관의 정립이 확고하고 신념이 흔들리지 않으며 통찰력이 요구된다. 언제나 새로운 창작활동이 중요한 직무내용이라 볼 수 있다.

(3) 학력과 훈련

문학인은 타고난 선천성이 요구되므로 개인차에 따라 학력의 차이도 다양하다. 후천적으로 작품활동 경험을 통해서 또는 교육의 과정을 통하여 이루어질 수도 있으나 자격조건은 자유롭다. 작가협회에 가입하여 외부활동을 하는 길이 있으며 많은 작품활동·창작활동을 통하여 경험을 쌓는 것이 필요하다.

학력의 제한은 없으나 업무 수행상 고등학교 졸업 또는 대학교육을 필요로 한다. 대개 청년기에 작품 활동에 두각을 나타내게 되므로 일찍이 좋은 작품이 생성되어야 바람직하다.

(4) 보수와 작업조건

문인은 보수가 일정하지 않고 개인의 능력에 따라 작품의 수준, 판매실적에 따라 다양하다. 신춘문예 당선 등 응모작품에 의해 선택이 되어 명성을 떨치게 되면 월 100만 원 이상의 좋은 보수도 가능하다.

작업조건도 일정하지 않다. 개인에 따라 집에서 작품생산을 할 수 있고 어떤 회사에 고용되어 전문적인 작품활동을 전개할 수도 있다. 원고지와 씨름하는 작업이 대부분이므로 인내력이 요구되고 숙달된 언어구사와 달필이어야 한다.

(5) 전망

학문의 발달과 고도산업 사회의 발달로 말미암아 경제수준이 높아가면 독서인구도 증가되므로 사회·경제적으로 안정되면 문학의 전망은 밝아진다. 역시 개인 능력의 차이에 따라서 작품이 많이 소비되어야 보수조건도 아울러 좋아지게 되므로 개인의 노력 여하에 따라 전망은 좌우된다.

마. 목사

(1) 직무내용

목사는 기독교의 교리를 전파하고 교회 안에서 교인에게 설교활동을 전개한다. 목회상담과 가정을 심방하여 전도하고 하나님의 사랑과 진리를 전파한다. 교회활동의 모든 집회와 세례를 베풀고 교인 간의 친목을 전개하고 믿음의 정신을 널리 전달한다. 하나님의 사업을 설교를 통하여 복음을 전달하는 역할을 한다.

(2) 적성

온순·경건하며 진리를 탐구하고 적성 요인 중 언어능력, 사물의 이치판단, 협동심, 가치관의 확립 등의 자질을 지녀야 한다. 탐구력·인내력·봉사적인 사명감을 가지고 사회에 공헌하는 인격자라야 한다. 물욕보다는 정신의 세계에서 사회복지와 대중의 정신건강을 위하고 헌신하는 봉사자가 되어야 한다.

(3) 학력과 훈련

목사가 되기 위한 정규과정(본과)은 4년제 대학 졸업자(신학대학 포함)로서 신학대학원 석사과정을 수료하고 만 3년간 교회기관을 통하여 교육전도사의 실무경험을 쌓아야 하며 교단의 규정과 과정대로 논문과 시험, 검사를 거쳐 목사안수를 받고 정회원에 임한다. 목회과정(별과)은 고등학교 졸업 후 신학교 또는 성경학교 과정을 이수한 후 신학부 목회학과를 3년 이수한 후 논문·과정시험·자격심사를 거쳐 정회원이 된다. 자격으로는 신학교를 졸업한 후 서리전도사 1년간, 준회원 허임 2년간 목사안수를 받고 복사의 자격증을 얻으며 반드시 교인이어야 한다.

(4) 보수와 작업조건

보수체제는 무보수에서부터 교회의 예산규모의 과소에 따라 여러 층이 있다. 장로 임직원의 회의결과에 따라 일정한 규정을 세워 대우하고 있다. 공식적인 규정이 없으므로 교회 독립단위로 예산범위 내에서 목사가 목회활동에 지장이 없도록 경제적으로나 사회적 활동에 전념하도록 넉넉한 대우를 해 주고 있다.

신앙심이 두텁고 사명감에 불탄 사람에게는 문제가 없으며 무보수에서 상당한 대우를 받기까지는 개인의 노력과 명성이 우월해져야 한다.

작업조건은 일정한 교회와 부속건물(교양관·전도실·목회관) 내에서 교인들을 대상으로 신앙강좌·설교 등이 주요내용이나 심방·교우 친목활동에 적극적인 참여로 리드해야 한다. 근무조건은 설교준비·대인관계·신앙전파 등 매우 바쁜 생활을 하게 된다.

(5) 전망

개척교회와 같이 이제 새로이 건립하여 목회활동을 전개하는 때에는 경제상으로 어려움을 겪고 있으나 교인들의 협조로 교회가 수립되었을 때 정상적으로 목회활동이 이루어진다. 교회가 나날이 수가 늘어가고 교인의 수도 날로 증가되어감에 따라 목사의 수급도 늘어가고 있다. 전국적으로 1만 2천여 개의 교회가 있는데 계속 늘어가는 추세에 있어서 수급전망은 밝다.

바. 아나운서

(1) 직무내용

아나운서는 정치·경제·사회·문화 등 모든 부문의 뉴스를 정확한 표현과 발성으로 청취자나 시청자들에게 신속 정확하게 전달하는 일을 하는 자를 말한다. 국내외의 뉴스를 집계하여 작성된 원고를 방송

보도로부터 받은 다음 그 원고를 정독하고 내용을 정확하게 청취자들에게 전달하기 위하여 띄어 읽기, 강약 표시, 높일 곳, 끊을 곳 등을 표시하고 주어진 시간 안에 원고를 읽어 뉴스를 전달하는 일을 하고 있다.

주요 내용은 교양을 위한 다양한 프로그램, 진행을 위한 사회를 맡기도 하고 선전광고를 위한 상업적 프로그램에도 출연하여 보도하기도 한다.

TV의 경우에도 라디오 아나운서와 같은 일을 하지만 TV는 시각적 효과가 크기 때문에 연기적 표현도 한다.

(2) 적성

지적 능력·언어 능력이 뛰어나게 높아야 하며 수리력도 보통 수준은 되어야 한다. 특히 표준어를 정확히 말할 수 있어야 하며 남에게 불쾌감을 주지 않는 좋은 성대를 가져 고운 말을 쓸 수 있어야 한다. 용모가 단정하고 폭넓은 상식과, 주위집중력, 사물에 대한 민감한 반응을 하는 예민한 신경과 동시에 어느 정도 강인한 신경도 필요하다. 또 건강과 의지력·적극성이 요구되며 청각과 시각이 잘 발달되어 있어야 한다.

(3) 학력과 훈련

일반적으로 대학 졸업 이상의 학력수준을 요구한다. 각 방송국에서는 매년 10월경을 전후하여 치르는 공개경쟁 시험이 있다. 이 시험에 통과하고 간단한 면접을 통하여 음성 테스트도 한다. 시험과목은 국어·영어·일반상식·논문 등이다. 합격하면 해당 방송국에서 3~6개월간의 수습과정으로 훈련을 받고 일하게 된다. 대학에서의 전공학과와 상관없이 「아나운서」로서의 소양과 취미를 가진 자는 누구나 될 수 있는 자격이 있다. 다만, 국어과를 전공한 사람은 표현상의 유리한 점이 이롭다. 가능하면 어려서부터 낭독의 「테크닉」과 목소리 조절 등의 훈련을 쌓으면 크게 도움이 된다. 폭넓은 지식과 상식을 갖도록 평소에 많은 독서와 교양을 쌓아 두어야 하며, 유능한 아나운서가 되기 위해서는 끊임없는 노력과 훈련으로 적어도 3년 정도는 지나야 실수 없이 아나운서의 역할을 해낼 수 있다.

(4) 보수와 작업조건

개인의 경험과 능력에 따라 다소 차이가 있으나 대개 초임 30만 원 전후부터 50~60만 원 정도의 임금을 받을 수 있다.

작업은 주로 실내에서 하지만 TV 방송 시는 조명이 대단히 밝아 눈이 부신 곳에서 일하게도 된다. 또 중계방송 시에는 현장에 출장하여 방송하며, 연예나 오락 프로그램의 사회를 볼 경우에는 프로가 끝날 때까지 서서 작업을 하게 되며 시청자의 흥미에 맞게 출연자를 이끌어 나가야 하므로 많은 신경을 써야 한다.

(5) 전망

고용기회의 전망은 밝은 편이나 경쟁률이 심하여 아나운서의 관문을 통과하기는 쉽지 않다. 그러나 일단 관문을 통과하면 인기 면이나 취업 면에서 유망한 직업이다. 시간마다 아름다운 음악 속에서 또는 각계 저명한 인사와의 접촉을 통한 산 공부를 하는 기회를 가지면서 일하는 직업이므로 폭넓은 교양수준을 기를 수 있다. 자신의 개성을 가지고 일의 폭을 넓히며 경험을 쌓게 되며 남의 궁금증을 풀어주는 정보제공자의 역할을 하므로 인기 있고 보람 있는 직종이다. 분위기를 조성하는 목소리, 좋은 화술, 넓은 상식과 센스를 가지고 있는 아나운서가 되어야 각광을 받게 된다.

사. 판매인

(1) 직무내용

사업의 종류가 많고 사업에 따라 다양하므로 생산된 제품을 효과 있게 많이 판매할 수 있는 수단과 재량이 요구된다. 여러 가지 물건 을 소개, 판매하는 일을 담당한다. 사업체에서 고객을 맞이하고 서비 스를 통하여 판매촉진 활동을 한다.

(2) 적성

지능·언어능력·수리능력 등이 보통수준 이상이 되어야 하며 모든 지혜를 동원하여 끈기 있게 친절을 베풀며 참을성이 있어야 한다. 고객 에게 주는 인상과 용모가 단정해야 하며 이해력·적응력·기억력·인 내력이 요구되며 대인관계가 원만해야 한다.

(3) 학력과 훈련

판매원은 고객의 대상이 다양하므로 중학교 정도 이상의 졸업자로 서 대학교육 수준에 이르기까지 다양하다.

일정한 훈련과정은 없으나 대개 회사 내에서 연수활동을 전개하여 판매활동 방법·대인관계·예의·대화기술·선전방법 등을 배운다.

(4) 보수와 작업조건

개인의 판매업무 실적에 따라 다양하므로 일정한 보수규정은 없다. 개인의 능력을 요구하므로 특별한 판매기술을 익혀야 하기 때문에 개 인적 수완이 요구된다. 따라서 보수는 20만 원에서부터 100만 원 수 준에 이르기까지 판매실적에 따라 평가된다.

작업조건은 대부분이 외판원으로서 각 기관이나 회사를 두루 돌아 다니면서 상품의 특징을 소개하면서 손님에게 호응을 갖도록 상냥한 태도와 인내로써 대응해야 한다. 구매력을 갖도록 갖가지 심리적 방법을 사용하여야 한다.

(5) 전망

산업사회에서는 개인의 능력에 따라 응분의 대가를 받을 수 있으므로, 판매실적에 따라 경제적 대우가 달라지므로 노력만 열심히 하면 대성할 수 있는 직업이다. 외국의 경우를 보면, 판매인이 대성공한 예는 많이 있다. 따라서 직업에 대한 전망은 밝은 편이며 꾸준한 노력과 지혜가 요구되며 항상 부지런해야 한다.

아. 사서

(1) 직무내용

체계적인 장서·정기간행물·기록문헌을 조직 개발하고 유지하여 도서관 이용자에게 편의를 제공하도록 한다. 도서관 장서의 취득·분류·목록 작성·배열·배부 및 이들의 대출·반환 및 그와 관련된 업무를 기획하고 감독하며 서적 진열을 유기적으로 배열하고 서적일람표를 배포함으로써 도서관의 시설을 선전한다. 서적 기타 참고자료의 유지관리를 감독하고 필요에 따라 도서의 손질·제본·관리 감독한다.

(2) 적성

지능·언어적 능력·서기적 능력 등이 보통수준 이상으로 높아야 하며 수리능력·형태지각력도 보통수준은 되어야 한다. 성격적으로 봉사정신과 책임감이 강할 것이 요구된다. 직업의 성질상 대인관계가 원만한 사교성이 있는 사람에게 좋다. 신체적 조건으로 특히 시력과 청각력이 좋아야 한다. 사서는 직업의 성질상 특히 여성에게 적극 권장할 수 있는 직종으로 인정된다. 정보화 시대에 놓인 현대사회에서 정보가 폭주하므로 이 정보자료를 손쉽게 찾아볼 수 있는 분류방법을 잘 익혀야 한다.

(3) 학력과 훈련

최소한 고등학교 졸업 이상의 학력이 있어야 한다. 대학의 도서관 학과를 전공하여 졸업하면 정사서(正司書)로서 사서의 일을 할 수 있다. 그리고 대학원 과정에서 사서교육 연구과정을 1년 이수하면 역시 똑같은 자격을 인정한다. 그러나 기타 대학 졸업자는 320시간 이상의 강습을 받은 후 정사서가 되며 고등학교 졸업자는 320시간, 초급대학 졸업자는 240시간 이상을 강습을 받아 각각 준사서(準司書)로서 일할 수 있다.

또한 초급대학이나 대학재학 시 도서관학에 관한 소정의 학점을 이수하여도 사서가 될 수 있다.

(4) 보수와 작업조건

보수는 공무원인 경우 공무원 보수규정의 적용을 받으나 그 외에는 학력과 경력에 따라 다르다.

작업조건은 일반사무직과 같이 실내에서 책상에 앉아 일하는 경우가 많고 비교적 작업의 환경조건이 좋은 편이다.

(5) 전망

1976년 이후 전국에 4,205개소의 도서관이 있는데 각급학교의 증가에 따라 도서관의 증설이 필요하므로 사서인도 많이 필요하게 된다. 더욱이 산업발전에 부응하여 정보자료의 보급이 필요하고 문화발전에 대한 관심도가 높아짐에 따라 도서관의 인식도 높아져 더 많은 도서관 시설이 증대될 것이므로 고용기회가 많아질 것이다. 도서관 업무는 정적이고 지적인 일을 요구하는 서비스 사업이므로 사서에 취업하고자 하는 사람은 봉사정신과 학구적 노력으로 임할 때 크게 환영받게 된다.

자. 탤런트(방송 연예인)

1960년대 이후 경제·사회·문화의 급속한 발전과 함께 방송·연예·음악·미술·조각 등 예술 분야의 직종은 더욱 전문화되고 그 직종의 종사자 수도 증가하여 왔다. 더욱이 라디오·TV 등의 보급이 보편화됨에 따라 이의 사용이 빈번하고 있다.

(1) 직무내용

연극·영화·라디오 등의 여러 분야에 출연하여 연기를 시청자에게 보이고 작품·뉴스 등을 보인다. 방송국 내의 스튜디오와 야외촬영 영화 등에서 근무하며 연기에서 자기의 재능을 최대한으로 나타낸다. 모든 내용의 전달수단이 청각적인 방법에 의해서만 이루어질 수 있음에 유의하여 발성·화술을 보다 더욱 세밀한 연구를 하여 「마이크」를 통한 발성의 효과를 최대한으로 발휘할 수 있도록 대사를 검토 분석하고 표현하는 데 신경을 써야 한다.

(2) 적성

지적 능력·언어 능력·수리력 등이 특히 높아야 하며, 색채 식별력도 우수해야 한다. 여러 사람들을 통솔하는 일과 사교성이 필요하다. 연극·영화 및 음악에 관한 지식이 풍부해야 하며, 실제 연기력도 높아야 한다. 기타 이해력·독창력·주의력·판단력·의지력·적극성 등이 요구된다. 체질과 용모도 뛰어나야 하며 청각과 시력도 좋아야 한다.

(3) 학력과 훈련

특별히 요구하는 학력은 아니나 여자는 고등학교 졸업 이상, 남자는 대학 졸업 이상의 학력이라야 한다. 대학의 연극영화과나 신문방송학과 출신은 이 일을 하는 데 크게 도움이 된다. 매년 방송국에서 실시하는 PD 채용시험에 합격하면 소정의 훈련을 거쳐 방송국 연출인이 된다. 훈련은 대개 연기훈련을 6개월 동안 실시하며 연기력을 배운다.

(4) 보수와 작업조건

보수체제는 방송국·영화사·극단 등이 일정하지 않으나 방송국의 전속 연기자의 경우 월 18만 원 받으며 각 등급이 15등급 있으며 초임 일년간은 A급은 300만 원, B급은 200만 원, C급은 150만 원, D급은 100만 원, E급은 80만 원, F급은 60만 원, G급은 50만 원, H급 이하는 단역으로 일정치 않다.

(5) 전망

방송국의 증설이 필요에 따라 늘어나고 있으며 고용기회도 늘어날 추세에 있다. 연기자의 활동범위는 넓고 대중의 선망의 자리에 있으며 자기능력에 따라 높이 올릴 수 있다. 연극·영화·음악 등의 깊은 지식을 가지고 흥미가 있으면 남녀 불문하고 해볼 만한 직종이다.

차. 공무원

(1) 직무내용

공무원은 국민의 공공봉사자로서 국가 및 국민의 민원업무를 처리하고 국민의 복리를 위해 여러 가지 행정을 수임한다. 중앙 각 부처에서 일하는 공무원과 특별시·도 등의 지방자치 단체에서 근무하는 공무원이 있다. 관리직 공무원은 정부의 정책방향이나 법률시행령 규칙 등을 수행·계획·조직·관리·감독·보조하는 일을 한다. 한편 일반 행정공무원은 각급 행정관서에 소속되어 각 업무 분야에서 복리

증진을 위해 맡은 책임을 성실하게 이행한다.

(2) 적성

풍부한 판단력과 식견이 필요하고 책임감이 높아야 하며, 주의력·표현력·적응력·의지력·수리능력 및 인내력이 요구된다. 직책 및 직위에 따라서는 지도력·조직력·행정교섭력 및 창의력이 요청된다.

(3) 학력과 훈련

총무처가 주관하는 공무원 임용시험에 합격하면 각 부처별로 직무수행을 위한 자체교육을 실시하고 있으며 교육내용과 기간도 각 부처에 따라 다르다. 최저학력으로서 고등학교 졸업 정도면 공무원의 일을 수행할 수 있으나 대학 졸업 정도면 더욱 이롭다. 그러나 일부 기능직을 제외하고는 대학 졸업자들이 많다.

(4) 보수와 작업조건

공무원 보수규정은 일반직의 경우 9급부터 1급까지 9개 직급이 있고 1호봉부터 30호봉까지 30개 호봉이 있다. 1년에 1호봉씩 승진되며 직급별로 초임 봉급이 다르다. 즉, 9급 1호봉은 119,000원~1급 1호봉은 390,300원에서 출발하며 직책수당은 별도로 계산된다. 연봉 400%의 상여금과 200%의 정근수당을 지급한다. 매년 일정한 기준에 의하여 봉급이 인상되고 있다. 이러한 보수규정은 국가정책에 따라 변화된다.

작업조건은 중앙관서의 경우는 비교적 환경이 좋으며 지방자치단체의 경우에는 영세성을 면치 못하는 곳도 있다.

(5) 전망

국가공무원이므로 직업이 안정되어 있고 능력에 따라 승진의 기회도 많아 발전성이 높은 직업이다. 높은 직위에 오르기 위해서는 항상 승진시험을 치러야 하고 연수과정도 열심히 이수해야 발전성이 있다.

　이상과 같이 국어와 관련된 직업을 몇 가지 간추려 소개하였는데 반드시 국어과와 관련이
꼭 있어야만 된다는 법칙은 없다. 일의 종류와 형편에 따라 얼마든지 다른 방향으로 나아갈 수도 있다는 것을 항상 염두에 두어야 하고 신축성 있게 지도하여야 한다.

2. 算數敎科를 통해 본 일의 世界

　산수교과는 기초과학 분야로서 일상생활이나 자연과학 분야를 연구하는 데 기본이 되므로 쓰이는 곳이 많다. 주로 추상적인 사고력과 합리적 운영에 필요한 응용력이 적용되므로 지적 능력이 많이 요구되고 있다.

　산수교과와 관련된 일의 세계는 다양하다. 여기서는 대략 수학교사·회사원·경리원·은행원·건축가·통계학자·시스템 아날리스트·화학자·컴퓨터 프로그래머 등 수학을 기본원리로 하여 응용하는 분야의 직업들을 들 수 있다.

가. 수학교사

(1) 직무내용

　앞에서 언급한 교사직의 직무내용과 거의 같은 성질을 가지고 있으나 여기서는 주로 수학과 관련이 있기 때문에 일반적인 내용은 국어

과를 참조하기 바란다. 다만, 전공 분야에 관련된 모든 교과에 이해가
밝고 사물의 이치를 연구하고 판단하며 응용할 줄 알아야 한다. 수학
의 공리나 정의를 통해 새로운 문제해결을 하고 이를 실사회에 적용
될 수 있는 것을 판단하여 제공한다.

(2) 적성

타고날 때부터 수학적 두뇌를 가지고 남다른 기억력과 추리력이 발
달되어 있어야 한다. 집중능력이 강하고 탐구정신이 있어야 하며 신
속하고 정확성에 관심을 기울여야 한다. 양적 개념을 파악하는 능력
도 갖추어져 있어 과학적인 사고력이 요구된다.

(3) 학력과 훈련

사범대학의 수학교육학과나 교육대학원 석사과정에서 수학교육 전
공을 하고 교직과목 16학점 이상 이수하면 문교부장관이 발행하는 중
등학교 2급 정교사 자격증을 취득할 수가 있다. 교사의 전문성을 살
리고 자질향상을 위해서 현직교육을 실시하고 있다. 이 현직교육은
학교 나름대로 연수과정이 있고 중등교원연수원에서 매년 여름 방학
이나 겨울 방학을 이용하여 현직연수 강습을 실시하고 있는데 원하는
교사는 연수를 받을 수 있으나 경력에 따라 강제 차출되어 연수강습
을 받기도 한다. 강습 240시간을 이수하면 상급(1급) 자격을 얻을 수
있는 혜택도 있다.

(4) 보수와 작업조건

앞에 나온 교사직의 조건과 같고 다만 수학 분야에서 일하고 있으
므로 수학에 관한 이론과 실제에 상당한 실력을 쌓도록 노력하는 길
만이 교사로서 우대받을 수 있으며 보다 나은 보수를 받을 수 있다.

(5) 전망

수학교사로서 긍지를 가질 수 있으며 노력여하에 따라 상급자격을 취득하고 보다 상급지위에 오를 수 있다.

산업이 고도화되고 발전하면 할수록 기초과학이 절실하게 요구되는데 모든 응용과학의 기본이 되는 학문의 연구가 계속 추진되어 갈수록 이 분야의 요청이 시급해진다. 장차 수학자로서 대성할 수 있는 요건이 된다.

나. 회사원(무역회사)

회사의 종류가 다양하므로 주로 한국 내 무역회사를 중심으로 소개한다.

(1) 직무내용

외국의 상인이나 무역회사와 긴밀한 협조와 상담 및 상무에 관한 일을 하며 상품수출에 관한 제반업무를 수행한다. 즉, 수입·수출 상품의 제품 조사 및 검사, 구매에 관한 계약된 세부사항의 이행·감독·회계에 필요한 제반업무를 관장한다.

(2) 적성

회사원이 되려면 용모·복장이 단정해야 하며 대인관계·사교성이 풍부해야 한다. 주의력·이해력·판단력이 앞서야 하며 어휘력도 우수해야 한다. 수리에 관한 계산능력과 정확성에 신뢰감을 가지고 있는 것이 필수적이다. 새로운 아이디어를 창출해 내어 공헌할 수 있는 창의력이 있어야 한다.

(3) 학력과 훈련

대학에서 수학과·무역학과·경제학과 등을 전공하여 무역업무와 경제문제에 밝아야 하고 사무처리 능력이 요구되므로 대학수준 이상의 학력이 필요하나 반드시 고학력을 필수적 조건으로 취급하지 않고 고등학교 상업계열의 졸업자도 가능하다.

특정한 훈련은 대개 회사 입사 시에 오리엔테이션 기간을 두어 회사업무에 익숙하도록 연수과정이 있다. 무역 업무를 2년 이상 경험하고 업무과정을 잘 알고 물품에 관한 제반사항을 알아야 한다. 무역사 자격을 갖추면 더욱 활동하는 데 편리하고 이롭다. 제품의 생산과정·판매규정 및 관리에 관한 업무에 필요한 자체 내의 연수과정이 수시로 전개된다. 업무상 외국어를 잘하고 회화능력이 우수하면 인정을 받게 된다. 따라서 회사 자체 내의 외국어 훈련과정을 두어 필수적으로 이수토록 권장하고 있다.

(4) 보수와 작업조건

회사마다 다르나 대개 일급 무역회사의 경우 초임이 36만 원이며 같은 직종에 5년 이상 근무하면 70~100만 원까지 받게 된다. 제각기 개인의 능력에 따라 직책에 의거 임금이 좌우된다.

작업조건은 대개 수출업을 주로 하는 큰 회사는 환경이 좋고 깨끗하며 항상 외국인을 상대로 상담이 전개되므로 깨끗하게 꾸며야 한다. 직책에 따라 실내 또는 실외 근무가 수시로 변경되며 인기 있는 직종이다.

(5) 전망

사회의 경제나 경기가 좋을 때에 외국과의 수출입 사정이 호경기에 놓이면 따라서 이 직종도 전망이 좋아진다. 그러나 국내경제가 불황이면 역시 저조해질 수밖에 없다. 70년대 이후 호경기를 이루고 있었을 때에도 인기 있는 직종이었다. 앞으로 경제가 회복세에 있으므로 계속 전망이 좋을 것이다.

다. 경리원

(1) 직무내용

보통 회사나 관청·학교·대기업·소기업·중소기업 등과 같은 다인수 회원이나 직원을 갖고 있는 기관에서 월말에 그들에게 임금을 주기 위한 계산 등 재무관계 기록을 체계적으로 정리하고 매일 기업의 거래상황을 장부에 기록하고 금전출납·일반사무·서류철·고객에 대한 서비스 등 경리관계 행정업무를 수행하고 책임을 진다. 경리원은 정기적으로 현금의 지출과 수입 상황에 관한 결산서와 재무관계 현황표도 작성한다.

(2) 적성

경리원이 되려면 숫자를 정확·신속하게 다루는 적성이 높아야 하며 세부적인 일에 대한 주의집중력·책임감 등 사무능력도 있어야 한다. 그밖에 기억력·판단력·인내력·추리력·어휘력 등도 요구된다. 숫자를 다루는 직업이므로 시력도 좋아야 하며 주산능력이 필수적인 요건으로 되어 있으므로 손가락 재주와 눈과 손의 협동적 적응능력이 높아야 한다. 일의 성질상 여성들이 이 직종에 알맞은 적성을 가졌다고 볼 수 있어 여성에게 맞는 직종이기도 하다.

(3) 학력과 훈련

상업고등학교 출신에게 적합한 직종이다. 그밖에 고등학교 출신은 경리학원에서 3개월 이상의 훈련을 받으면 이 일을 충분히 수행할 수 있다. 이 일을 수행하는 데 도움이 되는 교과목은 부기·회계학·수학·국어·주산 등인데 주산능력은 높을수록 근무하는 데 편리하다. 최근에는 전자계산기가 등장하여 주산 이외에 계산기를 조작해서 일하는 사람이 많이 늘고 있다.

대기업과 같은 곳에서는 보다 전문인을 요구하고 있기 때문에 대학 졸업자도 상당히 진출하고 있다. 좀 더 전문적 경리업무를 공부하려면 국가에서 실시하는 세무사나 공인회계사 시험에 응시하는 것이 좋다.

(4) 보수와 작업조건

경리원이 일하는 곳은 대개 은행·상점·회사·학교·각종 제조업체 등 거의 모든 기업체에 걸쳐 있기 때문에 그들이 받는 보수도 규모와 능력과 학력, 경력에 따라 다양하고 차이도 많다.

대체로 여자인 경우는 초임 월평균 8만 원에서 15만 원 사이이며 남자인 경우에는 그 이상 받고 있는 실정이다. 그러나 공인회계사 자격을 가진 사람으로서 경리업무를 보는 사람은 상당한 보수를 받고 있다(월 50만 원 이상).

작업조건은 특수한 경우를 제외하고는 대체로 깨끗한 실내 환경에서 일하기 때문에 비교적 좋은 편이다. 한편 제한된 공간에서 똑같은 단조로운 일을 되풀이하고 비활동적이라 무력감이나 권태를 느낄 가능성도 있다.

(5) 전망

오늘날과 같이 「컴퓨터」시대가 다가옴에 따라 계산 작업이 기계화된 활동으로 전환일로에 있다. 아직 전국적으로 보편화되지는 않았으나 점점 보급되어 가고 있어 경리원의 취업기회가 줄어들 것 같다. 그러나 일반화되기까지는 상당한 시일이 요하게 된다. 만일 일반화·보편화된다 하더라도 기업규모의 확대, 기업 수가 증가될 것이므로 경리원의 수요는 증가될 것이다. 장기적인 계획으로 컴퓨터 활용에 의한 경리업무 수행에 대비하기 위하여 컴퓨터 조작에 대한 지식과 활용할 수 있는 능력을 키워 놓으면 더욱 유리하다.

라. 은행원

(1) 직무내용

고객으로부터 여러 종류의 예금을 유치하여 사업 및 기타 이유로 자금이 필요한 사람에게 대부하는 일을 한다. 부수적인 업무로 환업무·송금을 겸하고 있다. 금융의 대형화·기계화·대중화·다양화·국제화에 따라 업무내용이 광범위해지고 있다.

(2) 적성

금전거래에 관한 신속한 업무를 해야 하기 때문에 정확성·책임감·수 개념·판단력·추리력·사무능력 등이 요구된다. 경리원의 적성과 비슷하여 주산·회계학·국어·수학·외국어(영어)·부기 등의 실력을 쌓아야 하며 대인관계 업무가 많으므로 친절·명랑·사교적이며 책임감이 강해야 한다. 주산능력도 중요하지만 컴퓨터의 도입으로 컴퓨터를 활용할 줄 아는 능력도 갖추어야 한다. 숫자를 주로 다루는 직업이므로 시력도 좋아야 한다. 일의 성질상 여성의 적성에 맞는 직종으로서 여성의 진출이 많다. 그러나 업무의 운영·계획·관리 면에는 뛰어난 창의력과 추진력이 요구되므로 인내력이 있어야 한다.

(3) 학력과 훈련

상업고등학교 출신이나 대학의 상학과·무역학과·경제학과·법학과 등의 전공을 한 사람이 일을 추진하는 데 적당하다. 그러나 전공에 관계없이 공개경쟁 시험을 거쳐 채용이 되며 채용된 후에는 일정한 연수과정을 통하여 업무를 담당하게 된다. 여자의 경우는 대개 환전업무가 주가 되므로 여자 상업고등학교 출신들이 대부분을 차지하고 있는데 신속하고 정확한 수의 계산능력이 무엇보다 중요하다.

(4) 보수와 작업조건

남자는 고등학교 졸업자 초임이 18만 원, 대학 졸업자는 25만 원, 대리 38만 원, 과장 42만 원, 차장 47만 원, 부장 52만 원 정도이며 매년 인플레에 따라 적당한 비율로 봉급의 인상이 있고 경력에 따라 상승된다. 여자의 경우 초임이 15만 원(고졸), 대졸은 16~19만 원 정도로 남자보다 다소 낮은 보수를 받고 있다. 초임이 5급 12호봉으로 시작하여 1호봉 승급에 따라 약 8,000원 정도의 차액이 생기며 년 600%의 상여금을 받고 있다. 보수규정은 물가지수에 따라 변화된다.

작업조건은 비교적 깨끗하고 실내에서 근무하며 환경도 추위와 더위에 관계없이 활동에 알맞은 온도를 유지하고 있어 작업에 쾌적한 분위기를 가질 수 있다. 다만, 폭주되는 업무에 시달려 항상 바쁘게 일처리를 해야 하는 난점이 있다. 계속적으로 변화 없는 똑같은 일을 되풀이하므로 단조롭고 권태증을 느끼기 쉽다.

(5) 전망

은행원의 직업전망은 80년대 이후 금리의 안정으로 은행 이용이 보편화되어 문턱이 낮아지고 있다. 은행은 다른 직종과 달리 매우 안정되고 번창하고 있으므로 고용의 기회도 많아지고 있다. 금융업무의 현대화·국제화 추세에 따라 업무 영역의 확대, 해외 금융시장의 개척 등으로 인기 있는 직종으로 인정되고 있다. 개인의 노력과 실력에 따라 다른 직종에도 진출해서 업무 수행할 수 있는 여건이 갖추어져 있어서 직업의 전망은 밝은 편이다.

마. 건축가

(1) 직무내용

건축가는 가옥이나 빌딩을 설계하고 내부의 구조를 조직하여 여러 가지 자재를 사용하는 내용까지 일체의 건물 완성에 필요한 도면·설계를 작성하는 일을 담당한다. 건물은 인간이 살기에 알맞게 꾸며져야 하며 안전해야 한다. 따라서 건축가는 건물의 사용목적에 따라 안전하고 기능적이 되도록 용도와 가격에 알맞은 건축 설계도를 아름답고 편리하며 비용이 적게 들면서 안전한 건물의 설계를 이루도록 노력하여야 한다.

빌딩을 건축할 때 필요에 따라 건설하는 사람과 수시로 접촉을 해서 자문을 해 준다.

(2) 적성

고도의 훈련을 체득할 수 있는 지적 능력과 추상적·창의적 관념과 분석적인 추론을 하든가 또는 인내심 있게 모든 사실을 조립하고 구성할 수 있는 능력이 요구된다. 수학적인 사고력·미적 감각·예술적인 소양과 미술에 흥미를 가지고 있어야 한다.

건축학은 종합학문에 속하므로 수리적 능력·미술·심리학·사회학·토목공학 등을 이해한 바탕 위에 작품이 설계되어야 훌륭한 작품을 낼 수 있다.

(3) 학력과 훈련

공업고등학교·전문대학·대학에서 건축과나 건축학과 등을 전공하고 수학에 소질이 겸비한 자이면 좋다.

건축설계사는 대학 졸업 이후 2년 경력에 정부가 실시하는 기술검정 자격시험에 합격하면 받을 수 있다. 설계사 자격을 갖추면 개인적으로 설계 사무소를 개설할 수 있으며 고객의 요청에 따라 가옥이나 대형 건물의 설계를 자유롭게 입찰하고 경쟁에서 승리하면 설계 작업에 들어갈 수 있다. 건축기사는 고졸·대졸 후 일정기간 경험을 쌓은 후 면허를 취득할 수 있다.3)

고등학교 졸업자는 5년 경력에 건축 시공기사 시험에 응시, 자격을 받으며 고졸 후 7년 경력에 건축사 응시자격을 얻는다.

(4) 보수와 작업조건

회사마다 보수가 일정하지 않으나 건설회사의 경우 고졸자로서 면허가 없는 경우 초임이 15만 원(최고30만 원) 정도이고 면허취득 후 초임은 25만 원(최고 40만 원)이다. 대학 졸업자의 초임은 면허취득 후 28만 원, 건축사 자격취득 후 초임은 50만 원부터 시작하여 그 이상의 보수를 받게 되는데 그 기능에 따라 차이가 많다.

개인 설계사무소를 운영하면서 가옥이나 건물, 대형 빌딩을 직접 맡아 설계할 경우에는 그 건축 총 예산의 10% 정도로 설계비를 받을 수 있어 규모가 큰 공사를 맡을 경우에는 수입이 그 건축규모에 비례하므로 수입이 더욱 증가된다. 작업조건은 일정한 실내건물에서 다양하고 복잡한 설계에 치중하므로 바쁘고 다채롭다.

(5) 전망

6·25 사변 이후 전국이 초토화되어 폐허된 상태에서 건설을 계속 추진하고 있어 왔기 때문에 건축가들의 직업에 대한 전망은 매우 좋았다. 아직까지 계속 건축 붐을 일으키고 새로운 고층 빌딩 등 건설이 꾸준하게 이루어지고 있으므로 고용전망이 뚜렷하고 발전적이다. 더욱이 해외건설 공사가 날로 증가하고 규모도 대형화되어 기회는 보장되어 있다. 지역사회 개발정책에 따라 또는 경제성장 발전에 따라 사회인들의 건축에 대한 이해와 수요가 급증해 가므로 공급이 계속 필요하고 매우 인기 있는 직종이다.

---

3) 시험과목은 한국교육개발원 편, 《진로교육 자료》, 1982. p.101 참조.

바. 과학자(화학자)

학자의 종류와 직무가 다양하므로 화학자를 중심으로 살펴본다. 화학자는 화학과·화학공학 등의 전공을 한 사람이어야 하지만 역시 수학의 기본바탕이 있어야 하기 때문에 공과계통에 전문적 소양을 갖추려면 수학을 멀리할 수 없다.

(1) 직무내용
새로운 화학제품을 개발하고 합성하는 실험을 하며 기존 상품의 품질을 개량하며 사물의 구성원리·화학작용에 대한 실험연구를 하고 있다.

구체적으로 입고 있는 옷, 먹는 음식, 살고 있는 집, 인간의 피부를 보호하는 화장품 기타 의약제품이나 환경정화에 관련된 사항을 보다 낫게 개선하고 인간에게 이롭게 할 수 있는 용품 등의 개발·개선에 관하여 연구하고 결과를 추출해 내어 이바지하는 활동을 전개한다.

(2) 적성
언제나 사무실·연구실·실험실 또는 교실에서 정규적으로 연구·실험을 해야 하기 때문에 인내력·관찰력·창의력·어휘력·수리력·통찰력이 요구되며 안전에 세심한 주의가 필요하다. 논리적이고 사고력이 왕성해서 끝까지 결과를 찾아낼 수 있는 탐구력에 흥미를 가지고 있어야 한다.

(3) 학력과 훈련
화학을 전공하거나 이와 관련된 훈련을 쌓을 수 있는 대학 졸업자이어야 한다. 그러나 모든 연구 활동이나 실험을 충분히 할 수 있는 자질은 적어도 대학원 정도의 석사학위나 박사학위 수준의 훈련을 쌓는 것이 좋다. 화학품 제조 공장·화장품 회사·기타 화학제조·합성 섬유 공장·제약회사 등 화학 분야에 관련된 공장을 견학하고 실습을 통하여 기술을 익히도록 한다.

(4) 보수와 작업조건

높은 수준의 학력을 필요로 하는 직종이므로 임금수준도 높다. 과학기술연구원(KIST)과 같은 고도의 전문적 연구기관에서는 대우가 일반적으로 좋은 편이다. 외국에서 고도의 수준 높은 선진기술을 습득하여 돌아온 과학자들은 국가에서도 특별한 응분의 처우를 해 주고 있다. 일반적으로 다른 화학제품 업소에서도 새로운 상품 또는 물품을 개발하고자 연구에 힘을 쓰고 있기 때문에 처우를 잘해 주고 있는 편이다.

작업조건은 주로 연구실 또는 실험실에서 연구 활동을 하면서 약품을 다루고 있어 위험성도 항상 존재하고 있지만 안전에 대한 주의만 하면 얼마든지 활동할 수가 있다.

(5) 전망

산업기술이 점차적으로 발전추세에 있으므로 고용에 대한 전망은 밝다. 비교적 안정되고 화학자의 수요가 증가될 전망이므로 고용기회도 여유가 있을 것이다. 대부분의 고용기회는 사기업체에서 얻을 기회가 많고 주로 새로운 상품개발 면에서 요구하는 바가 크다.

사. 통계학자

(1) 직무 내용

통계란 세계의 특성과 주민들을 대상으로 서술되는 수를 말한다. 통계학자는 여러 가지 조사와 실험에 따른 숫적인 결과를 구안하고 실천하며 설명하는 일을 주로 담당하고 있다. 이러한 활동을 통하여 통계학자는 만족할 만한 방법의 지식을 적용하여 특정한 주제 영역, 즉 경제학·인간행동·자연과학·공학 등과 같은 분야에서 통계적 기술을 사용하여 인구성장이나 경제사정 등을 예언하는 데 이용된다. 또한 생산품에 대한 품질통제나 기업 매니저, 정부 관료들로 하여금 새로운 프로그램의 결과를 평가하고 의사결정에 도움을 주도록 하는 일을 수행한다.

통계학자는 전체 집단보다는 표집으로 마련된 소집단을 조사함으로써 인간이나 사물의 집단에 관한 정확한 정보를 줄 수 있어야 한다. 이들은 자료를 어디에서 어떻게 얻어야 하며 샘플 집단의 유형과 규모를 결정하며 질문지 조사나 보고서 등을 개발하고 평가한다.

통계는 여러 분야에 많이 사용되고 있어서 통계를 사용하는 다른 분야의 전문가들과 구별하기가 어려울 때가 있다. 예를 들면, 경제적 상황에 관한 자료를 가지고 일하는 통계학자를 경제학자란 칭호로 부르기 때문에 모호하다.

(2) 적성

수학은 여러 종류의 일 속에서 사용되는 과학의 도구이다. 도구로서의 수학은 자연과학이나 사회과학에서 아이디어를 이해하고 표현하는 데 필수적이다. 통계학은 수학이 기본학문으로서 수에 대한 개념·추리력·기억력·계산력·통찰력·창의력·판단력 등 다양한 지적 능력이 필요하며 응용능력도 우수해야 한다.

(3) 학력과 훈련

통계 분야의 직업을 얻으려면 최소한 수학과나 통계학과를 전공하고 대학의 학사학위를 받아야 한다. 통계를 필요로 하는 다른 직업에 종사하려면 경제학이나 자연과학, 부전공으로 통계학을 택하는 응용 분야에 전공을 한 학사학위 정도는 갖추어야 한다. 대학에서 교수를 하려면 수학이나 통계학 전공의 석사학위 이상의 학력을 가져야 한다.

사회구조가 복잡해지고 발달되어 감에 따라 통계학의 필요성이 더욱 긴요해져서 최근에 통계학과의 신설이 이루어진 실정이다. 전국적으로 통계학과의 수가 아직도 부족한 상태에서 수학과의 역할은 크게 적용된다.

(4) 보수와 작업조건

경제기획원 조사통계국이나 인구문제연구소・통계국・자료국 등 주로 국가기관이나 국영기업체에 많이 이용되고 있는 이 직업은 전문성을 요구하고 있고 고학력이 요구되므로 임금수준은 높다. 개인 기업체에서 자문연구조사 보고・상담 등으로 과외수입까지도 올릴 수가 있어서 대우 면에서는 다른 직종과 구별이 된다.

작업조건은 언제나 사무실에서 정규시간에 일을 한다. 어떤 통계학자는 경우에 따라 조사를 위해 지도감독・자료 수집을 하기 위해 출장을 나가서 일을 하는 경우도 있다. 하루 종일 똑같은 계산업무만 계속하기도 하며 여러 일에 관여하면서 조사를 설계하고 자료를 설명하는 일 등 신경을 많이 쓰는 정신노동이 대부분이다.

(5) 전망

지원하고자 하는 분야에 지식을 가지고 통계학에 훈련을 겸비한 사람을 위한 고용의 기회는 발전되는 경제기관이 증가하여 감에 따라 전망이 밝아진다. 사회의 여러 기관에서 통계의 중요성, 필연적인 당위성, 복잡한 과제분석의 필요성이 날로 증가되므로 전문요원의 수요가 급증하고 있다.

지방이나 개인 업체, 정부기관에서는 교통기관・사회복지・건강・교육 등의 분야에서 더욱 통계인을 필요로 하고 있다.

아. 시스템 아날리스트

(1) 직무내용

우리나라에서는 매우 새로운 분야로서 필요하다. 효과적인 자료 (data) 처리방법과 결과를 계획하기 위해서 기업의 기능과 과학적인 조사연구는 시스템 아날리스트에 의해 좌우된다. 분석가는 전자계산기를 위한 적용업무를 택하고 새로운 시스템을 계획하고 제안한다. 전자계산기 요원 중 최상의 기술자이다. 경영자가 달성하고자 하는 목적과 전자계산기가 가진 기능을 이해하며 종래의 처리방법보다 효과적인 일을 한다.

(2) 적성

전자계산기 기술자 중 최상의 일을 하는 사람이기 때문에 인내력·연구열·창조력이 있어야 한다. 원만하고 명랑한 인격과 설득력이 있는 지도력이 필요하다. 고객에게 새로운 아이디어를 제공할 수 있는 독창력, 오차가 발생할 때 신속히 판단할 수 있는 수리능력, 기타 기억력·이해력·주의력·판단력·어휘력 등이 필요하며 변화 있는 업무내용에 적응하는 능력·조직력·적극성 등이 요구된다.

(3) 학력과 훈련

이공계 및 상경대학 출신으로 관계 분야에 5년 이상 경력을 가진 자 또는 프로그래머(programmer)로서 3년 이상의 경력을 가진 자가 6개월 정도의 시스템 아날리스트 훈련을 받으면 된다.

(4) 보수와 작업조건

이 직업은 관리직에 상당한 대우를 받는다. 직무내용은 전문성으로 인하여 보수도 비교적 높다. 초임이 27~28만 원 정도이지만 경력에 따라 50만 원까지 받는 사람도 있다.

작업조건은 매우 환경이 좋은 옥내에서 일하는 전문적 정신노동의 일이다.

(5) 전망

정부기업 및 대학의 E. D. P. S. 도입의 적극적 추진과 더불어 시스템 아날리스트의 수요는 날로 증대될 것으로 예상된다.

자. 프로그래머

(1) 직무내용

프로그래머는 전자계산실의 요원으로 근무한다. 전자계산기에 일을 시키는 순서와 방법에 관한 명령, 즉 「프로그램」을 짜는 일을 주 업무로 하며 대체로 다음과 같은 일을 한다. 먼저 프로그래밍의 방식을 검토하고 방침을 수립한 다음 시스템 아날리스트가 작성한 일반적인 플로차드(전체적인 데이터의 흐름을 도시화한 표)를 가지고 상세한 부분 차드를 작성하고 전자계산기가 어떻게 데이터를 다룰 것인가를 도시한다. 업무의 타당성 검토를 한 후 문제를 정식화하고 주변 장치의 효율적인 활용방안을 검토하며 주어진 컴퓨터로서 효율적인 업무처리를 할 것인가 등 정확히 업무를 파악한다.

파악된 업무는 입·출력 및 파일(file)을 설계하고 주어진 전자계산기의 프로그램 언어에 따라 전산처리 흐름도를 작성하고 코팅을 하여 완전한 프로그램을 작성한다.

(2) 적성

고등학교 혹은 대학에서 전자계산학을 이수한 자가 종사하게 되나, 주의력·독창력·논리적인 사고력 및 인내력을 가지고 있어야 한다.

고등학교 졸업 이상의 학력을 가졌다면 6개월 정도의 교육훈련을 거쳐 종사할 수 있고 글씨 쓰는 데 불편을 느끼지 않는 신체를 가졌다면 신체불구자도 가능하다.

논리적 사고와 세밀한 일을 정확히 이행할 수 있어야 한다.

(3) 학력과 훈련

정부 전자계산소 이외에 민간인을 위한 공인훈련 기관이 수십 군데나 팽창하여 설치되어 있어 누구나 고등학교 졸업 이상의 학력이면 수강이 가능하고 컴퓨터를 운영하는 방법을 배울 수 있다. 현재 컴퓨터 시대에 접근하게 되어 수많은 사람들이 배우기를 원하고 그 참고서적도 수십 종~수백 종으로 다양하게 보급되어 있어 쉽게 훈련을 받을 수 있는 기회가 많다. 대학의 전자계산학과나 그밖에 이와 관련된 분야에서 진공한 사람은 능히 이 직종을 수행할 수 있다.

(4) 보수와 작업조건

개인의 능력과 경력에 따라 보수는 다양하다. 그리고 프로그램의 전문성·복잡성 또는 곤란성에 따라 대우가 다르다.

작업조건은 업무의 신속한 처리 및 프로그램 카드 운반 등의 이유로 전자계산실과 인접하고 일 처리 순서의 방법을 창조해 내는 정신노동이므로 조용한 분위기와 적정한 실내온도를 유지해야 한다.

(5) 전망

국영기업체·정부 각 부처·은행·대기업·학교 기타 다인구를 가진 기관에서 전자계산기의 활용 분야가 급격하게 증가되는 추세에 있다. 다만, 비용이 비싸고 운영상의 문제로 아직 보편화되지 못한 실정이나 프로그래머의 역할은 크게 기대되며 전망은 매우 좋다. 프로그래머는 장차 시스템 아날리스트로 걸쳐가는 직종도 되며 각계에서 이용도가 많아져 고용인의 채용은 용이하다.

이상에서 대략 산수 또는 수학과 관련된 일의 세계를 직무내용·적성·학력 및 훈련·보수와 작업 조건·전망 등으로 간략하게 윤곽만을 추려 보았다. 지도교사들의 창의적인 교수방법을 이용하여 보다 구체적이고 현실성이 있도록 풀이해서 학생들의 흥미도와 관심에 알맞게 학습활동을 전개함으로써 일의 세계는 개념화·구체화·현실화 방향으로 인식될 것이다.

제11장 進路指導의 實際(Ⅱ)

1. 適性과 能力, 그리고 進路

해마다 대학입시철이 오면 고등학교 3학년에 다니는 자녀를 둔 학부모나 당사자들은 어느 학교 무슨 학과에 갈 것인가 매우 망설여지고 한 번 더 고민에 잠기게 된다. 지나간 학력고사 때에도 시험고비를 넘기느라고 안간힘을 기울였고 이제 시험은 끝났으나 기대했던 점수에 도달하지 못했으면 더욱 초조하고 마음의 갈피를 잡지 못하고 방황하게 된다. 비록 시험을 잘 치렀다 할지라도 과연 내가 앞으로 어느 방향으로 진출해야 될 것인지 혼자 결정하기란 매우 어려움을 느낄 것이다. 이와 같은 사실은 대학입시를 눈앞에 둔 학생들은 누구나 마찬가지일 것이다.

왜냐하면 인생항로에 있어서 한 번 실수로 잘못 디디게 되면 벗어나오기가 그리 쉽지 않기 때문이다. 그래서 고3 학생들은 여느 다른 학생들과는 달리 이중 고민을 안게 된다. 소위 고3병이라고나 할까? 그 고민이 자기를 파괴하고 구렁텅이에 빠뜨려 버리고 마는 타락된 고민이 아니기 때문에 어찌 보면 즐거운 고민이라고 부를 수 있겠다. 하지만 해당된 학생들은 학과목의 공부내용보다도 우선 어느 기수를 잡아야 할 것인지 마음의 결정을 못 짓는 것도 당연한 일이라고 생각된다.

인간은 본래 이기적인 동물로서 누구나 나만이 잘 되기를 바란다. 잘 된다는 것은 무엇을 의미하는가? 남보다 잘 살고 보다 좋은 직장을 선택하고 비교적 수입이 좋은 직업을 택하여 만족하고 행복하고 편리한 삶을 누리고자 원하는 것일 것이다. 가급적 안정되고 진취성이 높으며 장래의 전망이 뚜렷하여 누가 보아도 우러러 볼 수 있는 권좌(權座)에 앉기를 희망할 것이다. 그런데 그것이 마음 내키는 대로 뜻대로 이루기란 마치 낙타가 바늘구멍을 뚫고 지나가는 것 모양 어려운 것이다. 그러나 젊은이로서 한번쯤은 자기 자신의 능력은 생각해 보지도 않고 구름 잡듯이 이상이 높은 꿈을 실현해 보는 것은 당연한 얘기다. 그러나 너무 지나치게 자신을 허공에 뜬 구름모양 막연히 생각만으로는 이루어질 수 없다. 그렇기 때문에 고3 학생들은 인생의 분기점으로 생각하고 먼저 거울 앞에 서서 자신의 존재에 대해서 객관적으로 파악을 할 필요가 있다.

먼저 자기 인생의 목표를 어디에 둘 것인가를 생각해 보아야 한다. 아직 자기의 주관(主觀)을 세워 놓은 단계는 아니지만 장차 나는 어떠한 인물이 될 것인가 목표를 세우고 있어야 한다. 궁극적으로 말하면, 우리가 전문적 교육을 받은 다음에 어느 분야 어느 직업에 종사하면서 일생을 살아야 할 것인가, 즉 직업의 선택에 초점을 두어야 할 것 같다. 물론 개인 형편에 따라 직업이 그렇게 중요하지 않다고 생각하는 사람도 있기는 하지만 우리가 항상 부모님의 보호 밑에서 경제적 안정을 누릴 수 있는 기회는 성인이 되기 전까지는 몰라도 일단 성인이 되면 경제적으로나 사회적으로 독립된 인생을 살아가야 하기 때문에 자기 자신을 위한 특정한 직업선택에 세심한 관심을 기울여야 할 것이다. 직업은 우리 사회에 무수히 존재하지만 그 직종도 전문직·사무직·행정직·생산직·봉사직·노무직, 기타 특수 직업 등 다양한데 이 직업의 성격이나 조건·교육정도·보수·장래의 전망 등을 두루 살펴보고 과연 나에게 알맞은 직업이 무엇인가를 파악해야 한다. 그리고 가치관의 선택이 중요하다. 돈을 많이 벌어 호화롭게 살 것인가 아니면 권력을 얻어 높은 벼슬자리를 꿈꿀 것인가, 학자와 같이 이론을 추구하고 연구함으로써 인류에 이바지하는 인물이 될 것인가, 남을 위해 봉사하는 사회사업가와 같은 거룩한 일을 해 볼 것인가, 음악·미술과 같은 예술 분야에서 멋있는 예술가로서 지낼 것인가, 아니면 신앙생활을 통한 종교인으로서 일생을 하나님 사업에 봉사하는 것이 좋은지 한번쯤 자기의 보람을 어디에 두고 사는 것이 가치 있는 삶이 될 것인가를 염두에 두고 설계할 필요가 있다.

어디까지나 「나」라는 존재는 남이 아니기 때문에 남이 어떤 분야에 치중한다고 덩달아 따라갈 필요는 없다. 또한 자기 부모의 직업이 소위 인기 있고 존경할 만한 직업을 가지고 있다 하더라도 무조건 답습할 필요도 없다. 문제는 내가 과연 부모의 직업을 좋아하는가? 내 능력과 적성, 흥미나 성격(인성)이 같다고 볼 수 있는가를 냉철히 비판해 보아야 한다. 흔히 부모들은 자기가 좋은 직업에 종사할 때에는 자녀의 능력이나 취미를 무시하고 오로지 부모의 의사대로 무조건 따를 것을 강요하고 있다. 또한 담임선생도 세칭 유망한 직업을 천거해서 학생들의 걱정을 고려하지 않고 전통적인 방법으로 지시하는 일방적 경향이 많다.

목표가 세워졌으면 나의 취미·능력·걱정·성격 등을 객관적으로 파악하여 학과를 선택하여야 할 것이다. 대개 오랜 학교생활을 통해서 누구보다도 자신을 잘 이해할 수 있을 것이다. 즉, 「자기이해」를 통해서 가능한 범위 내에서 전공학과를 고르는 것이다. 흔히 세칭 일류대학 등 대학교를 먼저 선택한 다음에 전공학과를 생각하기 쉬운데 이것은 전근대적인 방법이고, 보다 현실적인 문제에 직면해서 학과선택에 먼저 눈을 돌려야 할 것이다.

요즈음은 대학입시생을 위한 진로안내 책자가 많이 나와 있어서 어떤 전공학과에서 무엇하는 것인지 주로 전공의 성격을 쉽사리 알아볼 수가 있다. 예를 들면, 《수험생활》 《대학입시》 《진학》 《나는 전공학과를 알고 있다》 《진로백과 안내》 《대학요람》 《대학신문》 《진로교육의 본질》 《진로교육 자료》 등 수많은 교육정보가 이를 뒷받침해 주고 있다. 이러한 자료를 읽어보면 전공학과에 대한 성격은 위에서 제시한 객관적 자료를 통해 대강 파악할 수 있을 것이다.

자기의 흥미나 적성을 잘 모르면 표준화된 「적성검사」나 「흥미검사」, 「자아실현 검사」, 「성격검사」 등 객관화된 검사지가 있으니 학교 안에서 상담교사에 의뢰하여 받아 보는 것이 좋다. 그렇다고 이 검사의 결과에 절대적으로 의존하라는 것은 아니고 자기의 능력을 알아보는 데 훨씬 좋은 참고가 되기 때문이다. 예를 들면 비록 적성검사에서 「자연계열」에 흥미가 있다고 나왔는데 나는 인문사회계에 더욱 관심이 있으니 어떻게 결정할 것인가 하는 학생들도 있을 것이다. 이럴 때 고민이 앞서게 되는데 검사의 결과를 100% 그대로 믿을 것이 아니라 자기가 진실로 좋아하는 방향으로 일단 마음을 굳히는 것이 좋다. 선배들이나 부모의 조언, 담임교사나 카운슬러와의 진지한 상담을 통해서 충고나 격려, 제안이나 설득 등도 참고해야 한다. 왜냐하면 여러분은 아직 사회를 잘 모르고 이상과 이론에만 치우쳐 있어서 현실을 모른다. 그렇기 때문에 전문가에 의뢰하여 적절한 진로에 대한 적극적인 상담을 하도록 권하고자 한다.

필자도 현재는 대학의 교수로서 대학생을 지도하는 교육자요 학자인데 처음부터 교수가 되겠다는 생각은 하지 않았다. 중학교나 고등학교 다닐 때에는 꿈에도 생각을 두지 않았고 몰랐었다. 오히려 학자가 되는 것보다는 중학교 때에 공업중학교(지금은 중·고가 분리되어 공업고등학교로 바뀌었다.) 건축과에 입학했었다. 그 당시만 해도 지금처럼 조직적이고 체계적인 교육 또는 진로에 관한 정보가 전혀 없었고 학부모나 교사들도 진학지도나 직업지도 또는 진로지도에 관심이 없었던 때이므로 나의 진로에 관심은 전혀 없었다. 우연히 건축과에 입학이 되어 설계·도면 등의 공부를 하였는데 이 분야에 무척 흥미가 있었다. 그런데 6·25가 나는 바람에 학교가 문을 닫아 불의 아닌 휴학을 해 버렸다. 그 후 2년이 지나 복학을 하였는데 그때는 이미 중·고교로 분리되어 공업중학교가 아니라 인문중학교로 편입되는 관계로 공업계통의 건축 분야를 못하게 되었다. 부모들은 나의 적성도 모르고 무조건 학교에 다니는 것만을 이해하고 있었기 때문에 나 역시 부모의 의사에 좇아 사범학교(지금의 교육대학)를 지원해서 본의 아니게 일찌감치 직업을 갖고 사회에 첫발을 내디뎠다. 그러다보니 교사가 되어 교육계에 몸담게 되었는데 도중에 전공을 바꾸어 보려고 애를 썼지만 그렇게 쉽게 이루어지지 못하고 지금까지 교육계에 몸을 담고 벗어나지를 못하고 있다. 만일 나의 부모가 나의 적성을 면밀하게 파악해서 「건축과」로 갈 것을 충고했다면 방향이 바뀌어져 지금쯤은 일류 건축기사가 되어 수많은 빌딩을 설계하여 업적을 남기고 경제적으로는 여유 있는 생활을 누렸을지도 모른다.

그런데 중요한 문제는 진로의 결정시기에 부모의 가치관의 방향대로 나의 진로가 선택되었기 때문에 결과적으로 그것이 나의 일생을 좌우하게 되었다. 그렇다고 지금 와서 불만을 품고 있다든지 현재의 직업에 불만이 있는 것은 아니다. 다만 마음 한구석에 만일 내가 「건축학」 계통을 선택하여 박사학위 과정을 이수하는 정도의 경력을 모두 쏟았다면 틀림없이 훌륭한 건축기사가 되었을 것이고, 보다 경제적으로 윤택한 생활을 영위하고 있을 것이라는 가정을 해 본다. 다만 아쉬움이 있다는 생각을 늘 하고 있다. 이것이 문제가 될 수 있다.

필자가 왜 이런 개인적인 얘기를 꺼내고 있느냐 하면, 고등학교 시절에 진로의 선택이 얼마나 중요하고 필요한 것인가에 대한 현실적인 증명을 보이기 위해서이다.

이런 예에서 볼 수 있듯이 진로결정이 내가 아닌 다른 사람의 요청이나 강요에 따라 결정한다면 나중에 두고두고 후회하는 경향이 있다. 그러므로 진로의 결정은 우선 자기가 자기 스스로 결정을 내리는 것이 현명한데 자신을 모르고서는 망설이게 된다. 따라서 자기의 흥미가 무엇이며 능력은 어느 정도이고 적성은 어디에 있는가를 탐색하고 성격에 알맞은 분야를 찾아야 할 것이다. 그러자면 학교에서의 학업성적·지능 정도·적성검사에 의한 결과분석·성격 등을 고려해서 전공학과를 선택해야 한다. 전공학과를 잘 모르면 학과의 성질을 알도록 참고 서적이나 진학정보 자료를 찾아 읽어야 할 것이고 그래도 모르면 카운슬러나 담임교사·학과담당 교사·부모·선배·친지·친척들에게 물어보고 학과의 전망이나 취업문제에 이르기까지 짚어 보아야 할 것이다. 그런데 흔히 일류대학 인기학과에만 모이는 경향이 있다. 게다가 자기의 능력이나 적성, 학업성적 등을 고려하지 않고 체면이나 부모의 간청에 따라 좇아갈 필요는 없다. 더구나 학력점수에만 의존해서는 안 된다.

앞으로의 사회는 능력위주의 사회로 옮겨가고 있으니 인기에만 치중하지 말고 남이 잘 안 가는 곳, 잘 알려져 있지 않았지만 발전성이 있는 곳, 자기의 가정형편을 참작하여 4년간 충분히 공부할 수 있도록 경제적 여건이 잘 되어 있는가를 판단하여 어렵다면 분수에 알맞게 고르는 것이 좋을 것이다. 반드시 일류대학이 아니더라도 우수한 학생을 유치하기 위해 장학금을 많이 지급하는 대학을 선택하여 경제적 부담도 덜고 하고 싶은 공부를 얼마든지 해 나갈 수가 있는 것이다.

요즈음 고3 학생들의 학과선택 경향은 대개 천편일률적으로 학력고사 점수의 결과에 따라 자기의 인생을 맡겨 버리는 위험한 일을 하고 있다. 물론 전혀 무시할 수는 없으나 그것보다도 자기가 바라고 원하는 것이 무엇인가를 먼저 확인할 필요가 있다. 적성이나 흥미도 없고 발전성도 없는 곳에 오로지 점수 때문에 적성을 무시하고 기계적으로 마음에 들지 않는 학과를 결정해 버린다면 이 얼마나 투기와 같은 행위인가. 점수를 무기로 하여 투기하지 말고 자기이해·자기탐색·능력참조·경제적 조건·취업희망·전망과 발전성, 자기의 취미에 맞는 방향을 우선하여 선택해야 한다. 만약에 이를 무시하고 불만스런 학과를 선택하여 대학을 졸업한다면 언제나 불만은 사라지지 않을 것이다.

현명한 선택과 직업에의 적응을 위해서 심사숙고할 필요가 있다. 순간의 선택이 일생을 좌우하니 기회를 신중히 다루어 자기결정의 방향으로 나아가는 것이 바람직하다.

2. 알맞은 學科選擇 6가지 포인트

(1) 進路에 대하여

고등학교 학생이면 누구나 자신의 앞날의 진로를 생각한다. 더욱이 고등학교 3학년이 되면 보다 적극적인 관심과 신경을 곤두세우고 어떻게 방향을 세우고 선택할까 매우 망설이고 고민에 빠지는 수가 많다. 고등학생 중에 가장 큰 고민은 장래에 대한 진로문제가 거의 대부분을 차지하고 있다. 그만큼 진로란 개인의 만족과 행복을 가져다 주는 핵심적인 것이다.

그러면 진로(career)란 무엇인가? 그것은 진학과 직업선택을 포함하는 포괄적인 용어로서 교육학사전에 의하면 개인의 생애직업 발달과 그 과정 내용을 가리키는 포괄적인 것이다. 과거에는 한 직업을 평생동안 고수하는 예가 많았기 때문에 진로를 직업과 동일어로 취급하였다. 그러나 현대에 와서는 직업의 종류가 다양해지고 개인의 직업적 발달도 어느 한 전문직종에서 분야가 다른 전문직종으로 옮겨가며 이루어질 수 있으며, 또 다수의 새로운 직업이 생겨남에 따라 진로와 직업의 구별이 필요해졌다.

진로란, 직업을 포함하는 장래를 예측하는 과업으로서 장래의 직업 선택과 관련이 된다. 궁극적으로는 진학을 하여 대학에 들어간다고 해도 졸업하면 보다 나은 직업을 어떻게 선택하여 생계를 유지하며, 나아가 보람 있는 일을 추구하며 자신의 발전을 꾀하며 결국에 가서 자아실현을 할 수 있는 경우를 생각하게 된다.

그러므로 진로란 평생의 중요한 일로서 누구나 고민 속에서 벗어나 현명한 진로선택의 방향을 탐색하는 데 비중을 크게 두는 것도 무리 는 아니다.

(2) 進學에서의 갈림길

요즈음 고3 학생들의 진로선택 경향은 적성의 합당여부는 한 푼어치도 참작하지 않고 자기 실력과 견주어 경쟁률이 약한 학과를 찾아내기 위한 「눈치작전」은, 단순히 대학 졸업장만 타려는 목적뿐이지 대학에 가서 전문지식을 배우겠다는 뚜렷한 목적은 별로 없는 것 같이 보여 매우 염려스럽다. 속된 말로 「눈치대학」「배짱학과」를 선택하는 예가 많은 것은 개인으로서 큰 불행이요, 인력과 경제력을 낭비하는 결과를 가져오니 자신의 능력·적성·흥미·인성에 알맞은 전공선택을 할 수 있도록 자기의 모든 것, 즉 가정여건·신체적 조건·잠재 능력·지능·경제적 여건 등을 고려하여 선택에 임해야 할 것이다.

요즈음은 대학이 엘리트 양성과정이라기보다는 대중화·보편화 교육으로 전환되고 있기 때문에 대학을 나오지 않고는 말단 사원도 될 수 없는 학력사회(學歷社會)가 빚은 폐단이긴 하지만 원래 대학교육은 아무나 입학하여 초등학교 교육과정처럼 배울 수 있는 학문의 내용이 아닌 데 문제가 있다.

대학에서 전공학과 선택은 원칙적으로 직업과 불가분의 관계를 갖고 있는데 대학을 나와 어떤 분야에 종사한다고 할 때, 대학에서 익히고 닦은 학문을 창조적으로 활용할 재질이 있어야 그 직업을 발전시킬 수도 있고 자기도 발전하겠지만, 그렇지 못할 때는 직업에서 부적응되어 실패하게 되고 인생으로서도 보람을 느낄 수 없게 된다.

학생들은 일반적으로 누구나 소위 일류대학을 선호하고 있는 경향이 있는데, 일류라고 해서 모두가 성공의 길로 나아갈 수 있는 보장은 없다. 오히려 자기 분수에 알맞게 자기의 소질을 파악하여 능력에 적합한 분야를 탐색하여야 한다. 전혀 적성이나 능력에도 맞지 않지만 남이 택하니까 나도 따라가야겠다는 목적 없는 행동은 하지 말고 남이 안 하는 분야나 독창적이고 독보적인 존재로 진출할 수 있는 방향을 찾도록 노력해야 한다.

대학의 전공 분야는 대개 인문계·자연계·상경계·공학계·사회계·예체능계·의학계 등 다양한데 이 중에 세칭 인기 있는 분야두 있지만 그렇다고 무조건 인기에 영합해서는 안 된다. 어느 분야나 특성을 지녔으며, 장래에 대한 전망은 다같이 노력여하에 따라 뚜렷하게 발전할 수 있는 것이다. 그런데 다만 현실에 놓인 문제에 급급하고 인기에만 편승하여 추종하게 되면 실패할 확률이 높다. 그리고 어느 분야나 장단점이 있고 또한 오늘에 인기 있는 분야가 내일에는 인기가 없어질 수도 있다. 그래서 적어도 10년 정도 앞을 내다보고 진로선택을 해야 한다. 현재 상경계열이나 공학계열, 또는 의학계열 등이 인기 있다고 하지만 이 분야에만 모인다고 가정하면 인플레가 생겨 수요공급에 따라 가치가 낮아질 수도 있다. 요즈음 공학계나 상경계열 등은 산업발전의 추세와 더불어 인기가 있지만 현재 이 분야에 인력양성을 많이 하고 있기 때문에 앞으로 10년이 지난 후에는 오히려 과잉상태를 면할 수 없게 된다. 그렇게 되면 취업에도 경쟁이 심하게 된다. 따라서 오로지 인기만을 염두에 두지 말고 우선 자신이 능력대로 해 나갈 수 있는 분야를 잘 탐색하여 정하는 것이 좋다.

(3) 專攻學科 選擇과 適性

첫째로, 아무리 불확실한 것이라 하여도 지능이 110은 넘어야 한다. 110 이하라면 입학하고도 많은 노력을 해야 따라갈 수 있다. 우선 능력은 있다고 치더라도 적성과 합치되고 있는가, 자신의 성격에 맞는 학과인가를 알아보아야 한다. 그러자면 학교에서 또는 개인적으로 검사기관을 찾아 적성검사·지능검사·성격검사 등을 실시해 보는 것이 좋다. 왜냐하면 대학의 전공이란 직업과 불가분의 관계를 갖고 있는 것인데 성격에 맞지 않는 직업이 된다면 적응하기 어렵고 불만이 쌓이면 능률이 오르지 않고 낭패하게 된다. 그러므로 소질에 알맞게 전공을 선택하여야 한다.

둘째로, 진학에 관한 정보자료를 탐독해 보아야 한다. 전공학과의 특성, 적성과 진로, 전공교과, 설치대학, 장학제도, 학교의 위치, 우수한 교수진 등의 특징을 알아볼 수 있는 대학요람 등을 찾아 읽어본다. 이미 책자로 나온 ≪나의 전공학과를 말한다≫(대학입시사 발행)를 비롯하여 월간으로 나오는 입시잡지에 소개된 대학의 전공학과에 대한 소개 내용을 찾아 확인하여 읽어본다.

셋째로, 대학에 이미 들어간 선배나 친척, 부모·상담교사·담임교사와 경험담을 듣는 기회를 만들어 전공학과에 따른 진로방향에 대해서 전망을 들을 수 있도록 한다. 넷째로, 실제로 가고 싶은 대학을 탐방하여 견학하는 것도 중요하다. 대학의 역사와 전통, 시설·환경·동창회 활동사항 등을 참조해 보고 과연 나에게 적합한 대학인가를 확인해 보는 것이다.

다섯째로, 직업이 우선 자기의 성격에 맞아야 그 직업에서 성공할 수 있으며 한 인간으로서의 행복과 삶의 보람을 느낄 수 있다. 그러므로 흥미를 가질 수 있는 학문인가도 알아보아야 한다. 왜냐하면 「에디

슨」 같은 발명가도 그의 공적이 인간생활의 필요에 의해서 이루어졌
다기보다 흥미가 근원이 되어 인류문명에 불멸의 공을 세웠을 것이
다. 마찬가지로 무엇이나 흥미를 가질 수 있어야 발전시키는 데 기여
할 수 있지 흥미 없는 일에는 노력만 배가(倍加)되고 진전이 없다. 그
러니 무엇보다 흥미를 가질 수 있는 전공을 택하도록 해야 한다. 적
성에 맞지 않은 인기 분야보다는 인기는 없으되 적성에 맞는 학과를
택하는 것이 좋겠다. 대학의 간판을 결혼 또는 취직하기 위한 「액세
서리」정도로 취급해서는 안 되고 전공의 의의를·재인식하여야 한다.

여섯째로 주위의 친구나 누구의 권유에 흔들리지 말고 소신껏 자기의
실력과 흥미를 토대로 하여 입시전문지를 탐독한 후에 자신의 진로를
결정하는 것이 좋다. 왜냐하면 저마다 능력이나 흥미, 장래의 포부가 각
기 다르기 때문에 남이 택한다고 나도 좇아야 하겠다는 생각을 가져서
는 안 된다. 어디까지나 자신은 남과 다르기 때문에 내 인생은 내가 개
척해야 되고 내 것이기 때문에 남의 인생을 살아줄 수 없는 것이다.

3. 未開拓分野

(1) 現代社會의 特徵

미국의 사회예보가인 네이스비트(John Naisbitt)는 현대사회를 「제4
의 물결」이라 칭하면서 정보화 사회라고 부른다. 1970년대에 토플러
(Alvin Toffler)는 현대사회에 「제3의 물결」(The Third Wave)이 다
가오고 있다고 강조하면서 이미 산업사회가 도래했다고 예언적으로
언급한 것이 무색해질 정도로 이제는 산업사회를 지나 탈산업사회로

옮아가고 있다.

이처럼 사회는 시시각각으로 다양하게 변모하여 정보(information)가 폭주하는 산업사회에 살고 있다. 그렇기 때문에 일반사회인이나 배우는 학생들은 급속한 사회변화에 민첩하게 대응하여 적응하지 못하면 낙후되어 부적응을 일으키기 쉽다. 따라서 학생들은 정보사회를 살아가는 데 있어서 보다 세밀하고 빠른 정보에 민감해야 한다.

(2) 大學選擇의 方向

현재 대입 지망생 75만여 명이 대학입학 학력고사를 치르려고 준비하고 있다. 이들 대부분이 입학만 시켜준다면 대학에 들어가고 싶은 학생들일 것이다. 그러나 대학은 전문가(professional)를 양성하는 곳으로서 이들은 장차 전문직에 종사할 사람들인 것이다. 그런데 전문직이 전체 직업세계에서 차지하는 비율은 대략 10~15% 내외에 불과하므로 누구나 대학에 진학을 원하지만 대학이 받아줄 수 있는 인원은 한정되어 있다. 현재 대학에서 수용할 수 있는 인원은 대략 25만여 명이다. 고등학교 3학년 전체 재학생이 대학에 입학할 수 있는 여유는 3분의 1 정도밖에 안 된다. 게다가 3분의 1이 대학에 들어간다고 하여도 대학 졸업 후에 취업할 수 있는 기대되는 수용여건은 15% 정도 미만이라고 계산할 때, 졸업생의 절반 정도는 취업이 불가능하고 점차로 대학 졸업 수준 이하의 직업 분야에 투입될 전망이 크다. 그러므로 무조건 대학에만 입학해 놓고 보자는 생각은 현실적으로 잘못된 것이다.

뿐만 아니라 대학에 들어간다고 해도 우리나라 전역에 걸쳐 대학에 설치되어 있는 학과가 335개 학과로서 그 전공 분야가 매우 다양하고 복잡하다. 또한 직업의 세계(world of work)도 매우 복잡하고 다양하며 점점 전문화·세분화되어 가고 있다. 따라서 직업의 세계를 잘 탐색해야 한다.

우리나라의 경우, 산업사회로 돌입하기 이전인 1950년대 후반만 하더라도 직업의 종류가 2,000여 종이었다. 그런데 1980년대 산업화 시대로 바뀜에 따라 직업의 세계는 더욱 세분화되어 1만여 종에 육박하였다. 선진국인 미국의 경우는 우리와는 비교가 안 될 정도로 3만여 종 이상의 직업이 세분화되어 있긴 하지만 우리나라의 1만여 종도 적은 것은 아니다.

(3) 未開拓分野의 現實

1970년대에 들어서사 기하급수직으로 증가힌 고학력자외 수에 비해 그들의 학력에 상응한 전문직·관리직 및 사무직에서의 취업기회는 이를 따르지 못하게 되자 고학력사의 실입(失業)이 증가하고, 또한 학력에 비해 낮은 수준의 직업에 취업할 수밖에 없게 되었다.

이러한 사회문제를 시정하는 방안도 되고 자기 자신의 적성에 알맞은 분야의 전공 선택에도 도움이 되는 방안은 될 수 있는 한, 흔히 남들이 모두 택하는 소위 인기 있는 분야보다는 남들이 잘 모르거나 안 하는 분야에 눈을 돌려 탐색하는 방법도 대단히 중요하다.

우리나라의 미개척 분야로서 앞으로 각광을 받을 수 있는 유망업종은 어떤 것이 있는지 살펴본다.

가. 교육 분야

국가발전의 근간인 인재를 양성하므로 어느 분야보다도 보람된 삶을 살 수 있다. 특히 특수교육 분야는 우리나라에서 소외되고 있는 형편이나 앞으로 GNP가 높아지고 인간의 존엄성과 가치를 최고도로 인정해 주는 사회가 도래할 때, 정상인이 아닌 신체적·지적인 장애자를 돌보아 주는 사업이 관심의 대상이 될 것이다. 미국과 같은 선진국에서는 이미 이와 같은 특수교육 분야에 연구와 치료방법 등이 활발하여 천재아·둔재아 등을 양육하는 지도기술이 발달하고 있다. 또한 이 분야에 종사하는 사람들의 대우도 상당히 좋은 편이다.

교육 분야 중 앞으로 유망한 직종은 사회교육 지도자이다. 우리나라는 1980년 헌법 제29조 5항에 제시하고 있는바 "평생교육은 진흥되어야 한다."고 강조하고 있듯이 앞으로 우리는 시대 발전에 뒤떨어지지 않기 위해서 계속 교육을 받아야 한다. 사회교육법이 통과되어 이제는 사회교육이 점차 강화·보충될 것이므로 이에 필요한 인적 요원이 필요할 것에 대비한 사회지도자 또는 사회교육 요원이 기업체·산업체나 사회단체에 필요할 것이다.

나. 기초과학 연구 분야

현재 응용과학인 공학 분야가 우리나라를 근대화 또는 산업화하는 데 중추처럼 되어 있으나 과학한국의 원대한 발전을 위해서는 기초과학인 이학 분야가 더욱 장려되어야 한다. 고급두뇌가 이 분야에 투신하여 한국의 선진화에 박차를 가해야 할 것이다. 아직 우리나라는 기초과학이 부족한 편이다. 21세기에는 이 분야에 세계적인 학자가 배출되어 노벨 수상자도 나와야 할 것이다. 이 분야는 수학과·물리학과·화학과·생물학과·천문기상학과·해양학과 등이 유망하다.

다. 한국학 분야

「세계속의 한국」이 되어감에 따라 한국에 대한 인식이 세계에 점점
널리 알려지고 있다. 이에 따라 우리 고유의 문화에 대한 연구의 필
요성은 커진다. 이미 국가적 차원에서 정책적으로 「한국학대학원」 설
립 등 전통문화의 유지 및 발굴을 위한 사업이 추진되고 있다. 이 분
야의 학자·저술가·교육자들이 많이 배출되어야만 한국이 세계 속에
서 자부심을 회복하여 바르게 빛을 내고 5천년 문화민족의 긍지를 가
지고 세계문화에 기여할 수 있을 것이다. 이 분야에는 사학과·국문
과·한국학과·유학과·철학과 등이 있다.

라. 무역 분야

부존자원이 없는 우리나라 현실로 보아 무역이 중요한 산업으로 계
속 남을 것이다. 무역은 발전 속도가 다른 산업보다 빠르고 능력에
따라 얼마든지 성장할 수 있는 분야이다. 이미 무역업이 활기를 띠고
있으나 좀 더 노력하고 신경을 써야 할 것이다. 이 분야는 실무 면에
서 무역학과나 경영학과나 유리하나 외국어(영어·독일어·프랑스
어·일본어·중국어 등)에 능통하여야 하고 사교술이나 대인관계 등
신용과 친절이 근본이 된다. 또한 기계제품이나 플랜트(plant) 수출
분야에 공대 출신자가 필요하다. 이들을 세일즈 엔지니어라고 하는데
기계를 팔자면 그 기계를 작동할 수 있고 설명할 수 있는 세일즈 기
술자가 있어야 한다. 이 직종의 수요도 증가할 것이다. 이 분야는 전
자학과·기계과·산업공학 등이 유리하다.

마. 새로운 공학 분야

선진공업 한국을 건설하기 위해서는 새로운 공학 분야의 역군을 길러내는 것이 첩경이다. 전통공학의 분야에 있어서도 낙후되어 있으며 전통공학 기술의 개발 없이 첨단기술의 개발은 어렵다.

전통 공학 분야에는 화학·기계·전기·건축·조선·항공·토목·섬유·재료·전자·자원·원자력 공학 등이 있다. 첨단공학 분야에는 정밀기계·기계물리·해양·우주·로켓·전자물리·반도체·에너지·열공학·통신계산기 공학·생물·생체·컴퓨터·정보공학·제어공학·시스템 환경공학·교통공학·산업공학·수리계측·사회공학·미래공학·교육공학 등이다.

정부가 최근 국책연구 개발 분야로 지정하여 개발하고 있는 핵심거점 기술 분야는 아직 미개척 분야로서 전망이 밝다. 이 분야와 관련된 학과는 다음과 같다.

반도체·컴퓨터 분야: 전자공학·전자계산·전기공학
정밀화학 공업: 화학공업·공업화학
기계공업 고도화: 기계·정밀기계·생산기계공학·기계설계공학
에너지 및 자원 이용: 자원공학·원자핵·원자력·지질학
시스템 산업 분야: 제어계측·전자·공업화학
생물공업: 생화학·생물공학·농학·축산·유전공학
소재공업: 무기재료·요업공학·금속공학
섬유 고분자 공업: 섬유·재료공학·고분자공학
건설·환경·플랜트 분야: 환경공학·건축·토목
컴퓨터 산업: 전자계산공학과·전자공학과·기계학과·물리학과

위와 같은 분야와 관련학과를 참조하여 자신의 능력(신체·적성·실력)과 인격적 요인(성격·흥미·가치관·태도), 그리고 환경적 요인(가

정환경·경제·미래예측)을 종합적으로 비교 탐색하여 진로결정을 해
야 한다.

4. 우리나라 職業教育의 現住所

(1) 職業教育의 歷史的 背景

자본주의를 기본으로 한 민주주의가 도입됨에 따라 서구의 새 교육
사조가 우리나라 교육계에도 영향을 주어 정착의 단계로 옮아가고 있
다. 과거 해방 이전의 고정관념이었던 직업의 천시경향은 조선왕조
500여 년 동안에 유교(儒教) 전통 속에서 일을 하는 것을 천대하고
부끄럽게 생각하며 오로지 선비사상에만 존엄을 부여하고 인정하며
정신적 세계에서만 답습하였던 시대조류에 따라 손에 때를 묻히는 것
을 천시하였던 관계로 근대화와 산업을 발전하지 못하게 하는 원인이
되어 현재에 이르렀다.

다행히도 조국의 근대화 작업 속에 힘을 뭉쳐 온 국민이 잘 살아보
겠다는 의지 속에서 1960년대부터 경제발전에 몸부림쳐 온 결과로
1980년에 이르러서는 각 산업 분야에 걸쳐 눈부신 발전을 가져오게
되었다. 이것은 일이란 기본개념이 포함된 직업을 충실하게 엄숙히
실천해 온 결과가 아닌가 해석된다.

기록에 의하면 우리나라 직업교육의 시초는 1882년 기공학생(技工
學生)을 중국에 보내어 공장실습을 시켰고 1883년 중국인 4명을 초
청하여 공업기술을 가르쳤다고 한 데서 비롯한다. 그 후 1886년 육영
공원에서 교과목의 하나로 서구식 농업과목을 처음으로 도입하여 간

접적으로 직업교육을 실시하게 되었다.

융희 3(1909)년에는 실업학교령과 실업학교 시행규칙을 공포하였는
데 같은 해 7월 10일 학부훈령으로 실업교육 방침을 제시한 바가 있다.

1948년 대한민국 정부가 수립되고 1949년 교육법이 공포됨에 따라
직업교육은 농·공·상 및 수산 등으로 나누어졌고, 중견기술인을 양
성할 목적으로 6년 과정을 직업 교육하는 독립된 실업학교가 설치되
어 오늘에 이르고 있다. 그러나 직업기술 교육을 올바른 궤도에 올려
놓기 위한 혁신책은 없었던 것이다.

교육법의 개정으로 중·고등학교가 분리됨에 따라 직업기술 교육은
고등학교에서만 실시되게 되었다. 그러나 실업고등학교에서 실시되는
전문과정은 전 교과의 30% 이상을 전문교과로 해야 한다는 규정 이
외에 아무 기준도 마련된 바가 없어서 학교에 따라 천차만별의 교육
이 진행되고 있었다. 그에 더하여 실업계 학교에 교육과정 기준도 없
었으니 실과지도뿐만 아니라 일반교과의 운영도 각양각색이었다. 이
런 가운데 대부분의 실업고등학교가 실과는 제쳐놓고, 대학입시를 위
한 준비교육에만 치중하여 마치 인문고등학교와 같은 인상을 짙게 하
였던 실정이었다. 그리하여 현재는 인문고등학교 학생보다 수준이 낮
은 학생이 모이는 집합소로서 인식되는 경우가 있어 직업교육의 기능
을 제대로 운영하지 못하고 있다.

(2) 職業敎育이란

직업이란 뜻으로 vocation 또는 beruf라는 말과 occupation이란 말
을 혼용하여 사용하는 경우가 많다. vocation의 뜻에는 특별한 행동
이나 생애를 위하여 인간이 신(神)으로부터 소명(召命)되었다는 뜻과
인간이 신에 대한 봉사를 위해 불리움을 받았다는 뜻이 내포되어 있

다. beruf란 말은 「berufen」에서 유래된 말로서 직업·직무 및 전문이라는 뜻을 가지고 있었는데, 그 본래의 뜻은 천직 또는 신의 소명이라는 뜻이 있다.

이런 말들은 종교에서 직업이라는 함축성 있는 뜻으로 사용됨으로써 신에게서 받은 것을 의미하게 되어 신성한 사명의식을 갖게 되었다. 더욱이 직업을 인간이 사회생활의 방법이나 수단으로서 생각하는 경향이 날로 늘어감에 따라 vocation이나 beruf의 천직적 직업관은 점점 퇴색되어 갔다.

직업교육이란 백과사전의 기록에 의하면 개인이 취미를 갖고 사회가 필요로 하는 어떤 직업의 종류, 즉 일을 위한 교육을 말한다. 직업교육은 일반 교양교육과 다른 특별화된 교육이다. 미국직업교육협회에서 직업교육을 직업인(worker)이 일하는 데 필요한 기술·능력·이해·태도·작업습관 및 평가를 할 수 있도록 계획된 교육이며 유용하고 생산성을 토대로 고용에 유리하도록 도와주는 교육활동이라고 한다.

이러한 정의는 일에 대한 적합한(fitting) 인간을 육성하는 것을 의미하며, 일이란 즐거운 것이라는 점을 이해시킨다. 직업교육은 전체교육 프로그램의 통합된 부분이며 또한 학생들이 낮은 학력수준에서도 능력을 갖추지 못한다 해도 일정한 자격을 요구하고 있다. 이와 같이 직업교육은 철학적인 차원에 경험과 가시적 자극, 정의적 인식, 인지적 정보 또는 운동 기능적 기술을 제공하며 직업세계에 자신을 탐색하고 수립하며 유지하는 직업 발달적 과정을 고양시킨다고 한다. 직업교육은 모두에게 중요한 것이며 요람에서부터 무덤에 이르기까지 연장되며 개인의 인지적·정의적·운동 기능적 영역과 총괄적인 조화에 관련이 있다.

이와 같은 정의에서 추출될 수 있는 공통적 요소는 직업이란 누구나 인간이면 가져야 할 당위적 존재로서 생계유지도 해야 하는 도구적인 영역과 일생 동안 직업에 들어가서는 만족하고 행복한 생활을

영위하며 자기실현과 자아실현을 할 수 있는 계기가 되도록 실천하여
야 할 내용이 포함되어 있다.

그러므로 직업교육은 자기실현의 도구로서 경시해서는 안 될 중요
한 임무와 사명을 띠고 있다고 하겠다.

(3) 職業敎育이 잘되고 있는 나라

직업교육이 잘 운영되고 있는 나라들은 대개 서구 문화권에 들어
있는 선진국들이다. 이들은 산업혁명 이후 가내공업·수공업이 공장
공업으로 탈바꿈을 하는 때부터 본격화되었지만 그 이전에도 자유와
민주주의를 오래 전부터 신봉하고 있으며 직업의 귀천을 가리지 않는
정신세계에서부터 시작하여 일이란 신성한 것이며 즐거운 것으로 받
아들이는 착상에서 비롯되었다.

영국과 같이 보수적인 나라도 민주주의를 오래 전부터 실시하고 있는
데, 직업교육은 중등학교 수준에서 Modern school, Grammer school,
Technical school 그리고 Comprehensive school 등으로 나누어 실시하
고 있다.

Modern school은 평균 또는 평균 이하의 능력을 가진 학생을 대
상으로 11세 이후부터 15세까지의 의무교육 기간에 걸친 교육을 주
된 관심사로 하였다. 의무학령이 끝난 다음 사회진출을 전제로 하였
으므로 교육과정에서도 직업적 색채를 강하게 가지고 있다. 이
Modern school을 수료한 학생들은 비서직을 비롯한 직업의 국가자격
을 얻게 되는 경우도 있으나 많은 학생들은 여러 직업의 도제제(徒弟
制; apprenticenticeship)로 들어간다. 구체적 접근방법의 학습을 통하
여 일상생활에 관련되는 내용을 학습하게 하는 대다수의 학생을 위한
학교이다. Grammer school은 추상적 접근방법의 학습능력을 배양하

며 주로 대학에 진학시키기 위한 교육을 하고 있다. Technical school
은 공업·산업·농업 등의 직업에 대한 적성을 조기에 나타낸 학생에게
수학·이학·기술 교육 등을 주로 제공한다. 종합학교(Comprehensive
School)는 11세 시험에 의하여 장래의 진로를 결정하게 되는 종래의 3
과정 체제에 관한 사회적·아동심리학적 불합리성을 제거하고 초등학
교를 수료한 모든 아동을 동일한 학교에 수용하여 아동 개인의 적성
과 능력에 맞는 교육을 행한다는 의도에서 설립된 학교이다.

이처럼 직업교육은 인문계로 지향하여 대학을 목표로 희망하는 학
생을 제외하고 능력과 적성에 알맞은 교육을 실시하여 사회에 배출하
고 있다. 독일·일본·미국과 같은 선진국도 직업교육과 일반교육이
상호연계성을 가지고 통합·운영하는 경향이다. 따라서 학교교육에서
직업교육을 일반 교육과 구별하여 논하기는 어려운 나라 중의 하나이
다. 대개 고등학교에서는 진학과정·직업과정·보통과정의 3개 과정
을 채택하여 그 과정에서 요구하는 소정의 과목을 이수하게 한다.

(4) 職業敎育의 問題點과 改善方案

우리나라 직업교육의 당면문제로서 지적할 수 있는 것은 단선형 교
육제도에서 파생되는 전통 관념의 인문화 정책이다. 그리고 직업교육
의 진정한 의미와 역할을 파악하지 못하고 있다. 누구나 고등학교를
나오면 대학에 진학하지 않고는 올바른 직업을 얻을 수 없다는 고정
관념적인 결론이다. 왜냐하면 고등학교 수준의 교육내용이나 학력으
로는 현대 산업구조의 일꾼으로서 적합한 인재를 양성할 수 없다는
것이다. 또한 고등학교 정도의 교육수준으로 취업의 기회가 적거나
막혀 누구나 능력·적성에 관계없이 최소한 대학을 나와야만 적절한
취업이 가능하다는 의식이 팽배하다. 그 이유는 고졸의 취업을 받아

주지 않거나 대우가 형편없이 낮으며 대학 졸업을 원하는 일반회사나 기업체의 고등인력 고용현상 때문에 고등학교의 직업교육은 사실상 무용화되고 있다.

직업교육이란 낮은 수준의 기능공만을 양성하는 기관이 아니라 이를 승격시켜 모든 교육받은 인력은 직업세계에 투입되어야 하므로 직업교육은 일반교양 수준의 과정에서 필수적으로 이행되어야 한다.

따라서 각급학교에서 직업교육은 종국교육에서 벗어나 끊임없는 계속교육의 개념을 도입·추진하여야 한다. 결론적으로 직업의 가치관 정립이 올바르게 성립되어야 한다. 모든 교육은 직업교육에로의 방향으로 지도되어야 할 것이다. 직업은 신성한 것이며 누구에게나 필요한 것이니 적재 적소에 알맞은 직업적성 교육의 실시가 이루어져야 한다. 그러자면 진로교육의 현실화로서 각급학교에서 철저히 교과교육과 아울러 계획성 있게 실시하도록 지도되어야 할 것이다. 진로교육은 학생들의 발달단계에 알맞게 직업의 인식·탐색·준비의 단계를 거쳐 개인이 가지고 있는 잠재 능력을 최대한으로 개발하여 적성·능력·흥미·성격에 알맞게 지도되어 직업에 들어가서는 현명한 선택과 적응을 위해 직업적성 교육을 실시함을 의미한다. 이것이 각급학교에서 철저히 이루어짐으로써 적재적소에 알맞은 교육을 통해 직업에 임했을 때 일생을 만족하고 행복스런 삶을 유지할 수 있는 종합교육이 되어져야 한다.

5. 進路相談의 現場

─紙面相談─

🈁 후회 안 할 진로는

저는 고3으로 진학하기 전에 제 진로에 대해 좀 더 확실히 하고 싶습니다. 저는 경영대 쪽으로 가고 싶고, 또 장래 직업으로도 훌륭한 경영인을 꿈꾸어 왔습니다. 부모님께서는 물론 반대는 하지 않으십니다. 한데 얼마 전부터 법학과에 대한 강한 호기심 같은 것이 생겨나서 무척 괴로움을 겪고 있습니다. 제 성격이 활달하고 또 말솜씨가 괜찮아서 무슨 일이건 앞장을 서려고 하는 편입니다. 성적은 중학교 3년간은 상당한 수준급이었지만 고등학교에 진학하고부터 진로문제로 도무지 공부가 되질 않습니다. 어느 학과가 좋을까요?

[자기소개] 성격 → 활달함. 사람을 잘 사귀어 대인관계 좋음. 무슨 일이건 앞장서서 하는 편임. 취미 → 특별한 것은 없으나 「성냥곽 모으기」와 「탁구」, 스포츠는 하기보다는 보는 것으로 즐거움을 느낌. 학력 → 국어(잘하는 과목), 수학(못하는 과목), 반에서 중간층의 상위권(250명 중 100등 내외). 체격·시력 → 키: 167㎝, 체중 58㎏, 시력: 좌우 0.5, 혈액형: AB. 특기 → 바둑두기·물구나무서기. 경제력 → 독립심은 강하지 못하나 협동할 경우 반드시 성취. 지망학과·장래직업 → 법학과는 강한 호기심만 있을 뿐 장래의 직업관을 생각해 본 적이 없음. 경영학(지망학과), 장래 안정된 회사에서 소신껏 일해 보는 것. 가족사항 → 부모 생존, 1남 2녀 중 둘째.

<부산시 남구 광안 1동 박○○>

답 수학능력 키워야

1) 학생의 경우, 처음에는 장래의 직업으로 훌륭한 경영인이 되겠다고 꿈꾸어 왔으나, 이제는 법학과로 호기심만을 가지고 옮기려 하는데 이 두 분야는 같은 사회계열로서 장래 직업선택에 유망한 분야이니 어느 전공 분야를 택해도 좋습니다. 다만 경영학 계통은 기업체·산업체에서 인사·재무·회계·시장론(市場論) 등의 수학을 뒷받침으로 하는 과목이 많기 때문에 수학에 취미가 많아야 할 것입니다. 법학과는 이해력이나 암기력 등 주로 지능이 우수한 편이라야 학과목을 따라가기가 수월합니다.

그런데 학생은 법학과에는 호기심만 있다고 하였지 구체적 생각은 없고, 회사의 경영인이 되겠다고 마음을 가지고 있다면 오히려 소신껏 경영인이 되는 방향으로 굳히는 게 좋을 것입니다.

2) 적성으로 보아 법학계통도 좋겠지만 마음속으로는 이미 경영인이 되겠다는 생각이 더 짙은 것 같은 생각이 듭니다. 그래서 경영학과로 추천을 하는 데 조건이 있습니다. 우선 경쟁이 좀 심할 것이고 수학의 능력을 더 키워야 하겠습니다. 뿐만 아니라 전반적으로 학교성적이 상위권에 들어가야 안심할 수 있습니다. 현재 학생의 능력으로 보아 중간 수준밖에 안 되는 것 같으니 성적을 높일 수 있도록 각오를 단단히 하여 상위권이 되도록 계속적인 노력을 해야 합니다.

문 항공경영학·산업공학 중 어느 것이 알맞을지

저는 남학생이며 자연계열을 공부하고 있습니다. 현재 저는 「항공경영학」이라는, 잘 알려지지 않은 학과와 「산업공학」이라는 학과 중 한 군데를 지원하고 싶습니다. 적성검사 결과에는 「이해판단」이 가장 높았고 「단순계산」, 「도형인지」, 「기계추리력」도 비교적 높게 받았습니다. 그런데 「도구점검」이 최하로 낮았습니다. 저는 이 두 학과 중 어느 한 곳이라도 꼭 가고 싶습니다. 저에게 알맞은 학과가 어느 곳인지 알려주십시오.

　　[자기소개] 성격 → 내성적이며 참을성이 조금 모자라고 조금은 이기적, 결단력 다소 부족. 취미 → 음악 감상·시 감상, 학력 → 잘 하는 과목: 국어·영어·지학·물리, 못하는 과목: 수학·공업. 체력·시력 → 키 170cm, 몸무게 57kg, 약간 허약, 시력: 좌우 0.2. 지망학과·장래직업 → 산업공학과·항공경영학과　교수,　회사원. 가족사항 → 부모님, 남동생(고1), 장남.

<서울 영등포구 문래 4가 장○○>

답 항공경영학이 적합할 듯

　1) 현대사회가 산업화·공업화 사회로 옮아감에 따라 자연계통의 수요가 많아지므로 학생이 이미 자연계열을 공부하고 있고 더욱이 「항공경영학」이나 「산업공학」에 관심을 두고 있다는 점에서 구체적으로 벌써 방향이 기울어지고 있는 것 같습니다. 학생은 다만 이 학과 중 어느 분야가 알맞은 것인지 결정이 어려워 망설이고 있는데 그렇게 심각하지 않아도 됩니다. 공학 분야의 이 두 학과는 각기 다른 특징이 있고 발전성도 있는 영역이기 때문에 어느 분야를 택해도 무리는 없다고 보겠습니다. 둘 다 취업전망도 좋으리라 예상되므로 본인의 취미대로 살리되, 항공경영학과는 항공대학 하나밖에 없고 취업문이 좁을 것입니다. 그래서 경쟁의 대상이 될 것입니다. 그러나 앞으로 항공분야에 폭이 넓어질 것이므로 수요가 증가될 전망이니 항공경영학과를 택하는 것이 좋으리라 생각됩니다.

　2) 학생의 성품으로 보아 내성적이라면 사회적인 활동보다는 한 곳에 집착하여 꾸준히 일할 수 있는 곳을 택하여 자기의 능력을 최대한으로 발휘하면서 적응하는 것이 좋습니다. 다만 산업공학과는 인간·물질·기계 및 환경으로 구성된 종합적인 시스템에 대한 설계·해석·평가 및 제어에 관한 전문인력 양성을 위한 과정으로 수학·물리·실험

등 수리 면에 능력이 있어야 합니다. 그런데 학생은 수학이나 공업 분야가 부족한 편이고 시력도 좋지 않은 편으로 보입니다. 학과선택은 어디까지나 자기의 능력에 알맞게, 흥미도 있어야 합니다. 그러므로 부족한 과목을 보충해서 노력을 해야 되겠고 장래 발전성과 경제 면도 생각을 해서 선택을 하십시오. 제 생각에는 남이 택하지 않는 쪽에 장점이 있는 것을 생각하여 잘 알려지지는 않았으나 앞으로 발전 가능성이 있는 편을 선택하는 것도 좋으리라 생각됩니다.

問 저에게 알맞은 학과는

저는 이과의 남학생으로서 과연 저에겐 어떠한 학과가 소질과 적성에 맞는지를 몰라서 고민 중입니다. 망설이기를 잘해서 이 학과를 보면 이 학과로, 저 학과를 보면 저 학과로 가고 싶어서 갈피를 못 잡고 있습니다.

현재 제가 생각하고 있는 학과로는 약학·화학공학·식품가공학·사관학교·사범대 및 천문·기상학과 등을 들 수 있으며 적성검사 결과로는 기계추리력이 특별히 낮았고, 그 외에는 모두 높았으며 특히 이해력 따위가 높았던 걸로 알고 있고 수물계가 학과 중에서 가장 높았습니다. 저에게 적합한 학과와 사회로 진출하는 과정도 아울러 알려주시면 감사하겠습니다.

[자기소개] 성격 → 약간 외형적이고 명랑한 면도 있음. 판단력도 적은 편임. 사교성이 적고 혼자 생각하기를 좋아하고, 명령받거나 구속당하는 것을 싫어함. 취미 → 독서·음악감상. 학력 → 잘하는 과목: 영어·국토지리·국사·화학·지구과학·수Ⅱ, 못하는 과목: 체육을 특히 못함.

<대구시 동구 신암동 김○○>

🈁 화학공학·식품가공학 쪽이 알맞아

1) 무엇보다도 중요한 것은 자기의 소질과 취미에 알맞은 전공학과 선택이 가장 바람직하고 장래 취업에 대한 전망이 좋은 쪽으로 결정하는 것이 더욱 중요하리라 생각됩니다. 제한된 적은 지면을 통하여 일생을 좌우하는 학과결정을 단시일 내에 처리해 버리기는 무리여서 어느 방향으로 정하라고 제시하기는 어렵습니다. 다만 본인이 생각하고 있는 분야가 다양하여 어느 한 곳을 잡아내기가 무리이긴 하지만 장래 발전성 있는 학과나 아니면 남이 잘 택하지 않는 분야로 개척해 보는 것이 어떨까 합니다. 사관학교는 지적 능력도 우수해야 하지만 신체적 조건도 우량해야 합니다. 적성검사에 따르면 수물계가 높고 이해력이 좋다니 화학공학이나 식품가공·천문·기상학과 등과 같이 연구기관 같은 곳이 적합하지 않나 생각이 듭니다.

2) 학생의 성격은 내성적이고 사교성이 적으며 남에게 명령을 받거나 구속당하기를 싫어하는 성품으로 보아 사관학교나 사범대학에는 알맞지 않은 것 같습니다. 적성검사에서도 밝혔듯이 기계추리력이 낮고 수학계통에 소질과 흥미가 있는 것으로 보아 지도력을 발휘하는 계통보다는 오히려 남의 구속을 받지 않고 차분히 연구에 골몰할 수 있는 창조적 직업을 택하는 것이 적성에 맞을 것으로 짐작됩니다. 그러므로 약학, 화학공학, 식품가공, 천문·기상학과 같은 분야는 학생이 적합하고 원하는 분야로서 추천합니다.

🈁 저의 적성에 맞는 분야는?

저는 고3으로 진학한 이과반 남학생입니다. 공대, 특히 전자공학과에 들어가는 것이 꿈이었는데 물리과목의 성적이 중간 정도이고, 이해력이 남들보다 늦어 제가 공대에 들어갈 수가 있을지 의문이 생겨 이렇게 문의 드립니다. 제가 첨단 분야에 뛰어들 수 있을까요? 고1까지 그 꿈을 계속 간직하고 있었으나 지금의 저는 어디로 진로를 정해야 할지 도무지 생각이 정리되지 않습니다. 지금 저는 의예과도 생각하고 있습니다. 아버님의 꿈이셨고 저 또한 봉사하고 싶기 때문입니다. 그러나 가정형편이 넉넉지 못해 전문의가 되려면 9년이 걸린다는 말을 듣고 이 또한 망설여집니다. 선생님 제 적성은 어디에 맞겠습니까?

「자기소개] **성격** → 내성적이며 소심, 아이들과 잘 어울리지 못함. **취미** → 음악감상(고전음악). **학력** → 학급에서는 5~6등, 잘하는 과목: 암기과목·수학, 못하는 과목: 상업·물리. **체력·시력** → 172 cm, 53kg 약한 편임. 색약 아님. 시력이 나빠 안경을 낌. 교정시력 0.9. **경제력** → 중. **지망학과·장래직업** → 전자공학과, 의예과. **가족사항** → 1남 1녀 중 막내.

<부산시 남구 용호동 방○○>

답 전자공학 쪽으로 굳히길

1) 학생이 지금 꿈꾸고 바라는 분야는 모두가 인기 있는 영역이라 생각됩니다. 그러므로 어느 분야이든 본인이 잘 알아서 결정해야 할 것입니다. 그런데 다만 자기의 능력과 가정의 뒷받침을 염두에 두어야 할 것입니다. 전자공학이나 의예과는 모두 대단히 높은 지능을 요구하고 있으며, 많은 노력이 필요합니다. 뿐만 아니라 의예과는 비용도 많이 들고 공부하는 기간도 길며 재정적인 뒷받침이 있어야 합니다. 장래의 취업전망도 좋으니 부모님과 의논하고 형편에 닿는 대로 결정을 할 것이며 담임선생님이나 상담교사와도 의논을 하여 능력에 알맞게 선택해야 할 것입니다.

2) 전공학과 분야에는 각기 다른 적성을 요합니다. 전자공학은 공학계열로서 산업사회에서 첨단을 걷고 있는 과학 분야입니다. 따라서 수학이나 물리학 등에 흥미나 적성이 있어야 하고 끈기력을 필요로 하며 창의적인 두뇌를 발휘하여야 합니다. 치밀하고 침착한 성격을

지녀야 하는 것으로 보아 학생은 내성적이고 대인관계에 소심하고 소극적이니 오히려 전자공학 분야로 마음을 굳히고 잘못하는 물리과목에 더욱 관심을 가지고 흥미를 갖도록 노력하십시오.

의예과는 수업하는 기간이나 훈련기간이 길어 이 과정을 성실하고 끈기 있게 견디어야 하므로 가정형편이 넉넉지 못하면 끝맺음을 갖기가 어렵습니다.

🈲 정치학과를 택하고 싶은데

제가 목표로 하고 있는 과는 정치외교학과나, 행정학과입니다. 그러므로 장래 직업도 이 방면인 행정부로 진출하려고 합니다.

물리·수학 순으로 제일 성적이 좋지 않으며, 영어나 어학계통 그리고 암기과목(지리·세계사·정경 등)은 제일 자신 있고, 가장 성적이 좋은 과목입니다. 성적은 제가 생각하기에 조금 더 해야 한다고 생각합니다. 정치학과를 나오면 행정고시에 합격해야 한다는 말이 있는데 그 방면과 그 과를 어떻게 이수해야 하는지, 또 내학원은 가야 하는지 궁금합니다. 그런데 문제는 집안입니다. 동생이 있기에 저한테만 신경을 쓸 수가 없어요. 어느 점수면 웬만한 대학 장학금을 바라볼 수가 있는지요:

[자기소개] 성격 → 내성적, 성취 의욕 비교적 강함. 취미 → 화초 재배·음악 감상·캠핑·사진촬영·명시암기. 학력 → 잘하는 과목: 어학계통, 사회문화계통, 못하는 과목: 수학·과학 계통, 성적 60명 중 중상위. 체력·시력 → 체력: 건강, 신장: 167cm, 체중: 55kg. 종교: 없음. 시력: 좌 0.1, 우 0.2. 혈액: AB형. 경제력 → 중. 지망 학과·장래직업 → 정치경제학과·행정학과·외교관·정부관리. 가족사항 → 2남 2녀 중 장남, 양친 계심.

<충북 제천시 장○○>

답 성적향상에 힘 기울여야

1) 학생이 가려고 하는 목표가 이미 확립이 되었으면 갈등을 일으킬 필요조차 없이 정치외교학과나 행정학과를 지망하는 것이 좋을 것입니다. 이 분야의 대학을 나오면 정치·행정 계통을 찾아 얼마든지 직업을 구할 수 있습니다. 행정고시는 어느 학과를 나와도 응시할 수 있으나 행정학과를 나오면 더욱 유리한 입장이기 때문에 학생이 원한다면 대학재학 중이나 졸업 직후에 응시를 해서 합격을 하는 것이 좋습니다. 그러면 행정관리로서의 입신출세의 길이 열릴 것입니다. 대학원은 학자가 되고자 하면 반드시 졸업을 해야 하겠고 이와 같은 일은 대학 졸업 후에도 얼마든지 결정할 시기가 옵니다. 그러니까 대학원에 관한 문제는 생각할 필요가 없고 우선 경제적인 여건과 학교성적을 올려놓고 학력고사에서도 우수한 성적을 얻을 수 있도록 노력하십시오. 각 대학마다 점수의 차이는 있으나 어느 대학에 진학하든지 간에 장학금을 받아서 공부를 하겠다면 장학금을 지급하는 대학을 찾아서 지원하십시오.

2) 학생의 장래희망이 외교관이나 정부관리가 되는 것을 바란다면 우선 성격이 외향적이고 친절·명랑·사교성이 있어야 합니다. 학생은 내성적이라 하지만 성취의욕이 강하므로 노력만 하면 전공을 이수하여감에 따라 변화할 수 있습니다.

더욱이 사회문화 계통에 흥미를 가지고 있고 외교관·정부관리가 되고자 하니 다양한 사회과학 계통의 서적을 읽으면서 학교의 모든 성적을 포괄적으로 성취하십시오.

문 사학과 지망, 제대로 된 것인지

진로에 대해 깊이 고민하고 있는 인문계 남학생입니다. 몇 가지 학과를 생각해 보았는데 경영·무역·사학, 이 세 과 중 어느 것을 선택해야 할지 갈팡질팡하여 용단을 못 내리고 있습니다. 그러는 중에 대강 결정한 학과는 사학과인데 제 적성에 맞을 것 같은 예감으로 점 찍고 말았습니다.

반대로 정치외교학이나 행정학, 회계학과는 제일 싫어하는 학과입 니다. 이 점을 감안하셔서 제 적성에 맞는 학과를 주선하여 주십시오.

[자기소개] **성격**→내성적이며 이해심이 많음. 사람을 잘 사귀어 서 대인관계도 좋음. **취미**→스포츠는 모두 좋아함. 음악 감상, 그 림, 공상과 가끔 독서를 즐김. **학력**→영어·국사·세계사·국어 등을 좋아하고 수학은 홍미를 잃었음. 역사와 어문 계열을 좋아함. 성적은 웬만큼 함. **체력·시력**→건강, 시력: 0.5, 키: 174㎝, 체 중: 57㎏, A형, IQ: 103, **특기**→노래 부르기, 탁구, 그림 그리기(낙 서). **경제력**→보통. **지망학과·장래직업**→사학과·무역학과·역 사학과·무역가. **가족사항**→양친 계시고, 2남 3녀 중 차남.

<경기 성남 박○○>

답 능력·여건을 무시한 선택인 듯

어떠한 학과에 대해 적성이 있다는 것은 그 학과에서 가르치는 내 용에 대해 홍미를 느낀다는 것, 그리고 그러한 학문을 할 만한 능력 이 있다는 것, 그리고 주위사람들도 나의 진로에 대해 호응해 주고 지원해 준다는 것 등이 필요하며, 아울러 이러한 학문을 하고나서의 나의 생활이 학문과 연관될 수 있다는 것 등이 고려되어야 합니다.

현재 학생이 역사학과에 홍미가 있는 것 같이 이야기하고 있으나 역사학과를 나와서 학생이 택할 수 있는 길은 크게 나누어서 두 가지 라고 봅니다. 하나는 학생의 전공을 살려서 교직으로 나가는 길이 있 고 다른 하나는 학생의 전공과는 관계없는 직업을 선택하는 것입니 다. 학생의 전공을 살리는 길은 일반적으로 교직으로 나가는 길이 있 는데 이 길은 대학의 교수가 되는 길과 중·고등학교의 교사가 되는 방법이 있습니다. 그러나 최근에 우리나라 중·고등학교, 특히 역사학계통에서 교직을 가질 수 있는 길은 거의 막혀 있다고 해도 과언은 아닙니다.

더욱이 앞으로 교원대학에서 배출되는 사람을 중심으로 해서 고등학교의 교사가 충당되기 때문에 교원대학 아닌 타 대학에서 역사학을 했다고 하면 교원이 되기에는 무척 힘이 듭니다. 또 대학에서 교편을 잡는다는 것도 기회가 한정되어 있고, 또 대학에서 교직을 갖기 위해서는 학생의 IQ로서는 어렵지 않나 생각됩니다. 물론 학생의 IQ가 정확한지 아닌지는 알 수 없으나 학생이 기록한 IQ가 사실이라면 대학에서 교편 잡기 위한 필수적인 과정, 즉 대학원을 이수한다는 것이 어렵지 않나 생각됩니다.

결론적으로 학생이 역사학과를 생각하는 것은 현재 역사공부가 재미있다는 정도의 적성인데 그 정도의 흥미를 가지고 역사학에 적성이 있다고 본다는 것은 좀 경솔한 것 같고, 다음으로 역사학을 한 다음에 무엇을 할 것이라는 전망 없이 역사학을 선택한다는 것은 잘못인 것 같습니다. 대학의 전공은 자기의 한평생의 방향을 결정하는 것이기 때문에 능력이나 여건을 무시한 흥미 위주의 선택은 잘못인 것 같습니다.

6. 學業成就와 進路

I

인간은 다른 동물과는 달리 언어와 사고, 창조력을 가진 만물의 영장이라고 한다. 뿐만 아니라 인간은 성취욕이 강하고 보다 진취적이다. 이러한 성취욕구는 학업이라는 과정을 통해서 이루어진다.

인간은 또한 부단히 노력하여 자기를 발전시키고 남보다 뛰어나게 잘되는 것을 기원하고 있다. 그렇기 때문에 이 세상에 태어나면서부터 죽을 때까지 학습이란 현장을 떠날 수가 없다. 더욱이 현대사회와 같은 산업사회는 전통사회와는 달리 급격한 발전을 거듭하고 있으며 빠른 속도로 변화를 하고 있다. 물질적으로나 정신적으로 풍요로운 사회가 이루어지고 있는데 여기에 현명하게 적응하고 대처하기 위해서는 누구나 자신을 채찍질해야 하고 자기완성의 길로 나아가야 사회 변화 속에서 부적응을 일으키지 않고 만족스럽게 생애를 유지해 나갈 수가 있는 것이다.

현대사회 속에서 적응하기 위해서는 계속적으로 연구하고 노력하며 꾸준히 자기갱신을 위해 새로운 지식과 경험을 배우고 쌓아 나아가야 하며 익혀야 한다. 이것을 비로 평생교육이라는 이름으로 부른다. 우리나라 헌법 29조에 명시된 "평생교육은 진흥되어야 한다."고 강조하고 있는 바와 같이 우리 모두는 사회에 잘 적응하고 살아가기 위해서는 계속해서 공부를 해야 한다. 그만큼 결과적으로 학업의 기간이 길어진 것이니 공부하지 않고는 살아남기가 어렵게 되어 가고 있다.

오늘날 중고등학교 학생을 주축으로 하는 청소년기는 일생 중 가장 중요한 시기임을 누구나 부인할 사람은 없을 것이다. 청소년기는 아동기와 성년기의 중간 시기로서 주변인(marginal man)이라고 한다. 뚜렷한 인생의 목표가 확립되기 이전의 시기인 청소년기의 청소년들은 인생주기의 어느 때보다 가장 신체적으로나 정서적으로 안정을 가져올 수 없는 불안기이다. 또한 이상이 크고 포부가 충만하며 자아정체감이 형성되는 시기로서 「질풍노도」와 같은 격동기이다.

그러므로 이 시기에 건전한 교육과 가치관을 올바르게 형성시켜 주지 못하면 인생의 낙오자나 패배자가 되기 쉬워 문제를 야기할 가능성이 크다. 그래서 일반 성인들은 지대한 관심과 보호와 이해로써 그들의 현실 당면과제를 연구하고 지도하여 건전한 방향으로 이끌어 주어야 할 것이다.

현재 우리나라의 청소년은 전체 인구의 4분의 1이 넘는 1천 1백만 명으로서 장차 미래의 주인공이 될 새싹들이며 기대를 걸 수 있는 중요한 인물들이다. 이들이 현재 생활에 만족하고 미래를 위한 준비과정 속에서 어떻게 수련을 쌓고 있느냐가 가장 중요한 문제인 것이다.

그러므로 이들의 특성을 잘 이해하고 저마다 타고난 잠재 능력을 최대한으로 개발하여 발전시켜 줄 책임이 기성인들에게 있다.

Ⅱ

청소년을 바르게 지도·육성해서 사회의 일꾼이 되도록 하는 것은 가장 중요한 사회적 기능 중의 하나이다. 이는 청소년이 그 사회의 미래의 주인공이기 때문에 갖는 당연한 사회 또는 국가의 관심이라 할 수 있다.

청소년을 잘 지도하려면 그들이 갖고 있는 의식구조를 잘 파악하여야 한다. 의식구조란 가치관·태도·인식·원망격차·정신건강 등을 포함하는 사고의 틀이라고 한다. 이러한 의식구조를 연구한 보고에 의하면, 우리나라 청소년의 의식구조의 특성은 ① 이기적·개인주의적 성향, ② 요령 및 편법주의적 성향, ③ 물질주의적 성향, ④ 기성세대에 대한 불신의식, ⑤ 근대적·서구적·개방적인 방향, ⑥ 전통적 의식구조와 근대적 의식구조 간의 갈등, ⑦ 가치와 인식 간의 갈등 등으로 분석하고 있다. 또한 이재창 등의 연구에 의하면 우리나라 청소년들이 물질보다는 인간 지향적이며 실리보다는 명분 지향적, 편법보다는 정당 지향적이며, 안정보다는 변심 지향적이고, 귀속주의보다

는 업적 지향적이고, 합리주의보다는 온정주의적인 가치를 더 중시하
는 것으로 나타났다. 따라서 이들이 당위적으로 생각하고 있는 가치
관과 현실인식 간에 갈등을 경험하게 되어 가치지향에 혼란을 야기시
키고 있다.

그러므로 이와 같은 가치관과 의식구조를 참작하여 청소년 지도에
이상과 현실의 차이나 괴리를 적절히 이해하고 수용할 수 있도록 지
도에 초점을 두어야 한다. 한편 학업지도에 자율적으로 능력을 개발
시킬 수 있는 방법을 찾아내야 할 것이다.

현재 우리나라의 교육열은 세계에서 둘째가라면 서러울 정도로 열
의가 대단하다. 그것도 가정형편이나 자녀들의 능력이나 적성·흥미
나 인성에 알맞게 지도하는 것이 아니라, 정도가 지나친 고학력 추구
에 혈안이 되어 큰 물의를 일으키고 있다. 자기의 자녀를 출세시켜
보려는 의욕이 너무나 지나쳐 자녀를 혹시시키고 있다. 어떻게 보면
학부형들이 자신의 욕구를 충족시키기 위한 방편으로 자녀들의 욕구
나 적성을 무시하고 성인들의 가치관에 얽어매는 경향이 짙다.

그래서 과거 80년대 이전에 있었던 과열과외 현상을 빚게 되어 학
생들의 정상적인 전인교육 지향의 학교교육이 이루어지지 못하고 학
교 밖으로 밀려나고 말았다. 다행히 1981년 7월 30일 교육개혁 조치
이후로 다소 중등학교의 교육이 정상화되어 가고 있지만 아직도 저변
에 깔려 있는 입신출세 의욕은 사라지지 않고 입시위주의 주입식 교
육이 성행하고 있다.

그리하여 아직도 학교교육은 대학입시를 위한 단편적인 주입식·암
기식 교육이 주종을 이루고 있으며 학생들의 진로선택에 있어서도 개
인이 가지고 있는 잠재력과 적성·흥미에 알맞게 진학이나 직업선택
에 있어서 이를 무시한 상태에서 눈치나 배짱으로 대학이나 전공학과
를 선택하는 결과를 낳고야 말았으니, 일생의 방향선택이 순간의 선
택으로 좌우되는 기현상을 빚어내고 있다. 이와 같이 획일적인 점수

에 따라 평생 종사해야 할 장래의 직업에 직결되는 전공 선택을 일시적인 상황에 의거 인생행로를 결정해야 하는 위험한 투기를 더 이상 계속해서는 안 된다.

한 연구에 의하면 대학의 신입생들에게 자기 전공학과에 대한 만족도를 조사해 본 결과 전체 학생의 40% 이상이 불만을 표시하고 있다는 결과는 무엇을 의미하는가? 이것은 바로 진로선택이 잘못 이루어졌다는 것을 입증하고 있는 사실이다. 이처럼 개인의 불만은 학업성취에도 큰 차질을 빚을 것이요 시간적으로나 경제적인 낭비이며 인력의 큰 손실을 가져오고 부적응으로 인해 문제를 발생시키고 문제아가 되기 쉽다. 문제 청소년의 대부분이 학교에서의 공부, 학업의 실패자・낙오자・실망자가 될 것이다. 공부 잘한 것이 주위에서 받은 가장 큰 기대인 학생에게는 공부에서의 계속적인 실패・낙오는 계속적인 충격・좌절・울분・불만・비관 등에 빠지게 하여, 그만큼 문제 청소년의 가능성으로 기울게 한다. 누구나 생활에서 어느 정도의 성취감, 이에 따른 만족감・안정감을 필요로 하는데 계속적인 학업실패는 학생에게는 늘 성취 없고, 인정 없고, 만족 없고, 의미 없는 인생인 셈이다. 그러면 딴 곳 하다못해 문제 영역에서라도 성취감・인정감・만족감을 찾을 수밖에 없게 된다. 이렇게 되면 개인적으로 얼마나 손해이며 국가적인 차원에서는 전체 인력 40% 이상의 손실을 내고야 마는 것이니 신중히 고려해 보아야 마땅하다.

왜 우리는 이러한 어리석은 일을 되풀이해야만 하는 것인가? 학업 성취는 반드시 점수위주의 교육이 아니다.

Ⅲ

　우리가 교육을 받는다는 사실은 출세하기 위한 것이 아니라, 전인적인 인격함양과 적재적소에 알맞은 유능한 능력인을 기르는 데 있다. 인격적이고 도덕적이며 창의적인 인간육성을 위한 기초 작업이 교육의 핵심이 되어 사회에 나아가 적합한 직업을 선택하여 그 직업을 통해 생계유지도 하고 자기실현의 도장으로서 행복하고 만족스런 생활인이 되어 사회에 공헌할 수 있는 사람을 기르는 것이다.

　이스라엘의 성전인 「탈무드」에 의하면 유태인의 「가정교육의 비결」이 있는데 그중의 중요한 교육방식을 보면, ① 우수 두뇌를 배출하는 교육, ② 삶의 지혜를 가르치는 교육, ③ 민족의 정신을 심는 교육, ④ 바른 인격을 형성시켜주는 교육, ⑤ 강인한 의지를 키우는 교육을 강조하고 있는데 우리도 이러한 방법을 깊이 있게 짚고 넘어가야 할 중요요소인 것이다.

　우리는 이제 발전하고 있는 사회의 요구에 알맞은 진로선택에 관심을 기울여야 할 때가 왔다. 과거의 전통사회 속에서는 어느 특정한 기술인을 양성하기보다는 유교적 전통을 답습해왔고 일반 교양인의 양성을 목적으로 해왔지만 지금은 사회가 많이 달라졌다. 단순한 교양만의 교육으로는 급변하는 산업사회의 요구에 부족하다. 그러므로 학생들의 학업성취가 진로에 큰 영향을 끼쳐야 되며 개인이 가지고 있는 잠재 가능성을 최대한으로 개발시켜 그들의 능력·적성·흥미·성격에 알맞은 직업적성 교육의 실시가 바람직한 진로라고 생각할 수 있다.

　미국에서도 일찍이 1970년대 초부터 미국이 당면한 교육의 문제를 시정하기 위해 새로이 고안된 진로교육의 실시를 강조하고 실천하기 시작한 것은 우연의 일이 아니다.

　산업사회의 발전은 직업의 세계를 다양하게 만들었고 직업생활에 현명하게 적응하고 일생을 만족하게 행복한 생활을 유지할 수 있는 진로선택이 점점 중요성을 더해 가고 있다. 직업선택은 누구에게나 필수적인 것이며 이 선택이 자신의 능력이나 적성에 알맞게 이루어져야 적응을 잘하게 되고 능률을 발휘할 수 있게 된다. 만일 이와 같은 작업이 이루어지지 못하면 부적응을 가져오고 불행을 면치 못하게 된다.

개인의 진로를 올바르게 선택하기 위해서는 ① 능력(지능·적성), ② 직업적 흥미, ③ 인성, ④ 학력, ⑤ 가정배경, ⑥ 경제적 조건, ⑦ 신체적 조건, ⑧ 학교선택에 유의하여야 한다. 그리고 적합한 진로정보를 제공해 주어야 한다.

현대사회는 정보사회라고 한다. 우리는 주변의 다양한 정보에 밝아야 자기의 성취목적에 도달하기 쉽다. 그것은 개인의 기회를 손쉽게 구할 수 있는 방법이기 때문에 진로정보에 관심을 가지고 많은 정보 제공에 초점을 두어야 한다. 왜냐하면 정확한 정보입수는 개인 발전의 지름길이 되기 때문이다. 진로정보를 구할 수 있는 곳은 ① 고용주(기관장·기업인), ② 상급학교(중·고·대·대학원) 등의 요람, ③ 각종 직업훈련소, ④ 정부기관, ⑤ 기업체, 사회단체, ⑥ 직업종사자, ⑦ 각종 신문·잡지 및 기타 대중매체(TV·라디오), ⑧ 현장견학, ⑨ 면담 등 다양한 방법에 의존하여 몰랐던 정보를 탐색하여 자기의 진로에 도움이 되는 것을 찾아 개발하고 선택에 도움이 되도록 한다.

Ⅳ

사람은 누구나 자신의 자질과 적성, 그리고 능력을 바탕으로 나름대로의 인생을 설계하여 생의 방향을 결정 지워주는 직업을 선정한다. 이 직업을 통해 가족의 생계를 유지하고, 생활의 기쁨과 보람을 찾으며 나아가 자기의 존재와 사회적 위치를 확인하면서 사회의 일익을 분담하는 것이기 때문에 적합한 직업의 선정이야말로 한평생에 있어 가장 중요한 결단이라 할 수 있다.

그러므로 학생 개개인이 지니고 있는 가능성을 의미 있고 행복한 삶을 준비하게 하는 진로교육은 학교교육의 핵심이라 할 수 있다. 진로교육의 충실화는 교육과정 속에 강조하여 가르치도록 되어 있는데 개개인이 직업에 대해서 사명감과 애착심을 갖고 급변하는 사회에 능동적으로 적응해 갈 수 있는 힘을 길러주고, 국가에 필요한 인력이 적재적소에 배치될 수 있게 해줌으로써 인력의 효율적인 활용이라는 점에서도 국가사회 발전에 크게 기여하는 결과를 가져오게 될 것이다. 따라서 진로교육의 실시는 개인의 진로관 형성에 크게 기여할 것이고 필연적 과제로 생각된다. 왜냐하면 우리의 인생행로를 보다 과학적이고 객관적인 방법으로 지도함으로써 자신을 이해하고 진로선택에 있어서 어떻게 어떠한 방법으로 어떠한 절차를 거쳐서 이루어져야 할 것인가를 미리 자각 또는 인식·탐색·준비의 과정이 순조롭게 이루어졌을 때 비로소 만족하고 행복한 삶을 누릴 수 있게 되므로 누구나 자기가 선택한 분야에 성공인이 되는 것이다.

인간은 누구나 성공하기를 바란다. 그러나 그 성공이란 어떤 물질이나 지위나 명예를 얻는 것만이 반드시 성공은 아니다. 성공이란 자기가 세운 목표를 달성하여 사회의 일원으로서 충실하게 일의 보람을 느끼고 만족하게 사는 과정을 의미한다. 그러므로 누구든지 개인의 목표를 자기의 소질이나 적성, 또는 능력에 알맞게 세워 그것을 성취해 나가면 되는 것이다. 이러한 성취는 오로지 부단히 학업을 연마하고 실력을 갖추어 진로방향에 적합하도록 추진하는 것이다.

따라서 학부모들은 진로교육과 진로지도에 관심을 가지고 학생들의 가능성을 탐지하여 그들이 역량을 펼 수 있는 방향으로 지원하여 충분한 소질을 발견하여 적합한 직업선택에 불만이 없도록 자기탐색의 기회를 주어 종국에 가서는 적합한 진로에 이르도록 여러 가지 여건을 조성해 주고 능력을 발휘하도록 도와주어야 한다.

제12장 大學敎育의 大衆化와 職業敎育

1. 序 論

대부분의 사람은 직업을 통해 자기의 목표와 이상을 실현한다. 우리가 대학교육을 받는 목적도 궁극적으로 알맞은 직업을 갖기 위한 것이며 모든 학교교육은 전인교육을 지향한다고 하지만 결국은 보다 나은 직업을 선택하여 개인의 생활을 윤택하게 유지할 수 있는 최소한의 기본조건을 갖추는 데 있다. 그런데 지금까지 학교기관에서는 학교를 졸업한 후에 다가올 현실적인 문제, 즉 적절한 직업준비나 직업선택에 과연 얼마나 관심을 기울여 왔고 실천해 왔는가를 철저히 점검할 필요성에 당면했다고 본다. 결국 대학교나 기타 직업훈련원에서는 직업에 대한 교육을 소홀히 해 왔기 때문에 많은 사람들이 자기가 종사하고 있는 직업에 만족하지 못하고 있다. 또한 학생들은 자기가 어떤 직업에 종사할 것이며, 그 직업을 얻기 위해서는 어떠한 준비가 필요한지 모르는 상태에서 교육이나 훈련을 받아 왔기 때문에 학습능률이 저하되고, 취업 후에도 산업계가 요구하는 지식이나 기술을 소지하지 못하였다는 비난을 받고 있다. 이러한 사실은 물심양면의 낭비인 것이다. 그러므로 적재적소에 알맞은 직무교육이 요청된다.

부존자원이 빈약한 우리나라가 부강국이 되는 첩경은 상대적으로 인력자원을 최대로 개발하여 활용하는 것뿐이다. 그러기 위해서는 우

선 각 직업에 대해서 어떠한 종류와 거기에 따른 지식과 훈련이 필요
하며 그러한 사람을 길러내기 위해서는 학교교육에서 직업훈련이나
직업교육을 근본으로 삼는 획기적 방법으로 지도되어야 할 것이다.1)

오늘날 한국의 대학이 진통을 겪고 있으며 심각한 위기에 봉착하고
있다는 느낌은 결코 과장된 것은 아니다. 4·19 당시 대학생은 10여
년에 걸쳐 현실참여의 기치를 높이 쳐들었고 그때마다 대학의 기능은
마비되어 왔다. 학생들의 과격한 시위, 이에 맞선 당국의 과잉 저지,
급기야는 휴교, 학생처벌, 이와 같은 악순환은 연례행사처럼 되풀이되
어 왔다.

과거나 현재나 학원의 비극적 사태가 야기될 때마다 우리는 두 개의
상반된 입장이 상극 대립되는 것을 보아 왔다. 행동적 참여의 주역인
학생은 그것이 어떤 형태이든 간에 이데올로기에 의해서 움직였고 이
에 대처하는 대학당국은 학원의 정상적 기능발휘를 위한 질서의 존중을
내세웠다. 한편 교육적 입장에 설 때 대학의 지상명제는 교수(teaching)
와 연구에 있는바, 대학의 이와 같은 존재이유를 위협하는 여하한 폭력
행동도 용납될 수 없다는 입장이다. 이와 같은 대학 내의 새로운 문제
의식은 한마디로 대학의 자유라는 명제이다. 여기서 우리는 두 개의 대
조적인 입장을 볼 수 있다. 하나는 대학의 독립을 위협하는 외부로부터
의 간섭에 대한 대학의 자율에 역점을 두는 입장이고, 또 하나는 한걸
음 더 나아가 대학 내의 자유 및 참여를 추구하는 소위 「민주화」의 입
장이다.

이와 같은 경우 대학의 일을 대학에 일임한다는 주장이 오늘에야
비로소 표면화되었다는 것은, 본질적으로 중립성 및 순수성을 표방하
는 학문의 특수성으로 말미암아 대학의 독립이 존중되어야 한다는 것
은 자명하여 정부당국의 대학의 자율성 보장은 시의 적절한 조처이며

---

1) 韓國職業訓練管理公團 職業訓練研究所, 職業訓練을 위한 職務分析指針,
研究資料 82-13 1982. 12.

마땅히 구현되어야 하는 현실의 문제이다.

이러한 대학사회의 변동은 민주주의 이념실천에 진일보한 조처이며 해야 할 대학의 사명은 크다고 할 수 있다.

대학교육의 가치지향은 가치기준으로서 진리·통합·정치·경제란 네 가지 사회적 가치체계를 생각하여 이에 의한 교육의 지향유형을 네 종류로 분류하고 있다.2)

첫째로, 진리탐구로서의 연구에 종속되는 것으로서의 교육, 둘째로 통합가치를 중시하는 인간형성으로서의 교육, 셋째로 정치목표 추구를 위한 교육, 넷째로 경제 가치를 기준으로 하는 교육관으로 실용교육 내지 지식 산업으로서의 교육을 지향한다고 한다.

이 네 가지 가치지향은 지극히 타당성이 있는 것으로 본다. 우리 대학인이 정통적이라고 믿고 있는 훔볼트(Humbolt)의 견해는 대학은 본래 진리 가치만을 지상의 가치로 삼는 만큼 학문연구만을 하는 고등학술 기관으로서의 기능을 가지고 있다고 한다. 인간교육이란 훔볼트의 말대로 교육은 진리탐구를 통해 주어진 교양이라 생각되며, 교양의 측면이 강조되면 넓은 지식을 가르침으로써 도덕적 능력을 개발해야 한다는 입장이다. 이와 같은 학문탐구와 인격도야는 결국 따져 보면 모두 국가목표의 달성과 정치 가치를 지향하고 있다고 간주할 수 있다.

교육목표를 경제적 실용성에 두는 견해를 지지하는 필자는 무엇보다도 경제·상업·공업·의학·교육 등의 전문가를 양성하는 것을 목적으로 하는 직업교육은 실용성 기능주의를 위주로 함이 분명하다. 이러한 실용주의 교육은 산업사회의 발전과 더불어 적재적소에 알맞은 유능한 인재육성의 필요성을 사회적 요청에 따라 실천되어야 할 것이다. 오늘의 대학을 지식산업의 일환으로 간주하는 견해는 바로

---

2) 具範模, "大學敎育의 價値志向," ≪大學·自由·知性≫(서울: 서울大學校 出版部, 1978). pp.123-126.

실용교육을 지향하는 입장을 더욱 심화한 것이다.

따라서 현대의 대학은 이 네 가지 가치지향을 갖는 지식활동 복합체임을 인식하면서 고도의 산업사회를 지나서 탈산업사회로 지향하는 경향에 알맞게 대학교육이 전개되어 나가야 할 것이다. 이러한 배경을 토대로 하여 현대의 대학교육의 과제는 직업교육을 핵심으로 하는 대학교육이 전개되어야 한다는 명제를 세우고 본 논문을 전개해 나갈 것이다.

2. 大學敎育의 價値觀

현대는 고도의 산업사회를 지나서 탈공업사회(post-industrial society)로 지향하고 있다. 토플러(Alvin Toffler)는 현대사회를 그의 저서 ≪제2의 물결≫에서 다양화된 산업사회를 지칭하고 있지만 이제 ≪제4의 물결≫(*The Megatrends*)[3]이 도래하고 있다고 네이스비트(John Naisbitt)가 예언하고 있는 전문화・다양화 사회이다.

이와 같이 대중사회는 정치적으로나 경제적으로나 사회적 또는 문화적으로 대중의 사회적 역할이 크게 증대되는 시대이다. 엘리트 내지 소수 정예분자들의 역할을 과소평가하려는 것은 아니지만, 시대의 주역은 역시 보다 광범한 대중이며 그들의 참여와 이해와 지원이 모든 영역에서 강조되고 있다. 특권의 배제, 정보의 보편화, 조직과 기업의 대량화 현상이 뚜렷하며 전원적・목가적 정서와 낭만은 잃어져 가고 있는 반면에 큰 조직 안에서 힘과 능률을 추구하는 경향이 늘어가고 있다.[4]

---

3) 金鎭郁・徐文鎬 공역, ≪제4의 물결≫(서울: 圓音出版社, 1984).

이와 같은 상황의 추세를 가속적으로 촉구하고 있는 요인은 여러 가지 현상에 좌우되어 왔으나 특히 민주주의의 이념구현, 과학기술의 급속한 발전과 대량생산의 가능성, 교육의 보편적 보급과 매스컴의 역할증대, 직업세계의 다양성·전문성·실용도 등이 중요한 요소로 등장하고 있다.

또한 우리나라의 사회현상은 바야흐로 헌법 제29조 5항에 명시한 바와 같이 평생교육 시대를 맞이하여 더욱 고학력을 지향하는 시대로 변해 가고 있다. 교육의 내용도 다양화·전문화·특수화되어 가고 있다. 고등교육 기관인 대학교육은 특권층의 전유물이었던 것이 이제 대중교육으로 전환되어 가고 있으며 그 기능과 가치관도 시대의 발전방향과 추세에 따라 다르게 변하고 있으며, 마땅히 변화돼야 할 것이다. 이러한 시대적·사회적 변천과정 속에서 대학의 기능이나 역할도 대중화의 경향이 촉진되고 있으며 그 내용이나 방법 내지 궁극적인 목표도 점차적으로 직업교육화 방향으로 전향되고 있음은 당연한 사회적 기대이며 소산이다. 어디까지나 대학교육이 전통적·봉건적 이념에만 머무를 수 없으며 상아탑이니 학문의 전당이니 진리탐구니 하는 고전적 사고방식 속에서만 맴돌고 있을 수는 없다. 그것은 시대착오적인 생각이다. 물론 근본적 바탕으로서의 이념은 변화 내지 변경될 수는 없으나 발전하는 산업화·공업화·고도화로 변화하는 산업경제 사회로 치닫고 있는 현실의 요구와 미래의 가치추구에는 변혁이 뒤따라야만 할 것이다.

---

4) 金鍾喆, ≪韓國教育과 行政의 諸問題≫(서울: 教育科學社, 1983).

3. 大學敎育에 대한 産業社會의 要求

현대를 가리켜 혁명적 변화의 시대라고 한다. 이는 물질적이고도 정신적인 면에서 전례 없이 빠른 속도로 변화가 이루어지고 있고, 이에 따라 여러 가지 가치관의 변화를 초래하고 있음을 뜻한다. 이 변화는 시대적 발전의 소산이다.

특히 이러한 변화의 결과로서 교육에도 커다란 영향을 미치고 있는 바, 교육에 대한 이념의 변화, 교육에 대한 평가의 기준과 방법의 변화 및 교육적 가치선택의 변화 등을 들 수 있다.

지금까지 학교교육과 노동시장은 각기 독자적인 체계와 조직을 가지고 있기 때문에 별개의 것으로 간주해 왔다. 학교교육이 개인의 성장발달에 크게 기여하는 방향으로 전개되어야 하느냐 아니면 직장이 필요로 하는 지식과 기술을 가르쳐야 하느냐는 문제도 그리 심각히 논의되지 못하고 있다. 그러나 현대사회에는 기능주의 사회로 변모되어 가고 있으며, 변천하는 사회발전과 과학기술의 놀라운 향상, 다양화·전문화·세분화하는 산업사회에 현명하게 적응하고 만족하며 행복한 삶을 누릴 수 있도록 개인의 직업선택이 사회의 요구에 부응하여야 한다. 교육받은 인간은 낭비됨이 없이 적재적소에 알맞게 배분되어야 하며 대학교육이 현실사회의 요구에 적합하도록 적극 유도되어야 할 것이다. 대학교육이 직업의 세계에 알맞도록 지도하려면 대학교육과정이 구체적으로 현실에 알맞게 구성되어야 한다. 대학교육이 광의의 직업교육5)에서도 직업인이 되기 이전에 민주시민으로서 지녀야 할 기본자질을 함양하는 것을 우선 목적으로 하고 있는데도

---

5) Paul V. Braden & Paul Krishan, *Occupational Analysis of Educational Planning.*(Columbus: Charles E. Merril Publishing Company, 1975). p.4.

직업교육 하면 마치 특정 직종에 종사하는 데 필요한 능력만을 양성하는 것인 양 오해하거나, 직업훈련으로 착각하는 것 등도 결국은 대학교육 목표의 불분명에서 오는 것이라고 할 수 있다.

전국의 대학에는 같은 전공학과가 상당히 많다. 그런데 전공학과만 같으면 교육과정이 거의 동일하다. 우리나라 대학의 전공 분야별 학문의 성격은 그렇게도 동일하며 획일적이며 개성이나 강조점이 없단 말인가? 또 산업사회의 요구도 그렇게 동일한 인간을 필요로 하고 있을까? 이러한 심각성을 해소하기 위해서는 무조건적인 획일성을 피해야 한다. 같은 전공 분야라도 교육과정이 산업사회의 요구도에 따라 상이하고 학위를 줄 수 있어야 한다. 예를 들면, 교육학과를 졸업하면 교육계 특히 학교교육에만 종사하는 것이 아니라 산업계에 있어서 사원훈련이나 연수원에서 직장 내 요원을 훈련시킬 수도 있고 인사업무에도 종사할 수 있는 능력자를 키우기 위해서도 교육과정 내용이 구태의연한 방식을 버리고 응용적이고 융통성 있는 활동 교육과정으로 전환시켜야 한다. 그렇게 되려면 사회에서 요구 하는 필요한 실무내용도 포함하여 채택하여야 한다.

그런가 하면 같은 전공 분야일 경우에 고등학교·전문대학·4년제 대학·대학원 간에 교육내용에 계열성과 통합성이 결여된 사례도 허다하다. 왜 이러한 결과가 나타나느냐 하면 같은 전공 분야일 경우, 고등학교·전문대학·대학·대학원 수준까지를 통합적으로 연구 검토한 경우가 거의 없이 일관성을 갖지 못하고 있다. 예를 들면, 전문대학의 교육과정이 4년제 대학의 교육과정을 그대로 모방한 사례도 있고 4년제 대학의 교육과정의 교과목 중 상당수는 선진국의 일류대학의 대학원 수준에서 이수해야 할 교과들이 포함되는 경우도 있다. 한편 대학의 전공과목이 일정한 목표를 따르기보다는 교수의 전공한 자 중심으로 교육과정이 이루어지거나 개편되는 경우도 많이 볼 수 있다. 그렇다면 이것은 전공학과의 교육목표에서 벗어났고 교육의 참뜻을 이해 못하고 있으며 교육을 그릇되게 만드는 결과만을 낳게 된다.
그러므로 현대 산업사회에서 요구하는 대학교육과는 거리가 멀어지
고 절름발이 대학교육이 되고 마는 것이 된다. 따라서 대학교육이 지
향할 목표는 어디까지나 진리탐구, 학문의 연구, 창의적 활동에 근거
를 두고 있으나 순전히 학문을 위한 학문, 실용성 없는 시간 메우는
식의 허무맹랑한 학자양성이라는 미명하에 교육은 지양되어야 한다.
즉, 전공 분야별로 지식의 구조를 제대로 삽입하여야 하며 사회에서
바라는 유능한 능력자를 길러낼 수 있는 실용성 있는 교육과정을 첨
가하여 적응할 수 있는 인격자를 길러내도록 힘써야 할 것이다.

4. 大學敎育의 大衆化

중등교육의 보편화에 따른 상향적 파급효과는 대학교육의 사회수요
를 증대시켰다. 이것은 대학교육이 이제 대중화 시대에 들어갔음을
의미한다. 물론 고급인력의 수요급증을 대변하는 것이기도 하다. 이와
같은 대학의 대중화 경향은 다음 몇 가지 측면에서 뚜렷하게 관찰할
수 있다.

첫째로, 대학인구의 양적 팽창을 들 수 있다. 1967년 유네스코가
발간한 ≪세계교육개관≫에 의하면, 1954년에서 1962년까지 고등교
육 인구는 8년 동안에 35%, 즉 연평균 8.5%의 증가율을 나타냈다.
고등학교로부터 고등교육 기관으로의 진학률은 1978년의 33.86%에
서 91년에는 54.80%로 증가될 전망이다.6)

---

6) 韓國敎育開發院, 敎育發展의 展望과 課題, 1978~91. 答伸報告書, 1980.
   p.114.

이와 같은 대학인구의 증가추세는 1960년대에 들어서면서 가속적으로 계속되고 있으며 일부 선진국에서는 대학교육의 보편화가 현실적인 과제로 등장하고 있다.

우리나라의 경우 8·15해방 당시 남북한을 통하여 28개의 고등교육 기관에 7,819명의 대학생, 978명의 교수가 있었다.7) 1960년대에 101,041명, 1970년대에 201,436명, 1978년에 418,875명이었다.8) 그러나 현재에 이르러서는 95개 대학(교), 전문대학 127개교, 교육대학 11개교, 총합계 233개교에 대학생 인구 약 100만을 헤아리며 교수는 27,000여 명이니 그 양적인 증가는 실로 놀라울 정도로 성장하였다.9) 미국은 특이한 예이지만 종래 비교적 대학의 문호를 폐쇄하고 있었던 유럽의 여러 나라에 있어서도 최근 대학인구의 급격한 증가현상이 두드러지게 나타나고 있으며, 일본 역시 마찬가지임은 주목할 만한 사실이다.

이제 우리나라는 1980년대에 들어서서 대학인구가 해당 연령층의 25~30%를 넘어설 전망이고 더 가속화될 현상이니 양적 팽창은 바로 대학교육의 대중화 현상을 지적해 주고 있는 것이다.

둘째로, 대학에 있어서 사회봉사의 기능이 강조되고 있는 경향이다. 전통적으로 대학은 연구와 학문적 교육의 기능에 치중해 있으나 현대 사회에서는 지식의 적용이 직업세계(world of work)의 제반 분야에서 다양하게 강조되고 있으며 국가사회의 현실문제나 사회를 발전시키고 개조해 나가는 데 있어서 대학의 역할과 기능이 더욱 강조되기 시작하였다. 대학의 봉사기능은 교수와 학생들의 현실참여 문제를 두고 논쟁의 대상이 되고 있지만 종래의 상아탑적 존재로서 고고한 자세를

---

7) ≪文敎月號≫, 1958年 9月號 참조.
8) 韓國敎育開發院, ≪前揭書≫, p.112.
9) 韓國敎育開發院, ≪진로교육 자료≫1982. 부록 참조. 文敎部, ≪文敎統計年報≫ 1982.

유지해 오던 대학의 이념에 일대 변화가 일어나고 있는 점은 전 세계적으로 공통된 사실이다. 우리나라의 경우도 예외일 수는 없다.

셋째로, 대학교육 내용의 실용화 경향을 지적할 수 있다. 이것은 대학교육을 받은 사람이 장차 사회에 나아가 무엇을 할 것인가와 직결된다. 이미 널리 알려진 바와 같이 전통적인 대학교육은 신학·법학·의학 등을 중심으로 발전되어 왔지만, 대학에 있어서 기본과학의 이론을 탐구하는 것 외에 각종 전문적 양성교육을 담당하게 됨에 따라 실용성 있는 직업선택의 방향으로 옮아가고 있다. 즉, 보다 나은 적합한 직업을 적성과 능력에 알맞게 택하여 장래 생활에 윤택함을 누리면서 자기성장이나 자아실현의 길로 나아가고자 하는 것이다. 이른바 지식산업사회 또는 탈공업사회의 도래와 함께 대중화 추세는 더욱 가속화될 것이다.10)

이와 같이 대학의 대중화 현상은 대중교육 또는 보편화 교육을 의미하며 이런 환경에 처해 있는 교육의 근본 바탕은 마땅히 장차 미래사회에 다가올 직업세계에 나아가 만족한 생활의 준비와 아울러 적응생활에 유지할 수 있는 직업선택을 위한 직업교육이 우선되어야 한다. 따라서 각기 해당된 각 전공 분야에서 이루어져야 할 교육내용은 학문을 위한 학문보다(학자 양성이 아니므로) 장차 취업에 필요한 교과내용을 도입하여 지도하고 실제사회에서 유용하게 이용할 구체적이고도 참신한 내용을 연마하도록 함으로써 실용성 있는 실력을 쌓도록 한다. 이제는 산업사회에 고용이 되어 현직에 임했을 때 학교에서 배운 내용이 쓸모가 없어 다시 현직교육이나 재교육을 받아야만 적응할 수 있는 번거로움은 피해야 한다. 예를 들면 미국 같은 선진국에서는 직장에서 실제로 필요한 산지식과 기술을 구체적으로 교과내용에서 배우고 있다고 한다(여자의 화장술을 배우는 "Cosmetology"는 바로

---

10) 金鍾喆, "前揭書", pp.945-974.

이와 같은 실제로 대변해 주고 있다). 이것은 바로 직업의 세계를 탐색하고 준비하며 전문인이 되어 성공적인 직업생활에 차질이 없도록 하는 것이다. 따라서 개인생활의 적응은 물론이려니와 사회 제 기관에서 만족한 직분을 담당하여 명실 공히 산학협동 체제가 원만히 이루어져 일을 통하여 개인의 성공감을 성취시키고, 사회에 유익한 봉사자로서 일익을 담당할 수 있는 준비교육의 장으로서 사명을 다하도록 창의력을 발휘하여 지도에 철저를 기해야 할 것이다. 이것이 바로 기능주의 입장을 대변하는 것이며 실질적이다.

이러한 관점에서 대학교육에서의 중요기능은 적합한 전문적 직업교육이 충실하게 이루어져야 하며 그 당위성을 인정하여야 한다. 궁극적으로는 직업대학으로서의 성격을 띠고 있어야 하며 전문직은 결국 전문인 양성을 목표로 이루어지는데 그 내용은 직업임을 명심하여야 한다. 그러므로 유능한 직업인은 철저한 직업교육을 통해서만 이루어질 수 있고 모든 직업은 직업교육에서 형성될 수 있다고 본다. 그래서 직업교육을 강화하는 방향으로 자세를 바꾸어야 할 때가 온 것이 아닌가 생각한다. 아마도 당연한 귀결이라고 인정된다. 이제 대학의 대중화 현상은 바로 올바른 직업인을 양성하는 쪽으로 옮겨져야 한다.

5. 大學敎育의 普遍化

대학교육의 사명과 중요성은 비단 오늘에 이르러서만 강조되고 있었던 것은 아니다. 인류가 탄생한 이래 형식적이든 비형식적이든 간에 교육이 행하여졌고 사회가 복잡해지고 발전이 가속화됨에 따라 교육은 더욱 필요성을 느끼고 조직화되었다. 의무교육의 연장 추세와 더불어 중고 내지는 대학에 이르기까지 양적인 증가를 자초하게 되었고 과거의 중고등학생의 수를 능가하는 보편화 교육으로 전환되기에 이르렀다. 이제 대학교육이 보편화됨에 따라 그 내용이나 방법도 현실에 적응할 수 있는 실용성을 강조해야 된다. 그렇다고 전적으로 전통적 대학의 이념을 송두리째 없애 버리고 실용성만을 강조하는 바는 아니다. 어디까지나 전통을 토대로 다양한 방법을 현실화시키자는 것이다.

어느 시대, 어느 나라의 대학이나 가져야 할 이상은 뉴맨(J. H. Newman)이 지적하고 있는 바와 같이 "정신을 개발하고 시정하고 세련하고, 지식을 얻게 하고 그 지식을 씹고, 배우고, 지배하고, 사용하고, 그 능력을 통어(統御)하는 힘과 적응성과 방법과 정확한 판단력과 현명함과 기지와 숙련과 유창한 표현 따위를 주는 기능"11)이야말로 대학교육의 본연의 사명임을 자타가 공인하고 있다.

그러나 대학의 기능으로서 갖추어야 할 연구, 사회봉사 및 직업에 적응하는 실용성은 배제할 수 없다.

대학교육은 국가나 시대에 따라 변형되어 왔으며 여러 가지 형태로 운영되고 있다. 전통적으로 ① 교수가 연구해 온 학문과 지식을 학생들에게 전하는 교육, ② 대학에서 가르치는 교수나 공부하는 학생은 새로운 진리발견과 확실성의 탐구를 위하여 같이 노력하는 것, ③ 국가사회의 요청에 따라 대학에서 연구한 진리와 학문은 그 사회발전에 구체적이고 직접적으로 응용할 수 있도록 봉사하고 공헌하는 것이 대학이 지닌 미래의 역할인 것이다.12)

뿐만 아니라 지금까지의 대학의 유형을 간추려 보면, 첫째로 엘리트 지향형을 들 수 있고, 둘째로는 생산지향형을 들 수 있으며, 셋째로는 보편지향형 대학교육을 들 수 있는데13) 이와 같은 세 가지 유

---

11) 兪尙根, ≪大學敎育과 敎養敎育≫(서울: 明知大學出版部, 1982). p.119.
12) 林漢永, "大學의 使命," ≪大學의 證言≫(서울: 成大新聞社, 1976). p.50.

형이 현대사회에는 모두 필요하며 상호관계 및 상보적 관계에 있다. 그러나 오늘날과 같이 복잡하게 다변하는 산업기술 사회에 접근하여서는 특히 보편지향형 대학교육에 중점을 두어 봉사하는 기능이 크게 대두되었다. 교육과 학문의 기능이 자연과학이나 사회과학, 산업공학과 컴퓨터공학, 유전공학·환경공학 등의 분야가 급격하게 성장하고 발전됨에 따라 더욱 봉사하는 기능에 접근하게 되었다.[14]

구체적으로 오늘의 대학은 「사회적 실험」 속에서 적극적 역할을 공공연하게 담당해야 할 것이다. 중립성이나 초연성을 박차고 단지 현실의 사태를 인식하고 사회발전의 공헌과 자기성장·발전에 밑거름이 되도록 대학의 역할을 구체화·보편화해야 할 것이다.

오늘의 대학은 고도로 전문화된 기술, 객관성에 대한 능력, 그리고 기발하고 참신한 아이디어에 대한 개방성을 지닌 인물을 요구하며 그리한 인물이 대학의 책임 있는 위치에서 능동적으로 대처하되 오늘의 산업사회가 요구하는 기능적 문제를 능히 해결하고 창의적이고 협동적 노력을 아끼지 말아야 할 것이다. 그것이 중핵으로 이루어져야 한다.

현대사회에 있어서 대학이 양적으로 팽창하게 되고 대중교육 기관으로서의 성격을 갖게 되어 가는 변화에 대하여 저항하려고 복고주의적인 향수에 빠지는 것은 이제 무의미한 일이다. 왜냐하면 대학은 새로운 사회 환경에 공헌하고 적응하며 나아가서는 사회변동의 방향을 이념적으로 이끌어갈 수 있어야 하기 때문이다.[15]

현대의 대학이 대중교육 기관의 성격을 갖게 되었다는 것을 한정한다고 해서 대학교육이 전문직업인의 양성만으로 자족해도 된다는 것을 전적으로 의미하는 것은 아니다. 근본적 입장에서 대학에 있어서

---

13) 康宇哲, "大學의 自律－그 開放과 多元化," ≪大學教育≫(서울: 大學教育協議會, 1983. 5. 第3號), p.51.

14) 林漢永, ≪前揭書≫, p.50.

15) 金俊燁, "現代社會에 있어서의 大學의 位置와 課題," ≪大學教育≫(서울: 大學教育協議會, 1983. 3 제2호), pp.8-9.

의 지적·교육적 활동은 전문적·직업적·도구적 지식의 확산에 한정 되는 것이 아니며 비판적 이성에 기초한 이념적·이론적 지식의 창출 과 교양교육에 더 많은 노력을 기울여야 할 것이며 인간교육·전인교 육의 발전적 지향으로 나아가야 할 것이다.

일찍이 벨(Daniel Bell)은 현대사회에 있어서 가장 중요한 과제의 하나는 고도로 복합적인 구조를 갖게 된 사회체제에 있어서의 복잡성 의 관리라고 말한 바 있다. 이러한 관리를 위해서는 고도로 추상화된 상징을 체계적으로 분석할 수 있는 이론적 지식의 창조를 위해서 대 학과 대학연구소의 기능을 살려야 한다고 지적하고 있다.16)

헬세이(A. H. Halsey)는 말하기를 "새로운 기술사회에 있어서 고등 교육 기관은 광대되고 연구의 기능을 수행할 뿐 아니라 학생의 선 발·훈련, 그리고 직업소개의 기관으로서 경제와 계층 체제에 중심적 역할을 하여야 한다."17)고 하였다.

이와 같은 견해는 드러커(P. F. Drucker)에 의해서도 지적되고 있 다. 그는 "고도의 교육을 받은 인간이 현대사회에 중심적 자질이 되 고 이와 같은 인간의 공급이 경제·군사뿐만 아니라 정치의 가능성의 척도가 된다."고 설파하고 있다.18)

오늘날의 선진 산업사회들은 예외 없이 대학의 연구소에 기대를 걸 고 가장 우수한 두뇌와 탁월한 시설을 갖추어 새로운 개혁과 발견을 창출해 내고 있다. 의학·유전공학·컴퓨터 과학·해양과학·우주과학 등 최첨단을 걷는 과학에 있어서 가장 기초적인 이론적 발견은 대학 의 연구소에서 나오고 있으며 그것을 응용해서 수많은 기술의 개혁이 이루어지고 있음을 깨달아야 할 것이다. 고도의 창조적 기능을 계속

---

16) ≪上揭書≫, p.9.

17) A. H. Halsey, "The Changing Function of University," in *Education, Economy and Society*(New York: Free Press, 1961). p.463.

18) P. F. Drucker, *The Landmarks of Tomorrow*(london: Heinemann, 1959). p.87.

수행해 나아갈 수 있으며, 사회변동의 방향을 제시할 수 있으며, 사회
개혁과 기술개발의 궁극적인 원천이 되어야 한다. 이런 의미에서 대
학의 각 연구소의 기능은 독창성을 가지고 활발하게 활성화되어야 한
다. 그러나 과연 이루어지고 있는가?

　우리는 역사적·사회적 맥락 속에서 현실에 당면한 시급한 문제를
인식하고 대학교육의 성과를 평가하여야 할 뿐만 아니라 국제적·비
교적 시야에서도 우리의 업적을 비교 고찰하여야 한다. 한국의 대학
은 아직도 발전도상에 있으며 그 역사가 일천하고 그 업적에 대한 국
제적 인식이 미약하여 우리 대학인 스스로의 냉철한 자기반성과 성찰
을 요구하고 있다. 현대사회와 같이 지식과 기술이 폭발적으로 증대
되고 고도화되고 있는 첨단시대에 적절히 적응하기 위해서는 국가사
회가 유능한 인재를 필요로 하고 있고 교육산업의 국제경쟁이 치열한
때 지도적 인간을 효과 있게 배출할 수 있도록 대학당국에서는 적합
한 배려와 추진력을 가지고 인재를 배출하도록 원활한 행재정적인 지
원과 관심이 요구되고 있다. 어느 분야에서 무엇을 전공하든지 간에
대학교육을 마친 사람이면 누구나 교육법 제108조에 제시한 바와 같
이 목적에 따른 심오한 학문의 이론과 그 적용에 기초를 두고 공부하
고 연구한 바대로 전문적 지식과 창조적 지성을 토대로 하여 맡은바
자기의 과업을 성실하게 수행하면서 만족감·성취감·자부심을 갖게
되어 명실 공히 자아실현의 경지로 이끌도록 노력할 것을 기대한다.

　일찍이 미국의 대학교육학자인 트로우(Martin Trow)는 선진국가에
있어서 대학교육이 엘리트 단계(취학률~15%)·대중화 단계(15~
50%)·보편화 단계(50%)를 거쳐 발전하고 있음을 시사하고 있는데
그의 기준을 적용한다면 한국은 1980년대를 고비로 대중화단계에 접
어든 셈이라고 제시하고 있다.19)

---

19) 金鍾喆, ≪前揭書≫, pp, 1070-1071.

이와 같은 대중화 추세는 ① 하급학교 교육의 보편화, ② 상승적 기대의 폭발, ③ 전문인력 요원의 증대, ④ 평생교육 이념의 구현, ⑤ 고학력자에 대한 경제적 우대를 반영하는 임금구조, ⑥ 하급학교에서의 선발기능의 비효율성, ⑦ 일반대중의 경제적 지위향상, ⑧ 고학력의 요구와 인간교육의 필요성 증대 등 여러 가지 복합적인 요인으로 말미암아 더욱 확산되어야 할 전망이다.

1960년대 이후 70년대에 이르기까지 대학교육의 양적 팽창의 결과, 질적 저하의 우려로 말미암아 한때 대학을 대학망국이니 우골탑이니 하던 대학별칭의 대명사가 붙었던 당시의 현황은 바로 무절제한 양산교육의 병폐를 질책하였던 것을 상기할 수 있다. 그러나 70년대 이후 산업발전의 역군으로서 일익을 담당했던 현상을 생각해 본다면 대학교육의 양적 생산이 효과를 크게 보아왔음을 알 수 있다. 이것은 대학교육의 양산체제가 산업사회에 필요한 인적 자원의 역할을 충분히 반영했음을 시사하고 있는 것이다. 대학교육은 앞으로 보편성을 면하지 못할 것이며 직업사회에 필요한 유능한 인재를 양성하는 방향으로 인도되어야 할 대학교육은 학문을 위한 교육보다는 직업인을 양성하는 현실주의에 알맞은 체제로 전향될 가능성이 높다고 하겠다.

6. 大學敎育과 職業敎育의 關係性

베버(Marx Weber)에 따르면, 산업사회는 관료화를 촉진하고 관료제는 직종의 전문화가 이루어지며, 이에 따라 모든 교육은 직무수행에 필요한 지식의 충족을 감당하게 된다는 것이다. 바꾸어 말하면 산업사회에서는 직업이 생활의 중요한 과정이 되고, 모든 사람은 전문직적 자질을 갖춤으로써 현대사회를 극복할 수 있게 된다는 것이다.

직업의 세계는 과거에 비하여 커다란 변화를 가져왔다. 산업혁명 당시 직업의 종류가 500여 종이라고 말하던 것이 제2차 세계대전이 끝날 무렵에는 1만여 종이라고 구분된다고 하였다. 1960년대에는 4㎝5만여 종으로 구분되던 것이 1970년대에 가서는 10만여 종으로 불어났다.

이와 같은 직업종류의 증가현상은 과학문명의 발달과 산업화 과정과 더불어 새로운 직종이 불어날 수밖에 없는 필연성도 있지만 한편으로는 누구나 한 가지씩의 직업을 갖지 않으면 안 되는 시대가 되었다는 것을 말해 주고 있다.

이제 대학은 학문연구의 최고학부로 자처하고 있을 때는 지났다는 것이다. 대학이 학문의 전당이고 학자를 양성하는 곳이라면 학자의 직종은 이제 과잉생산이 되고 있다고 보아야 한다. 따라서 대학은 직업인을 양성하는 기관으로 섬차 변화되어야 한다.

유명한 종교학자는 반드시 유명한 종교가는 아니고 저명한 교육학자 역시 저명한 교육자는 아닐 것이다. 이와 마찬가지로 공학의 기사(技師)는 반드시 공학자는 아니며 공학자는 반드시 공학의 기사는 아닐 것이다. 의사 또한 반드시 의학자가 아닐 것이며, 의학자도 반드시 의사는 아닐 것이다. 의사와 기사는 제각기 학위를 가졌어도 반드시 학자는 아닐 것이다. 더욱 종교가와 교육자의 경우는 의사와 기사의 경우와는 다소 사정이 달라 차이가 있으나 기사와 의사는 공학 및 의학에 관한 지식을 전혀 모르고서는 기사 및 의사가 될 수 없다. 법률가와 법학자와의 관계, 경제학자와 사업가의 관계도 의사와 의학자의 관계와 유사한 것이다. 만일 법률가와 법학자가 동일인에게 겸비되어 있을 때도 그것이 구별되는 것과 마찬가지로 법학에서는 학문성을 배제하여서는 안 되는 것이다. 법학도 학문인 이상 학문성을 결할 수 없고 이와 반대로 실용성을 무시하고서는 그 존재 의의를 더욱 잃게 마련이다.[20]

이상에서 실제적인 예를 들면서 서술한 학문과 직업이란 문제가 제기된 이유는 대학의 생명은 곧 학문의 연구와 인격도야에 있고 따라서 학교를 마친 후 실사회에 나가서 탐구한 지식과 인격을 활용하여 산업사회에 일역으로 봉사하고 국가사회의 발전에도 기여할 수 있는 유능한 직업인으로 길러내는 데 있다고 본다.

대학교육을 받은 후 대부분은 산업사회에 필요한 역군으로 흡수된다. 물론 그중의 일부는 전문대학원이나 일반대학원을 진학하여 학문을 위한 연구가 계승되고 발전시켜 앞서 제시한 대학의 사명을 다하기 위한 진리 탐구와 이론의 개발 등에 정진하고 있다. 그러나 사회발전의 토대가 되며 원리나 원칙을 발견하고 발견된 사실을 현실화하여 복지사회에 이바지하는 구실을 하여야 한다.

현실적으로 볼 때 대학교육은 직업세계와 매우 밀접한 연관을 가지고 실천에 옮겨야 마땅하다. 일반적으로 고등학교를 졸업하고 대학의 문을 두드리는 예비대학생들의 관심은 개인의 능력이나 흥미, 적성의 고저를 불문하고 장차 사회에 나아가 소위 잘 팔릴 수 있는 전공학과를 지망하고 있다. 이러한 현상은 대학에 들어가 학문연구나 진리탐구보다는 목전의 이익, 즉 졸업 후에 사회적·경제적인 대우가 좋은 인기 있는 직업이나 직종을 찾아 풍요로운 생활의 안식처를 획득하고자 하는 데 궁극적인 목적이 있는 것 같다. 학부모를 포함한 사회인이나 학생들의 관심은 학자를 양성한다기보다 현실사회에서 매력 있는 직업을 선택하기를 갈망하며 원하고 있다. 이와 같은 열망을 충족시키기 위해서 각 대학들은 취업에 필요한 실용적 교과목을 신설하고

---

20) 卞熙瑢, "學問과 職業과의 關係," ≪大學의 證言≫(서울: 成大新聞社, 1976). pp.83-84.

* 生涯敎育(career education)은 우리나라 교육계에 새로이 도입된 학문적 영역으로 많은 관심과 연구가 다양하게 이루어지고 있는데 최근 進路敎育으로 混用되고 있다. 자세한 내용은 ≪進路敎育의 本質≫(平民社 刊)을 참조하기 바람.

직업사회에 유효하게 적응할 수 있도록 실력향상과 준비교육에 채찍을 가하고 있는 추세에 있다. 대학교육의 목적이나 기능은 국가에 따라 시대변천에 따라 변화되고 있지만 대학교육의 주된 기능 중의 하나는 중견 직업인이나 전문인의 양성을 목적으로 하고 있음은 배제할 수 없다.

그렇다면, 직업교육이란 무엇인가? 편의상 광의와 협의의 의미로 구분해서 정의를 내리면 다음과 같다.

광의의 직업교육이란 생애교육(career education)*을 의미한다. 모든 교육은 직업교육 또는 생애교육이라고 천명한 미국의 교육위원인 마랜드(Sidney P. Marland)가 제시한 바와 같이 모든 교육의 방향은 전인교육의 지향인데 이 전인교육은 인간으로서 지·덕·체육의 조화로운 인간교육으로서 실제사회에 나아가 유능한 적응력 있는 인간을 의미한다. 이러한 석재석소에 알맞은 적응력 있는 교육이 바로 생애교육인바[21] 주요 주장은 나면서부터 죽을 때까지(from cradle to the grave) 계속되며 직업적성 교육을 의미한다. 이것은 개인이 선천적으로 타고난 잠재 능력을 토대로 하여 신체적·정서적·지적·사회적 발달단계에 따라 생애의 인식·탐색·준비·전문화 단계로 구분하여 개인이 지닌 흥미와 능력, 적성과 인격특성에 알맞게 계획성 있는 진로교육 과정의 프로그램을 실시하여 일생 동안 만족스럽고 행복한 「삶」을 누릴 수 있도록 도와주는 교육 프로그램이다.[22]

이무근(李茂根)도 광의의 직업교육을 정의하기를 "개인이 특정한 직업에 종사할 수 있도록 준비하거나 현재 종사하고 있는 직업에서의 직무능력을 향상할 수 있도록 하는 형식 또는 비형식 교육을 말한다."[23]

21) Sidney P. Marland, "Career Education: A Report," *Career Education: What It's All About*, NASSP Bulletin, March 1973.
22) 金忠起, ≪生涯敎育: 問題와 方法≫(서울: 世光公社, 1981).
23) 李茂根, "産業技術人養成과 大學敎育," ≪大學敎育≫(서울: 大學敎育協議會, 1983. 5), 제3호, p.40.

이 경우 의사·판검사·교사·회계사·사회사업가·엔지니어·교수 등 전문직을 취득하고자 제공하는 교육과정은 모두 직업교육의 범주에 속한다. 그리고 협의의 직업교육이란 "개인이 학사학위보다 낮은 학력을 필요로 하는 직업에 종사할 수 있도록 일의 세계를 탐색하고, 자기의 적성·흥미·능력에 알맞은 일을 택하고 그 일에 필요한 지식·기능·태도·이해력·판단력·일에 대한 습관 등을 계발하고 또 이미 현직에 종사하고 있는 근로자가 자신의 일을 개선·유지할 수 있도록 학교와 일의 현장에서 능력을 개발하는 전체 교육의 일부이다."[24]라고 역설하고 있다. 이무근도 제시한 것처럼 대학교육도 궁극적인 면에서 볼 때 직업교육임에 틀림없다고 강조하고 싶다. 이처럼 대학은 본래의 목적을 토대로 산업사회가 요구하는 전문기술인을 양성하는 고등교육기관이라 할 수 있다. 대학교육이 대중화 경향에 따라 더욱 직업 교육적 성격은 뚜렷해지고 있으며 그러한 방향으로 줄달음치고 있다.

그러므로 대학에서의 교육은 발전하는 사회의 요구와 개인의 요구에 충족할 수 있는 방향으로 직업선택과 준비에 만전을 기하는 쪽으로 진행되어야 할 것이 요청된다. 이것이 바로 앞으로의 대학교육에서 중점적으로 취급되어야 할 과제이다.

7. 職業敎育의 未來와 發展方向

8·15 이전의 사회 환경을 거슬러 올라가 농경사회를 중심으로 운영되던 전통사회에서는 직업이란 단순히 부모로부터 물려받거나 전수

---

24) 上揭論文, p.40.

되는 것으로 생각했었다. 그리고 직업이란 농업·공업·상업 등에 국한되었었고 또한 수준 이하로 천시하였다. 전통사회에 있어서의 양반들, 소위 지배계급들은 직업을 갖는 것조차 부끄럽게 생각하거나 천인들의 소유물로 생각하거나 인정하였기 때문에 상류계층의 자녀들은 부모로부터 전수된 직위나 물적 환경의 양도로 인한 풍요로움 속에서 생계를 유지하면서 지내왔다. 따라서 특별한 지식이나 기술의 습득도 필요 없었고 다만 농업이 주로 경제생활을 만족시켜 주었던 것이다. 이것이 조선말기까지 지속되지 않았는가?

그러나 시대의 변천에 따라 과거의 농지사회가 현대의 산업경제 사회로 전환됨에 따라 농업에만 의지하고 생활하기에는 만족한 생활을 영위할 수 없게 되었다. 산업혁명 이후 공장공업과 분업이 발달하고 노동구조가 기계화됨에 따라 단순한 노동으로서의 충분한 역할수행이 어렵게 되었다. 특별한 기술이나 적합한 훈련이 없이는 산업기관에서의 복잡한 일을 감당하기에 부족하므로 직업훈련을 받아야만 일의 능률향상과 성과를 기대하게 되었다. 더욱이 현대사회에 들어와서는 직업의 종류가 과학기술의 발전과 더불어 다양화·고도화·분업화되어 보급되고 있다. 그래서 고도와 지식과 기술이 없이는 직무이행에 크나큰 차질을 빚게 되므로 이에 적합한 기술과 능력, 적성을 요구하고 있다. 이제 민주주의를 신봉하는 우리나라 사회에서는 점차적으로 직업의 귀천도 사라져 가고 있으며 일의 신성함을 인정하는 사회로 바뀌어감에 따라 직업에서의 소명감·사명감도 갖게 되었다.

노동 또는 일(work)은 경제활동에 필요한 것이며, 인간은 태초부터 살기 위해 일을 해 왔다. 확실히 일이란 단순히 살아남는 데 소용되는 가치 이상의 어떤 것으로 인정될 수 있는 활동이다. 현대 프랑스의 마르크시스트인 가로디(Roger Garaudy)가 말하듯이 일은 "첫째가는 도덕적 범주"인 것이다.25) 노동은(육체노동을 포함) 우리의 인간성과 지성의 필수적인 일부분이다. 그것은 자연 및 환경에 대한 우리의 관계뿐 아니라 우리의 의식 그 자체의 작용과 범위까지도 지시한 다. 융(Carl Jung)의 말에 의하면, "인간의 가장 높은 이상은 현실의 한계 안에서 그 자신의 타고난 가능성에 따라 독특한 창조적 개인으로 스스로를 완성시키는 것이다. 일이 없으면 모든 생명은 부패하게 된다. 그리고 일이 영혼을 상실할 때 삶은 질식하고 사망에 이른다."26)

이것이야말로 오늘날의 복잡하고 산업화·공업화·과학화 사회에서 많이 느끼고 있는 상황이다.

인간은 실제로 직업 없이는 일생을 살아가기가 어렵다(물론 일부 부유층의 유산만을 물려받아 무위도식하는 사람을 제외하고는). 직업 을 단순히 생계의 유지수단으로서 필요하지만 목적이 되어서는 안 되 는 직업을 통해서 생활의 만족감을 가지고 자기완성·자기실현의 계 기가 될 수 있어야 하며 바로 그런 방향으로 발전시켜야 할 것이다. 그리고 국가사회에 봉사하는 성공인·성취인이 되어야 한다. 그래서 직업교육의 목적은 직업발달의 목적과 일치해야 한다. 직업발달은 개 인으로 하여금 직업역할에 만족하도록 유도되어야 하고 도와주는 성 장과 발달의 과정이며 직업에 정착이 되어야 한다. 일이란 즐겁고 보 람을 느끼는 정도로 자유롭게 수용되어야 한다.

미국직업협회(American Vocational Association)의 정의에 따르면, "직업교육이란, 직업인(worker)이 일하는 데 필요한 기술·능력·이 해·태도·작업습관 및 평가를 할 수 있도록 계획된 교육이며 유용하 고 생산성을 토대로 고용에 유리하도록 도와주는 교육활동"이라고 한 다.27) 이러한 정의는 인간이 직업에 적합하도록 권장하는 것을 주요 테마로 삼고 있다. 해리스(Harris)에 의하면, 직업인은 직업에 적합하

---

25) 李東夏 譯, ≪人間과 勞動≫(서울: 한길사, 1982). p.10.
26) ≪上階書≫, p.15.
27) John F. Thompson, *Foundation of Vovational Education*(New York: Prentice-Hall Inc., 1973). p.111.

도록 행복감과 취미를 가질 수 있어야 한다고 강조하고 있다.

이와 같이 직업교육은 개인이 장차 미래사회인 직업세계에 유용하게 적응하고 행복을 찾고 만족하며 보람을 느낄 수 있는 직업을 현명하게 선택하고 배치할 수 있도록 다양하게 조직적으로 도와주는 교육활동이라고 볼 때, 대학에서의 직업교육은 마땅히 성공적인 직업인을 육성하도록 도와주는 제도적 장치를 마련하고 적극적으로 취업보도를 해 주어야 할 것이다.

이제 직업교육은 근시안적이고 소극적인 공장의 기능공을 만들어내기 위한 교육활동으로 보아서는 안 된다. 모든 직업은 직업교육을 통하여 이룩되는 것으로 승화시켜야 한다. 사실 이 세상에 존재하는 모든 직업은 직업 아닌 것이 없다. 인문계·사회계·공학계·자연계·의학계·예체능계 등 어느 분야를 막론하고 직업을 택하려면 적절한 준비교육을 빌아야 성공적으로 식무를 수행할 수 있다. 과거에는 초등학교 교육수준이나 또는 중·고등학교 교육 정도만으로도 사회에서 필요한 직업요구에 충족되었다. 그러나 현대사회와 같이 복잡하고 세분화·전문화·다양화·복잡화된 직업세계에 원만하게 적응하기 위해서는 고학력을 요구하게 된다. 더욱이 대학교육이 대중화·보편화됨에 따라 특별한 전문부서에는 전문교육 이상의 대학교육을 받아야만 소정의 직업에 적용될 수 있으므로 직업교육이 핵심이 된다.

따라서 직업교육에 대한 종전의 인식을 달리할 때가 왔다고 본다. 어디까지나 직업에 적응할 수 있는 제반지식과 기술의 습득·응용·가치관·제도함양·사명감·직업윤리 등 직업에 임할 수 있는 적합한 소양교육을 배워야 한다. 그렇다고 교양교육이나 인격교육을 등한시하라는 것은 절대로 아니다. 만족스런 미래의 직업생활을 유지하기 위해서는 일상생활에 필요한 교양교육도 필요하고 인격교육·도덕교육·창의성 교육·판단력도 요구되는 것이다. 일생을 통하여 주어진 환경에서 올바르게 만족하고 행복감을 맛보기 위한 직업을 선택하기 위해서 자기완성의 장으로 의의를 찾기 위해 계획된 진로교육을 철저히 수행하여야 할 것이다.

이런 의미에서 앞으로의 대학교육은 광의의 직업교육을 핵심으로 하여 학문의 탐구와 탐색이 필요하며 실용성을 감안하여 유능한 능력자를 길러야 할 것이다.

10년간을 교육을 받았어도 실제 사회에서 응용될 수 없는 인간을 길렀다면 이것은 교육의 낭비이며 소비일 뿐이다. 그러므로 대학교육도 「학문을 위한 학문」만으로 이루어지는 데 만족해서는 안 되고 직업교육을 통하여 적재적소에서 실용성·융통성 있는 창의적 인간이 될 수 있도록 이끌어 나가기 위해서 관심을 두고 실천해야 한다. 이런 차원에서 직업교육의 미래는 밝은 전망이 있다.

8. 結 論

현대사회의 직업·직장·직업적 지위는 과학기술의 눈부신 발전을 기점으로 하여 갖가지 사회현상의 확대와 분화에 따라 고도의 지식과 기술을 모든 사람에게 계속 요구하고 있다.

이에 부응하여 대학교육의 대중화에 따르는 대학에서의 직업교육의 미래를 조명해 보았다. 종래의 복고주의적 학문관에서 시야를 넓혀 현실적이고 합리적 교육을 모색하기 위하여 직업교육은 적극적인 차원에서 강화되고 보완되어야 한다. 직업은 어디까지나 자기실현의 결정체로서 미래사회의 직업교육은 단순히 생계의 유지만을 위한 방편으로 선택되어야 되는 것이 아니라 일생의 반려자로서 자기를 대표하고 자아실현의 도장이 되도록 선택되어야 한다.

대학교육에서는 제반 분야에서 실제적으로 유용하고 유능한 직업인·생활인의 육성을 적극 추진해야 한다. 이것이 산학협동 체제라고 본다.

현대가 바라는 완성된 인간은 각자가 맡은 직업적이고 전문적인 능력에 바탕삼은 교양 있는 자이지 직업세계를 도외시한 교양인을 바라지 않는다.

대학은 직업적 세계관을 받아들여 관념론적 대학관(大學觀)에서 벗어나야 하며, 직업교육 과정·교양과정으로 이분하여 교육이 조화를 이룩하여야 한다. 직업과정군(職業課程群)에서는 각종 직업의 특성을 바탕삼아 수업연한의 융통성 부여 등이 이루어져야 할 것이다.

대학교육은 전통문화에서 선도적 역할을 해야 하며, 필요에 따라 합리적인 개혁이 요구되기도 한다. 학문의 연구도 종국에 가서는 인류사회를 위하고 사회복지에 이바지할 수 있도록 유도되어야 한다. 개인생활의 안정과 평화가 유지될 수 있어야 사회의 안녕과 질서, 발전과 번영을 누리게 되는 것이다. 그러므로 대학에서의 직업교육화 방향은 시의 적절한 추세이며 그러한 방법을 강화하고 추진하면서 적극적이고 실제적인 교수활동이 전개되도록 노력해야 할 것이다.

제13장 韓國 生活指導의 現實과 方案

1. 序 論

중등학교에서의 학생 생활지도는 정규학교의 교과교육과 아울러 쌍벽을 이루는 중요한 생활교육으로서 계획적이고 조직적인 봉사활동이다. 그럼에도 불구하고 우리나라 생활지도 활동이나 역할은 그 중요성이나 필요성에 비하여 실제 활동하는 방향에 있어서 매우 미온적이고 비능률적이며 현실적용에 미흡하기 짝이 없다. 그 원인이 무엇인가를 규명해 보고 그 방안과 대책을 시급히 서둘러야 할 시점에 와 있다.

물론 생활지도는 현대에 와서야 비로소 중요성을 강조하고 그 필요성을 높이 주장하여 역설하고 있는 바는 아니다. 우리 인류가 태동하면서부터 오랜 전통사회 속에서도 비록 조직적인 체계를 정해 놓고 이루어지지는 않았다 하더라도 모든 가정에서 부모들이 자기 자녀들의 미래를 위한 생활습관이나 태도를 바로잡아 주기 위한 시도는 있었다고 본다. 다만 그것이 현대 산업사회와 같이 복잡한 사회구조와 다양한 직업의 세계의 변화, 가치관의 변화, 급격한 학생인구의 팽창과 고도의 과학문명과 기술의 발달로 말미암아 이러한 환경에 현명하게 적응하는 데 필요한 조직적인 봉사활동은 찾아볼 수가 없었다. 다만 웃어른들이 생활경험을 토대로 한 훈육이나 훈계, 금지·충고·체벌, 공중도덕을 지키기 위한 준법정신 등 가정이나 사회생활을 영위해 나가는 데 필요한 소극적인 지도가 가정 나름대로 이루어져 온 것이 고작이었다.

그러나 민주주의가 도입되기 이전인 우리 사회에 있어서는 20세기 고도의 산업경제 사회, 다양한 직업세계가 이루어지지 못했던 농경사회였던 만큼 오늘날처럼 사회가 복잡다단하거나 모든 문제가 복잡하지 않았던 까닭에 전문적인 생활지도의 이론이나 방법들을 동원하지 않더라도 학생들의 문제의식은 극심하지 않고 그런대로 세대를 달리해 가며 지도의 명맥을 유지해 왔다. 그렇지만 주지하는 바와 같이 18세기 산업혁명 이후, 수공업에서 공장공업으로 변화되고 분업이 이루어지고 사회가 날로 복잡해져 감에 따라 원시적인 지도형태로서는 도저히 문제를 인식하고 지도하기에는 역부족이었다.

따라서 부적응에 대한 문제가 급속도로 증가해 가고 사회가 전문화·세분화·다양화되어감에 따라 현명한 선택과 지도, 잠재 가능성의 개발과 적응의 지도의 필요를 초래하게 되었다. 뿐만 아니라 학생 적령인구의 증가, 전문화·다양화된 직업세계의 변화, 개인차의 강조, 사회양상 및 가치관의 변화와 갈등, 가족구조의 변화, 진로의 문제, 이데올로기 문제, 교우 및 이성문제, 종교관 등 문제가 속출함에 따라 이에 대응하기 위한 방법으로서의 생활지도는 마땅히 학교현장에서 조직적인 계획과 실천이 뒤따라야 마땅하다.

그러므로 필자는 현대 산업사회에서의 요구와 필요, 자기성장과 발전에 필요한 생활지도 방법의 활성화는 학교교육에서 이루어져야 하기 때문에 실천력 있는 방안을 제시하고 성공적으로 이루어지기를 기대한다. 이의 기초 작업으로서 우리나라의 생활지도가 어떠한 상태에서 이루어지고 있는가를 확인하고자 생활지도의 발달적 배경과 현황, 그리고 당면과제와 생활지도를 돕기 위한 자료를 제시함으로써 원만한 생활지도 활동이 보급되고 실천되기를 갈망하는 바이다.

2. 生活指導 發達의 背景 및 現況

옛날, 학교라는 근대적 기능이 조직되고 제도화하기 이전에는 생활
지도라는 용어나 개념이 별로 문제가 되지 않았다. 이를테면 그리스
시대나 로마시대에 있어서는 지금과 같은 학교가 없었으므로 교육의
방편으로 가정교사적인 지도에 의존했다고 볼 수 있다.1)

우리나라에서는 서당이나 향교(鄕校)의 선생님 또는 훈장이 다만
천자문이나 명심보감·소학·논어·동몽선습·맹자 등의 교훈적인 내
용을 가르치면서 교편물의 하나로 회초리를 사용하였는데 이것 역시
현대적인 의미의 생활지도는 아닐지라도 서론에서 언급한 바와 같이
「훈육」이란 입장이 생활지도의 효시라고 생각된다. 일제시대에는 수
신(修身)이나 신도란 개념으로 도덕적인 차원에서 일상생활에서 일어
나는 문제를 지도하기 위하여 처벌과 훈계로써 행동의 제약을 가하여
못된 행동을 저지시키는 일을 해 왔다.

근세 이후에 학교기관이 양적으로 팽창하고 학령인구가 증가함에
따라2) 학교교육은 오로지 편파적인 입신출세의 수단으로서 교과중심
교육으로 편중된 주입식교육이 성행하여 자기소질 발견이나 개별지도
는 무시한 채 암기식교육만 치중해 왔다. 따라서 학생들의 개인차·적
성·흥미·능력을 고려하지 않고 개성을 무시한 교육으로 말미암아
전인교육에 위배되는3) 현상을 빚고 있으며 교육목표에 어긋나는 길
로 치닫고 있다. 그리하여 조직적인 생활지도는 염두에도 없었고 점
수 따기 교육에 혈안이 되어 발전되지 못했을 뿐만 아니라 학교에서

---

1) 黃應淵·尹熙晙, ≪現代生活指導論≫(서울: 敎育出版社, 1984). p.44.
2) 金忠起, ≪生活指導敎育≫(서울: 學文社, 1984). pp.18-19.
3) 文敎部, 中等學校敎育目標 참조.

교육의 책임을 맡은 담당자나 상담교사 역시 문제해결과 정보제공, 상담의 기능을 포함한 생활지도의 비중을 매우 경시하거나 무시한 채 뒷전에 처지고 있었다.

초기의 생활지도 운동은 해방과 더불어 민주적인 교육사상의 도입에서 비롯되었다. 일제시대에도 각급학교에 훈육담당 부서가 있어서 학생들의 훈육문제를 담당해 왔고 직업소개소 같은 기관에서 일반 국민의 직업알선(중요한 직업은 없고)을 해 왔지만 전문적인 훈련을 받은 전문가에 의해서 운영된 것이 아니기 때문에 과소평가하는 상태에 있었다.

생활지도 도입의 효시로는 1957년 서울특별시 교육위원회가 카운슬러 강습회를 개최하여 40여 명의 전문적인 교도교사(counselor)를 양성한데서 그 연원을 찾을 수 있다.4) 물론 이러한 양성의 시발점은 자생적(自生的)이라기보다는 외생적(外生的)으로서, 미국에서 발달된 최신의 생활지도의 원리와 실제를 우리나라 교육계에 도입의 필요성을 절감하여 미국에서 공부한 유학생이 학자가 되어 귀국하여 미국적인 생활지도 운동을 소개함으로써 비롯되었다.

그 당시만 해도 6·25를 겪은 후의 사회혼란과 경제적 안정이 이룩되지 못한 때 미국의 선진이론을 우리나라 교육계에 전달시키는 과정은 어려움이 있었으나 그 공헌을 인정하지 않을 수 없다.

선진국의 발전상을 우리가 선별할 겨를도 없이 전수하여 왔으므로 한때 미국적인 생활지도는 우리의 현실과 알맞게 적용될 수 없다고 하여 생활지도 무용론을 주장한 때도 있었지만 1960년대 4·19 학생혁명 이후 학생문제의 대두로서 생활지도에 관한 활발한 연구, 대학의 학생생활연구소의 설립(서울대학교가 그 효시로서 1963년에 이루어짐),5) 교도교사 자격규정의 시행, 1964년도에 한국카운슬러협회 및

---

4) 黃應淵·尹熙晙, ≪生活指導≫(서울: 敎育出版社, 1981), p.54.
5) 忠北大學校 學生生活研究所, "大學學生生活研究所 機能定立을 위한 학술

각 시·도 지회의 발족, 심리검사윤리위원회의 발족, 1971년 한국심리학회에서 그해 12월에 임상 및 상담 심리 전문가의 자격규정을6) 정하여 1973년부터 시행키로 한 상담 심리 전문가의 자격시험의 실시 등 전문요원의 양성이 태동하였다.

문교부 당국이나 시·도 교육위원회에서도 생활지도 활동의 중요성을 인식하고 각급학교에 상담실 설치를 의무화하고 적극적인 생활지도를 시달하고 있다. 그러나 학교의 형편에 따라 상담운영에 있어서 미흡한 곳도 상당수에 이르고 있다.

생활지도 발자취를 더듬어 보면, 해방 이후 1950년대 후반까지를 도입과 혼란의 시기, 1960년대 후반까지를 생활지도 개념의 탐색기로서, 1960년대 후반부터 현재까지를 전문직 확립에로의 노력기로 구분하고 있다.7)

이와 같이 생활지도의 발달은 이제 4반세기가 소급 지난 매우 짧은 역사를 지니고 있기 때문에 아직도 이해도가 부족한 실정이며 사회에서나 교육현장에 전문적 지도자 또는 전문요원이 부족하므로 교육행정 책임자나 교사, 문교부 담당 행정요원들의 소극적인 태도와 이해부족과 예산상의 부족으로 활발히 전개되지 못하고 있는 실정이다.

그러나 생활지도의 근원인 미국에서는 1908년 파슨스(Frank Parsons)의 제창으로 조직적인 생활지도가 원만하게 활성화되어 학교 현장에서 이루어지고 있으며 수많은 참고문헌이나 연구물·사례연구들이 쏟아져 나와 생활지도 활동에 큰 도움이 되고 있다. 더욱이 1957년 소련의 인공위성 스푸트니크 발사 충격은 미국 교육계에 커다란 파문을 일으키게 되었고 급기야 국방교육법(National Defense Education Act)의 제정을 서두르게 되었다. 이 법안의 근거에 따르면

심포지엄," 1982. 7. 2, p.6.
6) 黃應淵 外, ≪前揭書≫, pp.335-336.
7) ≪上揭書,≫ pp.335-336.

우선적으로 학생들의 적성개발에 중점을 둔 생활지도 강화책을 입안하여 행·재정적인 뒷받침이 크게 이루어져 생활지도 발전의 계기가 되었다.8)

물론 생활지도 발달의 근원은 심리학의 발달, 심리측정 검사 등 표준화 검사의 발달에 큰 힘을 입었고 산업사회의 급격한 변화와 개인차의 강조, 개인존중의 사회풍토가 복잡다단한 직업의 세계에 적응시키기 위한 개별지도의 강조에도 원인이 있다. 현재 미국 학교에는 5만여 명의 전문적 소양을 갖춘 석사학위 이상의 카운슬러가 시설환경이 잘 갖추어진 상담실에서 개별상담 및 집단상담을 순조롭게 수행하고 있으며, 평균 학생 400명 대 한 사람의 카운슬러가 전담하여 학생 생활지도를 활발하게 운영하고 있다. 그것도 학급담당을 하지 않고 순전히 독립된 상담실에서 학생 개인 조사활동·정보활동과 상담활동, 문제아 지도, 정치활동(定置活動)과 추후활동 등을 전문적으로 다루고 있어 효과적인 활동이 만족할 만큼 성공적으로 전개되고 있다. 게다가 일반 학급교사보다 평균 20% 이상의 좋은 보수를 받고 있어 상담교사가 되려는 평교사의 노력이 급증하고 있다.

그런데 몇몇 장에서도 제시하였지만 우리나라에서는 상담교사(교도교사라고 부르지만 필자는 상담교사가 더 적합하게 생각됨)가 과중한 수업지도 부담과 잡무 및 상담실 운영과 상담활동을 겸하고 있는 실정에다 특별한 대우도 없는 형편에 있고, 단기간(260시간)의 강습을 받은 상담교사9)로 충당하거나 무자격자가 위임받아 운영하는 형편이므로 전문성 제고 면에서도 문제가 있고 그 신뢰도가 몹시 떨어지는 실정에 있다. 예를 들면, 고등학교학생의 진로의식 조사연구에 따르면10) 진로선택에 있어서 상담을 부모나 친척(66.0%) 또는 친구나 선

---

8) Frank W. Miller, *Guidance: Principles and Services*(Columbus, Ohio: Charles E. Merrill Publishing Company, 1968). pp.33-37.
9) 金忠起, ≪前揭書≫.

배(26.5%)와 상의하는 반면 교사나 상담전문가(3.7%)에 의한 진로상담은 거의 이루어지지 않고 있다는 결과를 찾아볼 수 있다. 이것은 체계적인 진로지도 교육과정이나 정보·진로상담 전문가가 절대적으로 부족한 데서 오는 현상으로서, 학생의 진로개발을 위한 교사의 역할이 재평가되어야 하겠다.

이와 같은 연구에 의하면 교사나 상담교사의 이용도가 극히 미약하다는 증거를 나타내고 있다. 그러한 문제의 요인은 생활지도 업무를 전담해야 할 전문가가 부족하고 단순히 단기간의 교도교사 강습을 받아 자격을 취득한 상담교사가 전문가가 못되는 원인도 있다. 뿐만 아니라 상담교사에게 무거운 수업부담인 주당 18시간에서 30여 시간에 이르는 막중한 시간과 함께 학습지도와 학급경영도 겸하는 실정에 있어 제대로의 상담기능을 발휘할 시간적인 여유가 없다. 따라서 상담실의 기능이 유명무실힌 존재로 형식적인 운영만을 거듭해 오히려 신뢰도가 떨어지고 있다.

이러한 형식적이고 구호에만 그치는 상담실 운영의 결과 상담기능의 효율성마저 인식을 격하시켜 문제점으로 지적되고 있다. 그러나 1963년 한국카운슬러협회란 상담교사의 연구단체가 서울대학교 강당에서 창립을 본 이후 매년 전국적인 상담교사의 연구 활동이 끊임없이 전개되고 있다. 연차적으로 그동안 연구해온 생활지도에 관한 주요활동을 소개하면 다음과 같다.11)

　　1964년 11월 1~4일 제1회 전국대학 및 중·고교 연구협의회
　　주제는 「카운슬러의 전문적 성장」이며, 주제강연자는 서울대학교
　　교수 정범모 박사이다.

---

10) 孫忠基·孫炳魯·李聖珍, ≪高等學校 學生의 進路意識≫(서울: 韓國行動科學研究所, 1982). pp.8-9.
11) 韓國 카운슬러 協會, ≪相談과 指導≫, 제18호(서울: 韓國카운슬러協會, 1984). 부록 참조.

1965년 11월 4~6일, 제2회 연구협의회는 서울대학교 문리과대학 시청각교육 센터에서 「한국 카운슬링 운동의 반성」으로 김기석 박사가 주제강연을 하였다.

1966년 11월 24~26일 제3회 연구협의회는 서울대학교 학생지도연구소에서 「교육개혁과 카운슬러의 역할」이라는 주제로 정희정, 이상로 교수가 동아대학교에서 발표하였다.

1966년 12월 12일 임원회에서 전임 교도제를 건의하기로 결정.

1968년 5월 23~25일 제4회 연구회에서는 전남 광주학생 독립운동 기념관에서 김기석 박사가 「한국의 근대화와 카운슬러의 역할」이란 주제로 발표하였다.

1969년 5월 29~31일 제5차 연차대회.

1970년 5월 28~30일 제6차 연차대회는 중앙대학교에서 「변화에 적응하는 학생지도」로 정원식 박사가 주제강연을 하였다.

1971년 4월 29일 「교도교사의 위치와 처우개선에 대한 건의서」를 문교부장관에게 제출, 「한국 카운슬러의 전진적 자세」로 정원식 박사가 발표하였다.

1971년 9월 9일 「교도활동의 문제점과 문교부의 지원방안」을 문교부에 제출.

1972년 6월 22~24일 제7차 연차대회는 서강대학교에서 정희경 교장의 주제강연으로 「전환기의 청소년」을 발표하였다.

1972년 8월 14일 교도주임 법제화 국회통과.

1972년 8월 26일 18학급 이상의 중·고교에 교도주임을 임명하는 교육법 시행령 중 개정령이 공포됨.

1973년 10월 25~27일 제8차 연차대회는 경북대학교에서 「새 세대와 새 사회」란 주제로 이상로 교수가 발표하였다.

1974년 10월 26~28일 제9차 연차대회에서 「격동기의 청소년지도」로 동국대학교에서 정범모 박사가 주제강연을 발표하였다.

1975년 11월 7~8일 제10차 연차대회는 성균관대학교에서 「청소년 문화의 방향」을 윤태림 박사가 강연하였다.

1976년 11월 5~6일 제11차 연차대회에서는 대전 호수돈여자고
등학교에서 「진로지도의 방향」이란 제목으로 이영덕 박사가 주제
강연을 하였다.

1977년 10월 13~14일 제12차 연차대회에서는 경희대학교에서
「80년대의 청소년」으로 이성진 박사가 주제강연을 하였다.

1978년 9월 22~23일 제13차 연차대회에서 유기섭 박사가 전
북대학교에서 「생활지도 정착의 과제」란 주제강연을 실시함.

1979년 3월 《카운슬러를 위한 총서》 출판이 시작됨.

1979년 8월 17~18일 제14차 연차대회는 건국대학교에서 「복지
사회에 대응하는 카운슬러」란 주제로 황응연 박사가 주제강연을
하였다.

1980년 7월 24~25일 제15차 연차대회는 「자기성장과 생활지도
의 중심과제」로서 부산대학교에서 이형득 박사가 발표.

1981년 8월 20~21일 제16차 연차대회는 한국외국어대학교에서
「생애교육과 생활지도」란 주제를 정원식 박사가 발표.

1982년 8월 12~13일 제17차 연차대회는 아주대학교에서 「자율
성 함양을 위한 생활지도」란 주제로 최정훈 박사가 발표.

1983년 8월 18~19일 제18차 연차대회에서는 「미래사회와 카운
슬러」란 주제로 인하대학교에서 정범모 박사가 발표하였다.

1984년 8월 16~17일 제19차 연차대회에서 「청소년의 의식구조
와 카운슬링」이란 주제로 이화여자대학교에서 임희석 박사가 발표.

1985년 8월 8~9일 제20차 연차대회에서 「2000년대의 청소년
상」이란 주제로 경남 창원대학에서 이상주 박사가 발표.

1986년 8월 7~8일 제21차 연차대회에서 「청소년지도의 다원적
참여」로 청주 공군사관학교에서 서명원 박사가 주제 발표.

위와 같이 생활지도에 관한 연구 활동은 끊임없이 연중행사로서 전
국의 교도주임들이 700여 명에서 1천여 명에 이르는 수많은 인파가
모여 연차대회와 아울러 개인연구 발표를 전개하고 토론을 하며 질적

향상을 위해 노력을 경주하고 있다. 이러한 연구 활동은 한국카운슬러협회가 주관이 되어 주제강연 및 발제강연·토론회가 전개되고 있다. 아울러 한국카운슬러협회 산하에 대학 카운슬러 협의회에서는 연 2회 연구발표회를 가지면서 생활지도 및 상담활동의 연구가 계속 추진되고 있다. 각 시·도 지회 연구회에서는 각 지역별로 연구조직이 이루어져 지역단위의 생활지도 연구 활동이 적극적으로 이루어지고 있다.

그리고 서울특별시 교육연구원 상담실에서는 ≪학생지도≫란 연구물이 매년 쏟아져 나오고 있으며 그밖에 지방 교육연구원에서 큰 관심을 가지고 상담실 운영과 진로정보 자료실을 만들어 학생들의 정보 제공 활동에도 큰 역할을 하고 있다.

이와 같이 한국카운슬러협회를 구심점으로 하여 각 시·도 지부 연구회에서 자발적으로 교도주임들의 연구발표와 실천사례들이 쏟아져 나오고 있지만 아직도 상담활동을 위한 지도자료가 부족하고 학교행정 당국의 협조체제가 미흡하며 이해도가 미진하여 열성과 열의에 비하여 성과는 크게 기대할 만큼 발전을 하지 못하고 있다.

3. 카운슬러 및 相談室運營 實態

카운슬러(상담실)는 생활지도 프로그램의 계획과 개발, 상담, 학생의 평가, 교육 및 직업계획, 집단지도, 배치활동, 교직원의 자문, 지역사회 연구, 홍보활동 등[12] 전문적 활동을 전개하며 상담실 운영의

---

12) 金忠起, ≪前揭書≫, p.299.

책임자로서 할 일이 많다. 인적 구성과 전문적 자질, 시설환경과 자료, 학교행정 관리자의 이해와 협조, 창의적인 생활지도 프로그램의 작성과 효율적인 실시 등도 발전적 과제임에 틀림없다.

현재 우리나라의 교도교사의 실태와 상담실 설치현황을 조사하고 자격규정을 알아보고 문제점에 대한 시정방법을 제시하여 상담 본연의 업무에 충실하도록 노력하는 것이 바람직하다.

법규상 교도교사의 자격 및 임용은 교육법 제29조 제1항에 의거 대통령령이 정하는 바에 의하여 문교부장관이 부여하는 자격증을 받은 자라야 한다[13]고 규정하고 있다.

이와 같은 근거에 따라 교도교사는 교육법 시행령 제40조 4항(중학교) 및 43조 4항(고등학교)에 의거, 18학급 이상의 학교에는 교도주임 1인을 둘 수 있다고 명문화하고 있다. 교도업무는 주임교사 임용규정 제13조 6항에 의기 교도주임 교사는 학생상담·학생이해를 위한 제반검사 및 진로지도에 관한 업무를 담당한다.

교도교사 자격은 ① 중등학교 정교사(1급) 자격증 소지자로서 소정의 교도양성 강습이수자, ② 중등학교 2급 정교사 자격증 소지자로서 3년 이상의 교육경력과 소정의 교도양성 강습이수자, ③ 준교사 자격증 소지자로서 5년 이상의 교육경력과 소정의 교도양성 강습 이수자, ④ 대학졸업자로서 재학 중 교육학과·교육심리학과 또는 심리학과 전공자로서 5년 이상의 교도양성 강습 이수자로 되어 있다(교육법 제79조 별표 1항).

이와 같은 자격규정은 이미 오래전(1960년대)에 이룩된 양성과정이므로 낙후되었거나 4반세기가 지난 현실에는 부적합하며 현재의 상담교사 자격기준을 훨씬 질적인 강화를 할 필요가 있기 때문에 양성제도를 단기간 강습이수 정도의 제도를 현대수준에 맞게 바꾸어야 하며

---

13) 文敎法典, 敎育法 제79조 참조.

전문적 성장과 인성적 특질을 갖춘 전문가의 양성이란 측면에서 볼
때 시급히 수정해야 한다.

따라서 자격규준을 강화하기 위해서는 교육법 79조에 제시된 현재
의 자격기준을 개정하여 승격시켜 적어도 대학원 석사과정 수준 이상
의 학위과정을 수료한 자로서 주로 생활지도 교육학과(新設), 교육대
학원의 상담심리 교육전공, 학교상담 전공학과에서 전문교육을 받은
사람으로 임명되어야 한다. 그리고 각 학부 전공 분야에 관계없이 현
직교사로서 3년 이상의 교육경력을 가진 자 이상으로 대상을 삼아야
할 것이다. 이를 전문화시키는 작업으로서 교도교사자격기준령을 바
꾸어야 한다.

상담교사의 질적 향상과 전문성을 살리기 위해서 또는 신뢰감을 조
성하기 위해서 교도교사 양성을 단편적인 강습위주로 끝낼 것이 아니
라 질적인 수준을 높여야 한다. 그것은 전문적인 석사학위 수료에 풍
부한 교직경험을 요하는 것이다.

그러나 잠정적으로 법적인 개정이 되기 전까지 현재 수준에서 진행
되고 있는 과정을 소개하여 현실을 파악하고자 한다. 1984년 4월 30
일 현재 전국 교도교사의 현황은 다음 <표 13-1>과 같다.

〈표 13-1〉 교도교사 자격증 소지교사 현황

(1984도 기준)

학교 \ 구분	학교수	자격증 소지교사수	학교당 평균인원	
중 학 교	2,328	2,511	1.08명	비고
고등학교	1,550	2,107	1.36명	비고
계	3,878	4,618	1.19명	비고

최근의 조사자료에 의하면 전국의 중·고등학교 교도교사 자격증 소
지자는 4,618명이며 학교 수는 3,878개교로서 학교당 평균 1.19명의 인

적자원을 확보하고 있다. 1980년도에는 2,416여 명이었는데 그 후 강습을 받아 자격증을 받는 수가 증가되어 매년 1981년에 410명, 1982년에 780명, 1983년에 715명, 1984년에 860명으로 증가추세에 있다.

이와 같이 자격연수의 현황과 수적 증가는 그만큼 필요성이 증가됨을 의미하지만 광범위한 교과목에 형식적인 260시간의 교육으로 전문성이 길러질 수는 없다. 이것은 상담전문직의 모독을 의미한다.

〈표 13-2〉 교도주임 배치현황

구분 학교	학 교 수	교도주임 배치			비고
		계	17학급 이하	18학급 이상	
중 학 교	2,328	926(39.9%)	73(5.3%)	853(89.3%)	비고
고등학교	1,550	891(57.5%)	60(9.3%)	831(92.0%)	
계	3,878	1,817(46.9%)	133(6.6%)	1,684(90.6%)	비고

전국 중·고등학교에 교도주임 배치현황은 중학교가 39.9%, 고등학교는 57.5%로서 전체 학교 수에 비해서 절반 수준도 못되는 46.9%에 불과하여 2개교에 1명 정도밖에 안 된다. 이것은 대개 18학급 이상의 경우에만 교도주임을 1명 배치하고 있어 중학교가 89.3%, 고등학교는 92.0%로 거의 1개교 1명씩 교도주임을 배치하고 있는 형편에 있어 다행한 일이나 17학급 이하의 학교에는 불과 6.6% 정도밖에 없으니 교도주임을 배치하지 못하는 실정이다. 따라서 적어도 1개교 1명 정도의 교도주임을 배치하여 상담업무를 강화할 필요가 있다.

〈표 13-3〉 상담실 설치현황

구분 학교	학 교 수	상담실 설치			비고
		계	17학급 이하	18학급 이상	
중 학 교	2,328	1,349(58%)	488(35.5%)	861(90.2%)	비고
고등학교	1,550	1,235(79.7%)	332(51.3%)	903(100%)	
계	3,878	2,584(66.6%)	820(40.6%)	1,764(94.9%)	비고

전국 중등학교에 상담실 설치현황은 중학교가 58%, 고등학교가 79.7%로서 고등학교에 더 시설되어 있다. 전체적으로 66.6%밖에 미치지 못하고 있다. 이것은 교도주임 배치현황과 비교해 볼 때, 중학교가 상담실을 58% 구비하고 있는데 배치현황은 39.9%밖에 안 되며, 고등학교에 있어서도 79.9% 설치되었는데 57.5%밖에 교도주임을 배치 못하고 있다.

이러한 사항으로 보아 상담실 설치현황도 100%가 설치 못되고 66.6%밖에 안 되는데 교도주임 배치는 그보다 훨씬 낮은 46.9%밖에 안되니 상담실만 설치해 놓고 일할 수 있는 교도주임은 배치하지 못하고 빈 교실만 남겨두는 결과를 낳고 있다. 더구나 17학급 이하의 학교는 더욱 심하여 40.6%의 상담실을 확보해 놓았으나 교도주임은 6.6%만 배치해 놓고 있다. 그러므로 상담실 설치에도 문제가 있고 교도주임 배치에도 부족한 현상이니 생활지도가 철저하게 실행될 수 없음을 증명하고 있는 것이다.

이상의 참고자료에 나타난 바와 같이 형식적인 상담실 설치를 지양하고 보다 적극적인 행정적 지원과 인적 자원의 충당으로서 기본적 활동을 할 수 있는 여건을 마련해야 될 것이다. 이러한 문제부터 시정이 있어야 한다.

〈표 13-4〉 교도주임 수업부담 현황

구분\학교	계	주당 수업시수별 교도주임 수(%)						비고
		0	1-5	6-10	11-15	16-20	21이상	
중학교	926	7(0.8)	4(0.4)	12(1.3)	62(6.7)	300(32.4)	514(58.4)	비고
고등학교	891	19(2.1)	4(0.4)	23(2.6)	151(16.9)	477(53.5)	217(24.4)	
계	1,817	26(1.4)	8(0.4)	35(1.9)	213(11.7)	777(42.8)	758(41.7)	비고

　1984년 4월 30일 현재 교도주임 수업부담 현황을 보면 상담업무에
전담하고 있는 전체의 1.4%에 불과하고 10시간 미만을 수업부담을
안고 있는 주임이 3.7%밖에 안 된다. 그리고 16시간 이상 30시간 미
만까지 84.5%를 차지하고 있어 거의 대부분이 막중한 수업부담을 안
고 있다. 이러한 과중한 수업부담 외에 잡무처리(학급경영 및 공문서
처리 등)가 많으며 하루의 일과 중에 수업에 임하고 나머지 시간을 가
지고 생활지도와 상담업무에 종사를 해야 하니 상담활동에 시간적·정
신적인 여유가 없어서 자연히 소홀해지고 피곤하여 무관심하게 된다.
따라서 적극적이고 활발한 활동은 구조적으로 어렵게 되어 있다. 그
리하여 명목상으로만 교도주임이지 학생상담에 관한 면담시간과 기타
정보제공 활동이나 검사처리·배치활동에 막대한 지장을 초래하고 있
다. 이로 말미암아 학생들의 기대에 어긋나고 자발적인 참여와 지도
의뢰에 차질이 빚어져 신뢰감만 떨어지는 형편이다. 교도주임이 상담
업무에 충실하려면 수업부담이 전혀 없이 상담업무에 전담할 수 있는
제도적 장치를 마련하고 상담교사의 창의적이고 자발적인 활동의 기
회를 충분히 마련해 주어야만 보다 높은 성과를 기대할 수 있다.
　학교운영 등 예산상의 이유로 수업지도와 상담업무를 겸하고 있는
것은 장래 학생들의 전인적 성장과 문제의 해결, 인력의 적정분배 활
동, 체재능력의 개발의 차원에서 볼 때 크나큰 인력의 낭비를 가져오
며 생활지도의 문제는 해결될 수 없어서 학교생활이나 미래의 사회생
활 또는 가정생활을 원만히 적응하는 데 문제가 생긴다. 이와 같은
현상이 계속적으로 유지된다면 국가의 인력양성 면에 손실을 면하기
어렵다. 올바른 생활지도를 효과 있게 활동하려면 풍부한 여건을 조
성해 주고 전문적 소양을 갖춘 유자격 카운슬러를 임명하여 오로지
상담에 전념할 수 있는 환경을 제공해 주어야 성과 있는 결과를 기대
할 수 있다.
　미국의 경우와 비교해 보면 엄청난 차이를 느낄 수 있다. 미국의

상담교사 배치현황을 보면 다음 <표 13-5>와 같다.14)

<표 13-5> 미국 중등학교 카운슬러 대 학생 수

연 도	전담 카운슬러 수	카운슬러 대 학생수 비율
1958-1959	12,000	1 : 960
1962-1963	27,180	1 : 600
1966-1967	36,200	1 : 490
1970-1971	41,000	1 : 470
1974-1975	43,000	1 : 450
1978-1979	44,000	1 : 450

앞의 표에 의하면 1980년 현재 1 : 450명의 학생부담을 갖고 일하고 있으며 지금은 300~400명 선으로 부담을 줄이고 있다.

한편 상담교사의 수준을 보면15) 아래 <표 13-5>과 같다.

<표 13-6> 미국 상담교사의 수준

연도	학사학위 수여자	석사학위 수여자	중간학위 수여자	박사학위 수여자
1963-1964	45	4,579	75	230
1968-1969	175	9,411	115	401
1973-1974	325	17,507	375	632
1978-1979	1,161	19,000	625	900

종합적으로 초등학교에서도 상담교사가 전담하고 있는데 1 : 600명 정도의 학생부담을 가지고 지도하며, 중등학교에서는 300명 정도, 초급대학과 대학에서는 750~1,000명 정도 부담을 갖고 상담지도에 철저를 기하고 있다. 상담교사의 질적 수준도 매우 높아서 대개 석사학

---

14) Bruce Shertzer and shelly C. Stone, *Fundamentals of Counseling*(Boston: Houghton Mifflin Co., 1980). p.34.
15) *Ibid.*, p.35.

위 수여자가 주종을 이루고 있으며 50% 정도가 22세 정도를 이루고 22~44세 정도가 10%, 나머지 45세 이상은 25%를 넘고 있다.16)

이러한 미국의 현황을 참고로 삼고 우리나라에 있어서도 점진적으로 선진국의 모델이나 방법을 채택하여 정상적인 활동에로 노력을 기울여야 할 것이다. 우선적으로 생활지도 활성화를 위한 방법으로 좀 무리가 있더라도 자라나는 제2국민의 건전한 성장과 발달을 도모하기 위해서는 과감한 행정력을 발휘하여 적어도 1개교에 1명의 전담 카운슬러를 배치하고 전문적 활동을 기대하여 성과를 높이는 일이 장래를 위하는 길이라고 본다. 보다 앞을 내다보는 미래지향의 발전적 착상을 하여 실천할 것을 거듭 강조한다.

4. 生活指導에 관한 文獻調査

생활지도를 이해하고 활동하는 데 도움이 되기 위해서는 이에 관한 풍부한 자료가 필요하다. 다만 체계적이고 조직적인 생활지도의 도입과 실시는 1957년 이후에 이루어졌기 때문에 그 이전에 훈육이라는 차원에서 이해하고 보급되어 있는 자료는 제외하고 해방 이후 1950년대 후반부터 싹트기 시작한 생활지도 활동이 전개된 다음부터 소개된 우리나라 안에서 발행되고 있는 참고문헌을 조사하여 순서 없이 계통별로 나열하여 생활지도 활동에 전적으로 이용될 수 있도록 했다.*

---

16) *Ibid.*, pp.34-35.

* 여기에 소개된 자료 외에 碩士學位 수준의 논문이나 敎育機關 등에서 단편적으로 발표된 논문은 소개하지 않았음. 생활지도 논문에 관한 것은 中央敎育硏究院에서 내놓은 敎育論著總合索引(1945~1978) 중 pp.153-200에 목록이 실려 있는 것을 참조할 것.

(1) 生活指導 一般에 관한 것

孔錫英, ≪生活指導論≫, 서울: 藝一出版社, 1979.

金光雄, ≪幼兒生活指導≫, 서울: 學文社, 1982.

金基錫 外 7人, ≪生活指導≫, 現代敎育叢書 7卷, 서울: 現代敎育叢書出版社, 1961.

金承國·鄭芳子, ≪生活指導≫, 서울: 敎育科學社, 1984.

金正漢, ≪生活指導≫, 서울: 螢雪出版社, 1978.

金千鎔, ≪生活指導≫, 서울: 螢雪出版社, 1982.

金忠起, ≪生涯敎育과 生活指導≫, 서울: 平民社, 1980.

金忠起, ≪生活指導敎育≫, 서울: 學文社, 1983.

金貞圭, ≪敎育心理와 生活指導≫ 서울: 學文社, 1986.

金學守·李潤洙 共譯, ≪生活指導의 原理≫, 서울: 載東文化社, 1968.

金憲洙, ≪生活指導≫, 서울: 載東文化社, 1983.

金興圭, ≪生活指導≫, 서울: 世光公社, 1982.

朴性洙·任承權·鄭元植, ≪生活指導≫, 서울: 韓國放送通信大學出版部, 1982.

朴性洙, ≪兒童生活指導≫, 서울: 韓國放送通信大學出版部, 1984.

朴性洙, ≪生活指導≫, 서울: 正民社, 1986.

서울特別市敎育委員會, ≪社會變化에 대응하는 生活指導≫, 서울: 서울市敎育委員會, 1975.

安昌一·張彦孝, ≪敎育心理와 生活指導≫, 서울: 甲乙出版社, 1983.

李榮德·鄭元植, ≪生活指導의 原理와 實際≫, 서울: 敎育科學社, 1972.

張赫杓, ≪生活指導≫, 서울: 載東文化社, 1983.

田替和, ≪生活指導 프로그램의 設計≫, 서울: 現代敎育叢書出版社, 1964.

鄭寅錫・黃石根・金興圭, ≪生活指導≫, 서울: 載東文化社, 1970.

鄭元植, ≪兒童發達과 指導≫, 서울: 서울大學校附設 韓國放送通信
  大學, 1974.

韓國通信敎育硏究會, ≪生活指導≫, 現職敎育叢書 7권, 서울: 韓國
  通信敎育硏究會, 1977.

黃應淵, ≪生活指導≫, 敎育現場全書 7卷, 서울: 培英社, 1982.

黃應淵・尹熙晙, ≪生活指導≫, 서울: 敎育出版社, 1977.

黃應淵, ≪現代生活指導論≫, 改正版, 서울: 敎育出版社, 1984.

위와 같이 생활지도 입문서 또는 기초안내서로서 30여 종에 이르
나 거의 미국의 생활지도 기초에 관한 내용을 소개한 것들이고 독창
적인 한국적인 생활지도에 관한 내용을 찾아보기 힘들다.

한편 초창기인 1960년대 초에 김기석 외 7인이 펴낸 생활지도 입
문서를 효시로 하여 1960년대 말까지는 별로 참고 서적이 없는 상태
에 있다가 1970년대 중반 이후에 활발하기 시작하여 1980년대에는
여러 문헌이 쏟아져 나오고 있다.

그러나 초・중・고등학교에 필요한 생활지도 교과가 교직과정이나
사범대학과 같은 교사양성 기관에 필수적으로 부과되어야 할 과목이
빠져 있다는 것은 커다란 문제점이 아닐 수 없다. 고작해야 교육심리
학의 일부로서 약간 소개되는 정도로 인정함은 문교부 행정당국에 있
는 요원들의 인식부족이나 불찰로 빠뜨린 것이 아닌가 생각된다.

주지하는 바와 같이 학교교육의 2대 과제로 중요한 점은 교과교육
과 생활지도 교육일 것이다. 요즈음처럼 청소년들의 비행・폭행・강
간 등 제반 문제성이 심각하여 이를 해결하기 위한 방안으로 대통령
산하에 청소년선도대책위원회를 신설하는 작업까지 실시하는 중대성에
비추어 볼 때 초・중등학교 교사가 될 교사양성 기관에 「생활지도」
교과를 신설하여 지도하지 않고 있음은 문제이며, 마땅히 「생활지도」
교과를 설치하여 지도에 철저를 기해야 한다.

생활지도는 비단 학교교육에서만 필요성이 있고 강조해야 할 사항이 아니다. 가정에 있어서나 사회·일반 산업체·기업체 등에서도 생활과 직장에서의 현명한 적응생활에서도 절대로 필요한 것이다.

앞으로 생활지도의 중요성을 좀 더 보급하기 위해서는 질적으로 보다 수준 높은 참고자료가 발전되고 보편화되어 쉽게 이해할 수 있는 자료가 계속적으로 보급되어야 한다.

(2) 相談과 心理治療에 관한 것

상담과 심리치료는 생활지도에서 가장 중요한 중추적인 활동이다. 이것은 입문서에 제시된 포괄적인 일반적 생활지도 내용보다 전문적이고 핵심적이며 치료기능을 가진 봉사활동이다.

여기에 관련된 문헌을 조사해 보면 다음과 같다.(무순)

李寬鎔·李將鎬 共譯, ≪카운셀링과 心理治療의 理論과 實際≫, 서울: 大韓教科書株式會社, 1972.

서울市 카운슬러 協會, ≪韓國카운슬링의 實際≫, 서울: 白映社, 1975.

金基錫 譯, ≪相談과 心理治療≫, 서울: 中央適性出版部, 1972.

李相魯·金濼採 共譯, ≪來談者中心의 學校相談≫, 서울: 中央適性研究所, 1972.

邊昌鎭·金濼採·李熙道 共譯, ≪學校相談의 事例研究≫, 서울: 中央適性研究所, 1973.

尹八重 編譯, ≪가이단스 카운슬링≫, 서울: 教育出版社, 1971.

韓承鎬 譯, ≪카운슬링의 理論과 實際≫, 서울: 知文閣, 1963.

鄭元植·朴性洙, ≪카운슬링의 原理≫, 서울: 教育科學社, 1978.

鄭喜卿, ≪學生相談의 技術≫, 서울: 現代教育叢書出版社, 1964.

李惠星 譯, ≪完全한 카운슬러≫, 서울: 梨花女子大學校出版部, 1980.

李炯得, ≪集團相談의 實際≫, 서울: 中央適性研究所, 1979.

朴性洙, ≪現代人의 心理와 카운슬링≫, 서울: 韓國放送事業團, 1982.

李將鎬, ≪相談面接의 基礎≫, 서울: 中央適性研究所, 1982.

李根厚·박연숙, ≪家族相談의 理論과 實際≫, -體系的 接近, 서울: 三一堂, 1982.

李炯得, ≪人間關係訓練의 實際≫, 서울: 中央適性出版部, 1982.

이춘실 역, ≪相談關係의 理論과 進行≫, 서울: 목양사, 1978.

韓國人性開發研究會, ≪엔카운터그룹≫, 서울: 人間聯合社, 1983.

황의영, ≪목회상담원리≫, 서울: 생명의 말씀사, 1970.

李將鎬, ≪相談心理學入門≫, 서울: 博英社, 1982.

尹虎均, ≪삶, 상담, 상담자≫, 서울: 문지사, 1983.

오준석 역, ≪상담학개론≫, 서울: 장로회신학대학출판부, 1983.

鄭喜卿 譯, ≪變化하는 世界의 카운슬러≫, 서울: 敎育出版社, 1971.

李炯得 外, ≪相談의 理論的 接近≫, 서울: 中央適性出版部, 1984.

徐鳳筵·李寬鎔 共譯, ≪心理治療와 카운슬링≫, 서울: 中央適性出版部, 1984.

金麗玉, ≪心性開發 프로그램≫, Ⅰ, Ⅱ, 서울: 培英社, 1982.

장춘환 편역, ≪靑少年 相談≫, 서울: 學文社, 1983.

金忠起·李載昌 共譯, ≪相談과 心理治療≫, -理論·方法·過程-, 서울: 敎育科學社, 1985.

위와 같은 자료의 약 30여 편 중 절반가량이 번역물이고 순수한 이론에 관한 저작물이 많지 못하다. 이 분야의 공헌은 중앙적성연구소의 협조로 많은 출판이 이루어지고 있다. 상담의 이론이나 실제, 심리치료에 관련된 연구 저작이 많지 못한 이유로 말미암아 생활지도의 전문적 상담기술이나 방법이 효과 있게 발전되지 못하고 있는 것 같다.

앞으로 보다 전문적 상담활동을 전개시키기 위한 자료개발에 박차를 가해야 할 것이다. 그리고 이와 같은 영역에 부진을 면치 못하는 것은 아직까지도 우리나라는 경제적으로 어려운 여건 속에 살아왔으므로 정신적인 면보다 물질적 욕구충족이 서구사회나 미국처럼 경제적으로 풍요롭지 못한 환경 속에서 일차적 욕구충족 면에 더 갈증을 느끼기 때문에 개인차라든가 개별중심의 정신적 안정 면에 덜 치중되어 있기 때문이라고 생각한다. 그래서 상담이나 심리치료와 같은 내면의 세계에 대한 치료에 비중을 낮게 취급하고 있는 경향이 있기 때문이다.

앞으로 물질적 풍요가 이루어진다면 이차적 욕구인 심리적 욕구에 갈증을 느끼고 해결하는 데 관심을 더욱 기울이게 될 것이다. 그때가 되면 상담과 심리치료를 요하는 사람이 늘어날 것이다. 그렇게 될 때 이를 뒷받침해 줄 수 있는 자료가 많이 개발되어 도와주는 데 일익을 담당하게 될 것이다.

(3) 進路指導 및 進路敎育에 관한 것

우리나라 교육에 있어서 진로지도(career guidance)는 1964년 이후 관심을 갖기 시작하였는데 격심한 대학입시 교육이나 주입식교육 때문에 뒷전에 밀려나 전혀 관심이나 지도하는 데 게을리 해 왔다. 앞에서 언급한 바와 같이 미국교육에 획기적인 전환을 갖게 된 1971년 당시에 미국 교육위원인 마랜드(Sidney P. Marland)에 의하여 진로교육의 필요성을 강조하게 된 이후부터 급격히 호응을 얻어 전국 각급학교에 진로교육이 보급되면서 우리나라 교육계에도 영향을 입게 되었다. 그래서 우리나라 문교부나 서울시교육위원회 · 한국교육개발원에서도 지대한 관심을 가지고 진로지도 교육의 실시를 강조하게 되었다. 그리하여 진로교육 자료를 비롯하여 초등학교에서의 진로교육의 실시를 위한 자료개발에도 착수하고 있으며 많은 참고자료를 펴내고 있다.

　필자가 1978년 이후 「생애교육」(career education) 또는 같은 의미
의 진로교육의 필요성과 실시를 위한 지도를 강조해 왔기 때문에 점
차 인식되기 시작하였고 우리 학교교육에서도 관심을 기울이기 시작
하였다. 아직 초기단계에 있으므로 많은 연구물이 나오지 않고 있으
나 그중에서 일부분만 소개하고자 한다.

　　洪基亨・李承雨, ≪進路指導≫, 서울: 敎育出版社, 1978.

　　朱世煥, ≪進學・進路指導의 技術≫, 서울: 現代敎育叢書出版社, 1964.

　　서울特別市敎育硏究院, ≪職業의 世界≫－職業情報資料－, 서울: 서
　　　　울特別市 敎育硏究院, 1977.

　　서울特別市敎育硏究院, ≪人間成長을 돕는 職業指導≫, 서울: 서울
　　　　特別市 敎育硏究院, 1979.

　　李定根, ≪進路指導와 進路相談≫, 서울: 中央適性硏究所, 1978.

　　李茂根, ≪實業－技術敎育論≫, 서울: 培英社, 1982.

　　文敎部, ≪進路指導≫, 奬學資料 34, 서울: 文敎部, 1981.

　　韓國敎育開發院, ≪進路敎育資料≫, 서울: 韓國敎育開發院, 1982.

　　金忠起, ≪進路敎育의 本質≫, 서울: 平民社, 1983.

　　방진주, ≪進路發達의 援助≫, 全南: 全南카운슬러協會, 1983.

　　金忠起, ≪生涯敎育: 問題와 方法≫, 서울: 世光公社, 1983.

　　吉亨奭 譯, ≪進路開發敎育≫, 서울: 敎育出版社, 1983.

　　金忠起, ≪生涯敎育의 基礎≫, 서울: 敎學硏究社, 1984.

　　李承雨, ≪子女敎育을 위한 適性開發≫, 서울: 益善文化社, 1973.

　우리나라 진로교육의 보급이 늦게야 이루어진 관계로 자료도 충분하
지 못한 실정이다. 일선 학교에서도 진로지도나 진로교육의 의미는 이
해하고 있는 정도이며 구체적 지도방법은 아직 자료가 개발되지 못한
상태여서 앞으로 부지런히 과정을 개발하여 보급하는 일이 시급하다.
　다음은 진로지도에 관련된 문헌을 소개한 것이다.

노동부, ≪노동통계연감≫, 1984.

대한교육연합회, 새한신문사, ≪한국교육연감≫, 1972~1983.

문교부, ≪문교통계연보≫, 1972~1983.

문교부, ≪80년대의 한국교육개혁≫, 서울: 문교부, 1983.

박동준・차갑부, "고학력 사회 형성에 관한 교육 경제학적 분석," ≪교
　　육개발연구 논총≫, 충북대학교 사범대학 부설 교육연구소,
　　1983.

유네스코 한국위원회・한국카운슬러협회, 「일반계 고등학교의 진로
　　지도」, 진로지도 개선을 위한 워크숍 보고서, 1984.

이무근, "일의 세계와 진로지도," 「일반계 고등학생의 진로지도」,
　　진로지도 개선을 위한 워크숍 보고서, 유네스코 한국위원회・
　　한국카운슬러협회, 1984.

이정근, ≪진로지도와 진로상담≫, 서울: 중앙적성연구소, 1980.

이정근, 「공업고등학교 교육과정 개발을 위한 워크숍 보고서」, 서
　　울: 한국교육개발원, 1981.

이정근, "진로교육에 대한 제 접근 이론," ≪학습과 일의 세계≫,
　　서울: 한국교육개발원, 1983. pp.271-273.

이정근 외 4인, ≪공고 교육과정 개선을 위한 기초연구≫, 서울:
　　한국교육개발원, 1980.

전국경제인연합회・경제기술조사 센터, ≪산업사회와 교육≫, 연구
　　총서 1, 서울: 전국경제인연합회, 1977.

조문현, ≪한국 고등학생의 진로계획 설정과정에 관한 연구≫, 서
　　울: 한국교육개발원, 1982.

조순탁, ≪과학 기술 진보와 교육의 과제,≫ ≪산업사회와 교육≫,
　　전국경제인연합회・경제기술조사 센터, 1977, pp.62-73.

조이스 스테이톤 미첼, 김형석 옮김, ≪교사를 위한 진로개발 교육≫,
　　서울: 교육출판사, 1981.

한국교육개발원, ≪학습과 일의 세계≫, 서울: 한국교육개발원, 1983.

(4) 其他 研究誌나 研究物에 관한 것

진로교육의 보급과 실천을 위한 기초 자료로서 대학원 또는 교육대
학원 석사학위 과정에서 진로의식이나 인식에 관한 논문이 쏟아져 나
오고 있으며 각 대학 학생생활연구소에서 ≪학생생활연구≫라는 생활
지도 전문지가 있다. 그밖에 관계자료를 소개하면 다음과 같다.

韓國 카운슬러 協會, ≪相談과 指導≫, 第1號－第18號, 1964-1984.
教壇社, ≪進路指導論≫, 通卷 12號, 1967. 2.
서울青少年指導育成會, ≪相談事例研究≫ 1－8輯, 1975-1983.
유네스코韓國委員會, 韓國 카운슬러 協會, ≪人文系 高等學生의 進
　　路指導≫, 1984.
서울特別市教育研究院, ≪가이단스－카운슬링 事例研究集≫ 第1號
　　－10號, 1974-1984.
大韓私立中高等學校長會 부설 韓國私學教育研究所, 中高等學校에서
　　의 生活指導를 통한 全人教育.
黃應淵, ≪進路指導 프로그램 開發에 관한 研究≫, 서울: 梨花女子
　　大學校, 1981.
金忠起, ≪中等學校에서의 進路教育 프로그램 開發에 관한 研究,"
　　≪論文集≫ 9輯, 建國大學校 教育研究所, 1985.

이상과 같이 생활지도에 관련된 참고문헌을 개괄적으로 소개하였으
나 빠진 것이 많이 있을 것이다. 위에 열거한 종합자료를 전부 합한
다 해도 80여 종밖에 못 미친다. 더욱 독서 자료에 관한 연구물이 개
발되어야 할 것이다. 따라서 생활지도 분야의 전문가·학자 등은 학
교교육에 이용되어야 할 연구물을 개발하는 데 계속 추진하도록 사명
의식을 가져야 할 것이다. 생활지도 종주국인 미국은 수백~수천여
종에 이르고 있으며 연구가 활발히 진행되고 있다. 생활지도에 관한

연구문헌은 세 살 난 유아기 정도에 불과하다. 전문가들의 각성과 열의로써 연구에 노력을 아끼지 말아야 할 것이다. 생활지도의 이론과 실제에 관한 독서 자료나 지도방침의 연구물이 부족하여 일선 학교의 상담교사들의 요구가 빗발치고 있다.

5. 生活指導活動의 問題點과 解決方案

여기서는 주로 앞에서 논의된 생활지도의 발달적 배경과 상담실 운영실태와 문헌을 통하여 앞으로의 생활지도 활동을 돕기 위한 방법으로 먼저 문제점을 도출하고 그에 대한 해결방안을 모색하고자 한다.

(1) 生活指導活動의 問題點

생활지도가 학교현장에서 학생들에게 실효를 거두기 위해서는 다음과 같은 문제점을 인식하고 이에 알맞은 대책을 강구해야 한다. 그 문제점으로 지적되고 있는 것은 다음과 같다.

1) 상담실 시설확충과 운영을 위한 재원보급의 부족

2) 상담교사(교도교사)의 전문적 자질향상을 위한 양성제도의 제도적 장치의 미흡

3) 생활지도의 실제(방법론)에 대한 안내책자의 부족

4) 진로정보 자료실의 시설 및 자료 부족

5) 학교행정 관리자나 문교부·각 교육위원회 요원들의 생활지도의 이해부족으로 이를 보완하기 위한 연수교육의 부족

6) 생활지도의 중요성·필요성에 대한 인식의 부족

7) 생활지도 홍보활동의 부족

8) 상담교사와 담임교사의 연계성 부족

9) 무자격 상담교사의 상담업무 종사에 따른 전문성의 결핍

10) 상담교사의 과중한 이중의 수업부담으로 인한 효율적인 상담활동의 기회제공과 역할이 유명무실하게 되고 있다.

11) 상담부의 부서조직이 없거나 학교장의 무관심과 이해부족으로 인하여 상담교사가 전문적 봉사활동을 할 수 없다.

12) 중·고등학교 18학급 이상에만 상담교사를 두도록 하고 18학급 미만의 중·고등학교에서는 상담활동의 혜택이 주어지지 못하고 있는 기회균등이 안 되어 있다.

13) 초등학교에 상담실이나 상담교사 배치에 대한 조직이나 관심이 전혀 없다.

14) 260시간(전에는 240시간)의 교도강습이 상담활동에 필요한 구체적 내용이 되지 못하고 너무나 지엽적이고 광범위하여 전문성 제고를 위한 교육이 되어 피상적이다.

15) 시·도 교육위원회에 상담업무를 담당하는 장학진이 없고, 교육연구원에도 상담활동을 지원하는 부서가 없어(서울·부산은 제외) 상담활동을 행정적으로 지원하지 못하고 있는 실정이다.

16) 상담활동이나 효과에 대한 인식과 경시풍조의 문제

17) 상담실 활용의 제도적 운영의 부족

18) 생활지도와 상담활동에 필요한 충분한 전문적 자료·서적·사례·방법 등 구체적인 자료가 부족

19) 중등학교 교사양성 기관에 교직과목의 하나인 「생활지도」 교과목이 빠져 있다.

20) 상담·진로 지도에 대한 학생·교사·학부모들의 인식부족

21) 생활지도 활동을 위한 전문적인 교사연수의 기회 부족

(2) 生活指導 解決方案

위와 같은 문제점을 중심으로 생활지도 활동을 원활하게 이루기 위해서는 다음과 같은 방안이 시급히 마련되어야 할 것이다.

가. 학교기관에서 해야 할 일

1) 상담활동의 여건조성을 위한 부족한 상담실 시설의 확충과 보급·운영을 위한 행정적·재정적인 뒷받침이 있어야 한다.

2) 생활지도에 관련된 각종의 검사자료, 안내책자의 보급·실시·지도·배치에 대한 자료가 없으므로 충분히 보충하도록 한다.

3) 진로정보 자료실(Career Information Resource Center)을 설치하고, 교육정보, 직업정보, 개인·사회적 정보에 관한 자료를 수집·보관·열람하고, 이용에 편리하도록 하며 홍보활동으로 전체 학생들이 참여하여 기회를 갖도록 한다.

4) 학교행정 담당자(교장·교감) 및 교사들의 생활지도에 대한 이해를 돕고 적극적인 협조체제를 구축하여 상담생활 계획수립 및 추진을 하며 부단한 자체연수를 실시하고 강화한다.

5) 무자격 상담교사를 상담의 제 활동에 부담하지 않도록 할 것이며 과중한 수업부담을 피할 것. 즉, 수업은 최소한 주당 5시간 내외로 축소해야 한다.

6) 적어도 1개교 1인의 전문가인 전담 카운슬러를 두고 이의 계획에 따라 전교 학생들이 참여할 기회를 주어 자신의 문제해결에 이용한다.

7) 학생들로 하여금 상담실 이용에 대하여 의무화를 강조하고 필수화 한다.

8) 개인 및 집단 상담을 통한 진로지도의 강화와 진로교육의 실시, 교과시간에 활용하거나 별도의 시간을 내어 지도한다.

9) 상담교사는 최소한 일반교과 담당교사보다 20% 이상의 우대를 하며 적극적인 생활지도 활동에 자율적인 역할과 기대를 걸도록 한다.

10) 지역사회 자원인사의 상담·정보활동·직업탐색의 기회를 얻을 수 있도록 최대한으로 활용한다.

11) 각종 표준화검사(적성·흥미·인성·지능·창의성 검사 등)를 전체 학생들에 실시하여 자기능력(potentiality) 파악에 힘쓴다.

12) 진로의 날(career day)을 정하여 현장견학의 기회를 주어 시야를 넓히고 직업의 중요성을 인식시키고 선택의 기회를 주어야 한다.

13) 학생들에게 상담·면접의 기회를 확대하고 개별 및 집단 상담, 진로상담·학부모 상담 기회를 넓히고 생활지도 운영을 강화한다.

나. 教育委員會에서 해야 할 일

각·시도 교육위원회에서는 일선 학교에서 실시하고 있는 생활지도 활동을 정기적으로 검토하고 행정·재정적 지원에 힘쓰며 상담활동에 관한 대책협의회를 개최하여 연계성을 가지고 지도감독하면서 다음과 같은 문제해결에 힘써야 한다.

1) 상담교사의 전보(轉補)에 대한 적절성 유지, 즉 상담교사 상호간의 전보와 상담교사 자격강습의 기회 확대

2) 상담활동을 독려하기 위한 전담 장학사 배치

3) 전 교사의 장학지도 내용에 상담활동과 진로교육 실시를 포함시킴.

4) 생활지도화를 위하여 상담교사에 대한 현직연수 강화와 지역별 자체 연수와 휴가[放學] 중 특별연수 기회제공

5) 교육연구원에 상담활동의 부서조직과 포괄적인 진로정보 자료실

의 시범적 설치와 일선 학교마다 상담실과 진로정보 자료실에 필요한
요구에 자문하고 실시하도록 지도 감독한다.

6) 각급학교에서 운영되고 있는 생활지도 활동에 대한 수시점검과
장학지도 철저

7) 상담사례 보고회 개최 및 평가

8) 상담교사협의회 활동 독려

9) 상담지도에 대한 안내책자 발간 및 보급

10) 교도교사의 명칭을 「상담교사」 또는 「카운슬러」로 호칭을 바꿀 것.

11) 모범 상담교사의 발굴과 이를 표창하여 상담실 운영의 활성화
를 이룩한다.

다. 文敎部에서 해야 할 일

1) 법규개정, 즉 교육법 제79조 1항의 자격기준 개정이 필요하다.
현재수준의 교도교사 자격강습은 28년 전에 잠정적으로 인력양성을
위해 단기간의 강습이 필요했으나 현대와 같이 전문성 지향을 요구하
는 이때에 임시적인 강습은 전문성에 위배되므로 전문인 양성을 위한
방안으로 선진국에서 실시하고 있는 자격기준과 마찬가지로 일반 대
학원이나 교육대학원에 상담심리·학교상담 전공자에게 석사학위를
이수하면 「상담교사」 자격증을 부여하도록 자격기준을 개정해야 한다.
그리고 점진적으로 자격강습을 통해 주던 「교도교사 자격증」제는 폐
지하도록 한다. 한편 연수강습으로 바꾸어 일선 학교 교사들에게 제
공한다.

2) 교육법 시행령 제40조 및 43조 임용령을 개정해야 한다. 즉, 18학
급 이상의 중·고등학교에 교도교사를 두도록 하는 제도를 폐지하고 1
개교 1명의 전담 카운슬러를 두도록 법제화하여야 한다.

3) 따라서 현재 18시간 이상의 수업부담을 줄여서 상담활동에 전념

할 수 있도록 하기 위해서 수업부담을 최소한 5시간 이내로 축소시켜 주어야 한다.

4) 현재 사범대학이나 일반대학 교직과정에 빠져 있는 「생활지도」 교과를 설치하여 생활지도 방법을 이해하고 실제지도에 이용하도록 하여야 한다. 그렇지 못하면 「교육심리와 생활지도」 교과로 개정하여 충분한 생활지도의 원리를 이해토록 조치하여야 한다.

5) 모든 현직연수, 즉 교육행정연수원 학교자체 연수 등에서 생활지도와 상담방법 훈련을 강화하도록 의무화할 것.

6) 초등학교에 있어서도 중·고등학교와 마찬가지로 상담실 설치와 진로정보 자료실을 두고 이에 적극 지도를 할 상담교사도 전담하도록 제도를 바꾸어야 한다.

7) 시·도 교육위원회에 생활지도과(生活指導課)를 설치하고 학교 상담과 진로교육 지도활동을 지원토록 행정직·새성석인 지원을 아끼지 말아야 한다.

8) 생활지도 활동을 돕기 위한 진로정보 자료실을 설치하도록 제도화하고 교육정보, 직업정보, 개인·사회적 정보제공에 만전을 다하도록 하여 진로교육의 강화를 이룩하여야 한다.

9) 진로교육 교사양성을 위하여 교사양성 기관에 직업교육과를 설치하여 요원을 양성하고 지도하도록 제도를 고친다.

10) 한국카운슬러협회 활동에 적극적인 지원과 이용에 노력할 것.

11) 문교부 산하에 생활지도 자문위원회를 두고 수시로 정책결정과 시행에 대한 독려와 상담전문가들의 고견을 수렴하여 생활지도를 활성화하도록 한다.

12) 전국적으로 각급학교(초·중·고등학교)에 상담실 시설의 설치를 의무화하고 전담 카운슬러를 두어 학생들의 제반 문제해결에 전력을 다하도록 독려해야 한다.

13) 대중매체인 라디오·TV·교육방송, 각종 유력한 신문을 통하

여 생활지도 활동의 중요성과 필요성·방법 및 대책에 대한 강조와 홍보활동을 전개하도록 제도화한다.

14) 상담교사 연수교육은 보다 실제적인 전문적 프로그램을 제시하고 전국적인 전문가의 인적 자원을 동원하여 카운슬러의 전문적 자질을 향상시키도록 지시한다.

이상에서 제시한 바와 같이 생활지도는 저절로 이루어지는 것이 아니라 학교당국의 관리책임자의 이해와 역할에 좌우된다. 또한 문교부나 교육위원회 등 감독기관이 보다 건전하고 실용적인 안을 가지고 일선 학교에서 충실하게 일할 수 있는 여건의 조성과 유자격자의 제도적 양성과 대우가 뒤따라야 하며 근무조건도 개선시켜 주어야 우리가 바라는 소기의 성과를 기대할 수 있다.

6. 結 論

브룩스(Charles Brooks)는 말하기를 교육의 질은 교사의 질을 능가할 수 없거나 비례한다고 하였다. 마찬가지로 생활지도와 상담활동의 질은 카운슬러의 질을 능가할 수 없다고 생각된다. 그러므로 일반적으로 일선 학교 생활지도를 현명하게 잘 이룩하려면 상담교사의 전문적 자질향상과 상담활동을 할 수 있는 여건, 즉 시설의 보급과 확충, 소요되는 각종 자료의 수집과 비치·열람·제공, 학교행정가의 행·재정적 뒷받침이 뒤따라야만 효율적인 성과를 기대할 수 있으며 학생들의 건전한 성장과 발달을 도모하고 적재적소에 알맞은 유능한 인재를 양성하게 될 것이다. 그렇게 하기 위해서는 적극적인 생활지도의 홍보활동과 필요성을 소개하여 참여의 기회를 제공해 주고 상담활동에 전념하도록 전담 카운슬러제를 채택하여야 한다. 상담교사를 전문적으로 양성할 수 있는 석사학위 이상의 생활지도 전문가 학위수여제를 신설하고 응분의 대우도 해 주어야 효과 있는 생활지도를 전개할 수 있다. 무엇보다도 막중한 수업부담을 갖지 않도록 하고 상담업무에만 종사하도록 함으로써 모든 능력과 노력을 기울여 성과를 높일 수 있는 계기가 된다. 따라서 전담 카운슬러를 배치하는 데 인색하지 말고 과감히 실행하여야 한다.

초·중·고등학교에서는 교과지도와 함께 생활지도 활동을 필수화하여야 한다. 날로 복잡다단해 가는 산업사회의 발전에 적응할 수 있고 모든 문제를 자력으로 해결할 수 있도록 계획적이고 조직적인 활동을 전개해야 함은 당연한 교육의 목표요 내용인 것이다. 생활지도가 원만히 이루어질 때 학교생활이나 개인생활에 부족이 없고 만족하고 행복한 삶을 영위하게 될 것이다. 그렇게 하기 위해서는 학교 전체 교사들의 협동적인 지원체제가 확립되어야 한다. 전인교육에 도달하는 길은 적설한 계획적인 생활지도가 원만하게 이루어질 때 달성할 수 있는 것이다.

따라서 생활지도는 교육의 목적을 달성하기 위한 방법으로 학생들이 일상생활에서 해결해야 할 교육적·직업적·가정적·사회적·신체적·도덕적·정서적 문제를 자력으로 해결할 수 있도록 도우며 자기가 가지고 있는 흥미·적성·능력·성격 등 인격적인 제 특성과 잠재가능성을 발견하고 이해케 하여 이를 최대한으로 발전시켜 나가며, 현명한 선택과 적응을 위해 조직적인 봉사가 이루어지며 가치판단과 자기지도 및 자아실현을 이룩하는 인간 활동을 돕는 과정이라고 볼 때 이 과정의 지도를 소홀히 할 수 없다. 때문에 이러한 중대과제를 깊이 인식하고 생활지도 활동을 극대화하여 실천하는 방향으로 나가야 마땅할 것이다.

이제 생활지도 활동의 보급과 실천을 위해 적극적으로 노력할 때가 왔다고 본다. 시대와 가치관도 변해 가고 있으며 급격하게 변하는 사회 환경과 정보사회에 적응하기 위한 준비가 다각도로 필요하다.

　생활지도의 과제는 문제성을 지닌 학생들을 정상으로 이끄는 교육적 기능과 함께 선택적 기능이 조화를 이루어야 한다. 더욱이 잠재력 개발촉진에 도움을 주는 조직적인 봉사기능으로서의 생활지도는 학교 교육에서 계획성 있게 추진해 나가야 하며 가정과 사회에서 뒷받침을 해 주어야 한다. 아울러 생활지도를 계획하고 실천하는 주무자인 상담교사의 독창적이고 창의적인 활동에 기대해야 하므로 유능한 전문인을 기용하여 전담할 수 있는 여건을 최대한으로 구비해 주어야 한다. 이것은 행·재정적인 지원이 강화되어야 함을 의미한다. 마지막으로 상담교사의 전문화를 위해 교도교사 양성제도의 시급한 개정을 촉구하여 적어도 대학원 석사학위 수준의 학위취득자에게 「상담교사」 자격증을 주어 전문 활동에 이바지하도록 제도의 개선이 있어야 하겠다.

參考文獻

강무섭. "진로교육의 방법." ≪학습과 일의 세계≫, 서울: 한국교육개발원, 1983.

강무섭·박영순. ≪학생의 진로결정 과정 분석≫. 서울: 한국교육개발원, 1984.

康宇哲. "大學의 自律－그 開放과 多元化." ≪大學敎育≫, 서울: 大學敎育協議會, 1983.

康宇哲. ≪大學敎育≫ 第3號, 서울: 韓國大學敎育協議會, 1983.

경제기획원. ≪한국의 사회지표≫, 1980.

과학기술처. 장기 인력수급 전망 1974~1991.

具範模. "大學敎育의 價値志向." ≪大學·自由·知性≫, 서울: 서울大學校 出版部, 1978.

길형석 역. ≪진로개발교육≫, 서울: 교육출판사, 1981.

吉亨奭. "進路指導 敎育과 敎育課程" ≪새교육≫ 11月號 서울: 大韓敎育聯合會 1981.

김병숙, "취업정보와 취업지도" 유인물 한국카운슬러협회, 1985.

金時鍾. ≪職業訓練≫, 서울: 三英社, 1975.

김제한. ≪현대 교육심리학≫, 서울: 학문사, 1983.

김종철. ≪교육행정의 이론과 실제≫, 서울: 교육과학사, 1982.

김종철. ≪韓國敎育과 行政의 諸問題≫, 서울: 敎育科學社, 1983.

金俊燁. "現代社會에 있어서의 大學의 位置와 課題." ≪大學敎育≫, 서울: 大學敎育協議會, 1983.

金鎭郁·徐文高 공역. ≪제4의 물결≫, 서울: 圓音出版社, 1984.

金哲洙·金鍾喆 外. ≪大學生과 學問≫, 서울: 時事英語社, 1981.

金忠起. ≪生涯教育: 問題와 方法≫, 서울: 世光公社, 1981.

金忠起. ≪生涯教育≫, 서울: 世光公社, 1981.

金忠起. ≪進路教育의 本質≫, 서울: 平民社, 1982.

金忠起. ≪生活指導教育≫, 서울: 學文社, 1984.

金忠起. ≪生涯教育의 基礎≫, 서울: 教學研究社, 1984.

金忠起. ≪생애교육과 생활지도≫, 서울: 평민사, 1981.

金忠起. "生涯教育의 理論的 接近" ≪論文集≫ 第3輯 建國大 教育研究所,
        1978.

金忠起. "中等學校에 있어서 生涯教育" ≪새교육≫ 1980년 10월호, 통권
        312호. 서울: 대한교육연합회.

金忠起. "직업교육을 위한 대책 및 개발방안," ≪청소년≫, 중앙청소년지도
        육성회간, 1981년 가을.

文教部. ≪文教月報≫ 1958. 9월호.

文教部. 中等學校 教育目標.

文教部. ≪국민학교 새 교육과정 개요≫, 1982.

文教部. 장학자료 34호 ≪진로지도≫, 서울: 문교부, 1981.

文教部. ≪文教法典≫, 서울: 教學社, 1983.

文教部. ≪文教法典≫, 서울: 教學社, 1984.

文教部. ≪국민학교 교육과정≫, 서울: 대한교과서주식회사, 1984.

文教部. ≪통계연보≫, 1985.

房鎭宙. ≪進路發達의 援助≫. 全南: 全南카운슬러協會, 1983.

卞熙瑢. "學問과 職業과의 關係" ≪大學의 證言≫, 서울: 成大新聞社, 1976.

서울대학교 사범대학 교육연구소 편. ≪교육학용어사전≫, 서울: 배영사,
        1981.

서울특별시교육연구원. 「진로지도 슬라이드」 1981. 문교부. ≪문교행정≫
        1982 2월호.

孫忠基·孫炳魯·李星珍. "高等學校學生의 進路意識." ≪行動科學硏究≫, 서울: 行動科學硏究所, 1952.

안창일. "진학지도의 기술" ≪일반계 고등학생의 진로지도≫, 서울: 유네스코한국위원회, 1982.

유네스코한국위원회, 한국카운슬러협회, 인문계 고등학생의 진로지도, 1984.

유네스코한국위원회, 일반계 고등학생의 진로지도, 진로지도 개선을 위한 워크숍 보고서, 1984.

兪尙根. ≪大學敎育과 敎養敎育≫, 서울: 明知大學出版部, 1982.

이광식. ≪국민학교 학생들의 진로지로를 위한 직업선호도 조사에 관한 연구≫ 건국대 대학원 석사학위 논문, 1981.

李圭煥. "生涯敎育의 內容과 方法" ≪새교육≫ 1989년 10월호, 통권 312호. 서울: 대한교육연합회.

李東夏. 譯. ≪人間과 勞動≫, 서울: 한길사, 1982.

李茂根, "産業技術人養成과 大學敎育." ≪大學敎育≫, 서울: 大學敎育協議會, 1983.

李茂根. ≪實業-技術敎育論≫ 서울: 培英社, 1982.

李茂根. "進路敎育의 意義와 進路指導의 必要性." ≪교육자료≫ 12월호. 서울: 한국교육출판, 1981.

李茂根. 「일의 세계와 진로지도」. 진로지도 개선을 위한 워크숍 보고서. 한국카운슬러협회, 1984.

李茂根, "일의 세계와 진로지도." ≪일반계 고등학생의 진로지도≫. 서울: 유네스코 한국위원회, 1984. 6. 14~16.

李民樹 譯. ≪明心寶鑑≫ 新譯. 서울: 乙酉文化社, 1980.

李聖珍 외 3人. ≪한국 중고등학생의 진로의식 발달에 관한 연구≫. 한국교육개발원, 1984. 3.

이정근. ≪진로지도와 진로상담≫. 서울: 중앙적성연구소, 1978.

이정근. "취업지도의 기술." ≪일반계 고등학생의 진로지도≫. 서울: 유네스

코한국위원회,

이정근. "산업교육의 차원에서 본 제 사회교육의 현실과 미래." 산업교육학
    술회의, 연세대학교 교육대학원, 1982.

이정근·황응연. ≪중등학교 진로지도 프로그램 개발에 관한 연구≫. 서울:
    한국교육개발원, 1981.

李桓. "韓國大學의 現座標." ≪大學·自由·知性≫. 서울大學校 出版部,
    1978

林漢永. "大學의 使命." ≪大學의 證言≫. 서울: 成大新聞社, 1976.

장석민. ≪진로교육에 관한 문헌분석 연구≫. 서울: 한국교육개발원, 1985.

장석민·이애송. ≪진로교육에 관한 문헌분석 연구≫. 서울: 한국교육개발
    원, 1985.

장석민·홍영란. "미국의 진로교육 모형에 관한 연구." ≪진로교육에 관한
    문헌분석 연구≫. 서울: 한국교육개발원, 1985.

全國經濟人聯合會. ≪産業社會와 敎育≫. 서울: 全國經濟人聯合會, 1977.

全國大學카운슬러硏究協議會, 大學學生生活硏究所 機能定立을 위한 學術
    심포지엄. 全國大學카운슬러硏究協議會, 1982. 7. 2.

鄭範謨. ≪敎育과 敎育學≫. 서울: 培英社, 1978.

정원식·박성수. ≪카운슬링의 원리≫. 서울: 교학도서주식회사, 1978.

車京守·朴異汶 外 共著. ≪大學生과 敎養≫. 서울: 時事英語社, 1982.

忠北大學校 學生生活硏究所. 大學學生生活硏究所 機能定立을 위한 學術 심
    포지엄, 1982.

韓國大學敎育協議會, 大學敎育에 있어서 職申敎育의 課題와 展望, 資料
    84-1-7, 韓國大學敎育協議會, 1984. 3.

韓國敎育開發院, 敎育發展의 展望과 課題, 答神報告書 1978~1991, 韓國敎
    育開發院 1978.

韓國敎育開發院, ≪대학안내 자료≫. 서울: 한국교육개발원, 1982.

韓國敎育開發院, ≪진로교육 자료≫. 서울: 한국교육개발원, 1982.

韓國敎育開發院, ≪학습과 일의 세계≫. 서울: 한국교육개발원, 1983.

韓國敎育開發院, ≪학습과 일의 세계≫. 서울, 한국교육개발원, 1984.

한국정신문화연구원. ≪일의 보람, 삶의 보람≫. 서울: 한국정신문화연구원, 1984.

韓國職業訓練管理公團 職業訓練硏究所. 職業訓練을 위한 職務分析指針, 硏究資料 82-13, 1982. 12.

韓國카운슬러協會. ≪相談과 指導≫, 제18호. 서울: 韓國카운슬러協會, 1984.

홍기형. "진로정보와 탐색적 경험" ≪중등학교 진로지도 담당교사 연수교재≫. 서울: 서울특별시교육연구원, 1979.

홍기형. "현행 학교 진로교육의 문제점" ≪학습과 일의 세계≫ 서울: 한국교육개발원, 1983.

홍기형. "진로정보" ≪중등학교 진로지도 담당교사 연수교재≫ 서울: 문교부, 1978.

洪基亨・李承雨. ≪進路指導≫ 서울: 敎育出版社, 1977.

황응연. ≪생활지도≫ 서울: 배영사, 1978.

황응연. "직업의식과 진로지도" ≪청소년≫ 서울: 중앙청소년지도육성회, 1981년 가을.

黃應淵・李定根. ≪中等學校 進路指導 프로그램 開發에 관한 硏究≫. 서울: 梨花女子大學校, 1981.

황응연. 윤희준. ≪현대생활지도론≫. 서울: 교육출판사, 1983.

황응연. ≪生活指導≫. 서울: 敎育出版社, 1976.

Advisory Council on Vocational Education. *The Bridge Between Man and His Work*. Washington, D. C.: Advisory Council on Vocational Education, 1968.

Almy, M. Wishful. Thinking About Children's Thinking? *Teachers College Record*, 1962.

Antholz, M. B. Conceptualization of a Model Career Development

Program, K-12. Unpublished Research Paper. University of Minnesota, 1972.

Arbucle, Douglas S. "Occupational Information in the Elementary School." *The Vocational Guidance Quarterly*, 1964.

Bailey, Larry J. and Stadt, Ronald. *Career Education: New Approaches to Human Development*. Bloomington, Ill.: McNight Publishing Co., 1973.

Banathy, Bela H. and Peterson, Robert M. *Employer-Based Career Education.*(CBCE) A Paper Presented at the Annual Meeting of the American Educational Research Association. Chicago April 2-7, 1972.

Bell, Terrence H. and Hoyt, Kenneth B. *Career Education: The U. S. O. E. Perspective*. Columbus: The Center for Vocational Education, The Ohio State University, 1974.

Bordin, Edward S., Nachmann, Barbara, and Segal, Stanley J. "An Articulated Framework for Vocational Development." *Journal of Counseling Psychology* 10, 1963.

Braden, Paul V. & Krishan, Paul. *Occupational Analysis of Educational Planning*. Columbus: Charles E. Merrill Publishing Company, 1975.

Butler, Cornelius F. *The Home / Community based Model*. Model Three: A Synopsis, Unpublished material, 1972.

Calhoun, Calfrey C. and Finch, Alton V. *Vocational Education: Concepts and Operations*. Belmont, Calif.: Wadsworth Publishing Co., 1982.

Campbell, Robert E., Walz, Garry R., Miller, Juliet V. and Kriger, Sara F. *Career Guidance: A Handbook of Methods*. Columbus, Ohio: Charler E. Merrill Publishing Co., 1972.

Connant, James B. and Worthington's Robert M. *Career Education in the United States*. Flastaff: Northen Arizona University, June 28, 1974.

Crites, J. O. *Vocational Psychology*. New York: McGraw-Hill Book Co., 1969.

Hollingshead, August B. *Elmtown's Youth*. New York: John Wiley and Sons, 1949.

Cross, F. R. *Elementary School Career Education: A Humanistic Model*. Ohio: Charles E. Merrill Publishing Co., 1974.

Curti, Merle, *The Social Ideas of American Education*. New Jersey: Littlefield Adams and Company, 1959.

Dewey, John. *Democracy and Education*. New York: The Macmillan Company, 1931.

Dittenhafer, C. A. and Lewis, J. P. Guidelines *for Establishing Career Resource Center*. Harrisburg, Penn.: Pennsylvania Department of Education, 1973.

Drucker, P. F. *The Landmarks of Tomorrow. London: Heinemann*, 1959.

Evans, Rupert N. *Career Education and Vocational Education Similarities and Contrasts*. Unpublished Printed Materials, University of Illinois, Urbana Champaign, 1974.

Formanek, R. and Morine G. Categorizing Young Children: Two Views. In Binter, A. R. and Frey, S. H. (eds.). *The Psychology of the Elementary School Child*. Chicago: Rand McNally, 1972.

Gelatt, H. B. "Decision-Making: A Conceptual Frame of Reference for Counseling." *Journal of Counseling Psychology*, 9, 1962.

Ginzberg, Eli and Ginzberg, Sol W., Axelrod Sindey, Herma, John. *Occupational Choice: An Approach to a General Theory*. New York: Columbia University Press, 1951.

Goldhammer, Keith, and Taylor, Robert E. *Career Education: Perspectives and Promise*. Columbus, Ohio: Charles E. Merrill Publishing Co., 1972.

Glasser, J. F. *The Elementary School Learning Center for Independent Study*. West Nyack, New York: Parker Publishing Co., 1971.

Goodson, S. Children Talk-about Work. *Personnel and Guidance Journal*, 1970.

Grobman, H. *Development Curriculum Projects*: *Decision Points and Processes*. Itasca, Illinois: Peacock, 1970.

Halsey, A. H. "The Changing Function of University." in *Education Economy and Society*. New York: Free Press, 1961.

Havighurst, R. T. *Human Development and Education*. N. Y: Longmans, Green & Co., 1953.

Hays, John, Hopson, Barrie and Draws P. Career *Guidance*: *The Role of the School in Vocational Development*. London: Heinemann Educational Books, 1972.

Healy, Charles G. *Career Development*: *Counseling Through the Life Stages*. Boston: Allyn and Bacon, Inc., 1982.

Herr, E. L. *Decision Making and Vocational Development*. Boston: Houghton Mifflin Co., 1970.

Herr, "Unitfying an Entire System of Education Around a Career Development Theme." in *Career Education: Perspective and Promise*. Columbus: Charles E. Merrill Publishing Co., 1972.

Herr. *Review and Synthesis of Foundation for Career Education*. Columbus, Ohio: ERIC Clearinghouse on Vocational and Technical Education, The Center for Vocational and Technical Education, 1972.

Herr. Introduction, *Career Education in the Elementary School*. Lewisburg, Pennsylvania: Central Susquehannce Intermediate Unit, Career Development Field Guide Project, 1976.

Herr, E. L. and Crammer, S. H. *Vocational Guidance and Career Development in the Schools*: *Toward a systems Approach*. Boston: Hougton Mifflin Co., 1972.

Herr. *Career Guidance Through the Life Span.* New York: Little, Brown and Company, 1979.

Hill, G. E. and Luckey, E. B. *Guidance for Children in Elementary Schools.* New York: Appleton-Century-Crofts, 1969.

Hoyt, Kenneth B. *An Introduction to Career Education: A Policy Paper of the U. S. Office of Education.* U. S. Dept. of Health, Education, and Welfare, 1974.

Hoyt, *An Introduction to Career Education: A Policy Paper of the U. S. Office of Education.* DHEW Publication No (OE) 75-00504, 1975.

Hoyt, Kenneth Evans, Rupert., Mangum, Garth., Bowen, Ella., Gale, Donald. *Career Education in the High School.* Salt Lake City, Utah: Olympus Publishing Co., 1973.

Hoyt, Kenneth B., Evans, Rupert N., Mackin, Edward F., Mangum, Garth L. *Career Education What It Is and How To Do It.* Salt Lake City, Utah: Olympus Publishing Company, 1972.

Jesser, D. L. *Career Education: A Priority of Chief State School Offices.* Utah: Olympus Publishing Co., 1976.

Jones, G. B., Wolff, J. M., Dayton, C. W. and Helliwell, C. B. *The Logic of Planning Career Guidance Counseling, Placement, and Follow-up Programs.* Presented at National Conference on Career Guidance, Counseling, and Placement. St Louis Missouri, 1974.

Kaback, G. R. Occupational in Formation for Groups of Elementary School Children. *Vocational Guidance Quarterly,* 1966.

Keller, L, J. *Career, Development: An Intergrated Curriculum Approach K-12.* in Goldhammer, K. and Taylor, R. (eds.). *Career Education: Perspective and Promise.* Columbus, Ohio: Charles E. Merrill Publishing Co., 1972.

Krumboltz, J. D., Mitchell, A. M. and John G. B. *Career Counseling.* Monterey Calif.: Wadworth Inc., 1978.

London, H. H. *Principles and Techniques, of Vocational Guidance.* Columbus,. Ohio: Charles E. Merrill Publishing Co., 1973.

Marland, Sidney P. "Career Education Now." Paper Presented to the National Association of Secondary School Principals. Houston, Texas, January, 1971.

Marland, "Career Education: A Report," What, NASSP Balletin, March 1973.

Marland, *Career Education.* New York: McGraw-Hill Book Co., 1974.

Meerbach, John. *The Career Resource Center.* New York: Human Science Press, 1978.

Miller, C. H. *Guidance Service: An Introduction.* New York: Harper and Row Publisher, 1965.

Miller, Aaron, J., "Strategies for Implementing Career Education: A School-based Model." A Paper presented at the anual meeting of the American Educational Research Association, Chicago: Ill., April 2~7, 1972.

Miller, Frank W. *Guidance Principles and Service.* Columbus, Ohio: Charles E. Merrill Publishing Company, 1968.

Norris, Willa., Hatch, Raymond N. and Winborn, Bob B. *The Information Service in Guidance.* Chicago: Rand McNally College Publishing Co., 1972. 3rd Ed.

Norris, Willa., Hatch, Raymond., Engelkes, Iames., Winborn, Bob. *The Career Information Service.* Chicago Rand McNally Co., 1979.

O'Dell, F. L. *Where the Challenge, is Met: A Handbook for Guidance in Grade Seven Eight, and Nine.* Columbus Ohio: Dept. of Education, Division of Guidance and Testing, 1968.

Parsons, Frank. *Choosing a Vocation*. Boston: Houghton Mifflin Company, 1909.

Parsons, Frank., and Marland, Sidney P. Career *Education*. New York. McGraw-Hill Book Co., 1974.

Radin, Robert J. *Full Potential: Your Career and Life Planning Workbook*. New York: McGraw-Hill Book Company, 1983.

Ressler, Ralph. *Career Education: The New Frontier*. Worthington, Ohio: Charles A. Jones Publishing Co., 1973.

Roe, A. *The Psychology of Occupations*. New York: John Wiley, 1956.

Roe, Anne and Siegelman, Marvin. *The Origin of Interests*. Washington D. C.: American Personnel and Guidance Association, 1964.

Scanlon, R. G. and Brown, M. V. *Individualized Instruction: A Systems Approach*. New York: Harcourt Brace, Jovanovich, 1971.

Scharzwell, H. L. "Values and Occupational Choices," *Rural Sociology*, 1959.

Schrank Louise Welsh, *Life Plan: A Practical Guide to Successful Career Planing*, Skokie, Ill.: VGM Career Horizons, 1982.

Shertzer, Bruce and Stone, Shelly C. *Fundamental of Counseling*, Boston: Houghton Mifflin Co., 1980.

Smith. E. D. "Vocational Aspects of Elementary School Guidance Programs." *Objectives and Activities: The Vocational Guidance Quarterly*, 1970.

Stamm, M. L. and Nissman, B. *New Dimensions in Elementary Guidance*. New York: Richard Rosen Press, 1971.

Stevenson, John B. *An Introduction to Career Education*. Worthington, Ohio: Charles A. Jones Publishing Co., 1973.

Super, D. E. *Career Development: Self-Concept Theory*. New York: College Entrance Examination Board. 1963.

Super, "A Theory of Vocational Development. *American Psychologist*, 8, No.4, 1953.

Swanson, Gordon I. *Concepts in Career Education*. Paper Presented to American Vocational Association Task Force of Career Education, Portland, Oregon, December 12, 1971.

Taylor, Robert E. *Career Education: Implication for Increased Educational Relevancy*. Paper Presented at the Central New york School Study Council Career Education Conference, October, 1972.

Thompson, John F. *Foundation of Vocational Education*. New York: Prentice-Hall Inc., 1973.

Tolbert, E. L. *Counseling for Career Development*. Boston: Houghton Mifflin Company, 1980.

Tuchman, Bruce W. "An Age-Graded Model for Career Development Education." *Journal of Vocational Behavior*, 4, 1974.

Turner, K. G. A Conceptual Model of the Functional Self: Career Development for Children Project, 1972.

U. S. Office of Education. A *Handbook for Implementation*. Washington, D. C., 1972.

Venn, Grant. Thirteen Ways to Improve Your Occupational Program. In J. W. Fuller and T. O. Whealon(Ed.). *Career Education*. Chicago: Nelson-Hell, Inc., 1979.

Vinacke, W. E. Concept Formation in Children of School Ages. In Binter A. R. and Frey, S. H. (eds.). *The Psychology of the Elementary School Child*. Chicago: Rand McNally. 1972.

West Virginia State Dept. of Education. *A Guide for the Developmental Career Education*.(June, 1972).

Williamson, E. G. *Counseling Adolescants*. New York: McGraw-Hill, 1950.

Worthington, Robert M. *The Implication of Career Education: Adult Education in the U. S.* UNESCO International Conference, Tokyo, Japan, July 25-August 7. 1972.

Zaccaria, J. *Theories of Occupational Choice and Vocational Development.* Boston: Houghton Mifflin Co., 1970.

Zimmerman, B. and Bailey, L. J. Childrens Conceptions about Work and Play-*Career Development for Children Project.* February, 1971.

찾아보기

• 저자 •

김충기(金忠起)　서울대학교 교육대학원 교육학 석사학위
　　　　　　　미국 Central Arkansas대학교 대학원 카운슬링 석사학위
　　　　　　　미국 Arkansas주립대학원 교육전문가 학위
　　　　　　　미국 Arkansas주립대학원 교육학 박사(생활지도 및 직업교육)
　　　　　　　미국 Oklahoma주 Tulsa대학원 교육행정연구
　　　　　　　수도여자 사범대학 교육학 전임강사
　　　　　　　성균관대, 이화여대 대학원, 중앙대 사대 대학원, 고려대 대학원 교육 대학원 강사 역임
　　　　　　　건국대학교 사범대학 교수, 교육대학원 원장, 학생생활연구소 소장
　　　　　　　현재, 건국대학교 사범대학 학장

　　　　저서 및 역서
　　　　　『생애교육과 생활지도』, 『청년발달심리학』, 『생애교육의 과제와 전망』, 『진로교육의 본질』, 『생애교육의 기초』, 『교육의 실상과 허상』, 『상담과 심리치료』, 『직업교육과 진로지도』, 『직업교육과 진로교육』 외 다수

　● 進路教育과 進路指導

　• 초판 인쇄　2005년 11월 1일
　• 초판 발행　2005년 11월 1일

　• 지 은 이　김충기
　• 펴 낸 이　채종준
　• 펴 낸 곳　한국학술정보㈜
　　　　　　　경기도 파주시 교하읍 문발리 526-2
　　　　　　　파주출판문화정보산업단지
　　　　　　　전화　031) 908-3181(대표) · 팩스　031) 908-3189
　　　　　　　홈페이지　http://www.kstudy.com
　　　　　　　e-mail(e-Book사업부)　ebook@kstudy.com
　• 등　　록　제일산-115호(2000. 6. 19)
　• 가　　격　46,000원

ISBN　89-534-4068-8　93370 (Paper Book)
　　　　89-534-4069-6　98370 (e-Book)